博雅撷英

彭国翔 著

儒家传统　（增订版）

宗教与人文主义之间

北京大学出版社
PEKING UNIVERSITY PRESS

图书在版编目(CIP)数据

儒家传统：宗教与人文主义之间/彭国翔著. —2版(增订版). —北京：北京大学出版社，2019.10

（博雅撷英）

ISBN 978-7-301-30649-9

Ⅰ.①儒…　Ⅱ.①彭…　Ⅲ.①儒家—研究　Ⅳ.①B222.05

中国版本图书馆CIP数据核字(2019)第179518号

书　　　名	儒家传统：宗教与人文主义之间（增订版） RUJIA CHUANTONG: ZONGJIAO YU RENWEN ZHUYI ZHIJIAN(ZENGDING BAN)
著作责任者	彭国翔　著
责任编辑	田　炜
标准书号	ISBN 978-7-301-30649-9
出版发行	北京大学出版社
地　　　址	北京市海淀区成府路205号　100871
网　　　址	http://www.pup.cn　新浪微博：@北京大学出版社
电子信箱	pkuwsz@126.com
电　　　话	邮购部 010-62752015　发行部 010-62750672 编辑部 010-62750577
印　刷　者	北京中科印刷有限公司
经　销　者	新华书店 965毫米×1300毫米　16开本　29.5印张　397千字 2007年1月第1版 2019年10月第2版　2019年10月第1次印刷
定　　　价	95.00元

未经许可，不得以任何方式复制或抄袭本书之部分或全部内容。
版权所有，侵权必究
举报电话：010-62752024　电子信箱：fd@pup.pku.edu.cn
图书如有印装质量问题，请与出版部联系，电话：010-62756370

目 录

增订版自序 /1

导 论 /1
    一 "人文主义"释义 /2
    二 "宗教"解说 /5
    三 人文主义与宗教之间的儒家传统 /9
    四 方法与意义 /12

第一章 孟子"万物皆备于我"章释义 /16
    一 引 言 /16
    二 "我""物"与"备"解 /17
    三 "反身而诚"与"强恕而行"释 /22
    四 结 语 /28

第二章 "万物一体"的宗教性人文主义
       ——以《西铭》为中心的考察 /30
    一 引 言 /30
    二 民胞物与:自我、他人与自然 /31
    三 乾父坤母:自我与天地 /38
    四 宗教性人文主义:儒家人文主义的特质 /44
    五 结 语 /50

第三章 身心修炼
       ——朱子经典诠释的宗教学意涵 /51
    一 引 言 /51

二　经典诠释的重要性　/56

三　作为身心修炼的经典诠释　/65

四　朱子经典诠释中关于身心修炼的话语　/80

五　朱子读书法与基督教圣言诵读的比较　/91

六　结　语　/103

第四章　王畿的良知信仰论与晚明儒学的宗教化
　　　　——一个比较宗教学的视野　/106

一　作为信仰对象的良知　/107

二　王畿良知信仰论的特质　/110

三　晚明儒学的宗教化：方向、形态与形式　/116

第五章　儒家的生死关切
　　　　——以阳明学者为例　/123

一　死亡：阳明学者的焦点意识之一　/124

二　为何关注死亡与如何解脱生死：
　　阳明学者的回应　/131

三　儒释生死解脱之道差异的根源　/137

第六章　多元宗教参与中的儒家认同
　　　　——以王龙溪的三教观与自我认同为例　/141

一　引　言　/141

二　王龙溪的三教观　/143

三　王龙溪的自我认同　/153

四　结　语　/163

第七章　儒家"理一分殊"的多元主义宗教观
　　　　——以阳明学者的三教观为例　/169

一　引　言　/169

二　王阳明的三教观　/173

三　王龙溪的三教观　/176

四　焦弱侯的三教观　/180
　　五　"理一分殊"的多元主义宗教观　/184

第八章　民国时期的"五教"观念与实践
　　　　——以冯炳南为例　/193
　　一　引　言　/193
　　二　冯炳南其人其事　/195
　　三　举办"五教"演讲与出版《五教入门》　/202
　　四　"五教"的思想观念　/209
　　五　结　语　/220

第九章　再论民国时期的"五教"观念与实践
　　　　——同源、同化与相处之道　/226
　　一　引　言　/226
　　二　"五教"同源　/227
　　三　"五教"同化　/231
　　四　宗教观(修道)及其基础(率性)　/233
　　五　"五教"相处之道　/236
　　六　关于以儒教为国教的问题　/239
　　七　结　语　/242

第十章　唐君毅论宗教精神/244
　　一　引　言　/244
　　二　为什么要肯定宗教精神　/250
　　三　什么是真正的宗教精神　/259
　　四　宗教精神与人类其他精神活动的关系　/265
　　五　世界各大宗教传统宗教精神的比较　/273
　　六　中国宗教尤其儒家宗教精神的特质　/280
　　七　建立新的宗教精神　/294
　　八　一些问题的观察和分析　/305

第十一章　德福一致
　　——康德与牟宗三的圆善论 /316

一　康德之圆善论的撮要 /317

二　牟宗三圆善论的展示 /320

三　康、牟圆善论的比较 /325

四　康、牟圆善论的检讨 /329

五　笔者对圆善论的回应 /335

第十二章　儒学与基督教的人生极致之辨
　　——以齐克果人生境界说为中心的考察 /339

一　齐克果的三层境界论 /340

二　儒学境界观的基本模式 /343

三　相通的说明 /345

四　差异的分析 /347

第十三章　儒家传统的身心修炼及其治疗意义
　　——以古希腊罗马哲学传统为参照 /353

一　引　言 /353

二　理解古希腊罗马哲学的另一种角度 /356

三　儒家修身传统的身体向度 /364

四　以日常生活为身心修炼 /371

五　儒家身心修炼的治疗意义 /380

第十四章　宗教对话
　　——儒学第三期开展的核心课题 /388

一　儒学第三期开展的再诠释 /388

二　儒学是否是一种宗教传统 /393

三　儒家传统的对话性 /399

四　儒学传统对于宗教对话的应有贡献 /403

第十五章　化解全球化过程中宗教冲突的儒学资源　/410
　　一　问题：全球化与宗教冲突　/411
　　二　理解：儒家传统的宗教性　/414
　　三　资源：儒家多元主义的宗教观与实践　/417

第十六章　儒学宗教性的世界意义
　　　　　　——从西方儒学研究的新趋向前瞻21世纪
　　　　　　的儒学　/425
　　一　北美儒学宗教性研究的趋向　/426
　　二　现当代新儒学的影响和意义　/429
　　三　宗教性儒学全球发展的前景　/432

附　录　略说"儒学与宗教"研究的目标与视野　/436
初版后记　/443
征引与参考文献　/447

增订版自序

本书初版于2007年年初,不到年底,首印四千册已经售罄,当年12月又有第二次印刷。如今,转眼本书出版已近十年,这十年来,我除了在中国哲学、思想史两个领域继续耕耘之外,也未尝忽视宗教学的研究。而在此期间,我与西方学术界的不断交流,尤其是2009年秋和2010年夏,我在所获"贝塞尔研究奖"(Friedrich Wilhelm Bessel Research Award)的支持下两度至德国波鸿鲁尔大学(Ruhr-Universitaet Bochum)担任"亚欧宗教史中的动力:国际人文学研究联合团队"(Dynamics in the History of Religions between Asia and Europe, International Research Consortium for Research in the Humanities)访问研究员(Visiting Research Fellow),以及2012年暑期应邀到哥廷根的马普研究院宗教与民族多样性研究所(Max Planck Institute for Religious and Ethnic Diversity)访问,也使我进一步了解了西方宗教学研究的现状。

目前,西方从事宗教学尤其亚洲宗教研究的学者,很多是宗教社会学和宗教人类学的背景。因此,在国际学术交流的过程中,中国从事宗教学的学者往往受到影响。我数次在德国以及欧洲从事访问研究,自然对此有了高度的自觉,也让我对这种研究取径有所吸收。不过,归根结底,宗教社会学主要是从社会学的角度研究宗教现象,宗教人类学也基本上是从人类学的角度研究宗教现象,二者至少就研究方法而言大体不出社会学和人类学的学科范围。所以,神学和宗教哲学所注重的问题意识，始终无法通过宗教社会学和宗教人类学的取径获得了解。换言之，宗教哲学和神学的内容，或者说宗教之所以为宗教，作为宗教研究的重要甚至根本方面，无论如何不能被化约为社会学和人类学等社会科学的问题。对于这一点，我十分清楚。我也希望国内追踪西方宗教学研究的学者对此能有高度的自觉，不要因为效法宗教社会学和宗教人类学的方法，就以为所有的宗教问题都可以在这两个学科中得到解释。因此，尽管我也自觉关注甚至在一定程度上吸收了宗教社会学、宗教人类学等社会科学的方法，比如，本书增订版补充的第八章"民国时期的'五教'观念与实践——以冯炳南为例"，就是一例。但是，我很清楚，本书所处理的课题主要还是属于宗教哲学与宗教思想史的范畴。这一点，除了原本诸章之外，在补充的第十章"唐君毅论宗教精神"中，也同样得到了鲜明的反映。

关于儒学是否可以被视为一种宗教的问题，当然是本书处理的一个课题。不过，在对该问题有所澄清的基础上，本书更多的是从一个比较宗教学的角度处理作为一种宗教传统的儒学的许多具体方面。记得本书2007年刚出版之后不久，一位学界的朋友在阅读后曾对我说："儒学是不是宗教？在何种意义上可以称为宗教以及何种意义上不能称为一种宗教，你这本书已经做出了彻底的澄清。从此以后关于儒学是不是宗教这一问题的争论，可以休矣。"这位朋友或有谬许，但无论如今是否仍有在对"宗教"观念缺乏深广了解情况下的众声喧哗，至少对我自己来说，儒学是不是一种宗教以及在什么意义上可以被视为一种宗教，的确早已不再是一个有待纠缠的问题，而是进一步从事很多具体研究课题的前提了。

本书出版之后，海内外从事西方宗教学研究的一些学者，曾经注意到了本书从宗教学这一角度以及在一个比较宗教学的视野中研究儒家传统的意义，并期待我进一步的研究成果。的确，我在本书初版的后记中，曾经表示将"以一种更为系统化的方式来诠释和建构儒家传统的宗教性问题"，以及"在不久的将来，能将自己的思考所得以另一部专著的形式贡献给读者"。当然,这个增订版还远非这一目标的实现,而只是在对初版文字进行了全面修订的基础上,增补了三章的内容。

这一目标之所以尚未实现,一方面是我这些年来将时间更多地花在了中国哲学、思想史以及儒学与当今世界的研究和思考上,这主要以我2007年迄今出版的几部专书和论集为代表,包括《儒家传统与中国哲学——新世纪的回顾与前瞻》(2009)、《儒家传统的诠释与思辨——从先秦儒学、宋明理学到现代新儒学》(2012)、《近世儒学史的辨正与钩沉》(2013;2015)、《重建斯文——儒学与当今世界》(2013)以及《智者的现世关怀——牟宗三的政治与社会思想》(2016)。另一方面,则是由于我对儒学之外世界上其他的宗教传统包括释、道、耶、回等以及各种宗教理论的了解和吸收,仍在进行之中而尚未臻充分。我历来认为,无论是中国的哲学、历史还是宗教,甚至中国的文学、艺术等,如今要想有透彻的理解和进一步的发展,必须通过比较观照的视野和方法,将其放在世界多元文化传统的整体脉络之中才有可能。因此,我必须要对儒学之外世界上其他主要的宗教传统以及宗教学理论有足够的了解,才能实现本书初版时后记中为自己设定的目标。

不过,从本书增订版新补充的这三章内容,至少可以看出我正在朝着实现这一目标的方向前进。现在,就让我对这三章的情况以及增订所致的全书结构的变化做一说明,以为读者理解的襄助。

本书新增补的部分为第八章"民国时期的'五教'观念与实践——以冯炳南为例",第九章"再论民国时期的'五教'观念——同源、同化与相处之道"以及第十章"唐君毅论宗教精神"。

第八章曾以"冯炳南的'五教'观念与实践"为名,以专题论文的形式发表于《中国文化》第三十九期(2014年春季号)。1940年,活跃于上海的闻人冯炳南(1888—1956)曾经举办"五教演讲"并印行《五教入门》,在当时的上海产生了不小的影响。但可惜的是,以往冯炳南从未进入研究者的视野。这篇论文首先介绍冯炳南其人其事,进而专门考察冯炳南举办"五教演讲"和出版《五教入门》的事迹,重点分析其"五教"的思想观念与社会实践,具体说明了20世纪40年代广大中国人对于自身宗教传统的自觉认识已经由"三教"转为"五教"。

第九章曾以"再论民国时期的'五教'观念与实践"为题,发表于《宗教与哲学》第五辑(北京:社会科学文献出版社,2015)。这篇论文是在前一篇论文基础上的后续研究。通过对20世纪30年代分别载于《明经说》和《道德月刊》的《五教同化论》和《吾人对于五大教应取之态度》这两篇文献以及其他相关史料的仔细研究,这篇论文分析指出了其中所反映的"五教同源"与"五教同化"的思想观念,所蕴涵的"宗教"观及其基础,所提倡的"五教相处之道",以及对于立儒教为国教问题的看法。在此基础上,指出了当时的"五教"观念在中国的广为流传以及对于当今世界格局中理解"宗教"以及各种宗教之间相处之道的贡献和意义。

第十章是2007年我借哈佛访问之便完成的一篇专题论文,最初发表于香港浸会大学哲学与宗教学系主办的"当代儒学与精神性"国际学术研讨会(2007年11月14—15日)。由于文章较长,并未收入后来出版的会议论文集,但曾经收入我的《儒家传统的诠释与思辨:从先秦儒学、宋明理学到现代新儒学》(武汉:武汉大学出版社,2012)。该文不仅提供了迄今为止关于唐君毅宗教思想最为全面的研究,更为重要的是,在我看来,唐君毅的思考非但在一个比较宗教学的视野中刻画和凸显了儒家宗教精神的特质,同时也广泛涉及了许多宗教学的基本问题。全面彻底地考察他关于宗教精神的思想,尤其是他关于儒家宗教精神的思想,非但完全是本书的题中应有之义,更是一个探究与揭示儒家传统宗教性的绝佳取样。这一章近五万字,是全书篇幅最长的一章。

这三章的增补,使得本书的结构较之初版也发生了变化。由于这三篇专题论文分别作为第八、九、十章插入,原来的第八章至第十三章也就自然延后变成了第十一章至第十六章。这是本书各章因增订所致篇章结构上的调整。至于各章内容,除了增补的三章之外,并无大的改动。但是,借这次增订版出版的机会,原书中的误植都尽可能得到了全面的改正。个别文字,也借便得到了修饰。并且,补充的三章加起来,字数有近十万字,较之原来的篇幅可以说有不少的增加。这一点,是要特别向读者说明的。至于原来各章文字最初发表的情况,原书后记中都有说明。鉴于初版后记在这一增订版中一并得到了保留。这里,我就不再重复了。

最后,本书增订出版,除了感谢北京大学出版社以及责任编辑田炜女士与我继续合作的意愿之外,我要特别感谢美国国会图书馆(Library of Congress)。今年下半年,我在国会图书馆担任"2016年度北半球国家与文化克鲁格讲席"(Kluge Chair in Countries and Cultures of the North)。作为一项极高的荣誉,该讲席除了一项公开讲座的要求之外,完全赋予获任者充分与自由的时间从事独立自主的学术研究。正是因为这一点,本书的增订工作才能在年底之前顺利完成。

彭国翔

2016 年 11 月 16 日于 Washington D.C.

导　论

"人文主义"释义
"宗教"解说
人文主义与宗教之间的儒家传统
方法与意义

　　至少在中文世界，将儒家传统定性为一种"人文主义"，已经成为学界的共识，迄今并未引起争议。而视儒家传统为一种"宗教"，或者认为儒家传统具有一种宗教性，则自清末民初以来一直聚讼不已，至今莫衷一是。事实上，如果回到中文原有的语脉之中，不但"人文"没有问题，"宗教"也未尝不其来有自，不必是为了翻译"religion"才出现的一个汉语新词。反之，如果我们充分意识到现代汉语中许多名词不免具有西方的背景和来源，那么，当"人文主义"往往不自觉地作为"humanism"的中译语被使用时，不但将儒家传统作为一种"religion"会引发无穷的争议，以"人文主义"来界定儒家传统的基本特征，其实同样不免"格义"所产生的一系列问题，所得与所失并存。当然，语言是"活"的，否则，只有"法华转"而不可能"转法华"了。任何一种语言的名词、术语的翻译，一旦进入另一种语言的语境，即可具有其自身的涵义，未尝一定为其原先语言中名词和术语的意义所拘定。因此，如果我们能够对"humanism"和"religion"本来的基本涵义有所把握，同时，对于"人文"和"宗教"这两个词在中文中原有的基本涵义有充分的自觉，那么，只要我们是着眼于"人文主义"和"humanism"之间以及"宗教"和"religion"之间的彼此相通而非单向求同，无论以"人文主义"还是"宗教"来界定儒家传统，又都未尝没有其合法性及其自身特殊的涵义，也并不意味着简单地将儒家传统归于"humanism"或"religion"这两个范畴的其中之一。

一 "人文主义"释义

虽然"人文"一词古已有之，最早可以追溯到《周易·贲卦》《彖辞》中的"观乎天文，以察时变；观乎人文，以化成天下"。但是，作为一个专有名词，"人文主义"却是在现代汉语中作为英文"humanism"一词的中文翻译才出现的。因此，要明确现代汉语中"人文主义"的本来所指，就首先要求我们了解"humanism"一词的涵义。

虽然"humanism"一词的起源大概最早可以追溯到西塞罗（Marcus Tullius Cicero，前106—前43）的拉丁文"*humanitas*"，但是，就其实际的内容所指来说，"humanism"的成熟形态似乎更多地被认为始于文艺复兴时期，是指一种基于希腊和拉丁经典的学习和教育，尤其是对语法（grammar）、修辞（rhetoric）、历史（history）、诗学（poetry）和道德哲学（moral philosophy）这五门学科的学习。不过，需要说明的是，文艺复兴时期还并无"humanism"一词，只有拉丁文的"*studia humanitatis*"，字面意思是"关于人性的研究"（the studies of humanity），亦即我们今天所说的"人文学"或"人文学科"（the humanities）。英文中正式使用"humanism"一词来指称拉丁文的"*studia humanitatis*"，最初是1808年一位教育工作者尼萨摩尔（F. J. Niethammer）根据德文"humanismus"杜撰的。1859年，在德国历史学家沃伊格特（George Voigt）的著作《古代经典的复兴或人文主义的第一个世纪》（*The Revival of Classical Antiquity or the First Century of Humanism*）一书中，这一杜撰的英文新词（neologism）被正式用来形容文艺复兴时期以个人主义为特征的新的世俗文化,遂逐渐得以流传。① 这种以"个体的""人"为中心的文化取向,在后来的启蒙运动中得到了进一步的强化,直至成为近现代整个西方文化中的主流。

当然,如果不以字源学为限的话,在西方的历史文化中,"humanism"是一个具有漫长历史和不同意义层面的观念,要想对这一观念下一个基本的定义,几乎是不可能的。不过,除非特别说明,至少在19世纪以来现代西方语境中的"humanism",往往多指近代文艺复兴尤其是启蒙运动以来的以人自身的经验为中心来看待一切的一种世界观。英国学者阿伦·布洛克(Alan Bullock)曾经专门考察过作为一种传统的"humanism"在西方社会不同历史阶段的演变。在说明了"humanism"本身蕴涵复杂性的同时,他也指出,作为文艺复兴和启蒙运动之产物的现代话语中的"humanism",其基调就是一种人类中心的世界观。② 如果说文艺复兴、启蒙运动之前中世纪西方的世界观是以"神"为中心来解释世界的话,"humanism"的兴起就是要扭转以往那种"神本"的世界观而代之以"人本"的世界观。在这个意义上,用"人本主义"来翻译"humanism"③,或许更为准确。

从14世纪到19世纪以来,"humanism"大体包含以下几个层面的涵义:(1)一种基于古典学习的教育程序(programme);(2)相信人

---

① 这里关于"humanism"一词起源的说明,参考了"Renaissance humanism", in *Routledge Encyclopedia of Philosophy*, edited by Edward Craig, Vol. 4, London and New York: Routledge, 1998。

② 参见〔英〕阿伦·布洛克著,董乐山译:《西方人文主义传统》(北京:生活·读书·新知三联书店,1997),第12页。

③ 事实上,"humanism"最初本来即由吴宓译为"人本主义",只是后来不久胡先骕将其译为"人文主义",为众人采用并得以流传。吴宓亦取之而不再用自己初译的"人本主义"一名。参见《吴宓自编年谱——1894—1925》(北京:生活·读书·新知三联书店,1995),第233页。在中文世界中,"humanism"的中译不一而足,除"人文主义""人本主义"之外,还有"人道""人道主义"甚至"唯人主义"的译名。对于这些译法的问题,笔者此处不能讨论。需要说明的是"唯人主义"的译法正确掌握了"humanism"的人类中心主义这一核心,只是"唯人"一词意同"人本"而稍嫌生硬,故不如"人本主义"。"人道主义"在中文的语境中则易与"humanitarianism"一词相混。但语言约定俗成,以"人文主义"译"humanism"流传最广,故本书亦采用。

类的视角(perspective)、利益和在整个宇宙中的中心地位;(3)相信理性(reason)和自律(autonomy),将其作为人类存在的基础;(4)相信理性、怀疑精神和科学方法是发现真理和建构人类社群的唯一恰当的工具;(5)相信伦理和社会的基础要在自律和道德平等中获得。① 显然,除了第(1)点与文艺复兴直接相关之外,余下的四点,其实基本上可以说是17—18世纪启蒙运动精神气质的体现。

20世纪以来,尽管西方的"humanism"有多元的发展,但这种以人类中心的世界观为基调的"人文主义",仍然构成"人文主义"传统的主流,与中世纪以来的宗教传统之间形成一种紧张。譬如,哈佛大学的 J. A. C. Fagginger Auer 与耶鲁大学的 Robert Calhoun 和 Julian Hartt 就曾经在20世纪50年代初分别各自代表人文主义和基督教传统进行过一场辩论。② 因此,虽然也有试图结合人文主义与宗教的思想,如所谓"基督教人文主义"(Christian humanism)一说③,但是,就20世纪人文主义的主流来说,其消解神圣性,因而构成西方宗教传统对立面的基本特点是非常明显的。如果我们对这一基本分际有所混漫的话,则真如 John Luick 所言,恐怕几乎无人不是人文主义者了。④ 并且,通过与现代科学相结合,人文主义日益突显其无神论、世俗化的取向。甚至有取代传统宗教而成为一种新的信仰对象

---

① 这里关于"humanism"一词基本涵义的说明,参见"Enlightenment humanism", in *Routledge Encyclopedia of Philosophy*, edited by Edward Craig, London and New York: Routledge, 1998, p.258。

② 参见 J. A. C. Fagginger Auer, Julian Hartt, *Humanism versus Theism*, The Antioch Press, 1951。

③ 参见 Diogenes Allen, *Philosophy for Understanding Theology*, Georgia: John Knox Press, 1985, pp.157-159。

④ 参见 *Routledge Encyclopedia of Philosophy*, p.528。必须指出的是,儒家传统中"宗教"与"人文"彼此相通,并不意味着西方近代以来"religion"和"humanism"就其主流而言也是彼此开放甚至结合的。这种误解如果是不自觉地"由中观西"的结果,则需要反思以明辨。如果是有意的论证策略,即以此来论证儒家传统中"宗教"与"人文"的统一("天人合一"),则毫无必要。因为扭曲西方历史实际的论证是没有效力的。

的趋势。① 在这个意义上,现代西方主流的"人文主义",其实可以说不过是一种"世俗的人文主义"(secular humanism)。这种世俗人文主义最为根本的特征,就是将人作为评价一切的价值标准,不再承认人类经验之外超越层面的存在及其真实性。古希腊哲人普罗泰戈拉(Protagoras,约公元前481—前411年)的名言"人是万物的尺度",恰好可以作为这种世俗人文主义的点睛之笔。

二 "宗教"解说

学界一般都认为,汉语中本无"宗教"一词,"宗教"是日本人翻译英文"religion"的产物,最早由黄遵宪(1848—1905)在1887年完稿、1895年出版的《日本国志》首次引入中文。黄遵宪的确在《日本国志》一书中多次使用"宗教"一词,但是,他当时不过是沿用日文中既成使用的汉字,不必就是英文中"religion"的翻译。更为重要的是,认为中文中本无"宗教"连用的成说,实在是未经考证的臆见。结果辗转相传,积非成是,甚至被不少研究者作为结论而沿袭,反映出对于中国古典的陌生,不免令人遗憾。事实上,不但"宗""教"是古代汉语中常用的词汇,即使"宗教"连用而作为一个整词,在中国历史上也是其来有自,绝非清末民初的"日产"。这一点,与"哲学"一词不同。

在英文"religion"以"宗教"的译名传入中国之前,传统儒释道三家中早有"宗教"作为一个整词的用法。② 大体而言,"宗教"一词首先广泛出现于佛教的各种文献之中,后来为道教和儒家相继采用。由六朝时期以至唐宋,"宗教"一词在佛教文献中几乎俯拾皆是。譬

---

① 参见 Corliss Lamont, *The Philosophy of Humanism*, New York: Continuum Publishing Company, 1993, Seventh edition, Revised and Enlarged, pp.11-29。

② 已有学者指出此点,参见陈熙远:《"宗教"——一个中国近代文化史上的关键词》,《新史学》,第13卷14期,2002年12月,第46—48页。

如,梁朝袁昂(461—540)在参与有关"神灭论"的辩论中曾言"仰寻圣典,既显言不无,但应宗教,归依其有"①。隋朝释法经(约594)在进呈隋文帝的上书中,曾称其所修撰的佛教经典"虽不类西域所制,莫非赞正经。发明宗教,光辉前绪,开进后学"②。宋代释惠洪(1071—1128)曾经称赞某人"自以宗教为己任"③,释普济(1179—1253)在《五灯会元》中记载沩山灵祐禅师(771—853)"敷扬宗教,凡四十余年,达者不可胜数"④。后来,道教和儒家传统中亦相继不乏使用"宗教"者。例如,元代任士林(1225—1309,字叔实,浙江奉化人)在其《代道录司贺天师寿》中称赞天师"二十四岩清垣之尊,诞扬宗教;三十万里弱水之隔,遥彻颂声"⑤。明代王阳明的高弟钱德洪(1497—1574)亦曾在其《二贤书院记》中,称赞鄱阳程氏后人前来问学为"因闻师门宗教,以悟晦庵之学,归而寻绎其祖训"⑥。此外,作为一个整词,"宗教"还指一种官职,即宋代"敦宗院教授"一职的简称。⑦ 南宋大儒吕祖谦(1137—1181)就曾经担任过"宗教"之职,如乾隆年间的《钦定续通志》卷五百四十七《儒林传》即载吕祖谦"初以荫入官,后举进士,复中博学宏词科,调南外宗教"。

不过,即便"宗教"一词古已有之,其涵义并不对等于英文中的"religion"。经过清末民初以来围绕西方"宗教"的争论,在现代汉语的语境中,"宗教"一词已经基本上成为英文"religion"一词的中文对

---

① 袁昂:《答释法云书难范缜神灭论》,严可均辑:《全上古三代秦汉三国六朝文》(北京:商务印书馆,1999),第8册,《全梁文》,卷48,第11页。
② 释法经:《上文帝书进呈众经目录》,严可均辑:《全上古三代秦汉三国六朝文》,第10册,《全隋文》,卷35,第9页。
③ 释惠洪:《冷斋夜话》,卷9,《学津讨原》(上海:商务印书馆,1922),第4页。
④ 释普济:《五灯会元》,卷9,第526页。
⑤ 任士林:《松乡集》,《四库全书珍本》(台北:商务印书馆,1971),2集,卷10,第11页。
⑥ 谢旻等修:《江西通志》(台北:成文出版社,1989年影印雍正十年刊本),第2532页。
⑦ 未著撰人的《翰苑新书》《前集》卷三十"西南外宗教"一条,曾说明了"宗教"作为一种官职的历史沿革。大略来说,该职最初西汉元始五年设立于各个郡国,为的是管理当地的皇室亲族,当时的名称是"宗师",尚非"宗教"。唐武德三年每州设宗师一人。宋崇宁初,改设敦宗院,延请师儒担任敦宗院教授。宋中兴之后,即简称"宗教"。

应物。其原先即用来指称儒、释、道的历史,已经被人们遗忘了。

和"humanism"一样,英文中的"religion"也是一个19世纪才出现的词语。根据罗斯(H. J. Rose)为《牛津古典词典》撰写的"religion"词条,不论在希腊文还是拉丁文中,都没有与英文中"religion""religious"完全对应的词语。① 史密斯(W. C. Smith)曾经对"religion"这一用语在西方的产生和发展进行过较为详细的考察。② 在此基础上,他指出了很重要的一点,那就是,到18世纪末,基督教(Christianity)已经几乎成为"religion"的代名词了。③

仅以基督教作为近代西方"religion"的观念,或许不免极端,因为基督教之前的犹太教(Judaism)和之后的伊斯兰教(Islam),都对近代以来西方"religion"观念的形成产生过重要影响。这样说大概是比较周延的,即西方近代以来的"religion"这一观念,基本上以包括犹太教、基督教和伊斯兰教在内的"西亚一神教"或"亚伯拉罕传统"(Abrahamic tradition)为典范。这三大宗教传统都起源于西亚,具有三个共同的基本特征:(1)都信仰一个外在的人格神,这个外在的人格神超越于人类世界,决定人类世界的秩序;(2)都具有专门的组织机构(教会)和专门的神职人员;(3)都有一部唯一的经典构成其信仰对象的语言载体。这三个特征,构成西方传统"religion"的三项基本条件。清末民初以来一直到今天,绝大部分中国人对于"宗教"的理解,已经脱离了"宗教"在中国传统中本来的涵义,而仅仅以"西亚一神教"的模式作为"宗教"的典范了。

但是,随着与世界上其他文明的接触,20世纪中叶以来,在西方宗教学研究的领域中,"religion"的概念开始得到了扩展,不再仅以西亚一神教的基本特征作为衡量是否宗教的标准了。譬如,蒂利希(Paul Tillich)以"终极关怀"(ultimate concern)来定义宗教,所谓

---

① M. Cary edited, *The Oxford Classical Dictionary*, Oxford, 1949.
② 参见 W. C. Smith, *The Meaning and End of Religion*, Fortress Press, 1991, chap. 2。
③ Ibid., p.76.

"在人类精神生活所有机能的深层,宗教都可以找到自己的家园。宗教是人类精神生活所有机能的基础,它居于人类精神整体中的深层。'深层'一词是什么意思呢?它的意思是,宗教精神指向人类精神生活中终极的、无限的、无条件的一面。宗教,就这个词的最广泛和最根本的意义而言,是指一种终极关怀"①。伊利亚德(Mircea Eliade)认为宗教最大的目的是给人提供一种意义,是人内在的需求,导引人不断往前,并不限于某些组织形式,因而提出"宗教人"的观念。② 希克(John Hick)将宗教定义为"人类对于超越者的回应"(human responses to the transcendent)。③ 斯狷恩(Frederick Streng)将宗教定义为一种"终极性的转化之道"(the way of ultimate transformation)。④ 史密斯(W. C. Smith)在详细考察了"宗教"这一观念的基础上,认为"宗教"的本义不应当是指启蒙运动以来近代西方的那种宗教观,甚至认为应当根本放弃基于以基督教为代表的西亚一神教的"religion"这一用语本身,而代之以"宗教性"(religiousness)的概念。⑤ 诸如此类,都是对于近代西方基于西亚一神教模式的宗教观的修正和扩展。而就他们对于宗教本性的理解而言,我们似乎完全可以将儒学称为"宗教"或具有"宗教性"。事实上,在他们的相关著作中,儒学也正是被视为世界上主要的宗教传统之一。也正是在与包括中国在内的诸多非西方的文明发生接触和对话的基础上,这些扩展了的宗教观方才得以形成。至于杜维明先生着力从"终极性

---

① Paul Tillich, *Theology of Culture*. Edited by Robert C. Kimball, New York: Oxford University Press, 1959. 中译《文化神学》,《蒂利希选集》(上)(上海:上海三联书店,1999),第382页。

② 参见 Mircea Eliade, *The Sacred and the Profane*, tr. Willard R. Trask, New York: Harper & Row Publishers, 1961。

③ 参见 John Hick, *An Interpretation of Religion: Human Responses to the Transcendent*, New Haven: Yale University Press, 1989。

④ 参见 Frederick J. Streng, *Understanding Religious Life*, 3d ed., Belmont, California: Wadsworth, 1985。

⑤ 参见 W. C. Smith, *The Meaning and End of Religion*, New York: Harper & Row Publishers, 1978, chapt. 8 "conclusion"。

的自我转化之道"(the way of ultimate self-transformation)来诠释《中庸》所蕴涵的儒家宗教性,更是对西方那种不限于西亚一神教的宗教观的进一步发挥。①

可惜的是,在中文世界中,相当一部分学者对于"宗教"的了解,既早已忘却了中文中"宗教"一词古已有之的本来涵义,也未能了解西方晚近宗教学领域中这种扩展了的宗教观,还停留在19世纪以来狭隘的以西亚一神教为典范的宗教概念。一些将马列主义教条化的人将"宗教"作为一个完全负面的字眼,甚至等同于封建迷信。在这种宗教观的熏染之下习焉不察,同情儒学者一定要将儒家传统与"宗教"划清界限,批判儒学者则一定要将儒家传统判为一种"宗教"。既然对"宗教"这一观念缺乏反省,聚讼不已,难有定论,也就在所难免了。

三 人文主义与宗教之间的儒家传统

欧阳竟无(1871—1943)先生曾说"佛法非宗教非哲学"②,方东美(1899—1977)先生则认为"佛法亦宗教亦哲学"。两句话合起来看颇为吊诡,好像是历史上的禅家之语,其实不难理解。依笔者之见,其意无非是说,如果采用西方近代以来的"宗教"和"哲学"为标准来衡量,那么,佛教既不能为那种"宗教"所范围,也不能为那种"哲学"所限制。但是,佛教又同时包含"宗教"与"哲学"的内容。换言之,佛教中同时具有属于近代西方"宗教"和"哲学"这两个范畴的成分,因而不能单纯地为这两个范畴中的任何一种所笼罩。儒家传统的情况与此类似,尽管儒学在现代中国内地的大学和研究单位

---

① 参见 Tu Wei-ming, *Centrality and Commonality: An Essay on Confucian Religiousness*, Albany: State University of New York Press, 1989。
② "佛法非宗教非哲学"是欧阳竟无先生一篇演讲词的题目,最初由王恩洋记录。关于其基本内容,参见王雷泉编选:《欧阳渐文选》(上海:远东出版社,1996),第3—14页。

中基本上是属于"中国哲学史"的一个分支而被置于"哲学"这一学科之下,然而,就其性质来看,如果以西方近代以来居于主流的理性主义哲学观为标准,单纯的"哲学"实不足以涵盖儒家传统的完整内涵。① 杜维明先生在英文世界的论说中使用"religiophilosophy"这一词语来界定儒学②,既是他的苦心孤诣,也可谓不得不然。

在以"人文主义"和"宗教"这两个西方近代以来的范畴来观照儒家传统时,情形也是一样的。如果我们限定于西方近代以来主流的"人文主义"和"宗教"的理解,那么,儒家传统就既不是一种"人文主义",也不是一种"宗教"。但是,有三种情况使我们有理由认为儒家传统同时可以具有"人文主义"和"宗教"的名称。

首先,如果我们以"人文"和"宗教"这两个词历史上在中文语境中本来的涵义为准,那么,我们就不妨既可以说儒学是一种"人文主义",是"人文精神"的集中体现,也可以说儒学是一种"宗教",就像它曾经毫无疑问地在历史上和佛教、道教一道被作为一种"宗教"那样。其次,即便我们在使用"人文主义"和"宗教"这两个词时是对应于西方的"humanism"和"religion",只要我们的理解不局限于近代以来主流的"世俗人文主义"和仅以西亚一神教为模式的"宗教",那么,我们同样可以既将儒家传统视为一种人文主义,又将其视为一种宗教。最后,即便在严格对应于西方近代以来主流的"secular humanism"和仅以西亚一神教为模式的"religion"的情况下使用"人文主义"和"宗教",只要我们不是简单地将儒学非此即彼地划入"人文主义"和"宗教"范畴的其中之一,那么,我们仍然可以看到儒家传统

---

① 当然,如今中文世界中的"哲学"一词,事实上早已不以近代西方以来居于主流的理性主义的哲学观为限了。因此,如今在"中国哲学"这一范畴之下从事儒、释、道传统的研究和重建,就并不存在作为一种哲学活动的合法性问题。关于这一点,参见笔者:《合法性、视域与主体性——当前中国哲学研究的反省与前瞻》,原刊《江汉论坛》(武汉),2003 年第 6 期。《新华文摘》2004 年第 1 期全文转载。

② Tu Wei-ming, *Humanity and Self-Cultivation*, Boston: Cheng and Tsui Company, 1998, p.78.

之中同时具有"人文主义"和"宗教"的成分,仍然可以从"人文主义"和"宗教"这两个向度入手去刻画儒家传统的某些特征。换言之,如果我们运用的是"双向诠释"而非"单向格义"的方法,正如我们一开始所说的,是着眼于儒家传统与"人文主义"和"宗教"的两头相通,而不是试图在单向求同的意义上将儒家传统化约为"人文主义"或"宗教"的其中一种,那么,我们仍然不妨使用"人文主义"和"宗教"来作为把握儒家传统的定义性特征(defining characteristic)的观念架构。

因此,我们可以套用欧阳竟无和方东美先生的话合起来说:"儒家非人文主义非宗教,而亦人文主义亦宗教。"本书以"儒家传统:人文主义与宗教之间"为题,其意正在于此。用儒家传统甚至整个中国传统文化自身中"天""人"这两个核心观念来说,如果"天"象征着宗教性而"人"象征着人文性,那么,儒家传统最为基本的特征就是:儒家的"天人之际"不会像西方近代的主流思想那样在"宗教"与"人文"之间建立非此即彼的二元对立关系①,而是在肯定"天"与"人"之间具有本体论的一致性(所谓"天人合一"即就此而言)这一前提下,承认现实层面"天"与"人"之间存在的紧张,由此而始终谋求"天"与"人"之间的动态平衡。在这个意义上,无论以"人文主义与宗教之间"为题,还是在本书的不同章节中多次将儒家传统称为一种"宗教性的人文主义",都是为了突显儒家传统所兼具的人文主义和宗教的某些特征,同时又避免使之被化约为近代西方以来居于主流地位的"人文主义"或"宗教"的其中之一。具有宗教性的人文主义,较之世俗的人文主义,既符合儒家传统的精神方向与特质,或

---

① 学界一般认为儒家传统在孔子之前就已经基本完成了从原始宗教到人文理性的转化过程,这可以说是雅斯贝斯(Karl Jaspers, 1883—1969)所云"轴心突破"在中国的情况。参见徐复观:《中国人性论史·先秦篇》(台北:商务印书馆,1990;上海:上海三联书店,2001),尤其是陈来:《古代宗教与伦理——儒家思想的根源》(北京:生活·读书·新知三联书店,1996)。不过,我们应当领会这一判断的内涵,不能在西方近代"religion"和"humanism"的观念背景下,将这种人文化的过程理解为由前者到后者的转换或后者对前者的取代。

许也更为圆满。事实上,就像"人文主义"与"宗教"参照之下的儒学一样,在西方很多二元对立的范畴面前,儒家传统在许多方面都体现出某种非此非彼而又亦此亦彼的"之间"或"居间"特征。或许有人会说,如此未免模糊了概念的确定性。但是,假如要坚持每一个概念在其原先系统中的精确性,则所有概念系统之间都将是不可通约的(incommensurable)。不同系统之间的概念无法比较,则任何比较的研究势必不能进行,实际的文明对话也将无从展开了。事实上,不论不同的文明和观念系统之间的对话与交流一直在进行,即使同一种文化系统内部,比如西方思想传统,概念的内涵也是处在不断发展变化之中的,甚至同一个思想家,所运用的某一概念在不同的时期也有不同的规定性。就此而言,创造性的"模糊"要比狭隘的"精确"更具有理论的有效性和历史的真实性。

四　方法与意义

本书以"人文主义"和"宗教"这两个在现代汉语中几乎完全成为西文中译的观念为参照来考察儒家传统,当然是意在显示儒家传统中与"人文主义"和"宗教"两头相通但又并非单向相同的特征。全书各章所涉及的历史跨度力求涵盖儒家传统的主要阶段,由先秦以至当代,而以宋明儒学为多。在处理相关问题时,各章也在不同程度上援引西方哲学、宗教哲学、宗教学甚至神学的有关论说,或以为对比分析的参照,或以为诠释的助缘。然如"丸之走盘"①,虽纵横上下而不离其宗。各章所论,均围绕儒家传统的宗教性和人文性,其要皆以发明相关问题的特点与蕴涵为务。笔者曾经指出,中国思想传

---

① 杜牧(803—852)在其《樊川文集》卷十《注孙子序》中说:"丸之走盘,横斜圆直,计于临时,不可尽知。其必可知者,是知丸之不能出于盘也。"此处借用这一典故,而用法与原说稍有不同。所强调者,在于"丸"有其内在的方向和尺度,其不"出于盘"的原因,非纯然在于"盘"的外在限制。

统目前与今后的发展,无论是诠释还是建构,都早已不可能在与西方思想传统(甚至东方的其他思想传统,如印度)绝缘的情况下进行。"一切惟泰西是举"固然难以建立中国思想传统的主体性,试图不与西方思想传统发生关系,从20世纪以来已经建立的现代中国学术中剔除任何"西学"的因素而回到传统"旧学"的形态,同样是既不健康也不可能的思路,只能落入"断港绝河"。① 以儒家传统为代表的中国思想传统的精神气质,是可以而且必须在"苟日新,又日新,日日新"的过程中"因革损益",不为特定的形式所限制的。借用佛家华严宗的讲法,正所谓"不变随缘""随缘不变"。事实上,从先秦以迄宋元明清,现代学术建立之前儒家传统发展的历史,已经证明了这一点。譬如,先秦儒学中"理"尚未成为一个重要的思想概念,而在后来流传数百年的宋明儒学中,"理"却成为最为核心的概念。一些佛教的观念本来为儒学所无,后来也成为儒家传统的重要组成部分。因此,对于儒家传统乃至整个中国传统文化的发展来说,我们固然不可以以"西学"为标准,但必须以之为参照,舍此别无他途。只有在以"他者"为参照、与"他者"深度互动和交融的过程中,才能够获得更为明确的自我意识,并不断扩展深化自身的主体性和身份认同。对于包括西方文明在内的如今世界范围内每一种文明和文化传统,这恐怕都是一条必由的康庄大道。以往过多(如果不是仅仅)注重儒家传统伦理、社会和政治的人文的向度,儒家传统"宗教性人文主义"的特征或者说其独特的宗教性,往往没有受到应有的重视。尤其是在中国内地,由于对"宗教"的理解迄今仍不免囿于狭义的西亚一神教的模式,加上1949年以来对"宗教"的一些负面判断,理解儒家的宗教性更是格外困难。如前所述,肯定和批判儒家传统者看似势若水火,双方背后的宗教观却是未经反省的一致。在这种情况下,本书突显积极和正面意义上的儒家传统的宗教性,首先有其学

---

① 参见彭国翔:《合法性、视域与主体性——当前中国哲学研究的反省与前瞻》,原刊《江汉论坛》(武汉),2003年第6期。《新华文摘》2004年第1期全文转载。

理的价值。

　　除了学术本身的意义之外,对于在如今信仰危机的情况下如何"收拾人心",重建中华民族的价值系统,深入发掘儒家传统宗教性人文主义的精神资源,更具有特别的意义。在数千年的中国历史上,儒家传统之所以能够发挥"全面安排人间秩序"(余英时先生语)的功能,首先在于她作为一整套信仰和价值系统发挥着"正人心、齐风俗"的作用。可惜的是,自19世纪中叶以来,包括儒家传统在内的中国文化的危机不断加深,从"打倒孔家店"到"批林批孔""破四旧"再到"河殇",神州大地可以说已然形成了一种反传统的传统,儒家的精神气质几乎丧失殆尽。并且,我们似乎并没有成功地从"西天"取来"真经",使之足以作为一种替代性的价值系统来重塑中国人的心灵世界。20世纪90年代以来,全球化在器物甚至制度层面带来"一体化"的同时,也日益突显文化认同(cultural identity)与根源意识(primordial awareness)。"我是谁"的问题迫使每一个民族乃至每一个体不仅不能乞灵于任何纯然外部的文化来建立"自我",反而必须深入自己的文化传统来"认识你自己"。① "抛却自家无尽藏,沿门托钵效贫儿"(王阳明诗句)的心态已经被证明是行不通的。当然,任何文化都不是凝固不变的,其更新和发展需要不断吸收外部的资源。佛教传入中国就是一个很好的范例。不过,任何文化吸收新的成分从而转化和发展自身,其成功的前提必须是立足于已有的传统,否则即成"无源之水"和"无本之木"。② 正是在这一点上,在反传统的传统流行中国已有百余年的情况下,重建中国人的价值和信仰系统,从而消除诸多由此而来的社会问题,就首先需要我们对儒家传统的精神价值有深入的了解。只有在"具足正知识"(借用佛教

---

　　① 关于中国近代以来的文化危机和认同问题,余英时先生有精辟厚重的分析。参见其《历史人物与文化危机》(台北:三民书局,2004)。
　　② 关于传统与现代的关系问题,陈来先生有很好的论述。参见其《传统与现代——人文主义的视界》(北京:北京大学出版社,2006)。

语)的基础上,方能深刻"体知"、付诸实践,不至于"冥行暗修"甚至"走火入魔"。

不过,最后笔者还需要说明的是,本书的这种研究取径决不意味着儒家传统只有精神性(spirituality)这一个向度,也不意味着只有这种宗教性人文主义的向度才与现代社会相关、才能为现代社会提供某种资源。事实上,笔者历来认为,正如儒学本身是一个包括政治、社会、伦理等等多向度的(multiple-dimensions)传统一样,除了精神性的资源之外,经过一定的转化,儒学还应当而且能够为现代社会提供其他各种不同的思想和实践的资源。即便在制度建设的层面,儒家传统同样不是"俱往矣"的博物馆陈列品,其中仍然蕴涵许多丰富的可以"古为今用"的内容。只不过,即便已经开始意识到这一点,但恰如对儒家传统宗教性人文主义的方面已经隔膜甚深一样,对于几千年来中国传统社会的各种制度①,如今又有多少人能够深入其中,深明其得失呢? 其实,无论哪一个层面,哲学性的、精神性的、政治制度的、社会伦理的,如果不能"入乎其内"而后"出乎其外",任何关注和提倡就和那些"雾里看花"的批判一样,都无法免于口号式的肤泛。那样的话,儒家传统的真正诠释和重建,将是无从谈起的。因此,与其忙于造论立说,提出各种口号,不如大家分工合作,深入发掘儒家传统各个层面的内在资源,然后予以创造性的转化、整合。朱子所谓"旧学商量加邃密,新知培养转深沉",是始终值得我们再三玩味的。就此而言,本书如果能于儒家传统精神性层面的发掘、诠释和重建略尽绵薄,并为将来进一步的工作奠定基础,亦可谓功不唐捐了。

---

① 有关中国历史上各种制度的沿革,精要的入门书可参考吕思勉:《中国制度史》(上海:上海教育出版社,1985)。

第一章

孟子"万物皆备于我"章释义

引　言
"我""物"与"备"解
"反身而诚"与"强恕而行"释
结　语

一　引　言

　　《孟子·尽心上》有一章:"孟子曰:万物皆备于我矣。反身而诚,乐莫大焉。强恕而行,求仁莫近焉。"虽短短数语,儒家思想的几个重要观念:诚、乐、恕、仁均含于其中。而其义理蕴涵,则更为精微。本章拟对孟子此章进行一番发掘与诠释,以求彰显其所含之深层义理结构。这种诠释的工作由于是诠释者与文本的双向交融,其结果自难免会有伽达默尔(Hans-Georg Gadamer)所云的"成见"(Vorturteil),但诠释又必得奠基在与古人及其文本心意相通而有共鸣共振之基础上,如此诠释者方能深入其中,得其三昧。由此,诠释又绝非只是"成见"或"增益见"。如果要从诠释学的角度进行某种定位的话,这一章对于孟子"万物皆备于我"章的诠释工作,或应属"蕴谓"

与"当谓"的层面。①

孟子关于"万物皆备于我"的认定,可以说在某一个方向上开启了后世儒家一条至关重要的理路。这在宋明儒学中尤为明显。程明道、陆象山、杨慈湖(名简,字敬仲,称慈湖先生,1141—1226)、陈白沙(名献章,字公甫,号石斋,称白沙先生,1428—1500)、王阳明等不同儒者各自的某些论说,皆与之一脉相承。② 孟子的这种论断当然是他个人的,后世各位儒者基于各自不同体验所得出的结论也均是个人的。所谓"个人的""体验的",似乎均显示出某种"主观的"意味。但是,不同的"个人"、不同的"体验",既然都指向某种近乎同样的样态,那么,这无疑又传递出了关于某种"客观的"东西的消息。因此,对孟子"万物皆备于我",便不能简单视之而轻轻放过。既然从这个看似主观的命题中泄露出了某种客观性,那么,我们就必须作尽可能源始的追问。"万物皆备于我矣"显然是对物我关系的一种领会与把握。但是,究竟在什么意义上万物是备于我的?在"万物皆备于我"的状态下,"万物"是什么意义上的万物?"我"是什么意义上的我?而"备"又是怎样的一种"备"呢?

二 "我""物"与"备"解

"我"是一个在世界之中的存在,只要"我"存在着,"我"就得和其他在世界内的存在者发生关系。许多思想家都以不同的概念和表达方式说明了人不可能是孤立绝缘的绝对个体,否则就不能是一个

---

① 傅伟勋"创造的诠释学"划分了诠释工作的五个层面:(1)"实谓"层面针对:原思想家(或原典)实际上说了什么?(2)"意谓"层面针对:原思想家想要表达什么?(3)"蕴谓"层面针对:原思想家所说的可能蕴涵什么?(4)"当谓"层面针对:原思想家本来应当说出什么?(5)"创谓"层面针对:原思想家现在必须说出什么?或者为了发展原思想家的未竟课题,创造的诠释学者现在必须说出什么?参见傅伟勋:《从西方哲学到禅佛教》(北京:生活·读书·新知三联书店,1989),第51—52页。

② 参阅陈来:《心学传统中的神秘主义问题》一文,见《有无之境——王阳明哲学的精神》(北京:人民出版社,1991),"附录"。

现世的存在。人在世上的生存活动使人和其他形形色色的人、物发生各式各样的关系。这些关系似乎是五光十色、无法穷尽的,但却并非无法把捉。依马丁·布伯(Martin Buber)之见,"我"与其他世内存在者的关系,其实不外乎两种:"我—它"关系和"我—你"关系。当然,这是布伯的理解和表达方式。但是,我们与其执著于这种"关系哲学"只是布伯个人的"说法",不如透过这种"说法"而领会、把握到这种"说法"所指向的实在,或者这种实在不过经布伯之口并以布伯的表达方式泄露出来而已。既然布伯可以洞见到这种实在,那么,为什么不同时空状态下的人不可以洞见到同一实在呢?所谓"得意忘言",我们为何不能撇开种种不同的言说方式而"英雄所见略同"呢?笔者以为,孟子"万物皆备于我矣",就是从"我"的角度对物我之间"我—你"关系的揭示。当然,笔者并非是要将布伯思想塞进孟子这一命题中,确切而言,笔者是希望借布伯关于"我—你"关系的思想,作为一种诠释的资源和助缘,透过这一论说,使孟子"万物皆备于我"的义理蕴涵获得充分的展开,达到一种最佳的诠释效果。所谓"依义不依语,依法不依人"。

  布伯曾举过一个"我"与树的例子。① 尽管诗化的语言使我与树的几种情况在分类的意义上不太严密,但布伯却深刻地洞见到:只要树始终只是我的对象,有其空间位置、时间限度、性质特点、形态结构,那么,我与树的关系就不过是"我—它"的关系。对象可以有两种情况:观察思考的对象与实践使用的对象。布伯在"我—它"关系意义下描述的我与树的几种不同情况,其中树都可以划归观察思考的对象。此外,当我为了实际的需要,比如做家具、做柴火等等,总之是要使用它时,树便成了我实践使用的对象。布伯忽略了实践使用这种情况。但是,无论是观察思考的对象还是实践使用的对象,我与树均是"我—它"的关系。在这种关系中,"它"之于"我"的对象化,

---

① 马丁·布伯著,陈维纲译:《我与你》(北京:生活·读书·新知三联书店,1986),第21—23页。

是一个根本的特征。所谓对象化,就意味着是与我相隔离的客体。我通过对它们的经验而形成关于它们的知识,再凭借知识使其为我所用。任何除我之外的世内存在者,均可被对象化而与我形成"我—它"关系。在此关系下,相对于"我"的所有"它",均不过是我经验、利用的对象,是满足我利益、需求的工具。而只有将这所有的"它"置入时空架构与因果序列中,我方可形成关于它们的知识,以达至为我所用的目的。因此,在这个意义上,现象世界中"物""我"关系无论多么复杂,似乎都可以概括在"我—它"关系之下。

依康德之见,作为有限的理性存在之人,只能在时空架构下,以先验范畴的网络去摄取感觉材料而获得种种认识。因此,人与其他存在者之间除了"我—它"关系,便似乎不可能有其他样态的关系。但是,布伯却不如此认为,同样以我与树的关系为例。在"我—它"关系下我与树的种种情况之外,布伯指出:"我也能够让发自本心的意志和慈悲情怀主宰自己,我凝神观照树,进入物我不分的关系中,此刻,它已不复为'它',唯一性之伟力已整个地统摄了我。"① 这时的树已超越了时空的拘限和因果性的制约。作为一个意义结构,树已经与我的生命存在连成一体。这便是"我—你"关系。当铃木大拙将日本诗人松尾芭蕉和西方诗人但尼生(Tenyson)同样吟诵一朵花的诗作放在一起加以比较时,其实也揭露出了存在的这两种关系形态。② 事实上,如果布伯的思想对大多数西方思想家而言显得较为独特与陌生的话,那么对于东方思想,尤其是中国哲学,倒较为亲切。中国哲学并不像康德那样因为否认了人有智的直觉(intellectual intuition)而使物自身世界一片冥暗。③ 人除了烦忙活动于其中的现象

---

① 马丁·布伯著,陈维纲译:《我与你》(北京:生活·读书·新知三联书店,1986),第22页。
② 参阅铃木大拙、弗洛姆著,孟祥森译:《禅与心理分析》(北京:中国民间文艺出版社,1986),第17—23页。
③ 关于"智的直觉"在康德哲学与中国哲学中的问题,可参阅牟宗三:《智的直觉与中国哲学》(台北:商务印书馆,1971)及《现象与物自身》(台北:学生书局,1975)。

世界之外，尚有一个价值、意义的世界。王阳明南镇观花之论所蕴涵的问题，其实不在于作为一个物质结构的花离开一个意识知觉主体是否存在，而恰恰也是指示出了作为一个意义结构的花与我的那种"我—你"关系。① 当然，当布伯归宗于"永恒之你"时，其思想仍旧是犹太—基督教的产物，但在提示"物"与"我"除了"我—它"之外尚有"我—你"关系这一面向上，布伯的确与中国哲学走到一起了，可以为孟子"万物皆备于我"提供一个注脚。

布伯以人树关系为例对物我关系的说明，恰恰可以有助于我们理解"万物皆备于我"的真谛。在布伯的描述中，当树由"它"变成"你"时，其前提首先必须是"我"的变化。当我以一个观察思考者或实践使用者的身份，在对象化的方式下去看那棵树时，树便只是"它"，而当我以一个满怀爱心的存在者身份，以物我一体的方式去看那棵树时，树便进入了我的生命存在，与我结成了一个有生命的意义结构的整体，从而由"它"变成了"你"。"我—它"之中的"我"和"我—你"之中的"我"具有不同的意义。对于"我—你"之中的"我"，布伯未有太多的说明，但当他说"我也能够让发自本心的意志和慈悲情怀主宰自己，我凝神观照树，进入物我不分之关系中"时，其实已约略透出了对这种情况下"我"的规定。而孟子乃至整个儒家传统对"我"的根本把握，恰恰具有"我—你"关系状态下"我"的特征。

显然，依孟子，"我"的本质规定是道德本体意义上的存在。这种本真自我以仁心诚意的无限觉润为根本特征。② "我"的无限觉润是在"与物无对"的方式下，无时无处不以满腔关切与爱意投向一切，润泽万物。而万物相对于此种意义下的"我"，便不复仅具有物

---

① 单就王阳明南镇观花而言，亦可以现象学的意向性理论来加以诠释，参见陈来：《有无之境——王阳明哲学的精神》，第二章第三节。

② "觉润"是牟宗三先生的用法，用来指道德实践的创造性与普遍性。但以无限觉润来说明仁心的发用，却并非牟宗三先生的发明，在儒家传统中来有自，如北宋谢良佐（1050—1103，字显道，称上蔡先生）即以"觉"训"仁"。

质结构的身份,而开启出了其自在的意义、价值的向度,作为一种生命存在进入了"我"的生命存在,与"我"共同构成了一个统一的意义共同体。正是在这个意义上,"万物皆备于我"揭示出了物我的"我—你"关系状态。在孟子这句话中,"我"就是一个道德的本真自我。我与其他存在者发生关系的方式,就是我不以对象、客体的眼光打量周遭的世界,而以恻隐关怀投向世内一切存在者。万物则在恻隐关怀的浸润中超越了时空、因果的拘囿,彰显出独特的意义结构。"万物"就是这个意义上的万物。而"万物"进入"我"的生命存在而彼此结成一体,则体现了"备"的涵义。当然,说万物进入我的生命存在,并不意味着这是单方面的进入。万物进入我的生命存在之同时,我也进入万物的生命存在。"我—你"关系就是指我与万物彼此生命相互涉入所形成的亲和一体性。因此,"备"的真实涵义是"同构",只不过孟子是从"我"的角度来说罢了。由此来看,孟子之后之所以有如此多的儒者由自己存在的体验而得出了类同孟子"万物皆备于我"的结论,无非是洞见了"我—你"关系之结果。

  当然,除了本真的道德自我,孟子不能否认"我"的其他向度。但就在"我—它"关系下的"我"而言,我们是很难解释万物是如何"备"于我的。如果说"物"作为我的思考对象或使用工具而进入我的意识领域,这也可以解释为"备",那么我们可以说,孤立地看"万物皆备于我",即使这样的解释或能聊备一说,但这里所显示的意义不外是说万物均可纳入我的意向性结构。但这与下面两句包含价值论意味的"反身而诚,乐莫大焉。强恕而行,求仁莫近焉"却毫无意义上的关联。显然,这种说法是牵强的。因此,只有在"我—你"关系的意义上才能说"万物皆备于我",也只有根据以上对"万物皆备于我"的诠释,才能顺理成章地诠释以下两句,并指出其间的关联,最终达到对孟子此章的完整把握。

三 "反身而诚"与"强恕而行"释

"万物皆备于我"揭示了"我—你"的存在关系。但是,实际世间的"物"与"我",却往往并不在"我—你"关系中。用海德格尔(Martin Heidegger)的话来说,人往往是在日常平均状态下以一种常人(das Man)的身份在闲谈、好奇、模棱两可的沉沦状态下烦忙地对周围一切有所事事。[①] 这种非本真的存在样态正是我们的实际生存状态。当然,对此种情况,并非只有西方存在主义者们才有深切的省察。当程明道说"人生而静以上不容说,才说性时,便已不是性"时[②],就已经指出了作为在世的实际存在者,人已非孟子性善论意义上的本真自我。而在这种情况下,人类所从事的种种日常活动几乎没有哪一样离得了将外物和他人对象化、客体化。因此,"我—它"关系似乎是现实世界的主宰。的确,人无法脱离"我—它"的关系状态,否则社会的前进甚至存在均成问题。但是,"我—它"关系又无法构成人的整全世界。除了非本真的存在状态,尚有本真的存在状态;除了物我分离、彼此单子化的"我—它"关系,尚有物我一体、"万物皆备于我"的"我—你"关系。人并不甘于恒久地处于"我—它"关系之中,恰如布伯所言:"人无'它'不可生存,但仅靠'它'则生存者不复为人。"[③]"我"在"你"与"它"之间摆动的动态关系,或许是人生最真实与整全的样态吧!

[①] 参阅海德格尔著,陈嘉映、王庆节译:《存在与时间》(台北:台湾久大、桂冠,1990)第一篇第四章"在世作为共在与自己存在,'常人'"和第五章"'在之中'之为'在之中'"之B部分"日常在此之在与此在的沉沦"。

[②] 程颢(1032—1085,字伯淳,称明道先生)虽然认为后天的气禀之性亦是人之"性",但却并非认同告子而仅以"生之谓性"来解释人性,即其人性论中同时肯定了本然之性与气质之性这两个层面。若谓其就是以告子"生之谓性"解释人性,则此句便说不能。此句中"才说性"之"性",是指人形体已具后的实然之性,自然包含气禀的成分,而"已不是性"之"性",则是本然之性、天地之性,人之为人的超越的所以然之根据,亦即孟子"性善"之性。

[③] 《我与你》,第51页。

那么，人如何能回归于"万物皆备于我"的本然关系状态中呢？"我"与万物构成何种关系，关键在于"我"的存在样态。"我"以不同的方式存在，则世界对我呈现为不同的世界。晚明的阳明学者杨起元（字贞复，号复所，1547—1599）曾说："以俗眼观世间，则充天塞地皆习之所成，无一是性者；以道眼观世间，则照天彻地皆性之所成，无一是习者。"（《太史杨复所先生证学编》）这一段话恰好可以和布伯的两种关系说彼此相呼应。在"以俗眼观世间"的情况下，自我既表现为脱离了本真自我的"习心"，此时所观照与面对的他人与事物，自然"无一是性者"，以"它"而非"你"的身份与"我"疏离地相处，形成"我—它"关系，有冲突、斗争而无沟通、和谐，于是整个世界"充天塞地皆习之所成""天地闭，贤人隐"。而在"以道眼观世间"的情况下，自我既呈现出本真的面目，此时所观照与面对的他人与事物，自然"无一是习者"，无不以"你"而非"它"的身份与"我"亲和地共在，形成"我—你"关系，有沟通、和谐而无冲突、斗争，于是整个世界"照天彻地皆性之所成""天地万物为一体"。因此，若要超越"我—它"的日常关系结构，和万物建立起"我—你"的亲和一体性关系，达到"万物皆备于我"的状态，关键就在于要从"常人"的存在状态下超拔出来，回复"我"的本来面目，使"我"展现为"我—你"关系中的那个"我"。而孟子所谓"反身而诚，乐莫大焉。强恕而行，求仁莫近焉"，则正是指明了确立本真自我的途径。

本真自我是怎样一个"我"呢？孟子是用"诚"与"仁"来规定的。"仁"从孔子起便成为儒家传统一个最为核心的观念，孟子继承了这个思想。因此，本真自我便是达到了"仁"的状态、成为一个仁者的"我"。孔子从不轻易以仁许人，仁也不被视为某个具体德目而是众德之源。可见，我们要是能以仁者的方式存在，便可谓确立了真正的自我。"仁"被视为"我"的本真状态，或许正显示了儒家思想的根本特征。那么，"诚"又如何解释呢？难道本真之我还会有不同的存在样态吗？"诚"在儒家，同样是一个至关重要的观念，其地位或许并不低于"仁"。"诚"的基本涵义是真实不虚，一旦达到"我"的本真状态,我们当然可以说达到了"诚"的状态。而且,用"诚"来规定自我的本真状态,也最为直接恰当。因此,在儒家,"诚"绝不仅具有工夫修养论上的意义,它更有本体论上的地位,并且,前者的意义只有以后者为根据方才可能。"我"的本真存在状态既是"仁",又是"诚"。"仁"与"诚"并非两种不同的存在状态,而是对作为本真存在之"我"的共同揭示。二者一起组建了本真之我。在儒家看来,一个仁者当然是以其本来面目示人,所谓"以诚待人"。而一个人若真能以诚待人,使自己在待人接物时无不处于"诚"的状态,那么,他(她)的本然善性便会"若决江河,沛然莫之能御",流行发用,化育万物,如此自然便达到了仁者的境界。

　　人达到了"诚""仁"的存在状态,便如出水芙蓉,尽洗铅华,完全呈现出了"我"的本来面目。所谓"脱胎换骨"。当我以"诚者""仁者"的眼光打量周围世界时,万物不复再对我呈现为对象、客体。在"仁心""诚意"的润泽中,万物也如如地以其本来面目向我开放,彼此间的藩篱顿时化为乌有,大家生命相接,气息相通,成为一个生命、价值的统一体。于是,我们便打破了"我—它"关系的宰制,达到了"万物皆备于我"的境界,进入了"我—你"的关系之中。那么,如何才能彻底地自我转换,回复"我"的本来面目呢?孟子指出:达到"诚"与"仁"的存在状态,要靠"反身"与"强恕而行"。

　　孟子的第二句话是"反身而诚,乐莫大焉"。为什么"反身"是达到"诚"的途径?"反身"究竟是什么意思呢?人的现世存在,通常是在"我—它"关系的结构之下,但人之所以为人,却不时能够体察到自己的本真状态,感受到"我—你"关系这种存在结构。人并不始终处于沉沦的状态、物化的世界。人在日常生活中也不时会有本心振动、良知发现的时候。孟子举乍见孺子入井而生恻隐之心之例,以示人性本善,正是由于孟子敏锐地捕捉到了人们良知心体呈现的那一刹那。我们每个人或许都会有类似的体验。即使十恶不赦之人,在一定情况下亦有可能展露出其良善的样态。但是,良知的呈现,本来面目的展露,在许多人一生的时间历程中,却常常只是如火花闪现,偶尔冒出又迅速地消散了。人之所以如此经常性地失落了本真自我,就在于人们总是将目光投向外在的世界。在种种思虑、计较、谋划之下,"我"将其他的存在者对象化、客体化。同时,"我"也被其他的"我"对象化、客体化而为一物。① 庄子所谓"其嗜欲深者,其天机浅"。正是在一味向外追逐的烦恼营谋活动中,人丧失了真我。因此,要想超越"我—它"的结构,人们首先要做的就是要将向外打量的眼光收回,将向外投射的思虑收回,使自己心神凝定,六神有主。而孟子所说的"反身",就是要将心神从"物交物则引之"的种种缠夹牵绕中挣脱出来,找回失落的自我,从而回归到真实不虚的"诚"的存在状态。

"反身"既然是中止向外界的各种烦忙活动而朝内在自我,这样看来,后世的儒家,尤其是宋明儒者,很多在一定意义上肯定静坐作为收拾身心的修养方式,就不难理解了。因为静坐使人撇开一切世俗活动,"反求诸己",专注于内在自我的体认,最容易回复到"我"的本来面目,进入"我—你"关系的物我一体状态中。事实上,本章开头提到的那些宋明儒者们各自关于"万物皆备于我"的体验状态,也几乎无不是在静坐的状态下产生的。由此可见,如果不拘于静坐的种种形式,那么,具体如何进行"反身",便一定离不开静中的内向体验。孟子虽无关于静坐的直接说法,但其"观夜气""养气"之说,亦与静坐、调息相通。

一旦经由"反身"而达到"诚","我—它"的物我关系便会解构,世界便会呈现出一幅完全不同寻常的画面:在物我一体的"我—你"关系中,世界充满爱。如此,我岂能不"乐莫大焉"?必须指出的是,这种"乐莫大焉",既是"我"的一种感受,更是"诚"所揭示的"我—你"关系之特征。由"我—你"关系所组建的世界,根本就是一个"乐莫大焉"的世界。也只有首先寓于这样一个世界,"我"才能感受到"乐莫大焉"。所以儒家所讲的"乐",除了道德实践时产生的"自

---

① 对此西方存在主义者们多有精彩的描述。而萨特所谓"他人即地狱",便是这种状况的极端写照。

慊",或者"一箪食,一瓢饮,在陋巷,人不堪其忧,回也不改其乐"(《论语·雍也第六》)那种悠然自得等主观感受状态外,我们还应当看到其背后更为源始的客观基础。

由"反身"而"诚",意味着在一种静思的状态中把握本真自我,并进而洞悉到"我—你"关系的存在。但默坐澄心却非唯一途径,甚至不是最上乘的法门。王畿(字汝中,号龙溪,1498—1583)曾有"悟说"①,其中第二悟,所谓"从静中而得者,谓之证语",指的就是由"反身"、静坐所获得的觉解。这种"悟"虽然高于只由名言知解而来的所谓"解悟",但其不彻底性,王龙溪有一个极好的比喻:"譬如浊水澄清,浊根尚在,一遇摇荡,便复浑浊。"人在静中较易收拾身心,把握到内在的真我,但人毕竟不能恒久地与世隔绝,不理世事,一旦陷入纷繁的世事之中,又极易心神外驰,静中所得随之荡然不存。宋明的许多儒者都曾有过这种苦恼。因此,静坐并非究竟法门,只有在达到王龙溪所谓"澈悟",即"从人事炼习而得者,忘言忘境,触处逢源,愈摇荡愈凝寂",方能在不离人伦日用中,随处体认到本真自我与物我一体的关系。儒者之所以既不出家也不做隐士,就是看到人本质上是世内存在者,消极避世并非真正的解脱之道。老庄发展到郭象,佛教发展到禅宗,恐怕也是有见于此。因而,孟子在"反身而诚,乐莫大焉"之后,又说"强恕而行,求仁莫近焉",或许正是出于这种考虑。

"仁"的涵义,我们前已指出,它和"诚"一样指示人的本真自我。如果能实现"仁",成为仁人,那么,这时的"我"便已超越了"我—它"的关系,成为"我—你"关系中的"我",因此,"求仁"和"反身而诚"一样,是为了达到"万物皆备于我"的状态。那么,为什么"强恕而行",就能"求仁莫近焉"呢?"恕"的涵义又是什么呢?

在孔子之前,"恕"未见于《诗》《书》等主要典籍。到了孔子,

---

① 王龙溪"三悟"之说见《王龙溪先生全集》(万历十六年刻本)卷十七"悟说",本章引文则取自卷十六"留别霓川漫语"。《明儒学案》卷十二亦有录。

"恕"则成了可以终身行之的一贯之道①,从而在儒家思想中具有相当重要的地位。孔子对"恕"的解释是"己所不欲,勿施于人",意思是说,当自己要对别人做什么事时,首先应想想自己是否愿意碰到这种事,如果自己并不愿意,就不要对别人做这事。这里所包含的认定就是"人"与"己"是同样的存在,要视人如己。用康德的话来说就是"永远不要把别人当作手段"。而当"我"能以"己所不欲,勿施于人"的原则而行恕道时,"我"之外的其他存在者,则不再作为"它"向我呈现,而是作为和"我"同样的"你"与"我"发生关系。从表面上看,"恕"好像是指向我之外的其他存在者,但实际上,"恕"改变了我打量周围世界的目光,首先改变的却是"我"自身。如果"我"能"强恕而行",使恕道得以在平素的待人接物中贯穿始终,那么,作为"常人"的"我"便会消失,而以"仁"为规定的本真自我得以挺立,"我"便得到了彻底的转换。孟子以"强恕而行"作为"求仁"的切近之途,确是得孔子之精髓而善绍。

在平常的人伦日用中时时、处处贯彻"己所不欲,勿施于人"的恕道,是相当不容易的。较之隔离世事,反求自我,在静思的状态中体会到本真自我与"我—你"关系,或许更加困难。因此,"强恕而行"之不同于"反身",或许在于:如果说"反身"以"静"为特征,那么,作为求仁之方的"强恕而行",便以"动"为特征。如果说"反身而诚"是暂隔世事、"于静中得之"的"证悟",那么,"强恕而行"以力求达到"仁",则与"不离日用常行内,直造先天未画前"(王阳明《别诸生》诗句)的"澈悟"相关。

顺便指出,布伯并无类似"反身"与"强恕而行"的思想,这是其未尽之处。因为万物对我呈现为"它"抑或"你",关键在于"我"的存在样态。所以,如何进行自我修养,以确保"我"常以本来面目示

---

① 《论语·里仁》载:"子曰:'参乎!吾道一以贯之'。曾子曰:'唯'。子出,门人问曰:'何谓也?'曾子曰:'夫子之道,忠恕而已矣'。"《论语·卫灵公》载:"子贡问曰:'有一言而可以终身行之者乎?'子曰:'其恕乎!己所不欲,勿施于人'。"

人,不堕于"常人"的沉沦状态,便极有必要。布伯虽用"爱"来规定"我—你"关系中的"我",但如何使我充满爱心,布伯并未有说明,或者依其犹太教的思路,只要皈依于"永恒之你","我"便自然会充满爱心了吧!而与之相较,儒家心性思想中大量关于主体修养的论说,所谓"工夫",则颇有殊胜之处。因本章在涉及布伯思想时,如开篇所述,只是以其"我—你"关系的言说作为孟子"万物皆备于我"这一命题的诠释学资源和助缘,并非对孟子及儒家与布伯思想进行比较,故二者之间的关联,于此就无须详加分疏了。

四 结 语

由以上的分析与诠释可见,孟子"万物皆备于我"章,并非不相关属的几句话,其中蕴涵着一个完整的义理结构。这个义理结构可以说浓缩了孟子甚至整个儒家思想的精义。"万物皆备于我矣"是孟子洞见到"我—你"关系所揭示的一个本体论命题。而要达到这种本然的存在关系,则首先要求"我"达到"诚""仁"的状态与境界。"反身"与"强恕而行",则是达到"诚"与"仁"的两条道路。必须指出的是:虽然只有经由"反身而诚"和"强恕而行"使"常人"之我彻底转换为本真之我,我们方能对"万物皆备于我"的存在状态有真切的感受,但"万物皆备于我"既然是一个本体论的存在状态,那么这种状态就是一个根本的实在。"我"可以因"不诚""不仁"对此无所见,但这种"我—你"关系的实在性却并不依赖于我们见到与否。譬如我们闭上眼睛便看不到光明,而光明却并不因我们闭上眼睛便不存在一样。因此,孟子首先发出的是"万物皆备于我矣",然后才去指示达到这种状态的途径。而这,也许同孔子"逝者如斯夫,不舍昼夜"的所谓见道体之语一样,均是在一种"存在的震慑"(ontic shock,借用蒂利希语)下所发出的感叹吧。

儒家哲学是一种主体性的哲学,孟子一脉尤其如此。尽管这一系的极端发展很容易导致自我的无限膨胀而以为"天下之物尽在己",如王学末流的"情炽而肆、玄虚而荡",但孟子学脉的真谛却并非以至大无外的"我"来吞没宇宙及其他存在者,而是一种"物""我"之间的"关系哲学"(relational philosophy),强调的是所有存在者之间的亲和一体性。这种"万物一体"观后来在宋明理学传统尤其张载的《西铭》和王阳明的《大学问》中得到了淋漓尽致的发挥。因此,在接下来的一章中,我们就通过诠释张载的《西铭》,来进一步揭示儒家传统"万物一体"的宗教性人文主义。而本章的诠释如果可以消除那种对孟子思想的误解,或者在这方面引起足够的考虑,则基本上达到了目的。

第二章

"万物一体"的宗教性人文主义
——以《西铭》为中心的考察

引　言
民胞物与：自我、他人与自然
乾父坤母：自我与天地
宗教性人文主义：儒家人文主义的特质
结　语

一　引　言

围绕张载(字子厚,称横渠先生,1020—1077)思想中的许多观念和命题,无论在北宋以降的儒学传统内部,还是在现代的中国哲学史研究中,历来都存在着许多不同的看法。① 譬如对"太虚"与"气"

---

① 历史上对张载思想的各种不同看法,见朱建民:《张载思想研究》(台北:文津出版社,1989),"附录"。现代中国哲学史研究中对张载思想的不同解释,见丁为祥:《虚气相即——张载哲学体系及其定位》(北京:人民出版社,2000),第373—379页,附录"张载研究综述"。而迄今为止比较有代表性的关于张载的研究专著,除了前面提及的两部之外,还有陈俊民:《张载哲学思想及关学学派》(北京:人民出版社,1986)、黄秀玑:《张载》(台北:东大图书公司,1987)、程宜山:《张载哲学的系统分析》(上海:学林出版社,1989)、姜国柱:《张载的哲学思想》(沈阳:辽宁人民出版社,1982)以及Ira E. Kasoff, *The Thought of Chang Tsai（1020-1077）*(Cambridge University Press, 1984)等。

这两个概念及其关系("太虚即气")的理解,海内外学界便有差异,由此也牵扯到对张载思想的基本定位问题。不过,正是由于看法不同所引起的讨论,反而推动了对那些观念与命题理解的深入。就张载的思想而言,其《西铭》所论,大概是历来持论不同的儒家学者所一致推崇的。① 无论是以往历史上的儒家学者还是现代的研究者,在对《西铭》的高度称赞中,无疑都对《西铭》的思想蕴涵有所揭示。然而,也许恰恰是由于围绕《西铭》始终几无争议,对于《西铭》的内在意蕴,或许还有进一步发掘的必要。本章尝试对《西铭》的万物一体观加以探讨,以求能略尽其微意,并在此基础上对儒家人文主义的基本特征稍作提示。在笔者看来,以万物一体观为核心思想的《西铭》,正是集中反映儒家人文主义基本特征的一篇文献。

二 民胞物与:自我、他人与自然

明儒薛瑄(字德温,号敬轩,1389—1464)曾说:"读《西铭》,知天地万物为一体。"②万物一体的思想确实可以说是《西铭》的核心观念,而说起万物一体,似乎也已经对《西铭》的意蕴提供了某种解释。但是,万物一体究竟是什么意思,尤其是在《西铭》这篇文字中,万物一体的具体意涵究竟是什么,还需要我们不停留在一般的感觉与笼统之见上,而力求深入细致地发掘其丰富的内涵。

当我们指出《西铭》的万物一体观时,人们想到的恐怕首先会是"民胞物与"的思想。这很自然,所谓"民,吾同胞;物,吾与也"(下文中所引文献除注明出处外,皆出自《西铭》)的思想,无疑是万物一体观的突出表现。而万物一体观的具体意涵,也首先可以从自我与他人、自我与自然这两方面的关系中得到阐明。"民,吾同胞",是宣称了自我与他人之间的一体关系;"物,吾与也",则可以说是宣称了自我与自

---

① 参见陈俊民:《张载哲学思想及关学学派》,第81—84页。
② 黄宗羲、全祖望:《宋元学案·横渠学案》。

然之间的一体关系。"民"是指自我之外的他人,"物"则是指除了他人之外自然界的一切存在,既包括人之外其他的生命存在,如各种动植物,也包括各种非生命的客观存在,如山河大地、草木瓦石等等。

"民,吾同胞",是说在自我与他人之间应当具有一种同胞般的一体关系。"大君者,吾父母宗子;其大臣,宗子之家相也",更多地并不是将政治领域作为家庭伦理的直接延伸,而毋宁说是以基于血缘关系的家族、宗法所具有的亲情关系为比喻和参照,而提请每一个个体不要忘记,即使在政治领域中,自我与他人都首先是一样的"人",人与人之间都可以仍然像在大家庭的生活社群中一样,建立并保持一种亲切和睦、彼此信赖的关系。① 而"凡天下疲癃残疾惸独鳏寡,皆吾兄弟之颠连无告者也",更是明确地揭示了这种将自我与他人视为兄弟一般的一体关系。至于《西铭》文中后面所列举的大禹"恶旨酒",颖考叔"育英才",大舜"不弛劳而底豫",申生"无所逃而待烹",曾参"体其受而归全"以及伯奇"勇于从而顺令"的典故,也不过是横渠用来说明这种自我与他人之间亲和一体关系的具体例证和示范。

在现实生活中,自我与他人的关系往往随着血缘关系的深浅、有无而由亲和到疏离。在现代社会,除了直系亲属,甚至一般的血缘关系也难以维系彼此之间的亲情。人与人之间不但无法待人如己,甚至视他人如地狱。西方存在主义思想家如海德格尔、萨特等人曾经对这种疏离间隔的关系以及这种关系之下人们的生存状态有过生动的描写和分析,但他们也都以不同的方式指示了这样一个基本事实,那就是,彼此疏离和异化的生活并不意味着人们是互不相关的"孤独个体",那种"老死不相往来""相忘于江湖"的前提,反而恰恰是彼此相关的"共在"关系。每一个人都是"在世存有"(being-in-the-

---

① 西方学者在对儒家经典《中庸》的研究过程中,也看到"家"所扮演的角色,是对儒家世界观中社会、政治甚至宗教关系的渗透性与遍布性的隐喻。参见 Ames and Hall, *Focusing the Familiar: A Translation and Philosophical Interpretation of the Zhongyong* (Honolulu: University of Hawaii Press, 2001), pp.38-53。

world)、"共他的存在"。并且,自从人被抛入世间之日起,人与人之间这种难以斩截的相关性,就构成人们存在的基础。自有人类历史以来,人与人之间彼此的相关性,便似乎成为每个现实生活中的人的先验存在结构。从亚里士多德将人理解为"政治动物"到马克思以"社会关系的总和"界定人性,也都可以说是指出了自我与他人之间的关系具有"无所逃于天地间"的客观实在性,不是"逃父出家"或"遁迹山林"便可以消解的。

当然,指出自我与他人之间人际关系的客观实在性,还只是说明了自我与他人之间一体性的形式意义。至于这种一体性的内涵,东西方不同思想家的理解与规定并不相同。对于继承儒家传统的横渠来说,自我与他人之间同胞兄弟般的一体关系,不只是一种形式上的相关性,更在本体论上具有非常深刻的内涵。儒家尤其理学传统内部不论怎样流派纷呈,有一个基本原则和信念却是各家一致认同的,那就是,每一个人都禀承了天命所赋予的共同本性,这一共同的本性是每一个人最为原初的本质结构。①《中庸》《孟子》的核心思想都是围绕这一基本原则和信念展开的,而这两部著作和《论语》《大学》等一道成为理学传统中最为重要的儒家经典,这并非偶然,在一定意义上恰恰颇能够反映儒家学者在这一原则和信念上的一致性。事实上,横渠对于"天地之性"与"气质之性"的区分②,正是在顾及人们

---

① 当然,这并不意味着儒家在人性论的问题上是一种"essentialism"(本质主义),即以北宋以降儒家知识人普遍接受的孟子性善论的传统而言,也不是认为人性之善已是一个既定的结构,尤其不是认为人性之善是一个业已完成的结构。这一点,由孟子用"几希"和"火之始燃""泉之始达"可见。整个宋明理学传统中对于"工夫"的反复强调,更是意味着人性之善的充分实现是一个必须付出艰苦努力的历史过程,甚至是一个理想上可能而现实上永远无法达到的无限过程。该问题在中晚明阳明学的"现成良知"之辨中有深入细致的讨论,参见彭国翔:《良知学的展开——王龙溪与中晚明的阳明学》第二章中"见在良知"一节和第六章中"现成良知之辨"一节(台北:学生书局,2003;北京:生活·读书·新知三联书店,2005,2015)。

② "天地之性"与"气质之性"这两个名词并非横渠首次提出,如《左传》中便已有"天地之性"的字眼。但却是由于横渠的使用以及后来理学家们的发挥,它们才明确成为一对在整个理学史上具有重要意义的范畴。

不同现实存在状态的基础上，为上述原则和信念提供的更为合理与周延的论证。现实中的人气质各有所偏，若无视这一点而简单地主张每一个人本性相同，在理论说服力上未免不够严密。而在正视不同人气质差异的同时指出，这种多样差别的"气质之性"虽然也是人所各具，但却不是决定人之所以为人的本质所在，每一个人先天所禀赋的共同的"天地之性"，才是"人之所以异于禽兽"的根本。正所谓"形而后有气质之性，善反之则天地之性存焉。故气质之性，君子有弗性者焉"①。而自我与他人之间之所以应当具有亲和一体的关系，也正是由于人们禀赋了共同的"天地之性"。并且，就此而言，自我与他人的一体关系，至少在横渠这样的儒家学者看来，也并不只是一种希望达到的理想状态，更具有本体论上的涵义。换言之，自我与他人在原初的意义上本来就是一体的关系，都是共同的"天地之性"的承载者，只是因为后天气质的差异与间隔，使人们在障蔽了本性的情况下彼此疏离。而在这种疏离的现实状况下提倡建立并保持一体关系之所以可能，也只能是因为人与人之间在本体论的意义上原本就是这种一体关系。

假如一体关系只限于自我与他人之间，还很难说是"万物一体"。对横渠来说，与自我具有一体关系的，并不仅仅是自我之外的其他所有人，还包括除了人类之外宇宙间一切的存在。因此，横渠在说"民，吾同胞"的同时，紧接着还有"物，吾与也"的话。至少在理学传统的话语中，"物"是一个涵义非常广泛的词。宇宙间的一切存在，无论是有生命的还是无生命的，都可以称为"物"。后来的王阳明甚至将社会实践中的各种行为也称为"物"，于是，"格物"工夫便成为一种社会生活中的道德实践活动，这显然超出了宋代理学传统尤其朱子学中"物"的范围。对于"物"这一观念在理学史中不同涵义的变迁，我们这里无法讨论。需要指出的是，既然已经以"民，吾同胞"的表达方式指出了自我与他人之间的一体关系，当横渠再说

---

① 张载：《正蒙·诚明篇第六》，《张载集》（北京：中华书局，1978），第23页。

"物,吾与也"时,我们便有理由认为,这里的"物"是指宇宙间人类之外的其他所有存在。如果我们不妨将宇宙间人类之外的其他存在统称为"自然",横渠所谓"吾与也",也同样意味着自我与自然之间的一体关系。

和自我与他人之间的一体关系一样,对横渠而言,自我与自然之间的一体关系既是一种应当提倡的理想,更是一种原初的本然状态。也恰恰是由于自我与自然本来一体,提倡在自我与自然之间建立亲和一体而不是征服与被征服的关系,才得以可能。根据儒学传统的基本原则和信念,自我与他人或者说人与人之间之所以具备原初的一体关系,是由于共同禀赋的人性,这一点通常我们比较容易理解。而对于自我与自然或者说人类与自然来说,情况其实同样如此。横渠认为,"性者万物之一源"①,人类所禀受的天性,同样内在于自然界有生命与无生命的一切存在之中。② 另外,从横渠思想中极为重要的"气"这一观念来考虑,人类以及宇宙间万事万物都是由"气"构成。气的观念为存在之间的连续性提供了统一的物质基础。因此,无论从"性"还是"气"这两种基本规定性来看,人类和自然之间的一体关系都具有共同的本体论基础。在自我的眼中,不但他人应当是像我一样的存在而与我一体相关,自然界的一切存在,有生命的以及无生命的,也都应当是和自我一样的价值存在,和自我的生命相通共感,构成一个有机关联的宇宙整体。

有一种较为流行的看法,即儒家思想关注的是人与人之间的关系。对儒学而言,人与自然的关系即使不落于考察的视野之外,也至少处在问题意识的边缘。事实上,这并非对儒家思想恰当与深入的了解,至少其解释的有效性难以涵盖整个理学传统。横渠尽管并未详细地加以展开,但在"物,吾与也"的思想中,却已经将一体的关系

---

① 张载:《正蒙·诚明篇第六》,《张载集》,第 21 页。
② 正是基于这一思想,后来朱子甚至提出了"枯槁有性"的主张。当然,在朱子"枯槁有性"的命题中,性更多地是指"理",而这又显示出二程尤其伊川对朱子更为深入的影响。

由自我与他人之间拓展到了自我与整个自然界之间。鸟兽虫鱼、山川草木，无不作为一种价值存在而具有了和"我"一样的人格意义。并且，这一点也并非横渠个人的私见，作为一种基本的原则与信念，几乎可以说是所有儒家学者一致认同的。周敦颐（字茂叔，称濂溪先生，1017—1073）不除窗前草，认为那些体现了天地"生意"的草"与自家意思一般"，其实完全可以说是横渠"物，吾与也"所蕴涵的万物一体思想的鲜明体现。事实上，作为一个基本命题，如果说万物一体的观念为广大儒家学者所普遍接受的话，这一命题假如仅仅适用于人与人之间而无法延伸到人与自然之间关系的广阔领域，则显然是令人难以想象的。西方的某些学者曾经将儒学的这种思想批评为泛灵论（panpneumatism；panpneumatology），且不论这种批评所牵涉的比较哲学方面的意义与问题，透过这一外部的批评，我们倒至少可以反过来看到儒学的确并未将一体的关系仅限于自我与他人的人类之中。

在《西铭》的整篇文字中，横渠对人与人之间以及人与自然之间这两种基本的关系，都是从自我的角度来展开其论述的。换言之，横渠采取的是一种主体性的叙述方式。无论是"民，吾同胞""物，吾与也"中的"吾"，还是首句"乾称父，坤称母；予兹藐焉，乃混然中处"中的"予"，以及末句"存，吾顺事；没，吾宁也"中的"吾"，都鲜明地体现了这一点。不过，这种认为从他人到自然都与自我具有本体论上一体关系的万物一体观，其实是一种自我与自我之外宇宙间一切存在之间的"关系哲学"，强调的是所有存在者之间的亲和一体性。并不意味着以至大无外的"我"来吞没自我之外从他人到自然的一切存在，导致以为"天下之物尽在己"的唯我论（egonism）。对此，我们可以借用犹太思想家马丁·布伯"我—你"（I-Thou）关系的论说略加说明。

作为一个世界之中的存在，"我"只要存在着，就必然要和世界之内的其他存在者发生关系，不可能是孤立绝缘的单子式个体。而根据布伯的说法，"我"与世界内其他存在者的关系，可以概括为"我—

它"关系(I-It)和"我—你"关系这两种。布伯曾经举过一个"我"与树的例子来说明这两种关系。当树作为自我之外的一个对象,一个与我相隔离的客体时,我与树是"我—它"关系。在这种关系下,树不是和我同样的价值论意义上的生命存在。同时,布伯认为"我"与树之间还可以形成另外一种关系,他用诗化的语言指出:"我也能够让发自本心的意志和慈悲情怀主宰自己,我凝神观照树,进入物我不分的关系中,此刻,它已不复为'它',唯一性之伟力已整个地统摄了我。"①在布伯所描述的这种情况下,树已超越了时空的局限和因果性的制约,不再是"我"之外的客体与对象。作为一个价值论意义上的生命存在和意义结构,树已经进入我生命存在的场域之中,与我的存在连为一体。这便是"我—你"关系。② 铃木大拙在比较东西方心智的不同状态时,曾经以日本诗人松尾芭蕉(1644—1694)和西方诗人但尼生为例,将二人同样是吟颂一朵花的诗作放在一起加以比较。铃木大拙指出,在但尼生的眼中,花是一个作为被分析对象的物质结构,而在芭蕉的眼中,花则呈现为一个和人类一样有生命的意义结构。③ 这其实也是以另一种方式揭示了布伯所谓"我—它"和"我—你"这两种存在的关系形态。而撇开布伯"永恒之你"的观念及其犹太教的传统不论,其"我—你"关系的论说,委实可以为横渠万物一体的思想提供某种恰当的诠释资源。在横渠"民胞物与"的思想中,自我("吾")无论与他人("民")还是与自然("物"),都可以说是一种"我—你"关系。这种既不将自我之外的一切存在对象化、客体化为"它",导致宇宙间的一切存在彼此疏离隔绝,又能肯定自我之外一切存在自身的独立性,不将其化约、收摄为自我本身,在"和"而非"同"的意义上把握自我与他人、自然之间的一体关系,可以说是横

---

① 马丁·布伯著,陈维纲译:《我与你》,第22页。
② 布伯对存在之间两种基本关系的论述参见《我与你》,第21—22页。
③ 铃木大拙:《禅学讲座》,铃木大拙、弗洛姆著,孟祥森译:《禅与心理分析》(北京:中国民间文艺出版社,1986),第17—23页。

渠万物一体观的一个重要蕴涵。

事实上,当横渠之后的理学家(伊川、朱子)以"理一分殊"的命题来诠释《西铭》的基本思想时,也同样是在明确了不同存在之间彼此分际的基础上,指出了不同存在就共同根源而言的统一性。就此而言,本章以"万物一体"作为《西铭》的核心思想以及以上对"万物一体"的诠释,便不仅不与理学传统中以"理一分殊"解释《西铭》相分轩轾,反而可以将"理一分殊"的涵义容纳在内。另外,"民胞物与"的思想固然不必与"理一分殊"的论旨直接相等,而可以理解为一种指向"大同"世界的政治社会理想①,但这种政治社会理想的思想基础,却也不能不说是由自我到他人再到整个自然界有机统一的万物一体观。

三 乾父坤母:自我与天地

"民胞物与"中所蕴涵的那种自我与他人、自我与自然之间一体性的"我—你"关系,尽管由己及人、及物,从自我到宇宙间的一切存在作了尽可能的充拓,但可以说还只是一种横向的一体关系,尚不足以展示横渠万物一体观的完整意义。以往研究者讨论《西铭》的万物一体观,也大都仅止于那种横向的一体关系而已。事实上,《西铭》中的万物一体观还包含一种纵向的一体关系,这就是天、地、人三参同构的一体关系。并且,"民胞物与"所反映的那种横向的一体关系,和天地人三位一体的纵向关系又具有共同的本体宇宙论(onto-cosmological)基础。

《西铭》首句曰"乾称父,坤称母;予兹藐焉,乃混然中处"。其中,乾坤是指天地,"予"则既可以说是个体的自我,也可以指整个人类。所谓"予兹藐焉,乃浑然中处",则形象地向我们展示了一幅自

---

① 从政治、社会理想的角度来理解"民胞物与",参见陈俊民:《张载哲学思想及关学学派》,第89—96页。

我或整个人类在天地流行化育过程中的存在画面。而横渠将天地比作人的父母,正是对天、地、人纵向一体关系的描述。在横渠的整个思想中,对于天地人的一体关系,应当可以说有两种说明的方式。一是在实然的层面上,从"气"的角度来说,天、地、人都是一气之聚散,"气"是天地人共同的基质。而作为血肉之躯的自然人(生物学意义上的人),其气质之性也是得之于天地的阴阳与刚柔。这时的天地,是指作为自然的天地。一是在应然的层面上,从"理"的角度来说,人作为价值存在与道德主体而之所以可以"顶天立地",乃是由于人禀受了天地所赋予的先天的道德属性。正是由于内在地具备了天地所赋予的"天地之性"以为本质结构,人才不仅仅是自然的血肉之躯,而是可以凭借"天地之性"的"端绪",经过存养扩充的工夫,最终达到"与天地合其德,与日月合其明,与四时合其序。先天而天弗违,后天而奉天时"(《易·乾文言》),从而"赞天地之化育","与天地参"(《中庸》)的境界。这时的天地不是指自然物的天地或者说作为气化根源的天地,而是指作为道德创造根源的天地。当然,虽然就两个不同的意义层面而言,天地以及人的涵义存在着上述的差别。但横渠在其思想中常常并不将这两个层面区分开来,如所谓"易一物而三才备:阴阳气也,而谓之天;刚柔质也,而谓之地;仁义德也,而谓之人"①。"易一物而合三才,天地人一,阴阳其气,刚柔其形,仁义其性"②,便是将这两个层面合在一起来讲的。从阴阳、刚柔来言天地,是落在前一个层面;而从作为内在之"性"的"仁义"来言人,则是落在后一个层面。

不过,在《西铭》中,天地与人之间的一体关系,应当说主要还是侧重于后一个层面。横渠之所以不直接言"天称父,地称母",而是以"乾坤"代"天地",便显示出这种侧重。对此,横渠自己说得明白,所谓"不曰天地而曰乾坤,言天地则有体,言乾坤则无形,故性也者,

---

① 张载:《横渠易说·说卦》,《张载集》,第235页。
② 同上。

虽乾坤亦在其中"①,"不曰天地而曰乾坤者,言其用也。乾坤亦何形?犹言神也"②。天地既然可以指自然的天地,以天地为父母,便很容易使人将天地人的一体关系理解为实然意义上的"一气"关系。而关联于乾坤来说天地时,乾坤是天地两种最直接与基本的德用,天地则是指"生生之德"的价值根源。因此,以乾坤代称天地时,天地人的一体关系便不再着重于实然的层面("气"的共同基础),而是突出了其应然的价值论向度。也只有在这个层面上,紧接着首句的"故天地之塞,吾其体;天地之帅,吾其性",才能够获得更好的理解。更为重要的是,只有从后一种说明方式来理解天地人的一体关系,才能与"民胞物与"的思想有机地统一起来,构成既包括纵向的天、地、人又包括横向的自我、他人与自然这样一种万物一体观的整体。

就横渠将天地比作人的父母而言,在天地人的纵向一体关系中,我们当然也可以说人与天地构成一种"我—你"关系。譬如,在子女和父母作为同样的人类生命存在这个意义上,子女与父母之间可以说是一种"我—你"关系。但是,正如对子女来说父母首先是自身生命的来源一样,在天地人的纵向一体关系中,被横渠比作父母的天地也首先应当被理解为人之所以为人的根源。换言之,由于天地赋予了人内在的本质结构——"天地之性",人才成为道德主体与价值存在,成为真正意义上的人。后来陆象山(1139—1193)之兄陆九韶曾说"横渠之言不当谓乾坤实为父母"③,认为"人物只是父母所生"④,"实无所资于天地"⑤,"更与乾坤都无干涉"⑥,则恰恰是没有理解横渠将乾坤比作人之父母的真正涵义。在《西铭》首句中,横渠的天地

---

① 张载:《横渠易说·上经》,《张载集》,第69页。
② 张载:《横渠易说·系辞上》,《张载集》,第177页。
③ 陆九渊:《陆九渊集》附录二《朱熹答陆九韶书》(二)(北京:中华书局,1980),第562页。
④ 陆九渊:《陆九渊集》附录二《朱熹答陆九韶书》(一),第561页。
⑤ 陆九渊:《陆九渊集》附录二《朱熹答陆九韶书》(二),第562页。
⑥ 陆九渊:《陆九渊集》附录二《朱熹答陆九韶书》(一),第561页。

和人,都主要不是在自然生物的意义上来说的。将天地称为自我或者人类的父母,不是意味着人的自然生命、血肉之躯来自自然的天地,或者如基督教所谓人的自然生命来自于人格化上帝的创造,而是指以乾坤之德为发用的作为道德创造之根源的天地,使自我或者人类获得了价值意义上的生命。

不过,虽然天地人的纵向一体关系首先意味着天地赋予人以人之所以为人的本性,使人获得价值、道德意义上的生命,但既然这种关系并不像西方基督教传统中上帝造人那样,是一种单方面的决定与被决定的关系,那么,天地与人之间的关系便不是单向的。正如孔子所谓:"人能弘道,非道弘人。"(《论语·卫灵公》)对横渠而言,人之所以为人,并不仅仅是由于禀受了天地之性,还在于能够进一步通过发掘并充拓自身内在的天地之性,使天地"生生之德"的道德创造性获得具体的表现。人类尽管禀承了天地之性,但如果不能够充分发扬它,使现实的自我获得创造性的转化,则天地流行化育的"生生之德"亦无从体现。"知天"的可能,要从自我的"尽心""知性"开始。"天地气象"的具体内涵,也要从"圣人"身上去观察。"尽心""知性"的"圣人",是天地之性的最佳体现。因此,天地与人的一体关系,一方面表现为天地赋予人以内在价值,或者说天地使人成为大写的人;另一方面则表现为人通过自身的道德实践,使天地作为价值根源的意义获得充分的彰显。因此,就后一方面而言,人又不仅仅是天地之性消极与被动的承载者,而是参与了天地的大化流行。如果说天地是宇宙间创造性的根源的话,那么,人可以与天地并立而称为"共同创造者"(co-creator)。横渠在《西铭》中所谓"知化则善述其事,穷神则善继其志。不愧屋漏为无忝,存心养性为匪懈",正是向我们指出,自我或者说人类通过"匪懈"的"存心养性"工夫达到"不愧屋漏"的圣人境界,便可以善述天地之事、善继天地之志,穷神知化,成为宇宙间与天地一体并立的创造者。

当然,无论是如《易·乾文言》所谓的"与天地合其德,与日月合其明,与四时合其序。先天而天弗违,后天而奉天时",还是如《中庸》所谓的"赞天地之化育""与天地参",作为天地"共同创造者"的"人",显然不是指一般意义上的"人",而是指实现了创造性自我转化的圣人。由于现实中的人通过"变化气质"而达到圣人境界几乎是一个没有止境的历程,实现天地人三参一体的原初关系,也将是一条充满荆棘的漫长道路。但是,既然每一个人都禀受了天地之性而具有成为圣人的可能,或者说每一个人都是潜在的圣人,那么,每一个人实现自己天地"共同创造者"的身份,进而实现天地人的一体关系,便因为获得了本体论的承诺而完全具有达成的可能。因此,天地与人的关系或者简略地说天人关系,便既不是由于主体性的无限膨胀而将人提高到神圣的地位,忽略现实中人所具有的种种气禀之杂;也不是像传统基督教的主流那样,将人类和世间万物一样作为上帝的受造者,在宇宙的创造者面前只有被决定的被动地位,全然不具有参赞宇宙造化的能力①,而是既在本体的意义上一体相关,又在现实的意义上存在着一定的张力。天人之际创造性的紧张互动,最终指向天人合一,天地人三位一体的终极境界。

进一步而言,这纵向与横向两种关系,又具有共同的基础,可以说只是宇宙间万物一体这种"一体"关系的不同表现而已。从本体论的角度来说,人与宇宙间的万事万物都分享了"天地之性",就此的确可言"理一分殊";从宇宙论的角度来说,人与宇宙间万事万物的生成,又都以"气"为共同的基质。这种统一性决定,无论就应然

---

① 在这一点上,起源于怀特海(A. N. Whitehead)并在北美得到发展的过程神学(process theology)可以说是一个例外。过程神学的核心人物哈特桑恩(Charles Hartshorne)有所谓"双向超越"(dual transcendent)的概念。这一概念的重要涵义,便是对以往基督教传统基本原则提出修正。对基督教传统而言,人类完全是上帝的创造物,因此对于人类而言,上帝是超越者。或者说,上帝对人类构成超越,反之则不然。而所谓双向超越,则是认为人类在某种意义上也参与宇宙的创造,不完全是单纯被决定的对象,人类的行为对上帝的意志也构成影响。就此而言,人类对上帝也可以说构成某种超越。这就是"双向超越"的基本涵义。显然,这种思想和儒家传统认为天道与人事互相影响的主张具有相似之处。不过,过程神学的这种看法,在西方基督教思想中并非主流,这是我们必须注意的。有关过程神学以及"双向超越"的思想,参见 Charles Hartshorne, *Insights & Oversights of Great Thinkers: An Evolution of Western Philosophy*. Albany, N.Y.: State University of New York Press, 1983。

的"理"还是实然的"气"而言,从天地到人再到万事万物,都是一体的关系。因此,我们可以说,天地人纵向的一体关系以及人与人之间、人与自然之间横向的一体关系,构成《西铭》万物一体观的完整意义。

在《西铭》最后,横渠还表达了他对穷达生死的基本态度,所谓"富贵福泽,将厚吾之生也;贫贱忧戚,庸玉女于成也。存,吾顺事;没,吾宁也"。而之所以能够做到穷达生死不累于心,像明道(程颢)所说的那样"廓然而大公,物来而顺应"①。其实恰恰是基于这种万物一体观。由于万物本来一体,无论是富贵福泽还是贫贱忧戚,只能影响人们的生存环境,却无改于天地赋予人类的原初的本质结构。同样是由于万物本来一体,生与死只是人类存在的两种不同状态,其实也不过是一气之聚散而已。这种对待穷达生死的态度,不仅是横渠个人的立场,也是整个儒家传统一以贯之的基本原则。不同的儒家学者在许多问题上可以有不同的见解,但在对待穷达生死的人生问题上,恐怕都会和横渠"莫逆于心"。

既然在穷达生死的问题上横渠于《西铭》所论可谓儒家学者的共识,而横渠的这一态度又以其万物一体观为基础,那么,万物一体观是否同样也可以说是整个儒家传统的一贯之道呢?事实上,《西铭》所反映的万物一体观,的确与孟子"万物皆备于我"的思想一脉相承②,构成整个儒家人文主义的一个基调。明道所谓"医书言手足痿痹为不仁,此言最善名状。仁者以天地万物为一体,莫非己也。认得为己,何所不至?"③以及后来王阳明(1472—1528)在《大学问》一文中所盛发的从自我到他人、到鸟兽再到草木瓦石一体相关的思想,都无不与横渠《西铭》中的万物一体观彼此呼应、若合符节。正是由

---

① 程颢:《答横渠张子厚先生书》(一),程颢、程颐:《二程集》第二册(北京:中华书局,1981),第460页。
② 有关孟子"万物皆备于我"的思想内涵,参见本书第一章。
③ 程颢:《语录》,程颢、程颐:《二程集》第一册,第15页。

于《西铭》的万物一体观反映了儒家人文主义的基本立场,我们下面对儒家人文主义基本特征的探讨,也无疑将是对《西铭》万物一体观理解的深化。

四 宗教性人文主义:儒家人文主义的特质

"人文"一词本出自《周易》,所谓"观乎人文,以化成天下"。但是,"人文主义"(humanism)一词至少在现代的话语使用中,却不可避免地带有西方的知识背景。如今,称儒家为一种"人文主义",大概很少会遭人质疑。但是,当我们以人文主义来指称儒学时,由于对人文主义缺乏必要的反省或者缺乏共同的意义界定,作为一种人文主义的儒学具有怎样的特征,或许还有待于进一步的分疏。以下,我们就以西方思想传统中"人文主义"这一概念的基本涵义为参照,对儒家人文主义的特征加以提示。

其实,在整个西方思想传统中,作为一个明确的概念产生迄今,人文主义在涵义上绝非一成不变,而是在不同的历史阶段有不同的实际指涉。① 即使在同样的历史阶段,其内涵也可能有不同的意义层面。不过,这并不意味着我们无法对西方"人文主义"的基本特征有所把握。并且,由于我们是要在一个比较的视域中阐明儒家人文主义的特点,而不是要对西方人文主义本身进行某种观念史的研究,因此,我们这里只需掌握西方人文主义的最基本特征而以之为参照,无法也无须顾及其不同历史阶段和不同意义层面上各种细节的差异。

作为文艺复兴、启蒙运动的产物,西方人文主义的根本基调,可以说是一种人类中心的世界观,用布洛克(Alan Bullock)的话来说,

---

① 参见〔英〕阿伦·布洛克(Alan Bullock):《西方人文主义传统》(*The Humanist Tradition in the West*, New York and London: W. W. Norton & Company, 1985)。该书北京生活·读书·新知三联书店1997年出版了董乐山的中译本。以下引用标明中译本页码。

即"集焦点于人,以人的经验作为人对自己,对上帝,对自然了解的出发点"①。相对于中世纪以上帝为中心的世界观,作为一种根本的扭转,人文主义具有进步的意义。但是,随着历史的发展,这种相对于以神为中心的以人为中心的人文主义,也显示出其自身的局限性。这里的关键在于,人文主义以人类为中心的基调和立场,不免导致世俗(人)与神圣(神)、人类与自然、个体与社会之间的二元对立和紧张。确切而言,即人类生活世俗性的极大强化,神圣意义的减退甚至消失;自然在人类的眼中成为纯粹征服与压榨的对象,社会也在相当程度上成为只是使个体价值得以实现的网络形式。不过,世俗与神圣、人类与自然以及个体与社会这三个方面,并非西方人文主义的特殊问题,而是东西方各大精神传统普遍需要面对的。因此,对于儒家人文主义的基本特征,我们也将在一个与西方人文主义简略对比的视域中从这三个方面来加以说明。

西方人文主义的兴起,首先意味着对中世纪以上帝为中心的神本意识形态的颠覆。将儒家思想称为人文主义,很大程度上也在于认为孔子以降整个儒学传统的基本关怀在于"此岸"的"人间性",而不在于"彼岸"的"超越性"。② 认为"人"是儒家传统关注的重点,无疑是正确的。但是,儒家以人为本的精神方向,却不是以世俗性、人间性与神圣性、宗教性的二元对立为出发点,视前者为人类精神的唯一领域,后者不过是人们的心理投射或至少不应当是人类生活关注的重点。对儒家而言,"人本"决不意味着对超越的"天"的否定或忽略。汉儒的"天人感应"说固然因赋予了"天"以人格化的神圣意志而不为横渠等几乎所有的理学家所认可,但孔子对"性与天道"的缄

---

① 参见〔英〕阿伦·布洛克著,董乐山译:《西方人文主义传统》(北京:生活·读书·新知三联书店,1997),第12页。

② 中国文化中这种"人本"的转向,其实在孔子之前已经逐渐形成。作为一个"祛除巫魅"的"理性化过程",孔子之前西周以降的文化演进,已经为形成儒家人文主义的精神气质奠定了基础。关于这一点,可参考陈来:《古代宗教与伦理——儒家思想的根源》(北京:生活·读书·新知三联书店,1996)。

默,却也不是"见人不见天",其中所蕴藏的,其实是一种对天道的深沉思考与虔敬之情。简言之,如果说西方人文主义的一个基本预设是神人两分的话,儒家人文主义的出发点则是"天人合一"。儒家固然不在"人间"之外寻求"天国",但也不是轻视甚至无视神圣性、超越性对于人类生活的实在意义。儒家人文主义的特点在于将神圣性寓于世俗性之中,或者说善于从世俗生活中发掘、感受到神圣的意义与价值。王阳明"不离日用常行内,直造先天未画前"的诗句,鲜明地反映了这一点。借用芬格莱特(Herbert Fingarette)的话来说,作为历代儒家人物所追求的人格典范,圣人孔子恰恰是体现了神性光辉的凡夫,所谓"即凡俗而神圣"(secular as sacred)。① 因此,儒家不是一种寡头的世俗人文主义(secular humanism),而可以说是一种宗教性的人文主义(religious humanism)。② 当然,儒家的"天人合一"并不是要将现实生活中的人类提升到神圣的地位,而是意在指出人类本然的善性根源于超越的天道,因而人类终极的创造性转化具有本体论的依据。正如儒家虽然肯定"人皆可以为尧舜",但显然不可能认为现实中的每一个人都达到了圣人的境界。虽然有学者对"内在超越"的说法提出疑义,但如果我们"得意忘言"而不执著于名相的话,"内在超越"的说法的确揭示了儒家人文主义在世俗性与神圣性或者说"人"与"天"关系问题上的一个基本特征。③ 显然,这一特征

---

① Herbert Fingarette, *Confucius: The Secular as Sacred*, New York: Harper & Row, 1972.

② 有趣的是,杜威(John Dewey)曾有"religious humanism"的观念,该观念强调的也正是神圣与世俗的不可分割性。关于杜威这一思想的研究,参见 Steven Rockefeller, *Religious Faith and Democratic Humanism*, New York: Columbia University Press, 1991。

③ 最近,余英时先生又对"内在超越"的问题进行了进一步的探讨,参见 Ying-shih Yu, "Between the Heavenly and the Human", Tu Wei-ming and Mary Evelyn Tucker edit. *Confucian Spirituality*. Crossroad Press, 2002, pp.62-80。值得注意的是,为了避免"immanence"和"transcendence"这一对用语所连带的西方哲学脉络中的问题,余先生使用的是"inward transendence"。因此,为了和"内在超越"问题所引发的争议有所区别,有学者便将余先生的"inward transendence"翻译为"内向超越"。不过,对于形容中国儒家传统基本的精神气质而言,至少在中文里面,或许并不太需要在"内在超越"与"内向超越"之间加以区别。

在《西铭》中也得到了鲜明的体现。从我们前面对《西铭》的解析可以看到,横渠在整篇文字中以"我"为叙述的中心,显示了明显的主体性特征。但同时,这种主体性又是在天地人三参同构的本体宇宙论这一立体架构下得以彰显的。天地的神圣性绝没有因为人性的高扬而受到损害,从横渠"乾称父,坤称母;予兹藐焉,乃混然中处。故天地之塞吾其体,天地之帅吾其性"的语句中,我们感受到的正是作为人类价值根源的天地的神圣与庄严,以及横渠对于这种神圣与庄严意义的深刻体知。事实上,作为一个明确的范畴,"天人合一"恰恰是由横渠首次提出的,所谓"儒者则因明致诚,因诚致明,故天人合一"①。

儒家人文主义以人为本却又不表现为人类中心主义(anthropocentrism)的这一特征,还表现在人与自然的关系问题上。严格而论,西方的人文主义并不完全等于人类中心论。但在人与自然的关系问题上,西方人文主义至少就文艺复兴、启蒙运动以来的主流来看,却委实流露出人类中心论的特征。具体来说,就是将自然界作为人类征服、改造以及利用的对象。整个自然界从有生命的存在到无生命的存在、从有机物到无机物,都成为人类开发利用的资源,在服务于人类的意义上才获得其价值。我们目前所面临的全球性生态危机,可以说正是根源于这种"戡天役物"的思想。与此相较,儒家的人文主义在对待人与自然关系的问题上则显示了不同的态度与取向。目前全球性的生态危机,使东西方许多学者日益重视道家老庄一派"自然无为"的思想,反对对自然资源的过度开发。但是,儒家传统对于调整人类与自然的关系、改善目前的生态环境,同样可以提供一笔丰厚的资源。并且,在人类中心论征服自然的强横以及道家纯任自然、排除人为的消极之间,儒家对自然的态度其实更为合理中道。借用《庄子·应帝王》中"混沌"的寓言来说,如果我们可以将自然作为"混沌"的话,儒家谋求的便是既使其"开窍",又使其不死。儒家

---

① 张载:《正蒙·乾称篇第十七》,《张载集》,第65页。

在主张开发利用自然资源以"利用、厚生"、满足人类生活需要的同时,又清楚地看到对自然界的开发利用必须合理有节,不能将自然界完全视为单纯的客体使用对象。从孟子所谓"不违农时,谷不可胜食也;数罟不入洿池,鱼鳖不可胜食也;斧斤以时入山林,材木不可胜用也"(《孟子·梁惠王上》),荀子所谓"春耕、夏耘、秋收、冬藏,四者不失时,故五谷不绝而百姓有余食也。污池、渊沼、川泽,谨其时禁,故鱼鳖优多而百姓余用也"(《荀子·王制》),一直到现代儒家学者对维护全球自然生态环境的大声疾呼,都反映了儒家在人与自然关系问题上的一贯立场。儒家的这一态度,我们不能简单地采取功利主义与实用主义的理解,认为不过是人类中心论的另一种表现形式。合理有节地开发利用自然,当然可以更好地服务于人类。但儒家这种对待自然的态度,却并不只是为了人类自身。其背后更为深刻的思想基础,正可以说是"物,吾与也"所反映的那种万物一体观。只有将从自我到他人再到自然视为一个存在的连续有机整体①,自然在人类的眼中才不仅仅是征服利用的对象,还是我们人类赖以生存的家园以及和睦共处的伙伴。正是这种不只是以"我—它"而更是以"我—你"来看待人类与自然关系的态度,构成儒家人文主义的第二个基本特征。

作为西方人文主义传统"最重要和始终不变的特点"②,除了以人类自身的经验为思考一切问题的出发点之外,还有就是强调人类个体的价值与尊严。因此,个人主义(individualism)就成为人文主义的一个重要表现。从个人主义的视角来看,社会、国家、民族等等这些"社群"(community),都只有在使个体自我得以实现的意义上才具有价值。换言之,个体是最终的目的,社群本身相对而言并不具有

---

① 关于这一点,杜维明先生曾有很好的探讨,参见其《生存的连续性:中国人的自然观》一文,载氏著,曹幼华、单丁译:《儒家思想新论——创造性转换的自我》(南京:江苏人民出版社,1991),第30—46页。值得注意的是,杜先生在论证其"生存连续性"的观点时,引用的恰恰是横渠《西铭》开宗明义的前两句话。

② 阿伦·布洛克:《西方人文主义传统》,第233页。

终极性的意义。显然,这种个人主义背后是个体与社群二元对立的预设,而这与儒家人文主义有着重要的不同。在儒家看来,一方面,每一个体都禀受着"天地之性",在这个意义上,每一个体都可以"上下与天地同流""独与天地精神相往来",因而可以说具有本体论上的圆满自足性。另一方面,任一个体又都不可能是一种"原子"或"单子"式的存在,个体的规定性要在其所处各种社群的关系网络中才能得以实现。对儒家来说,脱离各种关系网络来谈个体属性是难以想象的。譬如,对某一个体来说,其存在一定是作为"父子"中的"父"或"子"、"君臣"中的"君"或"臣"、"夫妇"中的"夫"或"妇"等等具体的社会角色。每一个体只有充分实现在不同关系网络中所承担的社会角色的责任与义务,才能最终将所禀承的"天地之性"由先验的可能性转化为经验的现实性,实现自我的价值。简言之,儒家并不将个体自我与社群二元对立起来。个体自我的成就,恰恰需要深入社会方可实现。这一点,与将神圣性寓于世俗性之中、将超越性寓于内在性之中的特点是一致的。

以往对儒家有一种通常的看法,即认为儒家重视群体的价值。这当然是不错的观察。也正是由于这一点,现代许多学者往往将儒家与目前西方的社群主义(commuitarianism)相提并论。就强调个人所处的社群对塑造个人规定性的重要意义这一社群主义的一般取向而言,儒家传统的确与社群主义有共同之处。但是,就像西方社群主义内部本身也存在许多差异一样,儒学与社群主义的区别也是我们应当注意的。显然,儒家对群体、社会的重视并不意味着否定个体禀赋的先验道德属性,将个体淹没于芸芸众生之中,使之成为丧失个性的"常人"(das Man),而是要个体自我的实现与群体、社会的和谐、有序作为同一过程的两个方面。其实,儒家和个人主义一样重视个体的价值与尊严,在这个意义上,儒家甚至也可以称为是一种"个人主义"(personalism),只不过这种个人主义与那种割裂个体与群体、社会关系而片面强调个体的个人主义有别。① 自我"极高明"的超越并非指向"无何有之乡、广漠之野",而是必然要"道中庸",以"共他存在""在世存有"的身份内在地展开于"人间世"的各种社会关系网络之中。正如孔子所谓"吾非斯人之徒与而谁与?"(《论语·微子》)换言之,在个体与社会之间,儒家并不是简单地在那种二元对立的格局中进行非此即彼的选择,而是要觅取统一的"中道",使每一个体既能够息息相关、成为有机的一体,又能够"和而不同""各正性命"。这可以说是儒家人文主义的第三个特征。

五 结 语

全面考察儒家人文主义的丰富内涵,不是本章的主要任务,也非本章的篇幅所允许。以上,我们只能以对横渠《西铭》万物一体观的探讨为基础,在一个比较的视域中对儒家人文主义的基本特征略作提示。从中,我们也可以看到,正是基于万物一体的观念,儒家人文主义无论在神圣与世俗、人类与自然还是个体与社会的关系问题上,都显示出自身独特的取向和追求。用横渠的话来说,这种取向和追求的目标即是"太和"的境界。当然,"太和"绝非一潭死水,而是如横渠所言,"太和所谓道,中涵浮沉、升降、动静、相感之性,是生絪缊、相荡、胜负、屈伸之始",②是一种包含了差别、对立与运动在内的动态平衡与整体和谐。

---

① 狄培理(W. T. de Bary)注意到了两种个人主义的不同,他认为儒家的个人主义应当是 personalism 而非 individualism。他看到了前者对于群体、社会的强调,所谓:"表达个人的价值与尊严,而非粗率的个人,亦即在特定的文化传统、自己的社群以及自然环境的脉络中形塑而成的自我,并在其中达成自我人格的完全发展。"参见 W. T. de Bary, *Asian Values and Human Rights: A Confucian Communitarian Perspective*. Cambridge, Mass.: Harvard University Press, 1998, p. 25。这一点,早在其"Individualism and Humanitarianism in Late Ming Thought"一文即有所表达。该文收入狄培理所编 *Self and Society in Ming Thought* 中,New York: Columbia University Press, 1970。另外,余英时先生也曾经不约而同地指出儒家的个人主义是 personalism 而非 individualism,参见余英时:《从价值系统看中国文化的现代意义》,收入余英时:《中国思想传统的现代诠释》(台北:联经出版公司,1987)。

② 张载:《正蒙·太和篇第一》,《张载集》,第7页。

第三章

身心修炼

——朱子经典诠释的宗教学意涵

引　言
经典诠释的重要性
作为身心修炼的经典诠释
朱子经典诠释中关于身心修炼的话语
朱子读书法与基督教圣言诵读的比较
结　语

一　引　言

余英时先生曾经指出:"中国传统的读书法,讲得最亲切有味的无过于朱熹……朱子不但现身说法,而且也总结荀子以来的读书经验,最能为我们指点门径……我曾经比较过朱子读书法和今天西方所谓'诠释学'的异同,发现彼此相通之处甚多。'诠释学'所分析的各种层次,大致都可以在朱子的《语类》和《文集》中找得到。"①朱子对读书的确极为重视,因而对于读书的方法有一整套的论说。不仅在《朱子语类》卷十和卷十一中,有专门讨论读书的《读书法》上下两卷,

---

① 余英时:《怎样读中国书》,见余英时:《钱穆与中国文化》(上海:远东出版社,1994),第310页。该文亦见余英时:《中国文化与现代变迁》(台北:三民书局,1992)。

并且,在《文集》中,朱子关于读书法的言论也俯拾皆是。宋代张洪等人曾经专门遍采朱子有关读书的言论,编为《朱子读书法》四卷。元代程端礼所撰《读书分年日程》三卷,亦几乎全采朱子读书法。近人钱穆先生则于其大著《朱子新学案》中采《文集》《语类》言论,分上、中、下三部分专论《朱子读书法》。因此,朱子之后历代学者,从宋代的真德秀(字景元,后更希元,学者称西山先生,1178—1235)到当代的余英时先生,几乎都将朱子读书法视为治学、修身的正道和坦途,实非偶然。由于朱子读书法中委实蕴涵可以与现代西方诠释学理论相互发明的丰富内容,在目前整个东亚儒学经典诠释传统研究这一巨大课题中,对于朱子读书法或经典诠释的研究成为一个重要的子课题,可以说是"理有固然,势所必至"的。以往中外学者的相关研究,大都与现代西方诠释学的各种理论相互参照,明同别异,对于深化和丰富我们如今对于朱子读书法或经典诠释的理解,做出了重要贡献。①

不过,笔者认为,余英时先生指出"'诠释学'所分析的各种层次,大致都可以在朱子的《语类》和《文集》中找得到",并不意味着我们可以反过来说现代西方诠释学的理论足以涵盖朱子读书法或经典诠释活动的所有面向。在笔者看来,以现代西方诠释学为背景和参照来考察朱子读书法或经典诠释活动,有所"见"的同时也不免会有所"蔽"。之所以如此,关键在于:儒家传统很难仅仅纳入现代西方学术分类下的"哲学"这一门学科。或者说,就目前的学术分类而

---

① 迄今为止,以西方诠释学为参照考察朱子读书法或经典诠释的研究有:1. 郑宗义:《论朱子对经典解释的看法》;2. 邵东方:《朱子读书解经之诠释学分析——与伽达默尔之比较》,二文俱收入钟彩钧主编:《朱子学的开展——学术篇》(台北:汉学研究中心,2002);3. Mathew Arnold Levey, "Chu Hsi Reading the Classics: Reading to Taste the Tao-'This is a Pipe', After All"; 4. Jonathan R. Herman, "To Know the Sages Better than They Knew Themselves: Chu Hsi's Romantic Hermeneutics", both in Ching-I Tu ed., *Classics and Interpretations: The Hermeneutic Traditions in Chinese Culture*, New Brunswick: Transaction Publishers at Rutgers University, 2000; 5. 陈立胜:《朱子读书法:诠释与诠释之外》,收入李明辉主编:《儒家经典诠释方法》(台北:喜玛拉雅研究发展基金会,2003);6. 吴展良:《圣人之书与天理的普遍性:论朱子的经典诠释之前提假设》,《台大历史学报》第33期,2004年6月。

言,仅在"哲学"这一学门之下来研究,很难充分和完整地发掘出儒家传统的丰富蕴涵和不同面向。尽管现代西方的诠释学理论尤其晚近以伽达默尔为代表的哲学诠释学强调理解本身不仅只有理论思辨的意义,同时必然指向实践领域,可以说是一种实践哲学①,但是,姑且不论哲学诠释学的"实践"观念与儒家历来强调的在"日用常行"中的"身心修炼"仍有不同,更为重要的是,由于现代西方诠释学整体上通过反省人类理解活动的现象而建立,仍然是近代以来以理性主义为主导的西方"哲学"这一门类下的一个分支和流衍(ramification),如此,其理论的核心或切入点就毕竟在于"认知"。与此相较,基于道德实践相对于理论思辨的优先性这一基本立场,儒家传统整体上始终不以"认知"为核心或切入点。由此而来的是,儒家的经典诠释传统中尽管有许多可以和现代西方诠释学彼此相通甚至相互发明之处,但无论在对于经典性质的理解还是对于经典诠释活动意义的自觉方面,双方都有很大差异。朱子大概是儒家传统中最为理性和最具知性倾向的一位人物,这恐怕也是以现代西方诠释学为参照来考察儒家经典诠释传统时朱子成为焦点之一的一个重要原因。然而,即便从这一角度来研究朱子读书法及其经典诠释,在阅读朱子的相关文献时,以往的一些研究者也不能不留意到一个值得进一步深究的现象,即无论朱子视经典为"圣人之言"的记录因而具有神圣性②,还是朱子将经典的阅读和诠释视为一种精神转化和精神践履③,都

---

① 参见 Hans-Georg Gadamer, "Hermeneutics as Practical Philosophy", in *Reason in the Age of Science*, trans. Frederick G. Lawrence. Cambridge, Mass.: MIT Press, 1981, pp.82-112。

② 前引陈立胜《朱子读书法:诠释与诠释之外》一文中指出了朱子经典诠释中的"圣书意识"或者说文本神圣性的意识,吴展良《圣人之书与天理的普遍性:论朱子的经典诠释之前提假设》一文在比较朱子经典诠释基本思路与现代西方哲学诠释学的同时,也指出了作为朱子经典诠释前提的以心性修养为基础的圣人之学并不在现代西方哲学诠释学(吴文所用名词为"存有诠释学")的视域之中。

③ 前引郑宗义《论朱子对经典解释的看法》一文中明确指出了朱子经典诠释并非一种纯粹认知的活动,而具有精神转化和精神践履的向度。当然,更早如钱穆先生也已指出,朱子读书法同时即是一种"涵养"和"践履"。见钱穆:《朱子学提纲》(台北:东大图书公司,1991),第166页。

第三章 身心修炼

已经超出了作为一种"哲学"的"诠释学"的范围,而进入到了"宗教学"的领域。这一点,以往的研究者虽亦曾注意并指出,但恐尚未及深论。在此,笔者愿意详人所略,对于朱子经典诠释活动的宗教学向度专门加以探讨。当然,这里的讨论或许仍不免只是初步的,希望将来有更多这一方向的专精深入之作。

广义的"诠释学"传统与基督教具有极为密切的关系,无论其早期发展包含"圣经诠释学"(biblical exegesis)的阶段①,还是当代基督教神学中发展出的所谓"神学诠释学"(theological hermeneutics)②,都显示了这一点。但是,作为一个确定的用语,现代西方"诠释学"基本上还是指从施莱尔马赫(Schleiermacher)到当代主要包括伽达默尔、贝蒂(Emilio Betti)、赫尔诗(E. D. Hirsch)和利科(Paul Ricoeur)在内的一种经由反省人类理解活动而建立的"哲学"传统。譬如,作为一门关于理解和诠释的学科,诠释学的发展一般被认为经历了六个发展阶段:(1)作为圣经注释理论的诠释学;(2)作为语文学方法论的诠释学;(3)作为理解和解释科学或艺术的诠释学;(4)作为人文学科普遍方法论的诠释学;(5)作为此在和存在理解现象学的诠释学;(6)作为实践哲学的诠释学。③ 目前所谓的"诠释学",基本上是指后面三种。而其中第六个阶段,即伽达默尔提倡的作为

---

① 关于"圣经诠释学",参见 Richard N. Longenecker, *Biblical Exegesis in the Apostolic Period*, Michigan: Eerdmans, 1975。也可参见 Paul Ricoeur, *Essays on Biblical Interpretation*, translated by Denis Savage, New Haven: Yale University Press, 1980。

② 关于"神学诠释学",参见 Werner G. Jeanrond, *Theological Hermeneutics: Development and Significance*, London: Macmillan, 1991。

③ 参见洪汉鼎:《诠释学——它的历史和当代发展》(北京:人民出版社,2001),第21—27页。Palmer也曾经将诠释学六个发展阶段,包括:(1)圣经注释理论;(2)一般文献学方法论;(3)一切语言理解的科学;(4)人文学科的方法论基础;(5)存在和存在理解的现象学;(6)重新恢复和破坏偶像的解释系统。参见 Richard E. Palmer, *Hermeneutics: Interpretation Theory in Schleiermacher, Dilthey, Heidegger and Gadamer*, Evanston: Northwestern University Press, 1982。尽管Palmer对于第六个阶段的理解和规定更多地是根据利科而与洪汉鼎主要根据伽达默尔所进行的理解和规定有所不同,双方将"诠释学"主要理解为一种对于人类理解现象的哲学反思活动则并无区别。

实践哲学的诠释学,更是被一些学者认为代表了"20世纪诠释学的最高发展"①。事实上,即便是在当今的神学诠释学中,诠释学也主要是被作为一种哲学方法来运用的。就此而言,在迄今为止以诠释学理论为参照来考察朱子读书法或经典诠释活动的研究成果中,学者们几乎都不约而同地选取了伽达默尔的哲学诠释学来作为西方诠释学的代表,无形中也恰恰说明了诠释学主要是被作为一种"哲学"来理解的。

在笔者看来,对朱子来说,读书或儒家经典的诠释,固然包含丰富的反省人类理解现象的"诠释学"活动,但同时,它更是一种通达圣人境界的身心修炼工夫,具有强烈的宗教学意涵。对于这一看法的论证,本章将分为以下几个部分:首先,笔者指出,读书在朱子处具有举足轻重的地位。就朱子而言,读书首先意味着儒家经典尤其是"四书"的精思熟读,而不是对一般书册的泛观博览。在这个意义上,"读书"就意味着儒家经典的诠释。并且,朱子所提倡的一系列工夫实践,如"居敬""穷理""格物"等,几乎无不需要通过读书来具体落实。其次,笔者指出,在朱子看来,读书或经典诠释活动本身即是一种身心修炼的工夫。对朱子来说,虽然儒家的经典不是认知的对象,而是我们要全身心领会的圣人之言的记载;读书本身也不是目的,而是要变化气质并最终成就圣贤人格。但同时,读书本身却又是变化气质并成就圣贤人格的必由之路。换言之,朱子将经典诠释活动本身作为身心修炼的工夫,将经典诠释作为与圣人之心心心相印的实践法门。作为身心修炼的经典诠释活动既有迁善改过之功,又具有身心治疗的意义和效果。也正是由于这一点,使得读书在朱子那里不仅具有一套认识论意义上的诠释学意义,更具有一种价值实践的宗教学意涵。最后,笔者将说明,在其对于不同儒家经典的具体诠释中,甚至在其更为广义的诠释活动包括品评人物、辨别儒释、讨论儒家传统中的重要观念甚至教导门人中,朱子自己是如何贯彻读

---

① 洪汉鼎:《诠释学——它的历史和当代发展》,第21页。

书作为一种身心修炼这一意识的。最后,笔者将通过对比朱子读书法和基督教传统中所谓"圣言诵读法"(lectio divina)的同异,来进一步说明在朱子那里作为一种身心修炼实践的经典诠释活动所具有的宗教学意涵。在此基础上,笔者还将指出朱子将经典诠释活动作为一种身心修炼工夫所蕴涵的儒家宗教性(Confucian religiousness)的独特所在。

二 经典诠释的重要性

在朱子那里,"读书"无疑具有举足轻重的地位。但凡有人初见朱子并欲从学,朱子都要求首先要阅读朱子对于儒家经典的注解。所谓:

> 朋友乍见先生者,先生每曰:若要来此,先看熹所解书也。(《语类》卷一百二十一《朱子十八·训门人九》)[1]

而当有人询问朱子教学的宗旨时,朱子曾明确自陈"读书"即是其教学宗旨:

> 世昌问:先生教人,有何宗旨?曰:某无宗旨,寻常只是教学者随分读书。(《语类》卷一百二十一《朱子十八·训门人九》)

并且,就朱子而言,读书不仅是宗旨,同时还是为学的入手处,即所谓"端绪":

> 问学问之端绪。曰:且读书,依本分做去。(《语类》卷一百

---

[1] 本章引用的朱子文献,除非出处另有注明,均依据文渊阁四库全书电子检索系统,标点符号为笔者所加。

十五《朱子十二·训门人三》)

需要说明的是,对朱子来说,所谓"读书",基本上是指儒家经典尤其"四书"的研读,而不是一般的泛观博览。在所读之书中,"经"的地位要远远超过"史""子"等。换言之,与儒家经典相比,其他书籍如史书等的阅读显然要退居其次。因此,在朱子那里,"读书"可以说就是儒家经典的诠释活动,而朱子的"读书法",也自然构成其儒家经典诠释的理论。从以下的几段话中,我们能够很清楚地看到儒家经典在朱子"读书"观念中的优先性:

读书须是以经为本,而后读史。(《语类》卷一百二十二《吕伯恭》,亦见朱鉴《文公易说》卷十七)

看经书与看史书不同。史是皮外物事,没紧要,可以札记问人。若是经书有疑,这个是切己病痛。如人负痛在身,欲斯须忘去而不可得。岂可比之看史,遇有疑则记之纸邪?(《语类》卷十一《学五·读书法下》)

今人只为不曾读书,只是读得粗书。凡读书,先读《语》《孟》,然后观史,则如明鉴在此,而妍丑不可逃。若未读彻《语》《孟》《中庸》《大学》,便去看史,胸中无一个权衡,多为所惑。(《语类》卷十一《学五·读书法下》)

读书,且从易晓、易解处去读,如《大学》《中庸》《语》《孟》四书,道理粲然,人只是不去看。若理会得此四书,何书不可读?何理不可究?何事不可处?(《语类》卷十四《大学一·纲领》)

而在"四书"之中,又有阅读的先后顺序。朱子认为:

> 学问须以《大学》为先,次《论语》,次《孟子》,次《中庸》。《中庸》工夫密,规模大。(《语类》卷十四《大学一·纲领》)

为什么要有这种先后的顺序,朱子认为是由于四部经典本身的内容使然。他说:

> 某要人先读《大学》,以定其规模;次读《论语》,以立其根本;次读《孟子》,以观其发越;次读《中庸》,以求古人之微妙处。《大学》一篇有等级次第,总作一处,易晓,宜先看。《论语》却实,但言语散见,初看亦难。《孟子》有感激兴发人心处。《中庸》亦难读,看三书后,方宜读之。(《语类》卷十四《大学一·纲领》)

这种排序,反映出朱子对于"四书"性质的理解。

当然,朱子绝非只读"四书"等"经"。事实上,朱子不仅遍注群经,对史书也精思熟读。对于读史,他也有一整套的看法和步骤。譬如:

> 问读史之法。曰:先读《史记》及《左氏》,却看《西汉》《东汉》及《三国志》,次看《通鉴》。温公初作编年,起于威烈王;后又添至共和后,又作《稽古录》,始自上古。然共和以上之年,已不能推矣。独邵康节却推至尧元年,《皇极经世》书中可见。编年难得好者。前日周德华所寄来者亦不好。温公于本朝又作《大事记》。若欲看本朝事,当看《长编》。若精力不及,其次则当看《国纪》。《国纪》只有《长编》十分之二耳。(《语类》卷十一《学五·读书法下》)

> 读史当观大伦理、大机会、大治乱得失。(《语类》卷十一《学五·读书法下》)

但强调以"四书"为核心的"经"的优先性,可以说是朱子关于读书问题的一个基本特点。也正是在这个意义上,读书对于朱子来说首先意味着儒家经典的诠释活动。因此,需要说明的是,在本章对朱子的讨论中,"读书"和"经典诠释"是一对可以互换的概念。

无论朱子是否在读书活动中进一步强调了阅读儒家经典较之阅读一般书籍的优先性,总体而言,正如上引所谓"宗旨""端绪"之类的话所显示的,朱子认为读书或经典诠释活动是极为重要的。《论语》中有子路认为读书不重要而孔子不以为然的话:

> 子路使子羔为费宰,子曰:"贼夫人之子。"子路曰:"有民人焉,有社稷焉。何必读书,然后为学。"子曰:"是故恶夫佞者。"(《先进第十一》)

范祖禹(字淳夫,又字梦得,1041—1098)对此曾有解释,认为子路有失先后本末之次序,因此孔子批评子路是对的。范氏之说是这样的:

> 范曰:古者学而后入政,未闻以政学也。① 道之本在于修身,知修身则知所以治人。知所以治人则知所以治天下国家矣。圣人之道在方册,读而求之者,将行之也。尧舜禹必稽古而行,皋陶亦稽古而言,何可以不读书也?先学而后可以治民。子路乃欲使子羔以政为学,失先后本末之序,而不知其过,故夫子以为佞。(《论孟精义》之《论语精义》卷六上)

对于这段公案,朱子在《四书或问》《论孟精义》《语类》等著作中多有解释,亦认为子路之言不当,而赞同范祖禹之说。譬如,在《四书或问》中,有这样一段朱子与学生的对话:

---

① "学而后入政,未闻以政学也"出自子产之口。《左传·襄公三十一年》载:"郑子皮欲使尹何为邑,曰:'使夫往而学焉。'子产曰:'不可。侨闻之,学而后入政,未闻以政学者也。'"

> 或问：子路所谓"何必读书然后为学？"夫子不之许也，而谢、杨、尹氏皆以为不然，何哉？
>
> 曰：杨氏之说高矣。夫三代以上，六经虽未具，然以书礼考之，则舜之教胄子敷五典，与夫成周乡官乐正之法，其所以优游涵养，而诱掖夫未成之才者，盖有道矣，岂遽使之从事于人民社稷之间，以试其未能操刀之手，而不虑夫美锦之伤乎？范氏盖得此意。然犹必以读书为言，则似不足以解诸说之疑者。然三代而下既有书矣，则事物始终、古今得失、修己治人之术，皆聚于此，好学者岂可以不之读而遽自用乎？以此而论，则范氏之说，正为不过。(《四书或问》卷十一《论语或问》)

显然，这段问答与前文所论朱子对于读书活动重要性的一再强调是彼此一致的。

陆象山与朱子鹅湖之会时曾经有"尧舜以前所读何书"的质疑。① 尽管象山本人其实并非废书不观，其质疑用意也是强调人之"本心"先天内在，在本质上未必有赖于读书的"外铄"。对此，在同样讨论子路所谓"何必读书然后为学"的问题时，朱子曾经有过如下的回应：

> 上古未有文字之时，学者固无书可读。而中人以上，固有不待读书而自得者。但自圣贤有作，则道之载于经者详矣。虽孔子之圣，不能离是以为学也。(《文集》卷四十三《答陈明仲》)

朱子的态度很明确，尽管理论上可以说"中人以上，固有不待读书而自得者"，但实际上自从圣人将天地之道载于经典之后，任何人离开读书或经典诠释活动，都可以说是无法"明道"的。所谓"虽孔子之

---

① 鹅湖之会在淳熙二年乙未(1175)年，时朱子四十六岁。

圣,不能离是以为学也"。

事实上,朱子思想的一系列核心观念几乎无不与经典活动密切相关。从"读书"与"居敬""穷理""格物"这三个朱子思想中至关重要的观念之间不可分割的关系,我们可以进一步看到经典诠释活动在朱子处是何等的重要。

"居敬"是朱子思想的核心观念之一,而对于朱子来说,读书即是居敬之法。他说:

> 初学于敬不能无间断,只是才觉间断,便提起此心。只是觉处,便是接续。某要得人只就读书上体认义理,日间常读书,则此心不走作;或只去事物中衮,则此心易得汩没。知得如此,便就读书上体认义理,便可唤转来。(《语类》卷十一《学五·读书法下》)

此段话后来亦收入康熙御制《性理大全》卷五十三《学十一·读书法一》。这里,我们已经看到,朱子明显将读书活动视为一种身心修炼的过程,所谓"日间常读书,则此心不走作"。这正是"读书"或经典诠释活动在朱子那里具有特别的宗教学意涵之所在。本章下面所要详加讨论的,也正是这一点。

如果说强调"格物穷理"是朱子为治学最突出的特点,那么,"穷理"工夫的首要处即在于读书。这一点,朱子曾有明确而恳切的表达,所谓:

> 为学之道,莫先于穷理。穷理之要,必在于读书。读书之法,莫贵于循序而致精。而致精之本,则又在于居敬而持志。此不易之理也。夫天下之事莫不有理。为君臣者,有君臣之理;为父子者,有父子之理;为兄弟为夫妇为朋友,以至出入起居应事接物之际,亦莫不各有其理。有以穷之,则自君臣之大,以至事物之微,莫不知其所以然与其所当然,而亡纤芥之疑。善则从

之,恶则去之,而无毫发之累。此为学所以莫先于穷理也。至论天下之理,则要妙精微,各有攸当,亘古亘今,不可移易。惟古之圣人为能尽之。而其所行所言,无不可为天下后世不易之大法。其余则顺之者为君子而吉,背之者为小人而凶。吉之大者,则能保四海而可以为法;凶之甚者,则不能保其身而可以为戒。是其粲然之迹,必然之效,盖莫不具见于经训史策之中。欲穷天下之理,而不即是以求之,则是正墙面而立耳。此穷理所以必在于读书也。(《文集》卷十四《行宫便殿奏札二》)

此段文字作于绍熙五年甲寅(1194)十月,乃朱子上宁宗札子。① 亦收入宋李幼武纂集的朱子《宋名臣言行录》外集卷十二、宋张洪等同编的《朱子读书法》卷一《纲领》。其他如元程端礼撰《读书分年日程·卷首》、明杨士奇等撰《历代名臣奏议》卷八《圣学》、清《御纂朱子全书》卷六十三《治道一·总论》、清康熙御制《性理大全书》卷四十四《学二》等,也都收录了这段文字,足见其重要。在这一段话中,"读书""穷理""居敬"和"持志"完全紧密相关,和上引朱子以读书为居敬之方的文字对照,同样可见读书对于朱子来说是一种身心修炼的活动。这里,朱子甚至将对圣人经典的顺逆与吉凶联系起来,尤其可见其中的宗教性蕴涵。

对朱子来说,非但"穷理之要,必在于读书","格物"工夫也必须具体体现在经典诠释活动之中。

> 读书是格物一事。今且须逐段子细玩味,反来覆去,或一日,或两日,只看一段,则这一段便是我底。脚踏这一段了,又看第二段,如此逐旋捱去。捱得多后,却见头头道理都到。这工夫须用

---

① 按:此年七月光宗内禅宁宗。据余英时先生说,此时乃政治变化的一关键时期。参见余英时:《朱熹的历史世界——宋代士大夫政治文化的研究》(台北:允晨文化公司,2003;北京:生活·读书·新知三联书店,2004)。

行思坐想,或将已晓得者,再三思省,却自有一个晓悟处出,不容安排也。书之句法义理,须只是如此解说。但一次看,有一次见识。所以某书一番看,有一番改,亦有已说。定一番看,一番见得稳当,愈加分晓。故某说读书不贵多,只贵熟尔。然用工亦须是勇做近前去,莫思退转始得。(《语类》卷十《学四·读书法上》)

并且,不仅"读书"是"格物"的具体工夫,朱子甚至还认为"读书"是"格物"的首要工夫:

> 问:程子言"今日格一件,明日格一件,积习既久,自当脱然有贯通处";又言"格物非谓尽穷天下之理,但于一事上穷尽,其他可以类推",二说如何?曰:既是教类推,不是穷尽一事便了。且如孝,尽得个孝底道理。故忠可移于君,又须去尽得忠,以至于兄弟夫妇朋友。从此推之,无不尽穷始得。且如炭,又有白底,又有黑底,只穷得黑,不穷得白,亦不得。且如水,虽是冷而湿者,然亦有许多样,只认冷湿一件,也不是格。但如今下手,且须从近处做去。若幽奥纷拏,却留向后面做。所以先要读书,理会道理。(《语类》卷十八《大学五·或问下》)

"格物""穷理""居敬"这几个观念,都可以说是朱子从程颐处继承来的。如程颐论"格物穷理"曰:

> 凡一物上有一理,须是穷致其理。穷理亦多端:或读书讲明义理;或论古今人物,别其是非;或应接事物而处其当,皆穷理也。(《二程遗书》卷十八)

> 或问:格物须物物格之,还只格一物而万理皆知?曰:怎生便会该通?若只格一物便通众理,虽颜子亦不敢如此道。须是今日格一件,明日又格一件,积习既多,然后脱然自有贯通处。(同上)

不过,在程颐那里,这些工夫和儒家的经典诠释活动之间关系如何,似乎并没有明确的说明。所谓"穷理亦多端",读书不过为"穷理"之一端,并未像朱子那样将其提升到如此重要的地位。大体来说,"格物""穷理""居敬"对于程颐来说恐怕更多地还是一些工夫实践的一般原则。而到了朱子那里,这些一般的原则在相当程度上都被集中(但不是化约)到了儒家的经典诠释活动之上。如此一来,就使得学者的工夫实践更具有可操作性。而朱子制定的一整套读书的课程和步骤,尤其使得具体体现于儒家经典诠释活动中的"格物""穷理""居敬"工夫实践有所依据。

虽然朱子对于读书极为重视和强调,如果不能完整和深入理解朱子在什么意义上重视和强调读书,包括所读何书和为何读书,也确实不免容易导向知性探究一路。但是,至少就朱子本人而言,无论是当初陆象山指责其对于经典诠释的再三致意为"学不见道"和"支离事业竟浮沉",还是如今人牟宗三先生判"朱子是学人之学之正宗,而非内圣之学之正宗"①,对朱子均未免有欠公允。对读书脱离"身心性命"而流于单纯知性探究的危险,其实朱子本人一直保持高度的警觉。譬如,朱子曾经有这样一封书信:

> 熹穷居如昨,无足言者。但远去师友之益,兀兀度日。读书反己,固不无警省处,终是旁无强辅,因循汩没,寻复失之。近日一种向外走作,心悦之而不能自已者,皆准止酒例,戒而绝之,似觉省事。此前辈所谓"下士晚闻道,聊以拙自修"者。若充扩不已,补复前非,庶其有日。旧读《中庸》慎独、《大学》诚意毋自欺处,常苦求之太过,措词烦猥,近日乃觉其非。此正是最切近处,最分明处。乃舍之而谈空于冥漠之间,其亦误矣。方窃以此意痛自检勒,懔然度日,惟恐有怠而失之也。至于文字之间,亦觉

---

① 牟宗三:《从陆象山到刘蕺山》,《牟宗三先生全集》(台北:联经出版公司,2003),第8册,第33页。

向来病痛不少。盖平日解经,最为守章句者。然亦多是推衍文义,自做一片文字。非惟屋下架屋,说得意味淡薄,且是使人看者,将注与经,作两项功夫做了。下稍看得支离,至于本旨,全不相照。以此方知汉儒可谓善说经者,不过只说训诂。使人以此训诂,玩索经文。训诂经文,不相离异。只做一道看了。直是意味深长也。(《文集》卷三十一《答张敬夫》第二十八书)

这一封书信作于淳熙二年乙未(1175),当时非但朱子年方四十六岁,且《四书集注》等代表其思想成熟的著作尚未写成①,绝非如王阳明所谓最后才幡然悔悟的"晚年定论"②。无论如何,由前引朱子所谓"日间常读书,则此心不走作"的话以及以上朱子将读书视为"格物""穷理""居敬"的具体实践来看,儒家的经典诠释活动在朱子那里显然不只具备认知的意义。事实上,对朱子来说,经典诠释活动本身就是一种身心修炼的工夫实践。

三　作为身心修炼的经典诠释

朱子之所以将读书视为一种身心修炼的工夫实践,首先取决于儒家经典在朱子的心目中不只是认识论意义上的文本(classics or texts),而具有神圣的意义,颇类似于西方宗教传统中的所谓"圣书"(holy book)或"圣典"(scripture)。这一点,具体体现在朱子对儒家经典性质的看法、阅读经典的方式和态度以及阅读经典的最终目的

---

① 陈建《学蔀通辩》卷二已经指出该书信在《四书集注》之前,不得为晚。而作于淳熙二年乙未,则据陈来先生,见氏著:《朱子书信编年考证》(上海:上海人民出版社,1989),第130—131页。
② 关于王阳明《朱子晚年定论》的问题尤其是历史上围绕该问题的讨论,陈荣捷先生曾经有详细的考察。参见陈荣捷:《从朱子晚年定论看阳明之于朱子》,载氏著:《王阳明传习录详注集评》(台北:学生书局,1992年修订2版),附录,第437—445页。又按:王阳明《朱子晚年定论》中所录此信不仅为节录,略去后面"大学中庸章句略修一过"等句,且个别字眼与《文集》中不同。如"但远去师友之益",《晚年定论》作"自远去师友之益"。

这三个方面。

无论在《文集》还是《语类》之中,朱子都有许多要求读书必须"虚心"而深入了解经典涵义的说法,譬如:

> 然读书且要虚心平气,随他文义体当,不可先立己意,作势硬说,只成杜撰,不见圣贤本意也。(《文集》卷五十三《答刘季章》第十书)

> 凡看书,须虚心看,不要先立说。看一段有下落了,然后又看一段。须如人受词讼,听其说尽,然后方可决断。(《语类》卷十一《学五·读书法下》)

表面上看,这似乎接近于诠释学所谓的追求文本"本意"的立场,包含了一种客观认知的态度。其"虚心"说,也未尝不可以与伽达默尔所谓的"丢弃自己"(disregarding ourselves)相通。[①] 但是,从另一方面来看,对朱子来说,经典的性质其实并不只是客观认知的对象,而更是与圣人相遇的途径。所谓"见圣人本意"的话,其实也透露出这一点。并且,由于圣人是天理、天道的完美体现者,所谓"观乎圣人,则见天地"[②],因此,作为"圣人之言"的记载,儒家经典其实是恒常不变的天理、天道的反映[③],所谓"六经是三代以上之书,曾经圣人手,

---

① 关于"丢弃自己"的说法,参见伽达默尔著、洪汉鼎译:《真理与方法》(上海:上海译文出版社,2004),第391页。
② 扬雄曾有"观乎天地,则见圣人"的话,程伊川不以为然,认为应当反过来说"观乎圣人,则见天地"。语见朱子编《二程外书》卷十一《时氏本拾遗》。伊川所说的涵义正是要指出圣人即是天地之道的完美体现者,抽象的天地之道难以凭空掌握,必须从圣人人格的具体表现处体察。
③ 关于朱子相信儒家经典是恒常不变的天理、天道的反映,杨儒宾和吴展良两位先生亦曾经指出。参见杨儒宾:《水月与记籍——理学家如何诠释经典》,《"中央大学"人文学报》,2000年12月,第20—21期合刊,第98—132页;吴展良:《圣人之书与天理的普遍性:论朱子的经典诠释之前提假设》。尽管二文在其他方面论述的侧重有所不同。

全是天理"(《语类》卷十一《学五·读书法下》)。通过眼到、口到、心到的反复诵读和体会,所谓"圣贤之言,须常将来眼头过,口头转,心头运"(《语类》卷十《学四·读书法上》),最终是要达到"与天地合其德,与日月合其明,与四时合其序,与鬼神合其吉凶,先天而天弗违,后天而奉天时"(《易传·乾·文言》)的境界。朱子所谓"读书以观圣贤之意;因圣贤之意,以观自然之理"(《语类》卷十《学四·读书法上》),恰恰表明了这一点。当然,这里所谓"自然之理",并非如今"科学规律""自然规律"之意。

如此看来,儒家经典在朱子的心目中实在具有神圣的地位和意义。现代汉语中以"圣经"来翻译基督教(广义)的"Bible",不知起于何时,但显然说明译者心目中的"圣经"一词是具有神圣性的,绝不仅仅是作为一般认识论意义上的文本,否则不会以之来翻译"Bible"。事实上,朱子明确使用过"圣经"这一用语。譬如:

> 某尝见人云:"大凡心不公底人,读书不得。"今看来,是如此。如解说圣经,一向都不有自家身己,全然虚心,只把他道理自看其是非。怎地看文字,犹更自有牵于旧习,失点检处。全然把一己私意去看圣贤之书,如何看得出!(《语类》卷十一《学五·读书法下》)

> 圣经字若个主人,解者犹若奴仆。今人不识主人,且因奴仆通名,方识得主人,毕竟不如经字也。(《语类》卷十一《学五·读书法下》)

> 河间献王得古礼五十六篇,想必有可观,但当时君臣间有所不晓,遂至无传。故先儒谓圣经不亡于秦火,而坏于汉儒,其说亦好。(《语类》卷八十五《礼二·仪礼·总论》)

这里的"圣经",就是指"四书"等儒家经典,这在朱子的文献中并不罕见。① 此外，朱子也经常"圣经"和"贤传"连用。

前文已经指出，朱子对于读"经"的态度不同于读一般的著作如"史""子"等。其中的关键，即在于"经"在朱子那里具有宗教学意义上"圣书"或"圣典"的性质。在朱子看来，由圣人所表述的天下的"当然之理"，已经完整无遗地包含在儒家的经典之中，"可谓尽矣"。只要我们认真读书，体贴圣人之意，所谓"文字间求之"，便会发现经典中的圣人之言"句句皆是"：

> 圣人千言万语，只是说个当然之理。恐人不晓，又笔之于书。自书契以来，《二典》、《三谟》、伊尹、武王、箕子、周公、孔、孟都只是如此，可谓尽矣。只就文字间求之，句句皆是。(《语类》卷十一《学五·读书法下》)

这种"圣典"的意识，朱子在六十一岁谈到自己读书体会时同样有明确的流露。所谓：

> 读书须是虚心方得。他圣人说一字是一字，自家只平着心去秤停他，都不使得一毫杜撰，只顺他去。某向时也杜撰说得，终不济事。如今方见得分明，方见得圣人一言一字不吾欺。只今六十一岁，方理会得恁地。若或去年死，也则枉了。自今夏来，觉见得才是。圣人说话，也不少一个字，也不多一个字，恰恰地好，都不用一些穿凿。庄子云吾与之虚而委蛇，既虚了，又要随他曲折恁地去。今且与公说个样子，久之自见。(《语类》卷一百四《朱子一·自论为学工夫》)

---

① "圣经"一词在《语类》中凡9见，《全书》中凡11见。当然，用"圣经"来指称儒家经典，朱子并非特例，而在古代文献中有一定的普遍性。朱子之前如欧阳修所撰《新唐书》中已有用"圣经"来称呼儒家经典的例子。朱子同时如张栻《南轩易说》中也曾有一处使用"圣经"，但似专指《周易》。大体而言，朱子的使用，似乎使这一用语的使用广为通行。《四库全书总目》中大量地使用"圣经"，大概即可视为朱子的影响。

这段话正面是在强调读书时虚心的重要性,但是,从其中"圣人一言一字不吾欺""圣人说话,也不少一个字,也不多一个字,恰恰地好,都不用一些穿凿"以及上引文中认为经典所载圣人之言"可谓尽矣""句句皆是"等这些在朱子文献中大量出现的话来看,我们说朱子对儒家经典奉若神明,或许并不过分。

既然儒家经典非同于一般意义上的认识对象,而是反映了天地之理的圣人之言的记载,是学者成就圣贤人格所当遵循的道路。那么,阅读儒家经典的方式和态度就自然非同一般。诸如以下之类的话,在朱子的文献中可谓俯拾皆是:

> 读书须是虚心切己。虚心方能得圣贤意,切己则圣贤之言不为虚说。(《语类》卷十一《学五·读书法下》)

> 圣贤言语,当虚心看。不可先自立说,去撑住便喎斜了。不读书者固不足论,读书者病又如此。(同上)

在所编《二程遗书》卷二十五中,朱子曾经录有程颐这样一段话:

> 读书者,当观圣人所以作经之意,与圣人所以用心,与圣人所以至圣人,而吾之所以未至者。所以未得者,句句而求之,昼诵而味之,中夜而思之。平其心,易其气,阙其疑,则圣人之意见矣。

这种读书的态度,朱子无疑极为赞许。因此,在所撰《论孟精义》一书开头的《论孟精义纲领》中,朱子再次引用了伊川的这段话。这一类的话,显然反映出朱子认为在阅读儒家经典时应当保持一种高度尊敬的心态。事实上,除了认知意义上的开放性之外,对朱子来说,"虚心"更意味着一种价值论与精神性意义上对于经典所承载的圣人之言与天地之理的拳拳服膺和信守(commitment and belief)。

和对经典性质的理解以及阅读经典的方式与态度密切相关,对朱子而言,读书或经典诠释活动自然不是为了追求客观的知识,而是要身心修炼,变化气质,最终成就圣贤人格。换言之,读书或经典诠释活动本身并不是目的。

王懋竑《朱子年谱》之《朱子论学切要语》卷二载乙卯朱子答曾景建云:

> 读书固吾事之不可已者,然观古今圣贤立言垂训,亦未始不以孝弟忠信收敛身心为先务,然后即吾日用之间,参以往训之指,反复推穷,以求其理之所在,使吾方寸之间,虚明洞彻,无毫发之不尽,然后意诚、心正、身修。而推以治人,无往而不得其正者。若但泛然博观而概论,以为如是而无非学,如是而无非道,则吾恐其无所归宿,不得受用,而反为彼之指本心讲端绪者所笑矣。

在解释《论语》中"志于道,据于德,依于仁,游于艺"这段话时,朱子也强调读书应当是一个将圣贤言语落实在自己身心上的过程。他说:

> 读书须将圣贤言语就自家身上做工夫,方见事事是实用。如志道、据德、依仁、游艺,将来安排放身上看看,道是甚么物事。自家如何志之,以至据德依仁游艺,亦莫不然,方始有得。(《语类》卷三十四《论语十六》)

也正是在这个意义上,朱子在其《读书法上》一开始便说了以下三句话:

> 读书乃学者第二事。(第一句)

> 读书已是第二义。盖人生道理合下完具,所以要读书者,盖

是未曾经历见许多。圣人是经历见得许多,所以写在册上与人看。而今读书,只是要见得许多道理。及理会得了,又皆是自家合下元有底,不是外面旋添得来。(第二句)

学问,就自家身己上切要处理会方是,那读书底已是第二义。自家身上道理都具,不曾外面添得来。然圣人教人,须要读这书时,盖为自家虽有这道理,须是经历过,方得。圣人说底,是它曾经历过来。(第三句)

而在《读书法下》中,朱子同样有颇多类似的话,如门人叶贺孙(字味道,括苍人,居永嘉)曾经记录了以下的问答:

或问读书工夫。曰:这事如今似难说。如世上一等人说道不须就书册上理会,此固是不得。然一向就书册上理会,不曾体认着自家身己,也不济事。如说仁义礼智,曾认得自家如何是仁?自家如何是义?如何是礼?如何是智?须是着身己体认得。如读"学而时习之",自家曾如何学?自家曾如何习?"不亦说乎!"曾见得如何是说?须恁地认,始得。若只逐段解过去,解得了便休,也不济事。(《语类》卷十一《学五》)

读书,须要切己体验,不可只作文字看,又不可助长。(同上)

读书,不可只专就纸上求义理,须反来就自家身上(以手自指)推究。(同上)

在《语类》中《训门人》的部分,朱子一开始也是这样说的:

今学者皆是就册子上钻,却不就本原处理会,只成讲论文字,与自家身心都无干涉,须是将身心做根柢。(《朱子语类》卷

一百十三《朱子十·训门人一》)

正是由于朱子不以追求知识作为读书的目标,而是通过身心修炼的工夫而造就圣贤人格为最终的目的,对于朱子在《读书法》中一开始就说了以上的话,并在《读书法》中和训门人时反复强调这一点,我们就完全可以理解了。

但是,强调读书本身并非儒家之道的最终目标,可以说是宋明理学甚至整个儒家传统的一个基本共识。在这一点上,朱子与陆象山、王阳明其实并无不同。① 朱子之所以有别于陆象山、王阳明等人者,关键在于:朱子尽管认为"读书乃学者第二事",并不以读书本身为目的,但朱子同时又认为,读书又是身心修炼、变化气质从而最终成就圣贤人格的必由之路。或者说,朱子心目中以及他所提倡的读书,并非那种泛观博览的知识探求,否则正应了庄子所谓"以有涯随无涯",必将"怠矣",而是将读书本身作为身心修炼,将读书作为与圣人之心心心相印的实践法门。也正是这一点,使得读书在朱子那里不仅具有一套认识论意义上的诠释学意义,更具有一种价值实践的宗教学意涵。

朱子门人王力行(字近思,同安人)常有临事不能掌握是非的苦恼,在请教朱子如何改善时,朱子教导的方法就是通过读书穷理来使本心既"安"且"固":

> 此是本心陷溺之久,义理浸灌未透之病,且宜读书穷理。常不间断,则物欲之心自不能胜,而本心之义理安且固矣。(《文集》卷三十九《答王近思》第十书)

---

① 余英时先生曾经指出:"无论是'六经注我'的陆子静,抑或是'泛观博览'的朱元晦,都一样没有教人'为读书而读书'的意思。朱、陆之间,智识主义与反智识主义的壁垒尚不十分森严。"见余英时:《论戴震与章学诚》(北京:生活·读书·新知三联书店,2000),第290页。

同样的话也出现在《语类》卷十一《学五·读书法下》和《御纂朱子全书》卷三《学三》之中。后来真德秀《西山读书记》卷二十五《读书之法》也收录了这段话。

在朱子看来,读书固然是为求自得于心,但如果不通过读书的话,也很难真正深入真切地明了自己的本心。朱子门人杨道夫(字仲愚,建宁人)在《语类》中有这样的记载:

> 人之为学,固是欲得之于心,体之于身。但不读书,则不知心之所得者何事。(《语类》卷十一《学五·读书法下》;《性理大全书》卷五十三《学十一·读书法一》)

在训门人时,朱子也指出了这一点:

> 杨子顺、杨至之、赵唐卿辞归,请教。先生曰:学不是读书,然不读书又不知所以为学之道。圣贤教人,只是要诚意、正心、修身、齐家、治国、平天下。所谓学者,学此而已。若不读书,便不知如何而能修身,如何而能齐家、治国。圣贤之书,说修身处,便如此;说齐家治国处,便如此。节节在那上,自家都要去理会。一一排定在这里来,便应将去。(《语类》卷一百十八《朱子十五·训门人六》)

> 语泉州赵公曰:学固不在乎读书,然不读书,则义理无由明。(《语类》卷一百二十《朱子十七·训门人八》)

有时,朱子甚至认为读书是身心修炼的唯一途径,并且,读书的循序渐进,同时即是身心修炼的步步提高。在答孙仁甫的信(作于丙辰之后)中,朱子对此有谆谆教诲:

> 人无英气,固安于卑近,而不足以语上,其或有之,而无以制

之,则又反为所使,而不肯逊志于学。此学者之通患也。所以古人设教,自洒扫应对进退之节、礼乐射御书数之文,必皆使之抑心下首,以从事于其间而不敢忽,然后可以消磨其飞扬倔强之气,而为入德之阶。今既无此矣,则惟有读书一事,尚可以为慑服身心之助。然不循序而致谨焉,则亦未有益也。故今为贤者计,且当就日用间致其下学之功。读书穷理,则细立课程,耐烦著实,而勿求速解。操存持守,则随时随处,省觉收敛,而勿计近功。如此积累,做得三五年工夫,庶几心意渐驯,根本粗立,而有可据之地。不然,恐徒为心气所使,而不得有所就也。(《朱子年谱·朱子论学切要语》卷二)

对朱子来说,读书正是为了真正使自己的本心良知时时做主,而不有丝毫松懈,以至于"人欲肆而天理灭矣"。在《读书法下》,朱子明确指出:

> 人常读书,庶几可以管摄此心,使之常存。横渠有言:"书所以维持此心。一时放下,则一时德性有懈。其何可废!"(《语类》卷十一《学五》)

而紧接着这段话,朱子又说:

> 初学于敬不能无间断,只是才觉间断,便提起此心。只是觉处,便是接续。某要得人只就读书上体认义理。日间常读书,则此心不走作;或只去事物中衮,则此心易得汩没。知得如此,便就读书上体认义理,便可唤转来。(《语类》卷十一《学五·读书法下》)

这两段话意思一致且很明白,都是认为读书乃是身心修炼不可或缺的途径。而第一段话明代吕柟《朱子抄释》卷一专门有录,晚明之所以出现刘宗周所谓"情炽而肆"却自以为"率性之谓道"的局面,在相当程度上正是由于废书不观、学养未逮,不免流于以感性知觉为本心良知所致。如今提倡复兴儒学者,假其名号而别有用心者固不足与论,真正致力于其中者,亦当于此三致意焉。

事实上,朱子所理解和提倡的读书法或经典诠释活动,在他自己看来本身就是身心修炼、变化气质的工夫。对朱子而言,读书与身心修炼二者实密不可分。譬如,在《答黄仁卿》书中,朱子说道:

> 不论看书与日用功夫,皆要放开心胸,令其平易广阔,方可徐徐旋看道理,浸灌培养。切忌合下先立己意,把捉得太紧了,即气象急迫,田地狭隘,无处着功夫也。此非独是读书法,亦是仁卿分上变化气质底道理也。(《文集》卷四十六)

这里,朱子明确指出,读书就是"变化气质底道理"。这一点,朱子与门人叶贺孙曾经有过专门的讨论:

> 贺孙问:先生向令敬之看《孟子》。若读此书透,须自变得气质否?曰:只是道理明,自然会变。今且说读《孟子》,读了只依旧是这个人,便是不曾读,便是不曾得他里面意思。《孟子》自是《孟子》,自家身己自是自家身己。读书看道理,也须着些气力,打扑精神,看教分明透彻,方于身上有功。(《语类》卷一百二十《朱子十七·训门人八》)

在朱子看来,真正的经典阅读自然会导致气质的变化。若未能变化气质,则说明并非真正的读书,没有能够真正体会到经典的涵义。如此,也自然无法取得身心修炼的效果。

而在《答林正卿》第三书中,朱子也有类似的说法,只不过重点转到了指出读书变化气质的效果上了。所谓:

> 盖读书之法,须是从头至尾,逐句玩味。看上字时如不知有下字,看前句时如不知有后句。看得都通透了,又却从头看此一段,令其首尾通贯。然方其看此段时,亦不知有后段也。如此渐进,庶几心与理会,自然浃洽。非惟会得圣贤言语意脉不差,且是自己分上,身心义理,日见纯熟。(《文集》卷五十九)

"心与理会,自然浃洽"以及"身心义理,日见纯熟",显然是指气质变化之后所达到的一种身心的境界。这封书信王懋竑《朱子年谱》中《朱子论学切要语》卷二以及宋张洪等人所编《朱子读书法》卷三中都有收录,亦见其重要。

事实上,朱子此类话语极多,譬如:

> 本心陷溺之久,义理浸灌未透,且宜读书穷理。常不间断,则物欲之心自不能胜,而本心之义理自安且固矣。(《语类》卷十一《学五·读书法下》)

> 读书便是做事。凡做事,有是有非,有得有失。善处事者,不过称量其轻重耳。读书而讲究其义理,判别其是非。临事即此理。(同上)

> 如读书,自家心不在此,便是没这书。(《语类》卷二十一《论语三》)

> 圣人言语,岂可以言语解过一遍便休了!须是实体于身,灼然行得,方是读书时。(《语类》卷二十六《论语八》)

> 学者读书,须要体认。静时要体认得亲切,动时要别白得分明。如此读书方为有益。(《语类》卷四十一《论语二十三》)

> 读书须要将圣贤言语体之于身,如"克己复礼"与"出门如见大宾"。须就自家身上体看我实能克己与主敬行恕否。件件如此,方始有益。(《语类》卷四十二《论语二十四》)

> 大凡读书,须是要自家日用躬行处着力方可。且如居处恭,执事敬,与人忠,虽之夷狄不可弃也。与那言忠信行笃敬,虽蛮貊之邦行矣。言不忠信,行不笃敬,虽州里行乎哉?此二事须是日日粘放心头,不可有些亏欠处。此最是为人日下急切处,切宜体之。(《语类》卷四十三《论语二十五》)

并且,朱子还认为,如果按照他所说的方法去专心诵读圣人经典,自然会收到迁善改过的效果:

> 前辈有欲澄治思虑者,于坐处置两器,每起一善念,则投白豆一粒于器中;每起一恶念,则投黑豆一粒于器中。初时白豆少,黑豆多。后白豆多,黑豆少。后来遂不复有黑豆。最后则虽白豆亦无之矣。然此只是个死法,若更加以读书穷理底工夫,则去那般不正当底思虑,何难之有?(《语类》卷一百十三《朱子十·训门人一》)

> 问:道夫在门下虽数年,觉得病痛尚多。曰:自家病痛他人如何知得尽?今但见得义理稍不安,便勇决改之而已。久之,复曰:看来用心专一,读书仔细,则自然会长进,病痛自然消除。(《语类》卷一百十五《朱子十二·训门人三》)

朱子这种认为经典诵读具有迁善改过之功的看法,与基督教传统中古已有之而至今不衰的所谓"圣言诵读法"不无相通之处。这一点,我们下面会专门讨论,以便进一步具体说明朱子经典诠释的宗教学意涵。

朱子在讨论读书时,常常会使用"用药治病"的比喻。事实上,

这一比喻更加表明,在朱子自己的理解中,作为一种身心修炼活动,读书本身还具有身心治疗的意义。朱子说:

> 今读书紧要,是要看圣人教人做工夫处是如何。如用药治病,须看这病是如何发,合用何方治之;方中使何药材,何者几两,何者几分,如何炮,如何炙,如何制,如何切,如何煎,如何吃,只如此而已。(《语类》卷十《读书法上》)

> 看书非止看一处便见道理。如服药相似,一服岂能得病便好!须服了又服,服多后,药力自行。(《语类》卷十《读书法上》)

最能够以用药为喻来说明读书作为一种身心修炼的工夫,其根本目标在于体认并实践儒家经典之中的道理从而变化气质,最终成就圣贤人格,大概在于下面这段话:

> 今人读书,多不就切己上体察,但于纸上看,文义上说得去便了。如此,济得甚事!"何必读书,然后为学?"子曰:"是故恶夫佞者!"古人亦须读书始得。但古人读书,将以求道。不然,读作何用?今人不去这上理会道理,皆以涉猎该博为能,所以有道学、俗学之别。因提案上药囊起,曰:如合药,便要治病,终不成合在此看。如此,于病何补!文字浩瀚,难看,亦难记。将已晓得底体在身上,却是自家易晓易做底事。解经已是不得已,若只就注解上说,将来何济!如画那人一般,画底却识得那人。别人不识,须因这画去求那人,始得。今便以画唤做那人,不得。(《语类》卷十一《读书法下》)

这里,朱子既再次引用孔子不赞成子路"何必读书,然后为学"的典故,强调了读书的重要性,同时又指出了读书的目的是"将以求道"。否则即是"俗学"而非"道学"。用药治病的比喻以及"因这画去求那人"却不能"以画唤做那人"的比喻,都是为了说明后者。

在朱子看来,作为一种身心修炼的工夫,既然读书活动具有治疗的意义,反过来,如果不读书穷理,也足以产生身心的疾病。以下朱子与门人杨道夫的问答,颇能说明这一点。

> 道夫问:刘季文所言心病,道夫常恐其志不立,故心为气所动。不然,则志气既立,思虑凝静,岂复有此?曰:此亦是不读书不穷理故。心无所用,遂生出这病。……读书须是专一,不可支蔓,且如读孟子,其间引援诗书处甚多,今虽欲检本文,但也只须看此一段,便依旧自看本来章句,庶几此心纯一。道夫曰:此非特为读书之方,抑亦存心养性之要法也。(《语类》卷一百十五《朱子十二·训门人三》)

朱子之所以认为不读书会产生身心的疾病,读书本身是一种身心修炼活动,是因为对朱子来说,读书本来不仅是一种单纯的精神修炼(养心、居敬),同时包含身体的参与,也是一种身体的修炼。他说:

> 学者读书,须要敛身正坐,缓视微吟,虚心涵咏,切己省(一作"体")察。(《语类》卷十《学五·读书法下》)

这里,所谓"敛身正坐""缓视微吟",是对于身体方面的要求,这构成真正读书活动的先决条件。另一方面,朱子则认为,熟读精思反过来也会对身体产生一定的影响。他曾说:

> 书只贵读。读多,自然晓。今只思量得写在纸上底,也不济事,终非我有。只贵乎读,这个不知如何,自然心与气合,舒畅发越。(《语类》卷十《学四·读书法上》)

所谓"心与气合""舒畅发越",正是读书作为一种身心修炼活动在身体方面产生的积极效果。后来,明末清初的朱子学者陆世仪(字道威,号桴亭,1611—1672)也进一步指出,读儒家经典可以疗疾。他说:

> 凡人遇有微疾,却将闲书、小说观看消遣,以之却病者,虽圣贤往往有此举动,此实非也。闲书、小说,最动心火,不能养心。乃以之养身,可乎?愚谓人有微疾,最当观看理学书,能平心火。心火平,则疾自退矣。(《思辨录辑要》卷九《修养类》)

当然,这里的"疾"是指日常生活中身心失调所导致的疾病。事实上,无论传统中医还是现代西方医学理论都已经证明:自私、狭隘、固执、患得患失以及无节制的情绪等等,所有这些我们日常生活中几乎时时刻刻都会涌现的因素,作为"心火",都会成为人们身体疾病的肇因。阅读儒家经典,正是为了从中汲取身心修炼的道理并付诸实践,从而"平心火"。随着"心火平",相关的诸"疾"也自然会随之消退。儒家的身心修炼工夫作为一种延年益寿的养生之道,往往为人所忽略。① 而在朱子看来,作为身心修炼工夫的经典诠释活动,其实在相当程度上恰恰具有养生的功效。

四　朱子经典诠释中关于身心修炼的话语

将读书本身视为一种身心修炼的工夫,在朱子对于儒家经典的具体诠释活动中有着丰富的表现。朱子对经典的诠释几乎处处不离身心修炼和变化气质的工夫,而这种工夫又与读书密切相关。并且,除了儒家经典的诠释活动之外,与读书密切相关的"身心之学"几乎成为朱子评价一切的一个标准。除了理气、心性等抽象的哲学观念

---

① 关于这一点,参见本书第十三章。唯该章于此虽有讨论,但重点别有所在。

之外,"读书"和"身心"可以说是朱子思想尤其经典诠释话语中最为关键且紧密相关的两个词。①

首先,我们来看,在具体诠释"四书"这四部朱子最为重视的儒家经典时,朱子是如何与身心修炼紧密相关的。本章第二部分已经指出,朱子曾指出阅读"四书"时所当遵循的次序,所谓"学问须以《大学》为先,次《论语》,次《孟子》,次《中庸》"。以下,我们就按照《大学》《论语》《孟子》和《中庸》的顺序,来观察朱子在其经典诠释中关于身心修炼的话语。

(一)《大学》

朱子解《大学》中"格物"观念时,不离身心修炼。朱子门人廖德明(字子晦,南剑人,1169年进士,生卒年月不详)曾记录以下的话:

> 格物二字最好。物谓事物也。须穷极事物之理到尽处。便有一个是,一个非。是底便行,非底便不行。凡自家身心上,皆须体验得一个是非。若讲论文字,应接事物,各各体验,渐渐推广,地步自然宽阔。如曾子三省,只管如此体验去。(《语类》卷十五《大学二·经下》)

而在解《大学》中"诚意"观念时,亦不离身心修炼。朱子门人叶贺孙曾记录朱子与门人的如下一段问答:

> 居甫问:诚意章结句云:此大学之枢要。枢要说诚意,是说致知? 曰:上面关着致知格物,下面关着四五项上。须是致知,能致其知,知之既至,方可以诚得意。到得意诚,便是过得个大关,方始照管得个身心。若意不诚,便自欺,便是小人。过得这

---

① "读书"一词不胜枚举,仅以"身心"两字为例,《语类》中63见,《文集》中73见。

个关,便是君子。又云:意诚,便全然在天理上行;意未诚,以前尚汨在人欲里。(《语类》卷十六《大学三》)

(二)《论语》

在解《论语》时,朱子强调,文字工夫虽然重要,但最终必须落实在身心上体认。朱子门人李壮祖(字处谦,邵武人)曾经两次记录下朱子在解释《论语》中"仁远乎哉"一章时的感叹:

> 人之为学也是难。若不从文字上做工夫,又茫然不知下手处。若是字字而求,句句而论,不于身心上著切体认,则又无所益。(《语类》卷十九《论语一》;《语类》卷三十四《论语十六》;《全书》卷十五《仁远乎哉》章)

而在解释"兴于诗、立于礼、成于乐"一章时,朱子同样不离身心修炼。门人黄升卿记录了朱子这样的话:

> 古人学乐,只是收敛身心。令入规矩,使心细而不粗,久久自然养得和乐出来。又曰:诗、礼、乐,古人学时,本一齐去学了,到成就得力处,却有先后。然成于乐,又见无所用其力。(《语类》卷三十五《论语十七》)

(三)《孟子》

《孟子》中有所谓"以意逆志"之说,董仁叔曾经就此向朱子发问,朱子的解释是这样的:

> 此是教人读书之法。自家虚心在这里,看他书道理如何来,自家便迎接将来。而今人读书都是去捉他,不是逆志。(《语类》卷五十八《孟子八》)

"求放心"可以说是孟子工夫论的宗旨,对此后来历代儒者都有解释,程明道甚至认为"圣贤千言万语只是收放心"。朱子也反复提到这一点。在面对门人对此的疑问时,朱子进一步发挥道:

> 所谓讲学读书,固是。然要知所以讲学,所以读书,所以致知,所以力行,以至习礼习乐、事亲从兄,无非只是要收放心。孟子之意,亦是。为学问者无他,皆是求放心尔。(《语类》卷五十九《孟子九》)

这里,朱子显然重在强调读书活动应当在身心修炼的意义上来理解。所谓"身心之学",目的即是为了"求放心",也就是要回归于自己内在被遮蔽了的本心。

(四)《中庸》

朱子门人廖德明曾经记录了朱子这样一段问答,其中,我们可以看到,朱子对《中庸》的解释也是将读书与身心修炼紧密相关:

> 问:戒谨恐惧,以此涵养固善。然推之于事,所谓开物成务之几,又当如何?曰:此却在博文。此事独脚做不得,须是读书穷理。(《语类》卷六十二《中庸一》)

同样将读书作为身心修炼工夫的例子,还可见于朱子门人曾祖道记录的朱子以下这样一段诠释《中庸》中有关"动静""中和"的话:

> 存养是静工夫。静时是中,以其无过不及,无所偏倚也。省察是动工夫。动时是和,才有思为,便是动。发而中节,无所乖戾,乃和也。其静时,思虑未萌,知觉不昧,乃复所谓见天地之心,静中之动也。其动时,发皆中节,止于其则,乃艮之不获其身,不见其人,动中之静也。穷理读书,皆是动中工夫。(《语类》卷六十二《中庸一》)

甚至对于《中庸》中"诚者物之终始,不诚无物"这样的话,朱子都以读书为喻加以解释,以指点"诚"的工夫:

> 诚者,物之终始,不诚无物。诚者,事之终始。不诚,比不曾做得事相似。且如读书,一遍至三遍,无心。读四遍至七遍,方有心。读八遍又无心,则是三遍以下与八遍如不曾读相似。(《语类》卷六十四《中庸三》)

> 诚者,物之终始。不诚无物。如读书,半版以前,心在书上,则此半版有终有始。半版以后,心不在焉,则如不读矣。(同上)

除了"四书"这四部朱子最为重视的儒家经典之外,朱子在其经典诠释中强调身心修炼的话语还体现在诸如《周礼》《诗经》甚至《小学》之中。譬如,在与门人讨论《诗经》时,朱子有以下的话:

> 凡先儒解经,虽未知道,然其尽一生之力,纵未说得七八分,也有三四分。且须熟读详究,以审其是非,而为吾之益。今公才看着,便妄生去取,肆以己意,是发明得个甚么道理?公且说人之读书是要将作甚么用?所贵乎读书者,是要理会这个道理,以反之于身,为我之益而已。(《语类》卷八十《诗一》)

> 时举说板诗问:天体物而不遗,是指理而言;仁体事而无不

在,是指人而言否? 曰:体事而无不在,是指心而言也。天下一切事,皆此心发见尔。因言读书穷理当体之于身,凡平日所讲贯穷究者,不知逐日常见得在吾心目间否。不然,则随文逐义,赶趁期限,不见悦处,恐终无益。(《语类》卷八十一《诗二》)

在讨论《小学》时,朱子尤其指出,身心的修养工夫应当从小学开始。

> 古者小学已自暗养成了。到长来,已自有圣贤坯模,只就上面加光饰。如今自失了小学工夫,只得教人且把敬为主,收敛身心,却方可下工夫。(《语类》卷七《学一·小学》)

并且,对于作为身心修炼的读书活动如何在小学时培养,朱子有详细的说明。清人陈弘谋(字汝咨,号榕门,广西临桂人,1696—1771)编辑的《五种遗规》中有《养正遗规》,是专门用来进行儿童教育的一部著作。① 其中,专门收录了朱子的《童蒙须知》。朱子说:

> 凡读书,须整顿几案,令洁净端正,将书册整齐顿放,正身体,对书册,详缓看字,子细分明读之。须要读得字字响亮,不可误一字,不可少一字,不可多一字,不可倒一字,不可牵强暗记。只是要多诵遍数,自然上口,久远不忘。古人云:读书千遍,其义自见。谓熟读,则不待解说,自晓其义也。余尝谓读书有三到,谓:心到、眼到、口到。心不在此,则眼不看仔细。心眼既不专一,却只漫浪诵读,决不能记,亦不能久也。三到之法,心到最急。心既到矣,眼口岂不到乎? (《读书写文字第四》)

---

① 《五种遗规》刊于乾隆四年(1739)。除《养正遗规》之外,另外四种是《教女遗规》《训俗遗规》《学仕遗规》和《从政遗规》。

朱子提出的"心到、眼到、口到"这读书的"三到"之法，如今仍然广为人知。而从这里朱子所言，我们已经可以明显看到，对于朱子来说，儿童时期的读书活动已经必须是一种身心修炼的活动了。朱子强调"心到"最重要，固然是侧重"心"的方面，但所谓"凡读书，须整顿几案，令洁净端正，将书册整齐顿放"，以及"须要读得字字响亮"，尤其是"正身体，对书册"，也分明包含了身体的参与。事实上，身心交关论一直是儒家修身传统的一个基本立场，身体在道德修养的活动中也历来是一个不可或缺的有机组成部分。在本书第十章的讨论中，对此会有较为详细的说明。

朱子不仅在解释《大学》《论语》《孟子》《中庸》等儒家经典时处处强调读书与身心修炼的紧密关系，即便在解释先贤如二程、张载等人的著作时也是如此。譬如，程子曾说过"心要在腔子里"的话①，对此，朱子的解释是这样的：

> 或问：心要在腔子里。曰：人一个心，终日放在那里去，得几时在这里？孟子所以只管教人求放心。今人终日放去，一个身恰似个无梢工底船，流东流西，船上人皆不知。某尝谓：人未读书，且先收敛得身心在这里，然后可以读书，求得义理。而今硬捉在这里读书，心飞扬那里去，如何得会长进？（《语类》卷九十六《程子之书二》）

《西铭》是张载最脍炙人口的著作，在上一章中，笔者对其中蕴

---

① 语见朱子所编《二程遗书》卷七，但其中未言是明道语还是伊川语。后世录此语者如真德秀《西山读书记》卷三、卷二十五、陆世仪《思辨录辑要》卷七、陆陇其《松阳钞存》卷下、刘宗周《刘蕺山集》卷十一等大都出自朱子，故亦大都泛言"程子曰"。惟《古今事文类聚·后集》卷二十七中注曰为"伊川语录"。《古今事文类聚》共包括《前集》六十卷、《后集》五十卷、《续集》二十八卷、《别集》三十二卷、《新集》三十六卷、《外集》十五卷、《遗集》十五卷。据四库馆臣，该书前、后、续、别四集均为宋祝穆撰，新集、外集则为元富大用撰，遗集为元祝渊撰。据此，断为伊川语者，当为祝穆。至于合为一编，则不知始自何人，四库馆臣怀疑为建阳书贾所为。

涵的义理也尝试进行了诠释。对于其中的道理，朱子门人陈文蔚（字才卿，上饶人）曾经认为核心是在说"孝"的观念，朱子对此有所解释：

> 问：向日曾以《西铭》仁孝之理请问，先生令截断横看。文蔚后来见得孝是发见之先，仁是天德之全。事亲如事天，即是孝。自此推之，事天如事亲，即仁矣。老吾老，幼吾幼，自老老幼幼之心推之至于疲癃残疾，皆如吾兄弟颠连而无告，方始尽。故以敬亲之心，不欺闇室，不愧屋漏，以敬其天；以爱亲之心，乐天循理，无所不顺，以安其天，方始尽性。窃意横渠大意只是如此，不知是否？曰：他不是说孝，是将孝来形容这仁。事亲底道理，便是事天底样子。人且逐日自把身心来体察一遍，便见得吾身便是天地之塞，吾性便是天地之帅。许多人物，生于天地之间，同此一气，同此一性，便是吾兄弟。党与、大小、等级之不同，便是亲疏远近之分。故敬天当如敬亲，战战兢兢，无所不至；爱天当如爱亲，无所不顺。天之生我，安顿得好，令我富贵崇高，便如父母爱我，当喜而不忘。安顿得不好，令我贫贱忧戚，便如父母欲成就我，当劳而不怨。徐子融曰：先生谓事亲是事天底样子，只此一句，说尽《西铭》之意矣。（《语类》卷九十八《张子书之一》）

显然，朱子这里所谓"且逐日自把身心来体察一遍"，也是将自家身心体验在理解儒家经典文本时的重要性具体落实在了他自己对于《西铭》的诠释之中了。

除了儒家经典包括先贤著作的诠释之外，在其他方面，"身心之学"也几乎无不构成朱子的一个评价标准。

在评论释氏人物尤其是佛教与儒家工夫的同异时，对朱子来说，身心工夫的差别极为重要。朱子门人郭友仁（字德元，山阳人，寓临安）曾经记录了以下一段朱子与门人之间的问答：

> 问：昔有一禅僧，每自唤曰：主人翁，惺惺着。《大学或问》亦取谢氏常惺惺法之语，不知是同是异。
>
> 曰：谢氏之说，地步阔，于身心事物上皆有工夫。若如禅者所见，只看得个主人翁便了，其动而不中理者，都不管矣。且如父子天性也，父被他人无礼，子须当去救他，却不然。子若有救之之心，便是被爱牵动了心，便是昏了主人翁处。若如此，惺惺成甚道理？向曾览四家录，有些说话极好笑，亦可骇。说若父母为人所杀，无一举心动念，方始名为初发心菩萨。他所以叫主人翁惺惺着，正要如此。惺惺字则同，所作工夫则异，岂可同日而语？（《语类》卷一百二十六《释氏》）

而在评论以往历代人物时，"身心"之学也是一个重要的判断标准。如朱子评论韩愈、欧阳修说：

> 退之晚来觉没顿身己处，如招聚许多人，博塞为戏。所与交如灵师、惠师之徒，皆饮酒无赖。及至海上，见大颠壁立万仞，自是心服。其言实能外形骸，以理自胜，不为事物侵乱。此是退之死款。乐天莫年，卖马遣妾，后亦落莫，其诗可见。欧公好事金石碑刻，都是没着身己处，却不似参禅修养人，犹是贴着自家身心理会也。（《语类》卷一百三十七《战国汉唐诸子》）

在朱子看来，如果不能以身心之学为本，则儒者甚至不如佛教人士，所谓"没顿身己处""没着身己处""却不似参禅修养人，犹是贴着自家身心理会也"。再如评陆象山，朱子虽然批评其流于禅学，但从身心修炼的角度来看，朱子则对象山颇为推崇。在《答刘子澄》第二书中，朱子说：

> 子静一味是禅，却无许多功利术数。目下收敛得学者身心，

不为无力。(《文集》卷三十五)

在《答陈肤仲》第一书中,朱子更是指出自己门下的缺失,所谓:

> 陆学固有似禅处,然鄙意近觉婺州朋友专事闻见,而于自己身心全无工夫,所以每劝学者兼取其善,要得身心稍稍端静,方于义理知所抉择。(《文集》卷四十九)

至于在平时教导门人时,朱子更是不断强调"身心"工夫的重要性。

> 为学最切要处在吾身心,其次便是做事,此是的实紧切处。学者须是把圣人之言来穷究,见得身心要如此,做事要如此。天下自有一个道理在,若大路然。圣人之言便是一个引路底。(《语类》卷一百十四《朱子十一·训门人二》)

> 为学切须收敛端严。就自家身心上做工夫,自然有所得。(《语类》卷一百二十《朱子十七·训门人八》)

> 诸公皆有志于学,然持敬工夫,大段欠在。若不知此,何以为进学之本?程先生云:涵养须用敬,进学则在致知。此最切要。游和之问:不知敬如何持?曰:只是要收敛身心,莫令走失而已。今人精神自不曾定,读书安得精专?凡看山、看水、风吹草动,此心便自走失,何以为学?诸公切宜勉此。(《语类》卷一百二十一《朱子十八·训门人九》)

这一类训导门人当以身心之学为本的话,在朱子教训其门人郭友仁说的以下这段话中表示得尤为警策和明确:

> 今公掀然有飞扬之心,以为治国平天下如指诸掌。不知自家一个身心都安顿未有下落,如何说功名事业?怎生治人?古时英雄豪杰不如此。张子房不问着他不说,诸葛孔明甚么样端严?公浙中一般,学是学为英雄之学,务为跅弛豪纵,全不点检身心。某这里须是事事从心上理会起,举止动步,事事有个道理。一毫不然,便是欠阙了他。道理固是天下事无不当理会,只是有先后缓急之序。须先立其本,方以次推及其余。今公们学都倒了,缓其所急,先其所后,少闲使得这身心飞扬悠远,全无收拾处。而今人不知学底,他心虽放,然犹放得近。公今虽曰知为学,然却放得远,少闲会失心去,不可不觉。(《语类》卷一百十六《朱子十三·训门人四》)

并且,读书作为身心修炼工夫的方法和首要步骤,始终为朱子所强调。刘刚中所录《师友问答》,不见于《语类》,属于朱子佚文。其中有一段朱子与刘刚中的问答,颇能说明这一点。

> 问:人不学,不知道。学在读书上见,道在行事上见,必读书然后可行事与?先生曰:固也。然学即学其道,非做两截。无论读书,无论行事,恁地皆是道,恁地皆是学。果于经史典籍,潜心玩索,日用云为,细意体察,自能穷天下之理,致吾心之知,岂谈空说玄之谓道、钩深索隐之谓学哉![1]

总之,在朱子本人的经典诠释活动中,以及朱子几乎所有的话语中,身心修炼都是落脚点。这一点,当然是朱子毕生学为圣贤的志向所致。如果说"诗言志"的话,那么,这一点在其"日用自警示平父"诗中可以说流露无疑,所谓:"圆融无际大无余,即此身心是太虚。

---

[1] 束景南辑订:《朱子佚文辑录》,见朱杰人等主编:《朱子全书》(上海古籍出版社、安徽教育出版社,2003),第26册,第457页。

不向用时勤猛省。却于何处味真腴。寻常应对尤须谨,造次施为更莫疏。一日洞然无别体,方知不枉费功夫。"(《文集》卷六)

五 朱子读书法与基督教圣言诵读的比较

以上,我们论证了经典诠释活动对于朱子来说本身即是一种身心修炼的方法,并指出了朱子本人是如何在其具体的经典诠释活动及其几乎所有的话语中对于身心之学加以强调的。对于作为身心修炼工夫的经典诠释活动所具有的宗教学意涵,我们在第三部分已经有所提揭。其中,笔者已经提到,朱子认为经典诵读所具有的身心修炼尤其迁善改过之功,与基督教传统中的"圣言诵读法"不无相通之处。在这一部分,我们即比较朱子读书法与基督教传统中的"圣言诵读法",以便对朱子经典诠释活动的宗教学意涵予以进一步的说明。

所谓"圣言诵读法",在拉丁文中的语源是"*lectio divina*",英文译为"sacred reading"或者"divine reading",一般认为起源于公元5世纪到6世纪之间的圣本笃(St. Benedict,480—550),但更早可以追溯到早期教会在沙漠中就已开始的读经方式。[①] 作为一种灵修(spiritual exercise)的传统,"圣言诵读法"一直是本笃会的修士和修女们每天的必修功课。虽然它在整个基督教传统中曾经一度衰落,但是晚近却颇有振兴之势。在2001年的《新千年告文》中的《聆听圣言》部分,教皇特别提到了"圣言诵读法",并呼吁全体基督教徒认真实践这一被认为是行之有效的方法。他说:

> 如果不再次聆听圣言,显然就无法想象成圣和祈祷的首要性。自从梵二大公会议强调了天主圣言在教会中的重要地位

---

① 参见 D. Burton-Christie, *The Word in the Desert: Scripture and Quest for Holiness in Early Christian Monasticism*, New York: Oxford University Press. 1933。

后,人们远比过去更为热心聆听圣言,用心研读圣言。在教会的公开祈祷中,《圣经》有了理所当然的尊高地位。个人及团体都全面使用《圣经》,许多信徒也研读神学和圣经学,以便热心研读《圣经》。但最重要的,还是借着福音传播和教理讲授,使人再次更加注意天主圣言。亲爱的弟兄姊妹,这个进展必须加强、深入,要确使每个家庭都有《圣经》。尤其重要的是,在古老且永远真实的圣言诵读(lectio divina)传统中,聆听圣言应该成为能给予生命的交会,"圣言诵读"所读的都是《圣经》中生活的圣言,能够质问、引导并塑造我们的生命。①

在基督教传统内部,尽管有人区分了两种"圣言诵读",即"学术型的圣言诵读法"(the scholastic lectio divina)和"修士型的圣言诵读法"(the monastic lectio divina)②,但是,作为一种大家都接受的灵修方法,无论是私人的行为(private lectio divina)还是群体的行为(lectio divina shared in community),"圣言诵读法"基本上可以说包括四个环节或步骤:1. 慢读(lectio);2. 默想(meditatio);3. 祈祷(oratio);4. 静观(contemplatio)。③

"慢读",是指首先选择一段圣经的经文,一般不要太长,然后慢

---

① 见 http://www.cncatholic.org/cncatholic/xzzn/jhwx/bflb/200507/10161.html。
② 如 Thomas Keating,"The Ancient Monastic Practice of *Lectio Divina*",*Contemplative Outreach News*,Vol. 12,Number 2:Winter,1998。但是,即便对 Thomas Keating 来说,也不能否认慢读(*lectio*)、默想(*meditatio*)、祈祷(*oratio*)、静观(*contemplatio*)的不同。Thomas Keating 似乎更强调说,在"修士型的圣言诵读法"(the monastic *lectio divina*)中,这四种不同不像是在"学术型的圣言诵读法"(the scholastic *lectio divina*)中那样是四种渐进的步骤或层次,而是同一个过程中的四种不同的时刻。借用佛教的说法,对 Thomas Keating 来说,大概"学术型的圣言诵读法"是一种"渐法"而"修士型的圣言诵读法"则可以说是一种"顿法"。
③ 关于 *Lectio Divina* 产生与发展的历史尤其是四个基本步骤的理论说明,可参见以下三部著作:1. Thelma Hall,*Too Deep for Words:Rediscovering Lectio Divina*,New York:Paulist Press,1988;2. Mariano Magrassi,*Praying the Bible,An Introduction to Lectio Divina*,Collegeville:Liturgical Press,1998;3. Enzo Bianchi,*Praying the Word*,Kalamazoo,Michigan:Cistercian Publications,1998。

慢地反复诵读,尤其是要读出声来。在诵读的过程中,要集中注意力去聆听和领会经文的涵义。在这一阶段中,重点在于通过对经文的诵读来完全、彻底地敞开心扉,以便倾听到天主的声音。

"默想",是指在"慢读"之后,默默仔细回忆诵读经文中的内容。可以将所诵读的经文分成若干部分,并尝试向自己提出以下问题:1. 经文记录了什么事情?如何发展?2. 如今是否有类似的事情发生?3. 在自己认识的人之中是否有谁有过类似的经历?向自己发问,目的是帮助自己对经文内容的反省更为深入。如经文中有若干词句令自己有所感动,则这些词句自然会牢记心中,从而在生活中反过来对其进一步反省。在这一阶段,重点是深入反省天主圣言的内容。

"祈祷",是指在"慢读"和"默想"之后,在经文内容或者说圣言深入内心的同时,在内心深处向天主祷告。在这一阶段,关键在于以祷告的方式对天主的圣言直接做出自己的回应。

在经历了"慢读""默想"和"祈祷"的次第之后,当诵读者的内心深入且充满了圣言并对天主的圣言产生了内在主动的回应和接受之后,诵读者应当进入"静观"的最后阶段了。在这一阶段中,由于圣言已经转化为自己的心声,天主已经临在,诵读者此时只需安静地与天主彼此相处,无需再祈求什么。在单纯的宁静与安详中,诵读者置身于天主面前,完全沐浴在天主的圣爱之内,自己的思想、情感、意愿和生活态度和方式已经获得了彻底的改变和净化。这一最后阶段的关键,可以说是诵读的圣言已经作为一种转化性的力量改变了诵读者的存在,最终是诵读者活在圣言之中,或者说圣言的教导成为诵读者的生活态度和方式。

概括来说,如果说"慢读"是"聆听圣言"(listening to the word of God),"默想"是"反省圣言"(reflecting on the word of God),"祈祷"是"回应圣言"(responding to the word of God),那么,最后的"静观"就是"体现圣言"(embodying the word of God or becoming the word of God)。我们可以对"圣言诵读法"的整个过程打一个比方:"慢读"就仿佛是牛吃草;"默想"和"祈祷"就好像是牛的反刍,把食物吐回

嘴中，细细咀嚼；而"静观"则比如是牛吃饱之后躺下休息。当然，休息并不意味着无所事事，反而是一个至关重要的时刻。正是在休息的时候，牛将先前的食物消化吸收，实现了自己整个身体的转化和更新。因此，"静观"之时也就意味着基督徒真正生命诞生的时刻。

对实践"圣言诵读"的基督教人士来说，"圣言诵读"旨在聆听天主的圣言，使自己不要成为"外表是天主圣言空洞的宣讲者，内里却不是天主圣言的倾听者"（《启示宪章六：25》）。他们相信，这种古老而有效的方法能够引领他们以圣言作为祈祷的根源，使圣言成为生活的力量，最后引发内心的转变，实现终极性的转化。如果借用理学传统的话来说，即达到"变化气质"的效果而成就"圣贤人格"。

对比这种"圣言诵读法"和前文对于朱子经典诠释活动的讨论，尤其是朱子所理解的作为一种身心修炼工夫的读书法，我们显然很容易发现两者之间的相通甚至相似之处。①

相对于"圣言诵读法"中的"慢读"，朱子在讨论读书法时有相当多类似的说法。"慢读"有两个要点：一是发声，所谓"诵读"，而不仅是单纯的默念式阅读；一是聆听所读的圣言时要采取一种敞开心扉的开放态度。这两点，朱子其实明确在经典诠释活动中予以提倡。前文已经提到，朱子说过这样的话，所谓"学者读书，须要敛身正坐，缓视微吟，虚心涵咏，切己省（一作'体'）察（《语类》卷十《学五·读书法下》）"，这正可以视为朱子以极其扼要的说法同时概括了"慢读"中的两个要点。如果要分开来略为详说的话，关于发声的诵读，

---

① 尽管并未进行专门和详细的比较研究，但西方也已经有个别学者留意并指出了朱子读书法与基督教圣言诵读法之间的可比性。参见 Daniel Gardner, "Attentiveness and Meditative Reading in Cheng-Zhu Neo-Confucianism", in Tu Wei-ming and Mary Evelyn Tucker edit, *Confucian Spirituality* II, The Crossroad Publishing Company, 2004, pp. 99-119。其中，对于所谓 *lectio divina*, Daniel Gardner 主要的依据在于其文末注释中提到的一篇论文和一本著作，即 Monica Sandor, "Lectio Divina and the Monastic Spirituality of Reading", American Benedictine Review 40, No. 1, March 1989, pp. 82-114; Jean Leclercq, *The Love of Learning the Desire for God: A Study of Monastic Culture*, New York: Fordham University Press, 1982, esp. 15-17 and 71-86。

在前引陈弘谋编《养正遗规》中朱子《童蒙须知·读书为文第四》里面,朱子有明确的主张,所谓"口到"之说,即是指此。而如果说关于诵读时必须采取完全开放的聆听态度,那么,朱子反复强调的"虚心"之说,也正是与此相合。而"虚心"的目的,也同样是为了让圣人之言深入自己的内心,从而掌握天地之理。所谓:

> 然读书且要虚心平气,随他文义体会,不可先立己意,作势硬说,只成杜撰,不见圣贤本意也。(《文集》卷五十三《答刘季章》第十书)

> 人之所以为学者,以吾之心未若圣人之心故也。心未能若圣人之心,是以烛理未明,无所准则,随其所好,高者过,卑者不及,而不自知其为过且不及也。若吾之心即与天地圣人之心无异矣,则尚何学之为哉?故学者必因先达之言,以求圣人之意;因圣人之意,以达天地之理。(《文集》卷四十二《答石子重》第一书)

朱子关于读书时要"虚心"的说法,前文征引已多,此处不赘。

如果说"圣言诵读法"中的"默想"重在对经文的专注投入和反复体会,如牛之反刍和细细咀嚼一般,那么,我们同样可以发现朱子读书法中颇多共鸣之处。譬如,朱子曾经如此描述如何称得上是"善读书":

> 读书,须是要身心都入在这一段里面,更不问外面有何事,方见得一段道理出。如博学而笃志,切问而近思,如何却说个仁在其中?盖自家能常常存得此心,莫教走作,则理自然在其中。(《语类》卷十一《学五·读书法下》)

> 读书者当将此身葬在此书中,行住坐卧,念念在此,誓以必

晓彻为期。看外面有甚事,我也不管,只恁一心在书上,方谓之善读书。(《语类》卷一百十六《朱子十三·训门人四》)

所谓"身心都入在这一段里面,更不问外面有何事""自家能常常存得此心,莫教走作",尤其是第二段"葬身"的比喻,都十分形象地说明了朱子对于读书时专注和投入的强调。至于读书需要反复的体会,朱子也有十分具体的说明。譬如,在如何读《大学》这部朱子一生最为重视的儒家经典时,朱子指出:

但看时,须是更将大段分作小段,字字句句,不可容易放过。常时暗诵默思,反复研究,未上口时须教上口,未通透时须教通透,已通透后便要纯熟,直得不思索时此意常在心胸之间,驱遣不去,方是此一段了。又换一段看令如此。数段之后,心安理熟,觉得工夫省力时,便渐得力也。(《文集》卷五十一《答黄子耕》第四书)

这里所谓"暗诵默思,反复研究","不思索时此意常在心胸之间,驱遣不去",都与"圣言诵读法"中"默想"阶段对于经文反复体会的要求如出一辙,甚至连将经文分成若干更小段落以便体会其中涵义的做法都不谋而合。

当然,朱子读书法中或许并没有类似于"祈祷"的环节。但是,暂时撇开"祈祷"的具体形式以及对于祈祷对象性质的预设不论(这里显示出圣言诵读法与朱子读书法的差异以及基督教传统与儒家传统的一些根本差异,详后文),如果"祈祷"的涵义更多地在于对经典中的圣言做出回应,与之彼此契合,那么,朱子读书法中亦颇多此类说法。相关文献前文也已经征引不少,这里我们仅略加补充。譬如,朱子明确指出:

读书须是以自家之心体验圣人之心。少间体验得熟,自家之

心便是圣人之心。(《语类》卷一百二十《朱子十七·训门人八》)

程伊川门人尹和靖曾说:"耳顺心得,如诵己言。功夫到后,诵圣贤言语,都一似自己言语"(《语类》卷十《学四·读书法上》),对此,朱子极为赞同。此外,朱子也曾经如此描述过自己与儒家经典之中圣人之言"心心相印"的体会,所谓:

> 累日潜玩,其于实体似益精明。因复取凡圣贤之书,及近世诸老先生之遗语,读而验之,则又无一不合。盖平日所疑而未白者,今皆不待安排,自见洒落处。始窃自信,以为天下之理其果在是。而致知格物、居敬精义之功,自是其有所施之矣。(《文集》卷三十二《答张敬夫》第四书)

事实上,通过读书而实现自己与圣人之心的若合符节,可以说是朱子经典诠释活动的一个基本目标。① 而一旦读者与圣人心心相印、吻合无间,"自家之心便是圣人之心",也就意味着达到"一旦豁然贯通焉,则众物之表里精粗无不到,而吾心之全体大用无不明矣"(《四书章句集注》之《大学章句》)的境界。这种境界达至的同时,自我的整个身心也就获得了彻底的转化。而作为"圣言诵读法"的最后阶段,"静观"所表示的"体现圣言",其实也正是要反映那种状态,即圣经中的话语最终成为诵读者自己的心声,所谓"活在圣言之中",由此而来,诵读者实现了存在的终极性转化。

借用余英时先生的说法,如果说西方诠释学的诸多层次大致都可以为朱子所包含的话,基督教"圣言诵读法"从"慢读"到"静观"的整个次第和过程,在朱子所论述的读书法中也几乎有类似的完整

---

① 有学者即认为,朱子经典诠释的中心目标在于与圣人之心彼此相合。参见吴展良:《合符于圣人之心:朱子以生命解经的中心目标》,《新宋学》第 2 辑,上海:上海辞书出版社,2003。

说明。譬如:

> 大抵观书先须熟读,使其言皆若出于吾之口;继以精思,使其意若出于吾之心,然后可以有得尔。(《语类》卷十《学四·读书法上》)

这里,从"熟读"到"精思"再到最终"有得",也正是一个从"聆听圣言"到"活在圣言之中"的过程。

除了上述实践步骤方面的相似性之外,就其性质与实践的效果而言,朱子读书法和"圣言诵读法"还有以下两点类似之处。

首先,前文已经论证指出,在朱子看来,他所理解的读书或经典诠释活动不同于一般世俗的经典研读。前者本身是一种身心修炼的方式,为的是成就圣贤人格。后者则要么以"多知"为能,"博"而不能归之于"约",缺乏作为终极关怀的"一贯之道",等而下之者更将经典学习作为谋求功名富贵的敲门砖。前文提到的朱子对于"道学"和"俗学"的区别,关键即在于此。与此相较,对于基督教传统内部人士来说,在"圣言诵读法"和"圣经研究"(Bible Studies)之间,也存在着类似的区别。后者也可能未必没有信仰的投注,也有助于"圣言诵读"时对于圣经内容的理解,但一般情况下更多地却是一种知识性的学习。而"圣言诵读"之所以不同于"圣经研究"甚至"圣经阅读"(scriptures reading),在于它本身是一种实现存在的终极性转化的方式,而不是为了博学多知。① 如果"宗教"的本质即在于一种终极性的转化之道②,那么,"圣言诵读"首先是一种宗教性的实践方法,而不是一种以"认知"为核心的哲学思辨。正是在这个意义上,

---

① 关于"圣言诵读"与"圣经研究"以及一般"圣经阅读"的不同,参见 Thomas Keating, The Ancient Monastic Practice of *Lectio Divina*, *Contemplative Outreach News*, Vol. 12, Number 2: Winter, 1998。

② 以"终极性的转化之道"来界定"宗教",参见 Frederick Streng, *Understanding Religious Life*, Third edition, Belmont, Calif.: Wadsworth, 1985。

我们可以说朱子的经典诠释与基督教的圣言诵读在实现各自目标的形式上存在着一定的相似性。借用老子所言,朱子的经典诠释与基督教的圣言诵读都是"为道",而一般单纯知性意义上的儒家经典研究和基督教圣经研究则是"为学"。

其次,前文也已指出,对朱子而言,作为身心修炼方式的读书或经典诠释活动具有一种身心治疗的意义。而在许多基督教人士看来,实践"圣言诵读法"也同样可以达到身心治疗的效果。譬如,最近玛丽·厄尔(Mary C. Earle)出版了一部有关"圣言诵读"与疾病治疗的著作。玛丽·厄尔本人长期疾病缠身,但是,通过日常生活中定期不懈的"圣言诵读"实践,她最终战胜了病魔。通过自己真实的生命经验,玛丽·厄尔以现身说法的方式向世人证明了"圣言诵读"是如何起到身心滋养的治疗效果的。并且,她也对"圣言诵读"的理论与实践进行了具体的论述。① 事实上,在基督教传统内部,具有类似玛丽·厄尔那样经验的人士,的确为数不少。最近,哈佛大学科学史教授安妮·哈林顿(Anne Harrington)特别从西方传统医学史以及宗教史的角度探讨了身心关系的密不可分。② 如果"圣言诵读"可以使人获得精神—心理层面的转化,那么势必也会相应在人的身体方面产生治疗和滋养的效果。

不过,朱子读书法与基督教圣言诵读法之间既有相通与相似之处,更存在着根本的差异。并且,这种差异不在于两种方法同样作为身心修炼的具体实践活动本身,而在于其背后对于经典性质与经典言说者身份以及更为基础的世界观和宇宙论的一整套不同的理解。

对于朱子本人以及朱子读书法的实践者而言,儒家经典是"圣

---

① Mary C. Earle, *Broken Body, Healing Spirit: Lectio Divina and Living with Illness*, New York: Morehouse Publishing, 2003.
② Anne Harrington, *The Cure Within: A History of Mind-Body Medicine*, New York: W. W. Norton and Company, 2008.

人之言"的记载,这是中文中"圣经"的本来涵义。对于基督教传统而言,无论是《新约》还是《旧约》,"Bible"都是"天主(或上帝)之言"的记录。无论"圣人之言"还是"天主之言",二者显然都具有神圣性。作为"圣书",不论是儒家的"圣经"还是基督教的"Bible",其实都可以说是个人与绝对或终极实在(不论是"天道"还是"上帝")相通的桥梁与中介。在宗教学的意义上来看待儒家的经典,将其作为"scriptures"而不仅仅是"classics",在西方至少学术界如今也早已司空见惯。[1] 但是,对于朱子读书法的实践者和基督教圣言诵读法的实践者来说,"圣人"和"天主"却具有截然不同的身份[2],"圣人之言"与"天主之言"也具有不同的性质。就朱子乃至整个儒家传统而言,圣人无论如何气质清明,都毕竟是"人"。正因为圣人是人,因而是"可学而至"的。所谓"人皆可以为尧舜"这一历代儒家普遍接受的命题,正是圣人可学而至这一观念的反映。在本体论的意义上,普通人与圣人并无不同。晚明发展出"满街都是圣人"的观念,并非偶然。由于圣人与每一个人具有本体论意义上的同质性,与圣人之心心心相印,实际上就是一个发现并回归自己本心的过程。通过经典诠释活动而与圣人相遇,实际上也就是自己内在最真实自我的呈现。与此相对,就基督教传统来说,"天主"则是与人类根本不同的存在。即便是投生人间的耶稣基督,也并非人类。因此,对基督徒来说,不

---

[1] 关于什么是宗教意义上的经典,即所谓"scripture",W. C. Smith 在其 *What is Scripture? A Comparative Approach*(Fortress Press, 1993)一书中有所讨论。其中,有专章(第八章)讨论中国经典尤其儒家经典是否可以理解为"scripture"的问题。此外,Rodney Taylor 对儒家经典作为"scripture"的意义也有较为充分的讨论,参见 Rodney Taylor and Frederick Denny 合编的 *The Holy Book in Comparative Perspective*(Columbia, S. C.: University of South Carolina Press, 1985)以及 Rodney Taylor 的 *The Religious Dimensions of Confucianism*(Albany: SUNY Press, 1990), Chapter 2。

[2] Daniel Gardner 也已经指出,这两者的根本不同,使得通过儒家经典诠释所获得的"与圣人合一"的经验与通过基督教经典诠释所获得的"与天主合一"的经验具有极为不同的内涵。见其"Attentiveness and Meditative Reading in Cheng-Zhu Neo-Confucianism", in Tu Wei-ming and Mary Evelyn Tucker edit, *Confucian Spirituality* II, The Crossroad Publishing Company, 2004, pp. 114-115。

可能存在"人皆可以为耶稣基督"这样的观念。换言之,对朱子读书法的实践者来说,我们不仅可以通过经典诠释活动来聆听"圣人之言",同时可以效法"圣人"。身心修炼的最终目标就是要使自己成为圣人一样的理想人格。对于基督教圣言诵读法的实践者来说,我们虽然可以通过"慢读""默想""祈祷"和"静观"这一系列的步骤而步步上升,从聆听"天主之言"到"活在圣言之中"并"与天主同在",但"天主"却始终不可能是我们效法的对象。

此外,通过朱子读书法聆听"圣人之言",人们最终会发现,"圣人之言"其实就是自己内在"本心""良知"的声音,"圣人之言"与自己原初的"良知的呼唤"本来是一种声音。而通过基督教圣言诵读法来聆听"天主之言",最终会发现,"天主"的声音越是深入我们的心中,我们越是会感到这种声音的外在超越性。我们尽管可以完全接受"天主之言"并全身心地加以信守,但"天主之言"不可能是我们自己所能够产生的"心声",而必有待于"启示"。简言之,对朱子读书法的实践者甚至整个儒家人士而言,"圣言"与"人言"在终极的意义上本来具有同一性。程明道所谓"天人本无二,不必言合"(朱子编《二程遗书》卷六)的名言,也可以在这个意义上来理解。但对于基督教圣言诵读法的实践者乃至整个基督教传统来说,"圣言"与"人言"之间则始终存在着一条不可逾越的鸿沟。

因此,就经典的性质而言,在朱子读书法和基督教圣言诵读法之间,甚至可以说在整个儒家传统与基督教传统之间,便存在着理解上的根本不同。尽管对于朱子来说,经典本身具有神圣性,但读书或经典诠释活动最终的结果其实应当是认识"本真的自我",所以有圣人不过是"先得我心之同然"的说法。① 心学一脉之所以会发展出轻视

---

① 朱子在首先肯定"圣人先得我心之同然者"的同时,充分注意到了轻视经典所可能产生的流弊。对于经典神圣性和工具性意义二者的兼顾,充分体现在以下朱子的言论之中。所谓:"简策之言,皆古先圣贤所以加惠后学,垂教无穷,所谓先得我心之同然者,将于是乎在。虽不可一向寻行数墨,然亦不可遽舍此而他求也。"(《文集》卷四十二《答吴晦叔》第十三书)

经典的倾向,正是与这种对于经典性质的基本理解有关。在这个意义上,经典只是身心修炼的桥梁或中介,而并非身心修炼的目标和归宿。我们前文已经指出,在这一点上,朱子其实与心学一脉并无不同。所不同者,只在于朱子格外强调读书或经典诠释活动本身即是一种身心修炼的方式,是因圣人之言而知天地之理并最终使"本真的自我"得以建立的必由之路。本心呈现与本真自我建立的同时,也就意味着圣人人格的成就。与此相较,基督教圣言诵读的最终结果却是认识"他者"。尽管经典也可以说是桥梁和中介,但这种桥梁和中介所通向的却并非自我内在的本心和良知,而是一个外在和超越的天主或上帝,并非回归于本真的自我。作为"他者"的天主或上帝与经典诵读者之间并没有本质的同一性。就此而言,对于经典也就不会产生那种"六经皆我注脚"观念。由于天主或上帝是全然外在和超越的"他者",作为天主或上帝之言的记载,基督教的经典始终是一种来自于外部而非内发性的力量与权威。

前面提到,朱子读书法或经典诠释的最后阶段是"一旦豁然贯通焉,则众物之表里精粗无不到,而吾心之全体大用无不明矣",由此"自家之心便是圣人之心"。基督教圣言诵读法最后阶段的"静观"所导致的结果是"活在圣言之中"与"体现圣言"。二者都意味着人们通过经典而获得了自身存在的终极性转化。但是,进一步来看,对于朱子读书法的实践者和圣言诵读法的实践者来说,甚至扩展到对于整个儒家和基督教这两大传统内部的经典诠释实践者来说,双方在实践最后阶段所获得感受或者说获得的对于整个世界、宇宙的认识,却可以说是截然异趣的。扼要而言,对于朱子所代表的儒家传统来说,经典诠释最终产生的是"万物一体"的世界观和宇宙论以及对此的真实感受。① 甚至就连一直可以追溯到孟子"万物皆备于我"

---

① 对于儒家"万物一体"观涵义的分析,参见本书第一章和第二章。

的心学一脉中大量存在的神秘体验①,有很多其实都是在那些儒者极为专心和投入地默读或诵读儒家经典以求与"己心"印证的情况下发生的。最有代表性的王阳明"龙场悟道",正是王阳明在极为专注的状态下于心中反复、深入体会以往所学儒家经典的结果。所谓"乃以默记五经之言证之,莫不吻合"(《年谱一·武宗正德三年戊辰先生三十七岁》条下)。而所有那些神秘体验或"悟道"的一个共同之处,正是对于"万物一体"真实不虚的感受。② 而对于圣言诵读所代表的基督教传统来说,经典诠释最终导致的则是"上帝之城"与"世俗之城"两分的世界观以及"无中生有"(creatio ex nihilo)的上帝创世的宇宙论。即使是"体现圣言"与"活在圣言之中"所导致的那种感受,也首先是对于天主与诵读者本人之间异质性(heterogeneity)的根本差别的自觉。英文中之所以用"union with God"而非"identity with God"来描述那种在"体现圣言"与"活在圣言之中"情况下产生的"与神合一",正是由于这一前提。当然,我们或许也可以反过来说,正是由于儒家"万物一体"的世界观和"一气周流"的宇宙论,以及基督教"上帝之城"与"世俗之城"两分的世界观和"无中生有"的宇宙论,使得儒家经典与基督教经典的诠释者们各自分别产生了两种极为不同的感受和体验。

六 结 语

自现代学术建立以来,在西方的学术分类体系之下,儒学往往更多的是被纳入到"哲学"这一学科之下来研究的。作为儒家传统中

---

① 关于宋明儒学中尤其心学一脉神秘体验的问题,参见陈来:《心学传统中的神秘主义问题》,见氏著:《有无之境——王阳明哲学的精神》(北京:人民出版社,1991),《附录》,第390—415页。

② 用现代的语言来说"万物一体",即是所谓"存有的连续"(the continuity of being)。参见 Tu Wei-ming, The Continuity of Being: Chinese Versions of Nature, in his *Confucian Thought: Selfhood as Creative Transformation*, Albany: SUNY Press, 1985, pp. 35-50。

最具理性主义特征的朱子,大概就更是如此了。如果统计迄今为止对于朱子的研究,恐怕绝大部分的专著和论文都属于哲学的门类。① 但是,除了"哲学"这一向度(dimension)之外,儒家传统显然还具有其他的向度,譬如政治的、宗教的,等等。在这一点上,朱子也不例外。譬如,最近余英时先生就从政治文化的角度揭示了朱子"哲学"之外"政治"的向度。② 而这一向度,在以往有关朱子的研究中是多有忽略的。同样,从宗教学的角度来考察朱子,也应当是朱子研究的题中之义。因为无论朱子的思想还是实践,其中的确有一些内容不易纳入"哲学"的范围而属于"宗教"的领域。事实上,尽管为数不多,但毕竟已经有学者注意到了朱子思想和实践中那些属于"宗教"的成分。③

笔者曾经指出,如果我们认识到,基于亚伯拉罕传统(Abrahamic tradition)的"宗教"(religion)只是"分殊",而"宗教性"(religiousness, religiosity)才是"理一",并且,宗教的本质在于"宗教性",其目的在于"变化气质",使人的现实存在获得一种终极性、创造性的自我转化,那么,以"修身"为根本内容,为追求"变化气质"并最终成为"大人""君子""圣贤"提供一整套思想学说和实践方式("工夫")的儒家传统,显然具有极强的宗教性而完全具有宗教的功能。只不过较之西亚一神教的亚伯拉罕传统,儒家"大人""君子"以及"圣贤"境界的达成不是从人性到神性的异质跳跃,而是人性本身充分与完美的实现而已。通过本章的考察,我们可以看到,作为一种身心修炼

---

① 有关朱子研究最新的书目,参见吴展良编:《朱子研究书目新编 1900—2002》(台北:台湾大学出版中心,2005)
② 参见余英时:《朱熹的历史世界——宋代士大夫政治文化的研究》(台北:允晨文化公司,2003;北京:生活·读书·新知三联书店,2004)。
③ 譬如以下的研究成果:1. 陈荣捷:《朱子之宗教实践》,载陈荣捷:《朱学论集》(台北:台湾学生书局,1982),第 181—204 页;2. 田浩(Hoyt C. Tillman):《朱熹的鬼神观与道统观》,载钟彩钧主编:《朱子学的开展——学术篇》(台北:汉学研究中心,2002),第 247—261 页;3. Julia Ching(秦家懿), *The Religious Thought of Chu Hsi*, Oxford and New York: Oxford University Press, 2000。

的方法,朱子的读书法或经典诠释,正显示了儒家传统不同于以基督教为代表的亚伯拉罕传统的那种独特的宗教性。

在如今西式教育遍及全球,学科分类越来越细,"道术以为天下裂"的时代,试图不采用现有西方学术的分类体系而回到传统"旧学"的方法来研究儒学,恐怕是既不可能亦不可取的。儒学固然不能简单地仅仅划归为"哲学""历史""政治学""宗教学"以及其他相关人文与社会学科之中的任何一种,而是同时兼具这些学科的各个向度和特征。但正因为如此,"哲学""历史""宗教"等相关的人文和社会学科便都可以成为观察儒家传统的视角。一个研究儒家传统的学者如果能够兼通不同学科的方法而交互为用,当然难能可贵。但通常的情况下,儒学研究更需要不同学科背景的研究者分工合作、相互取益,彼此之间"相济"而不"相非"。① 如此庶几方可以得儒学研究之整全。对于朱子的研究,笔者认为,我们自然也应当同样具有这一意识。

《庄子》中有所谓"混沌"的故事,而如今我们运用"哲学""历史""宗教"等等这些现代西方学术意义上的各种方法来研究儒学或整个传统的中国学术,所面临的问题或者说所应该达到的目标,或许正是要在既给"混沌""开窍"的同时,又使其"不死",并获得如同"凤凰涅槃"一样的新生。

---

① "相济""相非"之语借自周汝登(字继元,号海门,1547—1629)所作《九解》之《解一》。所谓"教本相通不相违,语可相济难相非"。

第四章

王畿的良知信仰论与晚明儒学的宗教化
——一个比较宗教学的视野

作为信仰对象的良知
王畿良知信仰论的特质
晚明儒学的宗教化:方向、形态与形式

中晚明阳明学的宗教化,不仅构成儒学史研究的重要内容,还可以为中西方的比较宗教学研究提供丰富的素材。王畿(字汝中,号龙溪,1498—1583)是王阳明的高第弟子,不仅在中晚明阳明学的发展中居于相当重要的地位,对日本阳明学的形成也有重要的影响。[1] 其良知观的一个重要特点就是:作为道德实践先天根据以及宇宙万物本体的良知,已经被视为终极实在,从而成为信仰的对象。而王龙溪的良知信仰论,不但在中晚明的阳明学者中产生了相当的回响,更代表了阳明学宗教化的一个基本形态和主要取向。本章首先考察中晚明阳明学核心人物王龙溪的良知信仰论,以为阳明学宗教化的具

---

[1] 参见楠本正继:《宋明时代儒学思想の研究》(东京:广池学园出版部,1962),第487页。

体个案。然后在此基础上,力求在一个比较宗教学的视野中揭示中晚明阳明学宗教化的基本特征与不同取向。

一 作为信仰对象的良知

相对于宋代以来的朱子学,阳明学最大特点之一就是将一切合法性与合理性的根源从外在的天理转化为内在的良知,以后者所代表的道德主体性取代前者的权威。虽然对朱子而言天理亦在人心,对阳明来说良知即是天理,但毕竟前者偏向于外在的客体性,后者倾向于内在的主体性。对于外在的天理,不论是出于如康德所谓的敬畏(Achtung),还是出于如同席勒(Friedrich Schiller)所谓"对义务的爱好"(Neigung zu der Pflicht)[①],都不免更多地需要以服从为原则,而对于内在的良知,却首先需要以自信为基本的出发点。阳明曾经赠诗与其同时代的朱子学者夏尚朴(字敦夫,号东岩,1466—1538)云:"铿然舍瑟春风里,点也虽狂得我情",夏尚朴答诗则曰"孔门沂水春风景,不出虞廷敬畏情",可谓鲜明地反映了服从天理与自信良知两者间的差别。

阳明晚年居越以后,致良知的理论与实践俱已臻化境,如王龙溪所谓"所操益熟,所得益化,信而从者益众。时时知是知非,时时无是无非。开口即得本心,更无假借凑泊。如赤日丽空而万象自照;如元气运于四时而万化自行"[②]。此时阳明致良知工夫已经日益真切、简易,正如阳明去世前一年(嘉靖七年,1527)在与安福同志别离之

[①] 对于道德法则的服从是否只能是理性地接受,还是必须感性生命的介入以为必要条件,康德与席勒之间有过一场关于"爱好与义务"(Neigung und Pflicht)的著名争论。对该问题的检讨参见李明辉:《康德伦理学发展中的道德情感问题》(德文)(台北:"中研院"中国文哲研究所,1994)的相关部分或《儒家与康德》(台北:联经出版公司,1990),第21—35页。

[②] 王畿:《王龙溪先生全集》卷二《滁阳会语》。按:本章所据《王龙溪先生全集》为清道光二年莫晋刊本,下引不另注。此本依万历十六年萧良榦刻本重印,有关王龙溪全集明刊本情况,参见彭国翔:《明刊〈龙溪会语〉与王龙溪文集佚文——王龙溪文集明刊本略考》,收入氏著《近世儒学史的辨正与钩沉》(北京:中华书局,2015),第102—152页。

际所言:"凡工夫只是要简易真切。愈真切愈简易,愈简易愈真切。"①简易真切之极,往往是"言语道断,心行处绝"而生发出内在的信仰。嘉靖四年(1525)阳明在给邹守益(字谦之,号东廓,1491—1562)的信中说:"以是益信得此二字(良知)真吾圣门正法眼藏。"②《传习录下》基本上为阳明晚年之语,其中也有强调对良知要"信"的话,所谓"良知本无知,今却要知;本无不知,今却疑有不知。只是信不及耳"。③ 而在阳明归越之后所作的《月夜二首》诗的第一首中,阳明更自信地指出:"肯信良知原不昧,从他外物岂能撄!"④由这些话语可见,阳明晚年思想中已经流露出对良知信仰的意味。

如果说以良知为信仰对象在阳明处还只是初露端倪的话,到王龙溪处则已经成为其思想的重要组成部分之一了。对此,王龙溪不仅有着高度的自觉,更是反复言及的话题。在整部《王龙溪先生全集》中,关联着良知而要求"信得及""信得过"者,至少有二十八处之多。在嘉靖四十四年(1565)留都之会上,王龙溪指出:

> 良知便是做人舵柄。境界虽未免有顺有逆,有得有失,若信得良知过时,纵横操纵,无不由我。如舟之有舵,一提便醒。纵至极忙迫纷错时,意思自然安闲,不至手忙脚乱。此便是吾人定命安身所在。古人造次颠沛必于是,亦只是信得此件事,非意气所能及也。⑤

在遗言中,王龙溪也将自己工夫的得力处归于对良知的高度自信:

---

① 王守仁:《寄安福同志书》,《王阳明全集》(上海:上海古籍出版社,1992),第223页。
② 王守仁:《与邹谦之》,《王阳明全集》,第178—179页。
③ 王守仁:《王阳明全集》,第109页。
④ 同上书,第789页。
⑤ 王畿:《王龙溪先生全集》卷四《留都会纪》。

> 师门致良知三字,人孰不闻?惟我信得及。致良知工夫,彻首彻尾,更无假借,更无包藏掩护。本诸身,根于心也;征诸庶民,不待安排也。真是千圣相传秘藏,舍此皆曲学小说矣。明道云:天理二字,是吾体贴出来。吾于良知亦然。①

万历五年(1577)闰八月,八十高龄的王龙溪与张元忭、邓以赞(字汝德,号定宇,1542—1599)、罗万化(字一甫,号康洲,1536—1594)等人聚会会稽龙南庵,就在这次会中,王龙溪对作为信仰对象的良知进行了如下的描绘:

> 夫天,积气耳;地,积形耳;千圣,过影耳。气有时而散,形有时而消,影有时而灭,皆若未究其一。予所信者,此心一念之灵明耳。一念灵明,从混沌立根基,专而直,翕而辟,从此生天生地、生人生万物,是谓大生广生、生生而未尝息也。乾坤动静,神志往来,天地有尽而我无尽,圣人有为而我无为。冥权密运,不尸其功。混迹埋光,有而若无。与民同其吉凶,与世同其好恶,若无以异于人者。我尚不知有我,何有于天地?何有于圣人?②

"千圣过影"的说法来自阳明嘉靖六年(1527)征思田途中所作的《长生》诗,所谓"千圣皆过影,良知乃吾师"③。而王龙溪这里更是明确认为,自然的天地以及以往的圣人在终极的意义上都并非永恒的实在,只有作为一念灵明的良知才是宇宙万物终极的创造性根源,所谓"生天生地、生人生万物","大生广生、生生而未尝息",才是可以托付的终极实在。

---

① 王畿:《王龙溪先生全集》卷十五《遗言付应斌应吉儿》。
② 王畿:《王龙溪先生全集》卷七《龙南山居会语》。
③ 王守仁:《王阳明全集》卷二十,第796页。

二 王畿良知信仰论的特质

信仰是宗教的核心,而在以基督教为代表的西方宗教传统中,上帝是宇宙万物的终极创造根源、道德实践的先天根据以及人类可以托付的终极实在。齐克果(Soren Kierkegaard,1813—1855)曾经指出:

> 如果一个生活在基督教当中的人走进上帝的教堂——真正上帝的教堂——心里有真正的上帝观念,并且开始祈祷,但并非真正地祈祷;而另一个生活在异教国家的人也在祈祷,但他怀着对于无限者的充满灵魂的激情,尽管他的眼睛所望着的是一尊偶像。那么,真理在哪一边呢?一个人是真正地在祈祷上帝,虽然他拜的是偶像;另一个人则是虚假地祈祷真正的上帝,所以其实他是在拜偶像。①

显然,和马丁·路德宗教改革将教会植入人们心中一样,齐克果这种"真理即是主体性"的观念相当接近王龙溪所代表的心学传统的基本立场。但是,必须同时说明的是,这种相似性又是非常有条件的,在真理必须通过主体才有意义这一点上,二者是一致的,但在真理是否即内在于人心或者进一步说真理是否与人的本心同一这一点上,二者却立即显示出巨大的差异。

齐克果曾将宗教分成"宗教A"与"宗教B",前者又称内在宗教或"苏格拉底"的宗教,后者又称外在宗教或"耶稣基督"的宗教。所谓内在宗教,就是说宗教真理本身存在于每个人的心中,所谓"按苏格拉底的观点,每一个个人就是他自己的中心,整个世界都集中于他

---

① Kierkegaard, *Concluding Unscientific Postscript*, Princeton: Princeton University Press, 1941, pp.179-180.

的心中,因为他的自我认识是一种对神的认识"①。不过,对齐克果来说,内在宗教并非真正的宗教,因为绝对真理存在于上帝而非人之中。并且,作为有限与有罪的存在,人类永远无法完全理解绝对真理,面对一系列的荒谬与吊诡,只能透过信仰去接受作为上帝的绝对真理。事实上,突出先验、无限、不可认识的上帝与有限、有罪的人类之间的异质性,是从齐克果到巴特(Karl Barth,1886—1968)这一脉在20世纪产生重大影响的所谓新正统主义神学的一个基调。因此,王龙溪那种对于自我良知的信仰,在齐克果看来,尚只不过是"认识自我"的"苏格拉底"的宗教而已。

但是,在王龙溪"体用一源,显微无间"的一元论立场看来,基督教神人两分、无限性与有限性、超越与内在的截然对立,也根本不是可以安顿良知观念的预设性架构。仅就作为道德实践之所以可能的超越根据、宇宙万物创生演化的终极根源而言,良知与基督教的上帝或许并无二致。然而极为不同的是,如果说上帝"无中生有"(*creatio ex nihilo*)的创造既包括有形的物质世界,也包括无形的价值世界的话,作为"造化之精灵""生天生地、生人生万物"的良知,其创造性则更多地意味着价值与意义的赋予。② 另外更为重要的是,对基督教来说,人类尽管是上帝的肖像,但被逐出伊甸园并不仅仅具有发生学的意义,而是在人类与上帝之间划下了一道永恒的鸿沟。前者的本质是有限性,而后者则为无限性本身;人类的内在性无论如何伸展,均无法达到超越者的领域,上帝的超越性则是人类内在性得以可能的先决条件,上帝决定人类,反之则不然。尽管西方现代神学的发展出现了极其多元的诠释,如朋霍费尔(Dietrich Bonhoeffer,1906—1945)在超越与世俗的关系问题上便强调二者之间的紧密关联,认为基督教的价值关怀不是来世的,而在于此世的救赎与解脱,甚至认

---

① Kierkegaard, *Philosophical Fragments*, Princeton: Princeton University Press, 1952, p.7.
② 当然,如果就儒家"天地之大德曰生"而言,则创造活动(生)也同时包括有形的物质世界和无形的价值世界这两者。但对阳明学来说,良知的创造毕竟偏重于后者。

为上帝的超越性必须被视为一种此世的超越性,所谓"我们与上帝的关系,不是与在力量和善方面是绝对的最高存在物的宗教关系(那是一种虚假的超越观念),而是一种通过参与上帝的存在、为他人而活的新生活。超越性并不在超乎我们的范围和力量之外的任务之中,而是在最为切近、近在手边的事物之中"①。过程神学(process theology)的核心人物哈特桑恩(Charles Hartshorne)更提出了对儒学—基督教对话(Confucian-Christian Dialogue)颇为有利的"双向超越"(dual transcendence)观念,认为上帝本身也具有相对性,且上帝与人类并非单方面的决定与被决定关系,而是彼此之间存在一定的互动②,用中国哲学的术语来说就是人事亦影响天道。在过程神学和中国哲学的双重影响下,最近还有一些学者甚至将人类界定为"共同创造者"(cocreator)。然而,以有限与无限、超越与内在的二元对立分属人类与上帝,仍然是正统基督教神学的主流与基本原则。③而对王龙溪所代表的阳明学来说,良知即是有限性与无限性的统一、内在性与超越性的统一。现实的人性中尽管可以有种种限制与污染,但人类无须承担原罪不可超脱的永久负累,其本然善性充拓之极,便可上达至无限与超越之境。所谓"尽其心者、知其性也。知其性,则知天矣"(《孟子·尽心上》)、"赞天地之化育""与天地叁"(《中庸》)以及"与天地合其德,与日月合其明,与四时合其序,与鬼神合其吉凶。先天而天弗违,后天而奉天时"(《易·乾文言》)所指

---

① 朋霍费尔著,高师宁译:《狱中书简》(成都:四川人民出版社,1992)。
② 哈特桑恩对"双向超越"的阐释参见 Hartshorne: 1. *Creative Synthesis and Philosophic Method*, La Salle, Ill.: The Open Court Publishing Co., 1970; 2. *Insight and Oversight of Great Thinkers: An Evaluation of Western Philosophy*, Albany, N. Y.: State University of New York Press, 1983; 3. *Creative in American Philosophy*, Albany, N. Y.: State University of New York Press, 1984。
③ 不仅神学界如此,甚至哲学界的一些学者如郝大维(David L. Hall)、安乐哲(Roger T. Ames)也坚持超越与内在互不相容,从而反对以"内在超越"来形容中国哲学尤其儒家思想的特征。现代新儒家学者对此多有辩驳,而有关超越与内在的问题在整个国际学术界已经引起了广泛的讨论。

示的"天人合一"之境,说的就是这个道理。

由上所见,我们说良知在王龙溪处取得了相当于经典基督教传统中上帝的地位,只是指出作为宇宙万物的终极创造根源、道德实践的先天根据以及人类可以托付的终极实在,良知既是道德的主体,又成为信仰的对象并具有了客体性的意义,显然并不认为王龙溪的良知在内涵上便完全等同于基督教的上帝。事实上,即使在西方基督教内部,有关上帝观念的理解本身也是千差万别的。① 如果不限于基督教而扩展到整个世界上的各大宗教传统,则上帝这一用语本身的合法性都会受到质疑,以至于像约翰·希克(John Hick)这样的现代宗教多元论者干脆以"超越者"(the Transcendent)这一概念取代上帝来指称终极实在。② 而这里之所以涉及经典基督教的上帝观念,主要是希望在一个比较宗教学的视野中揭示王龙溪良知观本身所具有的一个向度,并不在于探讨经典基督教的上帝观念本身,后者作为诠释的资源在此只有助缘的意义。回到理学发展自身的脉络来看,阳明学以高扬道德主体性而对朱子学的反动,可以说在王龙溪这里达到了顶点,因为对王龙溪以良知为信仰对象来说,良知即天理,主体性即客体性,此时真可以说"天人本无二,不必言合"(程明道语)了。

王龙溪以良知为信仰对象,但并不意味着将良知推出主体自身之外而客观化为一个全然的"他者"(the other)、一个客体意义上的"对象"(object),而毋宁说是将超越者内化到主体性当中。因此,在王龙溪这里,对良知的信仰就在本质上体现为自信而非崇拜。

当然,儒学传统中从来就有"敬"的观念,但即便是在周初"敬天"的观念中,"敬"仍然不像基督教对上帝的敬畏那样要求消解人的主体性而彻底归依于神,反而是主体性的越发凝重和突显。正如

---

① 参见何光沪:《多元的上帝观》(贵阳:贵州人民出版社,1991)。
② 参见约翰·希克著,王志成译:《宗教之解释——人类对超越者的回应》(成都:四川人民出版社,1998),第一章。

徐复观指出的:"周初所强调的敬的观念,与宗教的虔敬,近似而实不同。宗教的虔敬,是把人自己的主体性消解掉,将自己投掷于神的面前而彻底归依于神的心理状态。周初所强调的敬,是人的精神,由散漫而集中,并消解自己的官能欲望于自己所负的责任之前,突显出自己主体的积极性与理性作用。"①牟宗三在讨论中国哲学的特质时也指出:"在中国思想中,天命、天道乃通过忧患意识所生的'敬'而步步下贯,贯注到人的身上,便作为人的主体。在'敬'之中,我们的主体并未投注到上帝那里去,我们所作的不是自我否定,而是自我肯定(Self-affirmation)。仿佛在敬的过程中,天命、天道愈往下贯,我们主体愈得肯定,所以天命、天道愈往下贯,愈显得自我肯定之有价值。"②李泽厚对现代新儒家虽多有批评,但在对儒家"敬"观念的理解上,却和徐、牟二人是一致的,所谓"它不是指向对象化的神的建立和崇拜,而是就在活动自身中产生神人一体的感受和体会。从而,从这里生发不出'超越'(超验)的客观存在的上帝观念,而是将此'与神同在'的神秘敬畏的心理状态,理性化为行为规范和内在品格"③。儒学传统中"敬"的内涵已然如此,对于并不特别重视"敬"的观念而以高扬道德主体性为宗旨的王龙溪而言,信仰良知更是体现为主体的高度自信和自觉。

王龙溪在《过丰城问答》中如此描述了对良知的信仰:

> 有诸己谓信。良知是天然之灵窍,时时从天机运转。变化云为,自见天则,不须防检,不须穷索。何尝照管得?又何尝不照管得?……若真信得良知过时,自生道义,自存名节,独往独来,如珠之走盘,不待拘营,而自不过其则也。④

---

① 徐复观:《中国人性论史》(台北:商务印书馆,1990),第22页。
② 牟宗三:《中国哲学的特质》(台北:学生书局,1984),第20页。
③ 李泽厚:《己卯五说》(北京:中国电影出版社,1999),第54页。
④ 王畿:《王龙溪先生全集》卷四。

在为张元忭(字子荩,号阳和,1538—1588)所作的《不二斋说》中,王龙溪写道:

> 夫养深则迹自化,机忘则用自神。若果信得良知及时,即此知是本体,即此知是工夫。故不从世情嗜欲上放出路,亦不向玄妙意解内借入头。良知之外,更无致法;致知之外,更无养法。良知原无一物,自能应万物之变。譬之规矩无方圆,而方圆自不可胜用,贞夫一也。有意有欲,皆为有物,皆属二见,皆为良知之障。于此消融得尽,不作方便,愈收敛愈精明,愈超脱愈神化。变动周流,不为典要,日应万变而心常寂然。无善无不善,是为至善;无常无无常,是为真常;无迷无悟,是为彻悟。此吾儒不二之密旨,千圣绝学也。①

在与赵志皋(字汝迈,号瀫阳,1524—1601)问答的《金波晤言》中,王龙溪说:

> 若信得良知及时,时时从良知上照察,有如太阳一出,魑魅魍魉自无所遁其形,尚何诸欲之为患乎?此便是端本澄源之学。②

在《答周居安》的信中,王龙溪也指出:

> 若果信得良知及时,不论在此在彼,在好在病,在顺在逆,只从一念灵明,自作主宰,自去自来,不从境上生心,时时彻头彻尾,便是无包裹;从一念生生不息,直达流行,常见天则,便是真为性命;从一念真机,绵密凝聚,不以习染、情识参次其间,便是

---

① 王畿:《王龙溪先生全集》卷十七。
② 王畿:《王龙溪先生全集》卷三。

混沌立根。良知本无起灭,一念万年,恒久而不已。①

而所谓"有诸己谓信",正表达了王龙溪对于信仰的规定是内在自我的觉悟,本真人性的开发。在这个意义上,对良知的信仰便不是表现为对外在于主体的超越者的顶礼膜拜,而是展开为不断深入发掘内在本然善性以转化实然自我的致良知工夫。并且,对于致良知工夫的具体实践,无论是在"心体立根"还是从"一念之微"入手②,"信得及"都可以说是贯穿于其中的一个基本态度和信念。

三 晚明儒学的宗教化:方向、形态与形式

王龙溪所展示的这种儒学的宗教特征,在中晚明阳明学的发展中是具有相当代表性的。如果说这种宗教化的趋势以良知信仰论为核心,强调对自我良知心体的高度自觉自信,由此获得成就圣贤人格的终极根据,与天地万物建立一种彼此感通的亲和一体关系,那么,中晚明许多阳明学者都在不同程度上表现出这种良知信仰论的特征。如周汝登(字继元,号海门,1547—1629)曾说:"信能及者,当下即是。稍涉拟议,即逐之万里。然有程途可涉,人便肯信;不行而至,便自茫然,所以开口实难。"③"人人本同,人人本圣。而信是此人人本同、人人本圣之本体。故信,则人人同,而为圣人;不信,则人人异,而为凡人。"④刘塙(字冲倩,生卒年月不详)也说:"当下信得及,更有何事?圣贤说知说行,止不过知此行此,无剩技矣。只因忒庸常、

---

① 王畿:《王龙溪先生全集》卷十二。
② 有关龙溪"心体立根"与"一念之微"的先天工夫,参见彭国翔:《良知学的展开——王龙溪与中晚明的阳明学》(台北:学生书局,2003;北京:生活·读书·新知三联书店,2005/2015),第三章第二、三节。
③ 周汝登:《东越证学录》卷一《南都会语》。
④ 周汝登:《东越证学录》卷六《重刻心斋王先生语录序》。

忒平易、忒不值钱,转令人信不及耳。"①焦竑(字弱侯,号澹园,1541—1620)更是指出:"信者,实有诸己之谓。吾人果能信得及,则实有诸己矣。此信一真,美大圣神相因而至。"②而罗汝芳(字惟德,号近溪,1515—1588)为了强调肯信内在良知的重要性,甚至将"尊德性"中的"尊"解释为"信"。他说:"所谓尊者,尊也,信也。故不尊德性,则学为徒学矣。然尊而不信,则尊焉能成实尊耶?"③对于这些阳明学者来说,作为道德实践、成就圣贤人格以及"知性、知天"的根据与始基,良知心体不是知解求索的对象,而是实有诸己的先天实在。因此,对于良知心体的肯定,就应当表现为当下即是的信仰而不是理智的认识活动。只有当下"信得良知及","成己""成物"的道德实践才得以展开,圣贤人格的成就才有可能,"知性""知天"而"上下与天地同流"的"天人合一"之境也才能够实现。

罗伯特·贝拉(Robert N. Bellah)曾经指出,"早期现代宗教"(early modern religion)的一个基本特征在于"个人与超越实在之间的直接关系"(the direct relation between the individual and transcendent reality)。④ 换言之,个人可以无须通过教会组织的中介,而只要在内心中建立真实的信仰,便可以得到救赎。用马丁·路德的话来说就是"单凭信仰,即可得救"(salvation by faith alone)。当然,贝拉虽然承认伊斯兰教、佛教、道教等都发生过程度不同的变革,但他所谓的"早期现代宗教",主要是以西方宗教改革之后的新教为背景和实际指涉的。不过,如果贝拉所言不虚,那么,在阳明学者的推动下,中晚明儒学宗教化的一个方向与特点,恰恰表现为谋求建立一种"自我与超越实在之间的直接关系"。只不过对基督教和伊斯兰教来说,超越实在是外在于主体的上帝、安拉。而对于中晚明以王龙溪为代表

---

① 刘塙:《证记》,黄宗羲:《明儒学案》卷三十六。
② 焦竑:《澹园集》卷四十九《明德堂答问》。
③ 罗汝芳:《近溪子集》,《庭训纪上》。
④ Robert N. Bellah, "Religious Evolution", William A. Lessa & Evon Z. Vogt eds., *Reader in Comparative Religion*, New York: Harper & Row, Second Edition, 1965, pp. 82-84.

的阳明学者而言,超越实在则是内在的良知心体。这个意义上儒学的宗教化,可以说是儒家主体性进路的"为己之学"的极致。

较之传统西方以基督教为代表的宗教形式,中晚明阳明学所彰显的这种以通过自我的创造性转化来实现"天人合一"的终极关怀与"安身立命"之道,尽管与传统西方以基督教为代表的"religion"极为不同,但却和基督教以及世界其他各大宗教传统一样,向世人提供了一种回应终极实在(the Real)以实现人类终极关怀的方式。而既然在世界各大宗教传统多元互动的情况下,许多基督教背景的学者和神学家已经调整了传统"religion"的狭窄涵义,不再过分强调人格神、组织化等因素对于"宗教"的必要性,那么,将中晚明阳明学对儒家传统中超越性与精神性向度的着力发挥称为"宗教化",就完全是合理的。事实上,即便是就西方传统中以基督教为背景的"religion"来说,最为核心的成分,也仍然并非各种外在的宗教形式,而同样是内在的价值信仰与宗教情操。离开了后者这种"宗教性"(religiosity, religiousness),任何宗教形式包括制度、组织等等,都不免流于"玉帛云乎哉"和"钟鼓云乎哉"的形同虚设。

不过,即使以西方传统意义上的"religion"作为宗教这一概念的主要参照,随着阳明学的展开,中晚明儒学的宗教化仍然具有类似的方向和形态。对此,我们可以颜钧(字子和,号山农,1504—1596)与林兆恩(字懋勋,号龙江,称三教先生,1517—1598)为例加以说明。由于晚近《颜钧集》的重新发现和整理出版,使我们对这位布衣阳明学者思想和实践的了解有了第一手的可靠材料。从中可以看到,宗教化的倾向,正是颜钧思想和实践的一个重要方面。颜钧称阳明为"道祖"[1],试图建立"教统";称孔子为"圣神"[2],将儒学的理性传统

---

[1] 称阳明为"道祖"一说分别见于《急救心火榜文》《自传》,见《颜钧集》(北京:中国社会科学出版社,1996),第1页、第23页。

[2] "圣神"之说分别见于《论三教》《引发九条之旨·七日闭关开心孔昭》以及《耕樵问答·晰行功》,见《颜钧集》,第16页、第37页以及第51页。

神格化;还实行类似于道教修炼的七日闭关静坐法。这显然都是其将儒学宗教化的具体内容。而他在《自传》中回忆嘉靖二十三年(1544)与罗近溪聚会王艮祠堂时感格上天所发生的天象之变①,更是接近于基督教传统中所谓的"神迹"。此外,林兆恩在福建创立的三一教,以"三教合一"为形式,以"归儒宗孔"为宗旨,融儒释道三家为一教,有教主,有教义,有组织,有信徒,无论从各个方面衡量,都符合"religion"的标准。严格而论,林兆恩并不属于阳明学者的范围,在其约百万言的著作中,屡屡提到的也是宋代诸儒而非阳明及其后学。但事实上,不仅林兆恩的祖父林富与阳明的关系十分密切并于致仕归乡后设立讲坛宣讲阳明学,林兆恩自幼一直从祖父学习,而且林兆恩本人也与罗念庵、何心隐等阳明学者有过密切的往来。与此相关且更为重要的是,就三一教的思想内容来看,其理论基础可以说完全在于阳明学。因此,林兆恩三一教的建立,应当可以作为阳明学影响下儒学宗教化的一个具体例证。事实上,当时管志道(字登之,号东溟,1536—1608)就曾指出林兆恩的三一教"稽其品,其在泰州王氏后耳"②。而清代学者徐珂也认为林兆恩可以说是"姚江别派"③。这些都指出了阳明学之于林兆恩三一教的渊源关系。林兆恩之所以绝少提到阳明及其后学的名号,或许是出于创立新说的需要,或许有着其他种种原因。然而欲盖弥彰,其实反而透露了阳明学对于其思想的重要意义。有关林兆恩及其三一教,学界已经有了许多专门的研究。④《颜钧集》虽然迟至1996年才正式出版,却也已经积累了一

---

① 参见《颜钧集》,第25—26页。
② 管志道:《觉迷蠡测·林氏章第六》。
③ 徐珂:《清稗类钞·宗族类》。
④ 如以下四部专著:1. Judith A. Berling, *The Syncretic Religion of Lin Chao-en*. New York: Columbia University Press, 1980;2. 郑志明:《明代三一教主研究》(台北:学生书局,1988);3. 林国平:《林兆恩与三一教》(福州:福建人民出版社,1992);4. Kenneth Dean, *Lord of the Three in One: The Spread of a Cult in Southeast China*, Princeton: Princeton University Press, 1998. 其中林国平的书尤其注意到了阳明学与林兆恩三一教的关系。还有散见于各种期刊的论文,此处不列。

些研究成果。① 因此,我们这里不必再详细介绍其思想与实践的具体内容。需要指出的是,颜钧、林兆恩等人所体现的儒学宗教化,尽管或许更符合"宗教"这个概念在其西方语源学中的涵义,但其实并不能代表阳明学的主流。② 对构成阳明学主体的儒家知识分子而言,王龙溪所代表的那种宗教化的方向和形态,可能更容易为他们所接受和认同。不过,如果撇开外在的宗教形式和种种"神道设教"的行迹不论,王龙溪良知信仰论所体现的高度精神性,仍然可以说构成颜钧、林兆恩所代表的那种宗教化方向和形态的核心成分。

无论是儒家知识分子的聚会讲学,还是面向社会大众的宣教活动,大规模的聚会讲学,是中晚明儒学宗教化两种不同方向和类型的一个共同形式。而这一形式本身,也是儒学宗教化的一个重要反映。这种大规模的聚会活动有两方面的特征。首先,聚会往往以山林、寺庙、道观为场所,在此期间,参与者通常远离自己的家庭,衣食起居都在一起,组成一种大家庭式的生活社群。而这种社群的维系,完全有赖于参与者共同的精神追求。其次,在这种聚会活动中,彼此之间劝善改过、互相监督,力求不断提高个人的道德修养,构成参与者们日常生活的基本内容。无论在罗念庵的《冬游记》《夏游记》中,还是在颜钧、何心隐的"萃和会""聚合堂"中③,我们都可以看到这一点。从这两方面来看,这种群体性的聚会讲学活动,显然可以同西方宗教团体的集会相提并论,具有某种宗教"团契"(fellowship)的意涵。阳

---

① 如黄宣民:《颜钧及其"大成仁道"》,《中国哲学》第十六辑;钟彩钧:《泰州学者颜山农的思想与讲学——儒学的民间化与宗教化》,《中国哲学》第十九辑;陈来:《颜山农思想的特色》,《中国传统哲学新论——朱伯崑教授七十五寿辰纪念文集》。另外,余英时先生在其《士商互动与儒学转向——明清社会史与思想史之表现》一文的最后一节中也专门以颜钧为例讨论了儒学的宗教转向。见《现代儒学论》(上海:上海人民出版社,1998),第98—112页。

② 这一方向和形态在清代民间社会有所发展,参见王汎森:1.《道咸年间民间性儒家学派——太谷学派研究的回顾》,《新史学》,五卷四期,1994年12月,第141—162页;2.《许三礼的告天之学》,《新史学》,九卷二期,1998年6月,第89—122页。

③ 有关何心隐生平与思想较为系统的研究,参见 Ronald G. Dimberg, *The Sage and Society: The Life and Thought of Ho Hsin-yin*, Honolulu: University Press of Hawaii, 1974。

明学者这种宗教性的聚会活动,其实是受了佛道两家的影响。邓元锡(字汝极,号潜谷,1528—1593)曾从学邹东廓,但其实却倾向于朱子学。他在辨儒释异同时有这样一段话:

> 其弃人伦、遗事物之迹,则为世人执著于情识,沉迷于嗜欲,相攻相取,胶不可解,故群其徒而聚之,令其出家,以深明夫无生之本,而上报四恩,下济三途,如儒者之聚徒入山耳,为未悟人设也。①

潜谷这段话意在批判佛教遗弃人伦事物,而竟以"儒者之聚徒入山"与之相比,无形中恰恰透露了在潜谷这样儒者的心目中,阳明学者的讲学聚会活动实类似于佛教的出家生活。作为讲学活动的代表人物,王龙溪在万历二年(1574)与张元忭等人聚会天柱山房时曾说:"时常处家,与亲朋相燕昵,与妻孥佃仆比狎,又以习心对习事,因循隐约,固有密制其命而不自觉者。才离家出游,精神意思,便觉不同。"②本来,儒家圣人之道的追求是首先要落实于家庭生活之中的,但在王龙溪的话语中,家庭生活竟然成为求道的妨碍。王龙溪对与道友、同志"团契"生活的向往,不能不说是具有宗教性的心态。并且,这种远离甚至舍弃家庭生活而在道友的聚会活动中获得心灵安顿的宗教性心态,在许多阳明学者中也都有不同形式的反映。像李贽、邓豁渠(名鹤,号太湖,约1498—1578)那样出家求道的极端情况自不必论③,而何心隐早年虽致力于宗族建设而颇有成效,"数年之间,几一方三代矣"④,后来却终于放弃家庭,试图通过道友、同志的

---

① 邓元锡:《论儒释书》,黄宗羲:《明儒学案》卷二十四。
② 王畿:《王龙溪先生全集》卷五《天柱山房会语》。
③ 学界有关李贽的研究已较丰,而邓豁渠其人则所知尚少。邓氏有《南询录》一卷,万历二十七年刊本,现藏日本内阁文库。荒木见悟先生有《邓豁渠的出现及其背景》。荒木先生文及《南询录》全书俱见《中国哲学》第十九辑(长沙:岳麓书社,1998)。
④ 邹元标:《梁夫山传》,见《何心隐集》(北京:中华书局,1960),第120页。

凝聚来实现其政治社会理想,所谓"欲聚友以成孔氏家云"①。耿定向属于较为保守的学者,他与李贽的冲突很大一部分即在于强调家庭伦理而无法接受李贽那种置家庭于不顾的生活方式。但耿氏临终前三年却是在这样一种境况下度过的,所谓"不言家事,亦不言国事,日以望道未见为怀,开导后学"②。甚至连辟佛甚严的刘元卿(字调父,号泸潇,1544—1621)也认为"正欲离其妻子,捐亲戚,杖剑慨然以万里为志,不少回头,乃于尧舜之道有少分相应"③。

  如果说宗教经验是宗教现象的一项重要内容,与中晚明儒学宗教化密切相关的,还有许多阳明学者的神秘体验问题。对阳明学而言,既然个人可以与超越实在建立直接的关系,而超越实在又是内在的良知心体,那么,自我对良知心体的体认活动,就常常具有神秘体验的现象发生。事实上,在整个儒学传统中,恰恰以中晚明阳明学中的神秘体验现象最为丰富与突出。因此,有关神秘体验的问题,也可以说是儒学宗教化的一个重要方面。由于陈来先生对此问题已经作过专门的考察④,我们这里就不再赘述了。但有一点需要指出的是,从理性主义的立场来看,儒家道德主体性与道德形上学的建立自然不必以种种形式的神秘体验为预设。诸多中晚明儒家学者虽有神秘体验的经历,但他们道德主体性与道德形上学的建立,也不必自觉地以自己的神秘体验为基础。这里关键的问题是,为什么许多不同的学者在同样的求道过程中、在不同的条件下都会产生一些类似的神秘体验?这些神秘体验有没有共同的基础?如果有,那么它只是一种心理现象还是某种具有先验属性的实在?如果神秘体验其实不过是将我们引向这种更为深层实在的表象,那么,这种实在又是什么?就此而言,究竟如何认识这种神秘体验,或许还值得我们进一步思考。

---

  ① 耿定向:《耿天台先生文集》卷十六《里中三异传》。
  ② 管志道:《惕若斋集》卷四《祭先师天台先生文》。
  ③ 刘元卿:《山居草》卷一《答尹甥一绅》。
  ④ 陈来:《心学传统中的神秘主义问题》,见氏著:《有无之境——王阳明哲学的精神》"附录"(北京:人民出版社,1991),第390—415页。

第五章

儒家的生死关切

——以阳明学者为例

死亡:阳明学者的焦点意识之一
为何关注死亡与如何解脱生死:阳明学者的回应
儒释生死解脱之道差异的根源

以往对儒家传统的了解常常认为,儒学重视生命存在的价值和意义,对死亡问题并没有过多的措意。尤其没有像西方哲学那样,将死亡作为一个重要的人生课题来加以思考。在面对死亡这一生命现象时,古代儒家也采取一种"以生制死"的态度,以礼仪的方式来安顿生者对死者的哀悼之情,以"立德""立功""立言"来实现精神生命的不朽。① 孔子所谓"未能事人,焉能事鬼""未知生,焉知死"(《论语·先进》),也几乎被屡屡引用来作为这种看法的根据。仅仅就中晚明之前的儒学笼统而言,这一判断并非无据。至少在儒家的文献记载中,死亡问题的确并非话语的关注所在。正如朱子所说:"六经记载圣贤之行事备矣,而于死生之际无述焉,盖以为是常事也。"②但是,我们是否能够断言整个儒家传统中缺乏对死亡问题的深

---

① 参见康韵梅:《中国古代死亡观之探究》(台北:台湾大学文史丛刊,1994),第198—236页。当然,该书并未将中晚明的儒家包括在内。
② 朱熹:《朱文公文集》卷八十《跋郑景元简》。

度探索呢？事实上，在中晚明的阳明学者中，生死关切已经成为普遍的焦点意识之一。如果我们将这一重要的儒家历史阶段考虑在内，便势必会对那种认为儒家传统忽略死亡问题的通常判断做出重大修正。

一 死亡：阳明学者的焦点意识之一

直至宋代理学，儒家学者对生死问题基本上仍禀承孔子以降不愿多言的态度，将死亡视为一种不可逃避亦无需逃避的自然现象而坦然面对。横渠所谓"存，吾顺事；没，吾宁也"①正是这一基本态度的最佳概括。因此，生死关切成为中晚明阳明学焦点意识的表现，首先便是许多阳明学者不再将生死视为佛老两家专属的问题意识，而是儒家终极关怀的内在向度。在这方面，王阳明高弟王畿（字汝中，号龙溪，1498—1583）颇有代表性。在王龙溪看来，了究生死已经成为儒家圣人之学的根本方面。所谓"若非究明生死来去根因，纵使文章盖世，才望超群，勋业格天，缘数到来，转眼便成空华，身心性命了无干涉，亦何益也？"②深得王龙溪精神的周汝登（字继元，号海门，1547—1629）更是认为究明生死是最为根本的问题，应当进入自觉反省的意识层面，而不应当加以讳言。所谓"生死不明，而谓能通眼前耳目闻见之事者，无有是理；生死不了，而谓能忘眼前利害得失之动者，亦无有是理。故于死生之说而讳言之者，其亦不思而已矣"③。

---

① 张载：《正蒙·乾称篇》。
② 王畿：《王龙溪先生全集》卷十五《自讼问答》。
③ 周汝登：《东越证学录》卷三《武林会语》。黄宗羲在《明儒学案》中将周海门作为罗汝芳（字惟德，号近溪，1515—1588）弟子而归入泰州学派，由此海门在浙中所开一脉包括陶望龄（字周望，号石篑，1562—1609）、刘塙（字静主，号冲倩，生卒年月不详）等人皆入泰州学派。实则无论从地域、思想还是自我认同来看，海门均为王龙溪传人，且为王龙溪之后越中(浙中)阳明学的又一有力传播者。黄宗羲的做法，虽出于维护阳明学，以尽可能减轻阳明学与禅宗之关系为用意，却有悖学术思想史的真相，不免割断了浙中阳明学的学脉。有关该问题的详细讨论，参见彭国翔：《周海门的学派归属与〈明儒学案〉相关问题之检讨》，《清华学报》（台湾），新 31 卷第 3 期，第 339—374 页。也收入氏著《近世儒学史的辨正与钩沉》（北京：中华书局，2015），第 201—249 页。

徐用检（字克贤，号鲁源，1528—1611）也说："如执定不信生死，然则《中庸》可以言至诚无息？将此理生人方有，未生既化之后俱息耶？抑高明博厚悠久无疆之理，异于天地耶？"①正是在这个意义上，管志道（字登之，号东溟，1536—1608）批评宋儒没有关注生死问题，是未能深究儒家的题中应有之义，所谓"有宋大儒，扶纲常而尊圣道，厥功不细，而未尝深究吾夫子幽明死生游魂为变之说，是以失之"②。"其蔽在不能原始反终而知死生之说，遂并二家出世之宗而遏之，则行门何所归宿？孔子所谓知至知终之学岂其如是？"③至于论证的方式，则都是诉诸儒家经典，寻求话语的根据。《论语》和《易传》中分别有"未知生，焉知死""朝闻道，夕死可矣"以及"原始反终，故知死生之说"的话。因此，这两句话便经常被阳明学者在讨论生死问题时所引用。如杨起元（字贞复，号复所，1547—1599）说："佛学有脱离生死之说，即孔子'朝闻道，夕死可矣'之说。"④邹元标（字尔瞻，号南皋，1551—1624）说："此路（了究生死）一提，不知事者硬以为佛氏之学，不知《易》曰：'原始反终，故知死生之说'，吾夫子先道之矣。"⑤焦竑（字弱侯，号澹园，1541—1620）也说："世以出离生死之说，创于西极之化人，而实非也。孔子不云乎：曰'朝闻道，夕死可矣'，曰'未知生，焉知死'，曰'原始反终，故知死生之说'。"⑥以上这些学者的思想并不相同，但在以生死问题作为儒家传统以及自身终极关怀的重要内容这一点上，则是百虑一致、不谋而合的。

人自降生之始，便随时面临着死亡的可能。生与死是生命不可分割的两个方面，对生命意义有真正体验者，都不可能将死亡视为遥遥无期者而加以漠视。正是在这个意义上，雅斯贝尔斯（Jaspers）认

---

① 黄宗羲：《明儒学案》卷十四《兰游录语》。
② 管志道：《宪章余集》卷下《注观自在菩萨冥示末法中比丘毁灭正法一十五事法语引》。
③ 管志道：《续问辨牍》卷二《答赵太常石梁丈书》。
④ 杨起元：《太史杨复所先生太史杨复所先生证学编》卷二。
⑤ 邹元标：《愿学集》卷二《答冯少墟侍御》。
⑥ 焦竑：《澹园集》卷四十八。

为死亡是"一种一直渗透到当前现在里来的势力"。海德格尔(Heidegger)甚至将人规定为"向死的存在",认为本真的存在正是将死亡视为一种无从闪避的东西,只有在对死亡的时时警觉下,存在的本真性与整体性才会得到澄明。① 阿道(Pierre Hadot)也指出,学习如何面对死亡构成古希腊哲学"精神践履"(spiritual exercises)的基本内容之一。② 恰如舒兹(A. Schutz)所言,生死关切是人类的"基本焦虑"(fundamental anxiety)③。正因为生死并非佛道二教人士才会面对的特殊问题,中晚明的许多阳明学者同样时常会感受到这种"基本焦虑"。如王畿曾在和徐阶(字子升,号存斋,1503—1583)的诗中有云:"相看皆白首,不学待何时?于己苟无得,此生空浪驰。百年开道眼,千里赴心期。人命呼吸间,回首已较迟。"④焦竑也有诗云:"庭前有芳树,灼灼敷春荣。秋霜中夜陨,枝条忽已零。我有同怀子,倏忽如流星。生者日已乖,死者日已泯。徘徊顾四海,谁能喻中情?"⑤其实,这种充分流露生死关切的诗句在中国历史上是不胜枚举的。因此,即便中晚明以前的儒家对生死问题保持相对的缄默,也未必意味着对生死问题的忽视。缄默的背后,或许反而恰恰隐含着高度的重视。

宋代理学家批判佛老究心于生死问题的重要方面,是认为二氏以出脱生死为根本不过是出于贪生畏死的自私心理。如程明道所谓"佛学只是以生死恐动人,可怪二千年来,无一人觉此,是被他恐动也。圣贤以生死为本分事,无可惧,故不论死生。佛之学为怕死生,故只管说不休"⑥。这一看法,在中晚明阳明学的发展中也发生了显

---

① 参见海德格尔:《存在与时间》第二篇《此在与时间性》第一章"此在之可能的整体存在与向死亡存在",陈嘉映、王庆节译(北京:生活·读书·新知三联书店,1987),第283—320页。
② Pierre Hadot, *Philosophy as a Way of Life: Spiritual Exercises from Socrates to Foucault*, Translated by Michael Chase, Oxford: Blackwell Publishing Ltd, 1995, pp.93-101.
③ 参见舒兹:《舒兹论文集》第一册,卢岚兰译(台北:桂冠图书公司,1992)。
④ 王畿:《王龙溪先生全集》卷十八《会城南精舍和徐存斋少师韵四首》之一。
⑤ 焦竑:《澹园集》卷三十七《送别》。
⑥ 程颢:《河南程氏遗书》卷一《端伯传师说》。

著的改变。王阳明已经认为"人于生死念头,本从生身命根上带来,故不易去"①。耿定向(字在伦,号楚侗,1524—1596)进一步肯定好生恶死乃人之常情,所谓"孟子曰:'生,我所欲也。'即如弘忍禅者,见虎而怖,亦不免有这个在矣。盖好生恶死,贤愚同情,即欲不着,焉得不着耶?"②焦竑则禀承了耿定向的这一立场并明确肯定了生死之念的正当性。他说:

> 古云:黄老悲世人贪着,以长生之说,渐次引之入道(按:此语本自张伯端《悟真篇后序》)。余谓佛言出离生死,亦犹此也。盖世人因贪生乃修玄,玄修既彻,即知我自长生。因怖死乃学佛,佛慧既成,即知我本无死。此生人之极情,入道之径路也。儒者或谓出离生死为利心,岂其绝无生死之念耶?抑未隐诸心而漫言此以相欺耶?使果毫无悦生恶死之念,则释氏之书政可束之高阁,第恐未悟生死,终不能不为死生所动。虽曰不动,直强言耳,岂其情乎?③

在焦竑看来,"悦生恶死"本是人之常情,只有在了悟生死之道之后,才能真正不为死生所动。如果不能正视贪生畏死的自然心理,视之为自私自利之心而一概加以否定,不免自欺欺人。所谓"未悟生死,终不能不为生死所动。虽曰不动,直强言耳,岂其情乎?"在这一点上,杨起元不仅与焦竑有同样的看法,并且进一步肯定了"怕死"对于追求圣人之道的正面意义。在杨起元看来,怕死是人们普遍的心态,圣人也不能免,以往儒家不能正视"怕死"的日常心理,不但有违人情,甚至反而会使人离圣人之道愈行愈远。他在《答友人不怕死说》中指出:

---

① 王守仁:《传习录下》。
② 耿定向:《耿天台先生文集》卷七《出离生死说》。
③ 焦竑:《澹园集》卷十二《答友人问》。

>《传》曰:道不远人。人之为道而远人,不可以为道。死者,人人所共怕也,圣人亦人耳,谓其不怕死,可乎?……凡圣人所以济世之具,皆起于怕死而为之图,此之谓不远人以为道也,而闻道以离生死。尤其济世之大而舟楫之坚者,惟怕死之极,然后有之。后世儒者讳言怕死二字,故其始也,姑以不怕死为名,而昧其中情。其既也,遂以不怕死为实,而去道益远。呜呼!其亦不思而已矣。①

由焦竑和杨起元的话可见,对死亡的恐惧不但是人之常情,更有可能是促使人们求道的内在动力。怕死之心愈重,求道之心便愈切。显然,在肯定生死关切构成儒家传统终极关怀重要内容的基础上,中晚明的许多阳明学者也不再像以往的儒者那样对贪生怕死的心理持否定的态度,而是开始正视这种内在经验并试图将其转化为追求圣人之道的动源。当然,从阳明以降,这些中晚明的阳明学者肯定"生死之念"以及"悦生恶死"是人们原初心理结构的基本内容,并不意味着与明道所谓"以生死为本分事,无可惧"相悖。后者作为圣贤的精神境界,无疑是儒家学者的一致追求,这一点中晚明的阳明学者也概莫能外。问题在于,在这些中晚明的阳明学者看来,恰恰需要从承认"悦生恶死"的人之常情出发,才能达到"以生死为本分事,无可惧"的境界,从而最终摆脱生死之念,坦然面对死亡。事实上,阳明龙场悟道的关键,正是对"生死一念"而非其他得失荣辱之类的超越。

既然生死关切被视为儒家终极关怀的内在向度,"生死之念"以及"悦生恶死"也是追求圣贤之道的契机,那么,在死亡来临之际能否坦然面对,自然成为衡量是否达到圣贤境界的一个标准。王龙溪在《答殷秋溟》书中所谓:"平时澄静,临行自然无散乱。平时散乱,临行安得有澄静?"②正反映了这样的看法。王龙溪弟子查铎(字子

---

① 杨起元:《太史杨复所先生证学编》卷二。
② 王畿:《王龙溪先生全集》卷十二。

警,号毅斋,1516—1589)也说"古人每谓生死为大事,此处了得,则诸念了矣,然非临时所得袭取"①。并且,查铎也的确从是否能够坦然面对死亡的角度考察了王龙溪的临终状况。王龙溪去世后,查铎在给友人的书信中写道:

> 今海内宗盟咸归龙溪先生,今忽忽化去,殊甚怆然。初传闻化去时颇有散乱,此末后一着,若于此散乱,则平时所论谓何?今寓府询知,惟气息奄奄,心神了了,无异平时。化于初七日,初六日与麟阳(赵锦)面诀语,初五日与乃郎语,今其言皆在,非心神了了,安能若此?传者尚属未知。②

查铎对王龙溪临终时"颇有散乱"的传闻非常重视,因为这直接关涉到王龙溪是否能将平时的讲论"体之于身,验之于心"的问题,所谓"若于此散乱,则平时所论谓何?"直到亲自到王龙溪府上询问,得知王龙溪临终前"心神了了,无异平时",才终觉释然。并且,查铎此信及其专门撰写的《纪龙溪先生终事》③,也意在澄清传闻的不实。同样,查铎弟子萧彦在为查铎所作的祭文中,也记载了查铎坦然面对死亡的情况。在萧彦的描述中,查铎临终前不仅神气不乱,甚至能够预知自己的死期。

事实上,类似的记载在中晚明的阳明学者中还有许多。如王艮(字汝止,号心斋,1483—1540)《年谱》记载其临终前的情况如下:

> 先是卧室内竟夜有光烛地,众以为祥。先生(王艮)曰:"吾将逝乎。"至病革,诸子泣,请后事。顾仲子襞曰:"汝知学,吾复何忧?"……神气凝定,遂瞑目。是为八日子时也。及殓,容色

---

① 查铎:《毅斋查先生阐道集》卷二《再与萧兑嵎书》。
② 同上。
③ 见查铎:《毅斋查先生阐道集》卷九。

莹然不改。①

罗汝芳(字惟德,号近溪,1515—1588)临终的情况：

> 九月朔,盥栉出堂,端坐,命诸孙次第进酒,各各微饮,随拱手别诸生曰:"我行矣。"诸生恳留盘桓一日,许之。初二日午刻,整衣冠,端坐而逝。②

邓以赞(字汝德,号定宇,1542—1599)的临终情况：

> 己亥三月,先生偶微咳,依圆觉寺静摄,侄履高辈侍。一日呼履高曰:"天地是这样,人心是这样。此心直与太虚合而为一,天下之理,何不可通？天下之事,何不可任？"至闰四月十二日,呼履高曰:"吾本知造化在手,已可留这几日,又觉不欲留矣。"豫章士夫十九日相率,黎明诣圆觉问疾,适先生命还,已就舆,辞曰:"远劳未晤。"履高辈扶舆,先生问曰:"行几里？"对曰:"将五里。"曰:"吾留留。"呼履高曰:"汝辈要知学问,万事万念皆善,只一事一念不善,一事一念不善就筹了。万事万念皆善,都不筹。"高唯唯。先生色喜,又曰:"行当近。"履高曰:"将及渡。"先生曰:"再留留。"至中廷,先生下舆,连呼大是奇事者二,入寝室,端坐不语,逾时而化。③

根据以上的传记资料,这些阳明学者不仅在面对死亡时都能够从容不迫,气定神闲,罗近溪、邓以赞甚至可以控制自己的生死,决定自己的死期,王艮临终前竟然"卧室内竟夜有光烛地"。有学者曾经对传

---

① 王艮:《重镌王心斋先生全集》卷一。
② 罗汝芳:《罗近溪先生全集》卷一。
③ 邓以赞:《邓文洁佚稿》卷一。

记究竟能够在多大程度上反映传记主人公的真实生命表示过怀疑①,这的确可以使我们警觉到传记与纪实之间的距离。但是,不论这些传记资料的可信度如何,这种叙述本身却足以反映当时的记述者将坦然面对死亡视为一种得道与悟道的表现。事实上,譬如高攀龙(初字云从,后字存之,别号景逸,1562—1621)就曾明确从临终状态的角度来评价曾子与阳明道德修养所达到的境界,所谓"曾子易簀而卒,便显出个曾子,阳明至南安而卒,便显出个阳明。曾子曰:'吾得正而毙焉,斯已矣。'此曾子所以为曾子也。阳明曰:'此心光明,更复何言?'此阳明所以为阳明也。"②这一点,可以说是生死关切成为中晚明阳明学甚至整个儒学焦点意识的第三个表现。

由以上几个方面可见,儒家传统讳言生死的情况在中晚明的思想界发生了明显的改变,生死关切在儒家的问题意识中由"幕后"转至"台前",从以往较为边缘的话语地位突显成为当时以阳明学者为代表的儒家学者问题意识的焦点之一。死亡已不再是儒者讳言的问题,而成为关联于圣人之道的一项重要指标。

二 为何关注死亡与如何解脱生死:阳明学者的回应

生死关切可以说是佛道两家一贯的焦点所在,而在生与死之间,佛教对于死的问题则提供了更多的思想资源。因此,生死关切之所以会突显为中晚明许多阳明学者的焦点意识,与佛教长期的交融互动以及阳明学者对佛教思想的主动吸收,显然是一个重要的原因。③

---

① 参见 Ira Bruce Nadel, *Biography: Fiction, Fact and Form*, London: The Macmillan Press, 1984。
② 高攀龙:《高子遗书》卷一。
③ 吕妙芬在研究晚明儒家圣人观的特点时,曾经指出了生死问题成为晚明儒学重要内涵这一现象,并将这一现象归因于儒释的交融。参见吕妙芬:《儒释交融的圣人观:从晚明儒家圣人与菩萨形象相似处以及对生死议题的关注谈起》,《"中研院"近代史研究所集刊》第32期,1999年12月,第165—207页。

换言之,生死关切成为中晚明阳明学展开过程中的一个重要方面,可以说是儒释交融的结果之一。上述阳明学者生死关切的三方面表现,其实都与佛教思想密切相关。将生死关切明确作为终极关怀的重要组成部分,本来就是佛教的基本特征。如憨山德清(1545—1623)所云:"从上古人出家本为生死大事,即佛祖出世,亦特为开示此事而已,非于生死外别有佛法,非于佛法外别有生死。"①现代学者傅伟勋也说:"'生死大事'四字足以说尽佛教的存在意义。"②前引王龙溪诗中"人命呼吸间"的句子,便是出于佛教的典故。③ 正视"悦生恶死"的"基本焦虑"并将其转化为求道的内在动力,也是历史上许多佛教徒共同的经验。就连以临终之时是否能够坦然面对死亡作为是否悟道、得道的衡量标准,在佛教传统中也是早就有案可循。如上引有关王龙溪、王艮、罗近溪、邓以赞临终的传记资料,其中提到这些阳明学者都能神气不乱,甚至还能预知、控制死期,临终前有异象出现,显然与南朝时梁慧皎(497—554)《高僧传》中对许多高僧大德圆寂时神色安详和悦并有各种神迹出现的大量记载颇有相似之处。

除了三教融和背景之下佛教的影响这一思想方面的主要因素之外,明代政治高压体制对儒家学者的残酷迫害,经常使他们面临生死关头,恐怕也是使生死关切成为中晚明阳明学重要问题意识的一个外部原因。许多阳明学者都曾经因政治迫害而身陷九死一生之地。阳明龙场处困的例子自不必言。此外,钱德洪(字洪甫,号绪山,1496—1554)因郭勋事下狱,在《狱中寄龙溪》书中说:"亲蹈生死真境,身世尽空,独留一念荧魂。耿耿中夜,豁然若省,乃知上天为我设此法象,示我以本来真性,不容丝发挂带。"④聂豹(字文蔚,号双江,

---

① 释德清:《憨山大师梦游全集》卷三《法语·示妙湛座主》。
② 傅伟勋:《生命的尊严与死亡的尊严》(台北:正中书局,1994),第141页。
③ "人命呼吸间"的说法出自佛教《四十二章经》第三十八章,所谓:"佛问沙门:'人命在几间?'对曰:'数日间。'佛言:'子未知道。'复问一沙门:'人命在几间?'对曰:'饭食间。'佛言:'子未知道。'复问一沙门:'人命在几间?'对曰:'呼吸间。'佛言:'善哉!子知道矣。'"
④ 黄宗羲:《明儒学案》卷十一。

1487—1563)被逮下狱,而在狱中发生心体呈露的体验,所谓"狱中闲久静极,忽见此心真体,光明莹澈,万物皆备"①。亲炙阳明的魏良弼(字师说,号水洲,1492—1575)两年之内先是"受杖于殿廷,死而复苏",后"又下狱拷讯",以至于"累遭廷杖,肤尽而骨不续"②。"受学于阳明,卒业于东廓"的刘魁(字焕吾,号晴川,1488—1552)入狱四年,被释后"未抵家而复逮"③。王龙溪弟子周怡(字顺之,号讷溪,1505—1569)与刘魁同座一事而为狱友。④ 其他如邹元标遭廷杖九死一生而致残的例子也比比皆是。经常由于政治迫害而面临死亡的威胁,迫使儒家知识分子不得不进一步思考生死的问题,并将生死关头作为自己见道真切与否的最大考验。这一点,也是明代儒家学者在整体上有别于宋代儒家学者的一个方面。

三教融合尤其是与佛教的互动以及外部政治的压力,使得生死关切成为中晚明阳明学发展的一个重要课题。但是,在如何了究生死的问题上,大多数阳明学者仍然提供了有别于佛老的生死智慧与解脱之道。

《传习录上》记载过一段阳明与弟子萧惠有关"死生之道"的问答:

> 萧惠问死生之道。先生曰:"知昼夜即知死生。"问昼夜之道。曰:"知昼则知夜。"曰:"昼亦有所不知乎?"先生曰:"汝能知昼! 懵懵而兴,蠢蠢而食,行不著,习不察,终日昏昏,只是梦昼。惟息有养,瞬有存,此心惺惺明明,天理无一息间断,才是能知昼。这便是天德,便是通乎昼夜之道,而知更有甚么死生?"

---

① 黄宗羲:《明儒学案》卷十七。
② 同上书,卷十九。
③ 同上。
④ 同上书,卷二十五。

阳明对生死问题虽然有深刻的体认,但在与门人弟子的问答中尚未多加阐发,而是基本上禀承传统"未知生,焉知死"的说法。王龙溪对于生死的根源以及超脱生死的方法则有较为明确的解释。在万历三年乙亥(1575)的新安斗山书院之会中,王畿指出:

> 人之有生死轮回,念与识为之祟也。念有往来,念者二心之用,或之善,或之恶,往来不常,便是轮回种子。识有分别,识者发智之神,倏而起,倏而灭,起灭不停,便是生死根因。此是古今通理,亦便是见在之实事。儒者以为异端之学,讳而不言,亦见其惑也矣。夫念根于心,至人无心,则息念,自无轮回。识变为知,至人无知,则识空,自无生死。为凡夫言,谓之有可也。为至人言,谓之无可也。道有便有,道无便无,有无相生,以应于无穷。非知道者,何足以语此?①

在王畿看来,"生死根因"在于有分别对待的"念""识",而"化念还心""转识成智",便可以超脱生死。这种将生死的根源与超脱生死的方法系于主体意识的看法,在中晚明的阳明学者中是具有普遍性的。如周海门在答弟子问如何了得生死时说:"生死俱是心。心放下,有甚生死可了。"②邹元标也说:"人只是意在作祟,有意则有生死,无意则无生死。"③周海门弟子刘塙(字静主,号冲倩,生卒年月不详)说:"四大聚散,生死之小者也。一念离合,生死之大者也。忘其大而惜其小,此之谓不知生死。"④

客观而言,将"生死根因"与生死解脱之道归于主体的自我意识,仍然可以说来源于佛教的理论。像刘塙那样批评佛教仅从肉体

---

① 王畿:《王龙溪先生全集》卷七《新安斗山书院会语》。
② 周汝登:《东越证学录》卷五《剡中会语》。
③ 黄宗羲:《明儒学案》卷二十三。
④ 同上书,卷三十六。

生命的角度来理解生死,所谓"四大聚散,生死之小者也",其实并不恰当。因为佛教对生死理解的关键并非只是"四大聚散",而毋宁说反倒是"一念离合"。认为穷究生死的根源在于阿赖耶识的种子①,这虽然是唯识学派的讲法,却也是佛教各宗的基本共识,只不过其他宗派不使用唯识的名相而已。问题的关键在于,阳明学者尽管和佛教一样将生死的根源与解脱生死的方法诉诸于主体的自我意识,但对于主体自我意识本质的理解,却和佛教有着根本的不同。也正因此,几乎所有将生死关切作为自己问题意识焦点之一的阳明学者,包括以上提到的那些,均在超脱生死的问题上自觉保持了高度的儒家认同。这也说明,儒家在生死关切的问题上的确与佛教蕴涵着深刻的差异。

对于超脱生死之道,同样在万历三年的华阳明伦堂之会上,王龙溪在回答有关"孔子答季路知生知死之说"的疑问时,有更为明确的说明:

> 或问孔子答季路知生知死之说。先生曰:"此已一句道尽。吾人从生至死,只有此一点灵明本心为之主宰。人生在世,有闲有忙,有顺有逆,毁誉得丧诸境。若一点灵明时时做得主,闲时不至落空,忙时不至逐物,闲忙境上,此心一得来,即是生死境上一得来样子。顺逆、毁誉、得丧诸境亦然。知生即知死。一点灵明,与太虚同体,万劫常存,本未尝有生,未尝有死也。"②

在晚年给李渐庵的一封书信中,王龙溪也指出:

> 孔氏云:"未知生,焉知死。"此是究竟语,非有所未尽也。吾人生于天地间,与万缘相感应,有得有失,有好有丑,有称有

---

① 印顺:《唯识学探源》(台北:正闻出版社,1987),第163页。
② 王畿:《王龙溪先生全集》卷七《华阳明伦堂会语》。

讯,有利有害。种种境界,若有一毫动心,便是临时动心样子。一切境界,有取有舍,有欣有戚,有一毫放不下,便是临时放不下样子。生之有死,如昼之有夜,知昼则知夜,非有二也。于此参得透,方为尽性,方为立命,方是入圣血脉路。若不从一念微处彻底判决,未免求助于外,以为贲饰。虽使勋业格天、誉望盖世,检尽世间好题目,转眼尽成空华,与本来性命未有分毫交涉处也。不肖中夜默坐,反观眼前,有动心处,有放不下处,便是修行无力,便是生死关头打叠不了勾当。常以此自盟于心,颇有深省。①

当周海门以"心放下"来回答弟子"如何了得生死"的问题之后,那位弟子紧接着又问:"心如何一时放得下?"海门回答说:"要知孔门说知生知死,则放下二字俱多。"②徐用检也有如下一段答问:

> 问:"先生既不非生死之说,何不专主之?而曰性、曰学,何也?"曰:"性率五常,学求复性,大公至正之道也。如此而生,如此而死,何不该焉?专言生死,生寄死归,自私耳矣。"③

由此来看,在王龙溪、周海门、鲁源等阳明学者的问题意识中虽然有着强烈的生死关切,但在对待生死的基本态度上,却又都诉诸于《论语》中孔子"未知生,焉知死"的经典依据,而回到了儒家传统从生的角度来理解死这一基本立场。这与阳明答萧惠问死生之道中的看法也是完全一致的。显然,对王阳明、王龙溪、周海门、徐鲁源来说,生死解脱的关键不在于对死后世界的探索,而在于对当下生命意义的觉悟。可以说,对生的觉解越多,对死的体认也就越深入。因此,孔

---

① 王畿:《王龙溪先生全集》卷十一《答李渐庵》第二书。
② 周汝登:《东越证学录》卷五《剡中会语》。
③ 黄宗羲:《明儒学案》卷十四。

子"未知生,焉知死"的话不必是对死的忽略,毋宁说是强调知生是知死的前提,并指示了由知生而知死这样一种了解死亡的方向。其实,因材施教的孔子在回答子贡同样是询问死亡的问题时,却并未避而不谈,而是旁征博引,以至子贡发出了"大哉死乎!"的感叹。① 而通过这些阳明学者的诠释与论说,孔子"未知生,焉知死"之中的深刻蕴涵,也获得了充分的展开。佛教从印度的原始佛教到大乘佛教乃至禅佛教,虽然在二谛中道的思想下日益强调"生死即涅槃",但在六道轮回的信仰基础上,其实仍然更多地关注死后的问题,祈求死后往生净土而脱离人世间的苦海。② 这与阳明学者对待生死的态度可以说是截然异趣的。

三 儒释生死解脱之道差异的根源

阳明学者对生死解脱之道的理解之所以终归不同于佛教,其深层原因在于双方本体论上"有"与"无"的根本差异。我们前面提到,在讨论生死问题时,中晚明阳明学者所诉诸的经典依据与诠释资源除了《论语》中孔子"未知生,焉知死"的话之外,还有《易传》中"原始反终,故知死生之说。精气为物,游魂为变,是故知鬼神之情状"的说法。所谓"原始反终",其实是指一气周流的往复不已。作为道德创造性现实化所不可或缺的物质基础,气具有不可消解的实在性。阳明学者虽然对"气"的观念谈的相对较少,但对这一点却也从不否认。生死的根源固然系于主体的意识,所谓"有意则有生死,无意则无生死","一念离合,生死之大者也"。但生死之心的破除,并不意味着认同因缘假合的缘起观,将生死的主体视为无自性的存在。在

---

① 《荀子·大略》载:"子贡问于孔子曰:'赐倦于学矣,愿息事君?'孔子曰:'《诗》云:温恭朝夕,执事有恪。事君难,事君焉可息哉!'……'然则赐无息者乎?'孔子曰:'望其圹,皋如也,巅如也,鬲如也,此则知所息矣。'子贡曰:'大哉死乎! 君子息焉,小人休焉。'"见王先谦:《荀子集解》(下)(北京:中华书局,1988),第510—511页。

② 傅伟勋:《生命的尊严与死亡的尊严》,第152—153页。

佛教看来,死意味着构成生命因缘的离散。由于生命本来便是因缘和合而成,并无本体论的实在性,死亡因此恰恰可以使作为生命本质的"无"这种空寂性得以揭示。对阳明学者来说,作为道德主体之本质的良知固然"千古不磨",如王龙溪所谓"与太虚同体,万劫常存,本未尝有生,未尝有死也","缘此一点灵明,穷天穷地,穷四海,穷万古,本无加损,本无得丧,是自己性命之根。尽此谓之尽性,立此谓之立命。生本无生,死本无死,生死往来,犹如昼夜"。① 自然生命的生死更不过是气之聚散而非气之有无。就作为构成自然生命物质基础的"气"来说,始终是"有"而非因缘假合的空寂性之"无"。以昼夜之喻而言,死之于生恰如夜之于昼,并不意味着终结与断裂,而不过是无限连续性不同方式的周而复始而已。无论是从道德本体的创造性还是从一气的"原始反终"来看,死亡都不意味着生命流于虚无。因此,儒家固然是以道德修养的方式超越生死,将有限的生命升华于无限的精神之中,实现心灵境界意义的生死解脱。然而,这种生死解脱之道的背后,还有着一气周流、原始反终的本体论和宇宙论基础。如耿定向所谓"始自太虚来,终还太虚去,原始反终,本自无生,亦自无灭,一切众生,总皆如是"②。高攀龙和刘宗周(字启东,号念台,称蕺山先生,1578—1645)也从这一角度区别了儒家与佛教的生死解脱之道。虽然高、刘二人严格而论或许并不属于阳明学者的范围,但由于这相对佛教而言其实可以说是晚明儒家学者的共识,我们便不妨仍可以他们的某些相关论说为据来加以说明。

高攀龙于万历四十六年曾有《戊午吟》诗二十首,其中两首云:

> 闻道如何可夕死,死生原是道之常。不闻有昼可无夜,几见无阴只有阳。道在何从见寿夭,心安始可等彭殇。更与此外求闻道,踏遍天涯徒自忙。

---

① 王畿:《王龙溪先生全集》卷四《留都会纪》。
② 耿定向:《耿天台先生文集》卷七《出离生死说》。

> 精气为躯造化功,游魂为变浩无穷。如何谓死为灭尽,反落禅诃断见中。神化自然称不测,有无不著是真空。莫将空字谩归佛,虚实原与微显同。①

另外在《夕可说》中,高攀龙通过对孔子"朝闻道,夕死可矣"的诠释,发挥了与这两首诗同样的意思:

> 此物何动何静?何生何死耶?噫嘻!我知之矣。死生,道也。譬之沤,起灭,一水也,寂然不动者也。吾欲复其寂然者,岂遗弃世事,务一念不起之谓哉?君君、臣臣、父父、子子,万象森罗,常理不易。吾与之时寂而寂,时感而感,万感万寂而一也,故万死万生而一也。②

而刘蕺山说得更为明确详细:

> 理会生死之说,本出于禅门。夫子言原始反终,这是天地万物公共的道理,绝非一身生来死去之谓,与禅门迥异。自圣学不明,学者每从形器起见,看得一身生死事极大,将天地万物都置之膜外,此心生生之机早已断灭种子了。故其工夫专究到无生一路,只留个觉性不坏。再做后来人,依旧只是贪生怕死而已。吾儒之学,直从天地万物一体处看出大身子,天地万物之始即吾之始,天地万物之终即吾之终,终终始始,无有穷尽,只此是生死之说。原来生死只是寻常事,程伯子曰:"人将此身放在天地间,大小一例看,是甚快活。"予谓生死之说正当放在天地间大小一例看也。于此有知,方是穷理尽性至命之学。藉令区区执

---

① 高攀龙:《高子遗书》卷六。
② 同上书,卷三。

> 百年以内之生死而知之,则知生之尽,只是知个贪生之生;知死之尽,只是知个怕死之死而已。然则百年生死不必知乎?曰:奚而不知也?子曰:"朝闻道,夕死可矣"是也。如何是闻道?其要只在破除生死心。此正不必远求百年,即一念之间一起一灭,无非生死心造孽。既无起灭,自无生死。①

通常意义上的生死,往往是就个体生命的生灭而言。但如果从一气的聚散和原始反终以及万物一体的观点来看,个体生命的生灭不过是生死之念的结果,宇宙间其实只是物质转化与能量守恒,如此更不存在生死的问题。高攀龙和刘蕺山从这一角度对生死的理解与超越,进一步说明了儒家与佛教在生死关切问题上的差异源于双方本体论上"有"与"无"的基本立场。

通过对中晚明阳明学者生死关切的考察,我们可以看到,对于死亡这一人类普遍的终极关怀,儒家传统并非始终采取漠视的态度,而是同样可以与世界各大宗教——伦理传统一道提供丰富的精神资粮。事实上,在西方精神思想的发展史上,死亡这一课题也并非始终处于问题意识的焦点。在不同的历史阶段,西方的思想家们对死亡的关注同样表现出轻重详略的不同。②

---

① 刘宗周:《证人社语录·第九会附记》。
② 参见段德智:《死亡哲学》(武汉:湖北人民出版社,1996)。

第六章

多元宗教参与中的儒家认同

——以王龙溪的三教观与自我认同为例

引　言
王龙溪的三教观
王龙溪的自我认同
结　语

一　引　言

在全球化的过程中,宗教多元论和生态意识、女性主义、全球伦理一道,构成当今世界的四大主要思想潮流。就宗教多元论而言,其出现直接基于全球不同宗教传统互动互渗日益密切的现实。所谓互动互渗,既有健康积极的交流,更有负面的对立甚至冲突。在这一现实的基础上,有识之士自然进行理论的反省,以谋求化解冲突、趋于和平的因应之道。孔汉思(Hans Kung)曾经提出"双重教籍"(dual religious citizenship)的问题①,意思是说一个人是否可以同时归属于两个不同的宗教传统。事实上,随着世界各种不同宗教传统彼此相

---

① 参见 Julia Ching and Hans Kung, *Christianity and Chinese Religions*, New York: Doubleday, 1989, pp. 273-283。

遇和互动的深化,甚至会出现"多重教籍"而不只是"双重教籍"的问题。针对一个人超越自己的单一的信仰而参与到不同的宗教传统之中,白诗朗(John Berthrong)和柏林(Judith A. Berling)都曾经提出"多元宗教参与"(multiple religious participation)的问题。① 而在"多元宗教参与"的过程中,参与者如何保持自身的认同,也相应成为当今宗教对话中的一个问题。对此,与杜维明先生"儒家式的基督徒"如何可能的提问相呼应,南乐山(Robert C. Neville)就提出了"多元宗教认同"(multiple religions identity)的概念。②

对于传统西亚一神教的亚伯拉罕传统(包括犹太教、基督教和伊斯兰)而言,如何深入参与到不同的宗教传统之中,同时又保持自己的宗教认同,这几乎是不可想象的。但是,就东亚社会尤其中国儒释道传统交往互动的漫长历史而言,在"多元宗教参与"中保持自己的身份认同并不成问题。无论在理论还是实践上,儒释道三教甚至包括基督教和伊斯兰教在内的五教的融合,在明中后期都可以说达到了中国历史上的最高峰。在中晚明,出现了大批深入且自如地往来于儒释道三教之间同时又保持自身儒家认同的学者,如王畿(字汝中,号龙溪,1498—1583)、周汝登(字继元,号海门,1547—1629)、杨起元(字贞复,号复所,1547—1599)、管志道(字登之,号东溟,1536—1608)、焦竑(字弱侯,号澹园,又号漪园,1541—1620)等人,都是个中翘楚。甚至连皈依基督教而被称为晚明基督教"三柱石"的徐光启(字子先,号玄扈,1562—1633)、杨廷筠(字仲坚,号淇园,1557—1627)、李之藻(字振之,号我存,又号凉庵,1565—1630),也并未完全丧失其儒家的身份。③

---

① 参见 John Berthrong, "Syncretism Revisited: Multiple Religious Participation", *Pacific Theological Review*, Vols. 25-26 (1992-1993), pp.57-59; Judith A. Berling, *A Pilgrim in Chinese Culture: Negotiating Religious Diversity*, Maryknoll, NY: Orbis Books, 1997。

② 参见 Robert Neville, *Boston Confucianism*, Albany, New York: State University of New York Press, 2000, pp.206-209。

③ 以杨廷筠为例,钟鸣旦(N. Standaert)对该问题就有很好的说明,参见其 *Yang Tingyun, Confucian and Christian in Late Ming China*, Leiden: E. J. Brill, 1988。中译本有《杨廷筠——明末天主教儒者》(北京:社会科学文献出版社,2002)。

而晚近对于晚明汉语伊斯兰教两位重镇王岱舆(约1570—1660)、刘智(1660—1739)的研究①,也向我们显示了其中浓厚的儒学成分,尽管他们的自我认同自然是穆斯林而非儒家。以下,我们就以中晚明深度涉入释老传统而又归宗儒家的阳明学主要代表人物王龙溪为例,通过考察其三教观与自我认同②,以期多元宗教参与中的儒家认同问题能够得到一个具体而生动的说明。

二 王龙溪的三教观

王龙溪的三教观直接受到王阳明的影响,同时更是基于其自身参与佛道二教的实践经验。③ 因此,较之王阳明,王龙溪对于三教关系的问题意识更为自觉与明确,其相关论述也更为全面和深入。

王阳明对于三教关系的基本看法,反映在他"三间屋舍"的比喻上。嘉靖二年癸未(1523)十一月,王阳明渡钱塘至萧山,张元冲(字叔谦,号浮峰,1502—1563)在舟中论二氏,认为其"有得于性命""有功于吾身",儒学可以"兼取"。在严守正统与异端之辨的儒者看来,这种吸收二氏的看法已经有问题,但在王阳明看来还不够。王阳明说:

> 说兼取,便不是。圣人尽性至命,何物不具? 何待兼取? 二氏之用,皆我之用。即吾尽性至命中完养此身谓之仙;即吾尽性

---

① 参见 Sachiko Murata, *Chinese Gleams of Sufi Light*, Albany: State University of New York, 2000。

② 这一部分内容大体取自笔者《良知学的展开——王龙溪与中晚明阳明学的展开》(台北:学生书局,2003;北京:生活·读书·新知三联书店,2005,2015)第五章第二节而有所改动,特此说明。

③ 王龙溪与佛道二教在理论与实践上的关涉,笔者曾有专论,参见彭国翔:1.《王畿与佛教》,《台大历史学报》(台北)第二十九期,2002年6月,第29—61;2.《王畿与道教——阳明学者对道教内丹学的融摄》,《中国文哲研究集刊》(台北),第21期,2002年9月,第255—292页。亦可参见笔者《良知学的展开——王龙溪与中晚明阳明学的展开》第五章"王龙溪与佛道二教"。

至命中不染世累谓之佛。但后世儒者不见圣学之全,故与二氏成二见耳。譬之厅堂三间共为一厅,儒者不知皆吾所用,见佛氏,则割左边一间与之;见老氏,则割右边一间与之;而己则自处中间,皆举一而废百也。圣人与天地民物同体,儒、佛、老、庄皆吾之用,是之谓大道。①

同样的比喻,在朱得之所录《稽山承语》中,面对"三教同异"之问,王阳明讲得更明确:

> 或问:"三教同异。"师曰:"道大无外。若曰各道其道,是小其道矣。心学纯明之时,天下同风,各求自尽。就如此厅事,元是统成一间。其后子孙分居,便有中有傍。又传渐设藩篱,犹能往来相助。再久来渐有相较相争,甚而至于相敌。其初只是一家,其去其藩篱仍旧是一家。三教之分亦只似此。"②

显然,无论对道家思想还是佛道二教,王阳明都是采取一种兼容并包的态度。所谓"道大无外""二氏之用,皆我之用",更反映出他力图在一个更高的起点上将佛道二教合理地容纳到儒家思想之中。而在继承了这一基本精神方向的基础上,王龙溪对佛道二教的融摄更为自觉和深入。

王龙溪的三教观,在与许多学者相与问答的讲会活动中都屡有表达,也经常有学者询问他对于佛道二教的看法。王龙溪有关三教问题的基本思想,集中反映在《三教堂记》这篇文字中:

---

① 王守仁:《王阳明年谱》"嘉靖二年十一月"条下,吴光、钱明等编:《王阳明全集》(下)(上海:上海古籍出版社,1992),第1289页。
② 见1. 陈来等:《关于〈遗言录〉〈稽山承语〉与王阳明语录佚文》,《清华汉学研究》第一辑,第189页;2.《中国文哲通讯》第八卷第三期,台北:"中研院"中国文哲研究所,1998年9月,第62页。

  三教之说，其来尚矣。老氏曰虚，圣人之学亦曰虚；佛氏曰寂，圣人之学亦曰寂，孰从而辨之？世之儒者，不揭其本，类以二氏为异端，亦未为通论也。春秋之时，佛氏未入中国，老氏见周末文胜，思反其本，以礼为忠信之薄，亦孔子从先进之意。孔子且适周而问之，曰吾闻之老聃云，未尝以为异也。象山云："吾儒自有异端。凡不循本绪，求籍于外者，皆异端也。"孔子曰："吾有知乎哉？无知也。"言良知本无知也。"鄙夫问于我，空空如也。"空空即虚寂之谓。颜子善学孔子，其曰"庶乎屡空"，盖深许之也。汉之儒者，以仪文度数为学，昧其所谓空空之旨。佛氏始入中国，主持世教，思易五浊而还之淳。圆修三德，六度万行，摄诸一念。空性常显，一切圣凡差别，特其权乘耳。泊其末也，尽欲弃去礼法，荡然沦于虚无寂灭，谓之沉空，乃不善学者之过，非其始教使然也。人受天地之中以生，均有恒性，初未尝以某为儒、某为老、某为佛而分授也。良知者，性之灵，以天地万物为一体，范围三教之枢。不徇典要，不涉思为。虚实相生而非无也；寂感相乘而非灭也。与百姓同其好恶，不离伦物感应，而圣功征焉。学佛老者，苟能以复性为宗，不沦于幻妄，是即道释之儒也；为吾儒者，自私用智，不能普物而明宗，则亦儒之异端而已。毫厘之辨，其机甚微。吾儒之学明，二氏始有所证。须得其髓，非言思可得而测也。(《王龙溪先生全集》卷十七)①

王龙溪这篇总论三教的文字，主要包含三方面的内容。第一，虚寂的思想并非佛道两家的专属，同时也是儒学的内在向度；第二，正统与异端的区分并不绝对地限于儒学与佛道两家之间；第三，三教同源，以道观之，本无儒释道之分，而良知贯通虚实有无，为"范围三教之枢"。其中，第三点是王龙溪三教观的基础与核心思想，前两点则是在第三点基础上的进一步展开，反映了在三教关系上王龙溪对待佛

---

① 本章所用《王龙溪先生全集》为万历十六年萧良榦刻本。下引简称《全集》，不另注。

道两家的基本态度。下面,我们就以王龙溪这篇总论三教的文字为基础,再结合其他的材料,对其三教观的主要内容进行较为详细的考察。

王龙溪三教观的核心思想,可以说是儒家本位的三教一源论。所谓"人受天地之中以生,均有恒性,初未尝以某为儒、某为老、某为佛而分授也。良知者,性之灵,以天地万物为一体,范围三教之枢"。正是其三教观核心思想的表述。在这两句话中,如果说前一句反映了王龙溪三教一源观点的话,后一句则说明王龙溪并非泛泛而言三教一源,而是在三教一源的主张中仍然有其归宗与本位,认为良知教其实可以将佛道两家包容在内。对此,王龙溪有一段问答可以提供更为明确与详细的说明。

在嘉靖三十六年丁巳(1557)王龙溪与王慎中的三山石云馆第之会中,有人向王龙溪提出了这样的看法,所谓"佛氏虽不免有偏,然论心性甚精妙,乃是形而上一截理;吾人叙正人伦,未免连形而下发挥。然心性之学沉埋既久,一时难为超脱,借路悟入,未必非此学之助"。王龙溪不以为然,做出了如下的回应:

> 此说似是而实非。本无上下两截之分。吾儒未尝不说虚,不说寂,不说微,不说密。此是千圣相传之密藏,从此悟入,乃是范围三教之宗。自圣学不明,后儒反将千圣精义让与佛氏,才涉空寂,便以为异学,不肯承当。不知佛氏所说,本是吾儒大路,反欲借路而入,亦可哀也。夫仙佛二氏,皆是出世之学。佛氏虽后世始入中国,唐虞之时,所谓巢许之流,即其宗派。唐虞之时,圣学明,巢许在山中,如木石一般,任其自生自化,乃是尧舜一体中所养之物。盖世间自有一种清虚恬淡、不耐事之人,虽尧舜亦不以相强。只因圣学不明,汉之儒者,强说道理,泥于刑名格式,执为典要,失其变动周流之性体,反被二氏点检訾议,敢于主张做大。吾儒不悟本来自有家当,反甘心让之,尤可哀也矣。先师尝有屋舍三间之喻,唐虞之时,此三间屋舍原是本有家当,巢许辈

皆其守舍之人。及至后世,圣学做主不起,仅守其中一间,将左右两间甘心让与二氏。及吾儒之学日衰,二氏之学日炽,甘心自谓不如,反欲假借存活。泊其后来,连其中一间岌岌乎有不能自存之势,反将从而归依之,渐至失其家业而不自觉。吾儒今日之事,何以异此?间有豪杰之士不忍甘心于自失,欲行主张正学以排斥二氏为己任,不能探本入微,务于内修,徒欲号召名义,以气魄胜之,只足以增二氏检议耳。先师良知之学,乃三教之灵枢,于此悟入,不以一毫知识参乎其间,彼将帖然归化,所谓经正而邪慝自无,非可以口舌争也。(《全集》卷一《三山丽泽录》)

由此可见,王龙溪认为,虽然从发生学的角度来看,儒释道三教之名均属后起,三教可以说都是人之恒性的某种表现,在这个意义上可谓三教一源。但其实儒家本来可以表现恒性之全,像巢许之流所代表的那种清虚恬淡的精神气质,原本也非佛道两家所独有,而是"尧舜一体中所养之物",是儒家内在的一个精神向度。这和前引阳明所谓"说兼取,便不是。圣人尽性至命,何物不备?何待兼取?二氏之用,皆我之用。即吾尽性至命中完养此身谓之仙;即吾尽性至命中不染世累谓之佛。但后世儒者不见圣学之全,故与二氏成二见耳",是完全一致的。因此,尽管汉儒将这种精神气质失落,使后世的儒者自甘得恒性之一偏,但要真正"不忍甘心于自失",却并不能像"豪杰之士"那样对佛道两家采取简单排斥的态度,所谓"徒欲号召名义,以气魄胜之",否则必不能"见圣学之全",而是要"探本入微,务于内修",充分吸收佛道两家在心灵境界上无执不滞的智慧,以激发拓展儒家内在相应的精神气质,如此才能恢复儒家三间屋舍的本来面貌。

在万历元年癸酉(1573)的南谯书院之会中,陆光祖也曾向王龙溪询问二氏之学,王龙溪的回答是:

二氏之学,与吾儒异,然与吾儒并传而不废,盖亦有道在焉。均是心也,佛氏从父母交媾时提出,故曰父母未生前,曰一丝不挂,而其事曰明心见性;道家从出胎时提出,故曰力地一声,泰山失足,一灵真性既立,而胎息已忘,而其事曰修心炼性;吾儒却从孩提时提出,故曰孩提知爱知敬,不学不虑,曰大人不失其赤子之心,而其事曰存心养性。夫以未生时看心,是佛氏超顿还虚之学;以出胎时看心,是道家炼精气神以求还虚之学。良知两字,范围三教之宗。良知之凝聚为精,流行为气,妙用为神,无三可住。良知即虚,无一可还。此所以为圣人之学。(《全集》卷七《南游会纪》)

这里所谓"良知之凝聚为精,流行为气,妙用为神,无三可住。良知即虚,无一可还。此所以为圣人之学",说明了王龙溪认为良知教可以将佛道二教容摄在内,所谓"良知两字,范围三教之宗"。王龙溪弟子查铎(字子警,号毅斋,1516—1589)"尝有养生之好",当他悟到致良知之学可收养生之效,并向王龙溪表示今后只从致良知之学上"寻讨究证,更不踏两家船"时,王龙溪回答说:"如此行持,犹属对法,岂能归一得来?须信人生宇宙间,只有此一船,更无剩欠。"(《全集》卷十六《书查子警卷》)这和阳明甚至对儒学可以"兼取"佛道两家的说法都不以为然的态度是完全一致的。而正是王龙溪的这种看法,决定了他在与佛道两家的互动过程中采取的是以良知教融摄、范围后者的方式。也正是在这个意义上,我们说王龙溪的三教一源论是儒家本位或良知教立场的。

笔者曾经指出,王龙溪强调良知心体之"无"与"无善无恶",是要彰显良知心体无执不滞的境界论向度。[①] 而这一点,可以说是王龙溪将佛道二教在心灵境界方面空无虚寂的主体性智慧充分容纳到儒家思想系统之中的结果和表现。当然,王龙溪并非被动地吸收,而是主动自觉地融摄,正如以上引文所谓:"吾儒未尝不说虚,不说寂,

---

① 参见彭国翔:《良知学的展开——王龙溪与中晚明阳明学的展开》,第四章"王龙溪的四无论"。

不说微,不说密。此是千圣相传之密藏,从此悟入,乃是范围三教之宗。自圣学不明,后儒反将千圣精义让与佛氏,才涉空寂,便以为异学,不肯承当。不知佛氏所说,本是吾儒大路。"在王龙溪看来,空无虚寂的心灵境界本来并非佛道二教的专利,儒学传统本身便有这方面的内在资源。对此,王龙溪明确指出:

> 人心本来虚寂,原是入圣真路头。虚寂之旨,羲皇姬孔相传之学脉,儒得之以为儒,禅得之以为禅,固非有所借而慕,亦非有所托而逃也。(《全集》卷七《南游会纪》)

另外,王龙溪有《南谯书院与诸生论学感怀次巾石兄韵》一首,也表达了同样的意思。该诗云:

> 吾心本自静,弗为欲所侵。师门两字诀,为我受金针。学虑非学虑,致虚以立本。
> 如水濬其源,沛然成滚滚。静虚亦非禅,盎然出天禀。虚实动静间,万化以为准。(《全集》卷十八)

"人心本来虚寂""吾心本自静",无疑反映出王龙溪认为虚寂是人心源初的属性,而不是禅学的专利,所谓"静虚亦非禅"。这当然是王龙溪立足儒家而与佛道二教深入互动的结果,而另一方面,突出良知心体空无虚寂的属性,也是王龙溪这样的阳明学者批判当时流于专业知识化的朱子学的表现。正如王龙溪在《宿武夷宫》一诗中所谓:"道本虚无非异学,知从见解始多门。紫阳香火千年在,义利源头仔细分。"(《全集》卷十八)

王龙溪反对将空无虚寂作为佛老专利而将其充分融摄到儒家思想的系统内部,其方式是通过自己的诠释,在儒家思想的经典中和源头处寻找空无虚寂的思想要素。嘉靖四十三年甲子(1564),耿定向(字在伦,号天台,又号楚侗,1524—1596)在宜兴曾向王龙溪询问过佛老虚无之旨与儒学的同异：

> 楚侗子问："老佛虚无之旨与吾儒之学同异如何？"先生（王龙溪）曰："先师有言：'老氏说到虚，圣人岂能于虚上加得一毫实？佛氏说到无，圣人岂能于无上加得一毫有？老氏从养生上来，佛氏从出离生死上来，却在本体上加了些子意思，便不是他虚无的本色。'吾人今日，未用屑屑在二氏身份上辨别同异，先须理会吾儒本宗明白，二氏之毫厘，始可得而辨耳。圣人微言，见于大《易》，学者多从阴阳造化上抹过，未之深究。夫乾，其静也专，其动也直，是以大生焉；夫坤，其静也翕，其动也辟，是以广生焉，便是吾儒说虚的精髓。无思也，无为也，寂然不动，感而遂通天下之故，便是吾儒说无的精髓。"（《全集》卷四《东游会语》）

这里，王龙溪是通过对《易传》的诠释，来阐发其中空无虚寂的思想。如此，儒家空无虚寂的思想便具有了经典上的依据。而在上引《三教堂记》中，王龙溪所谓："孔子曰：'吾有知乎哉？无知也。'言良知本无知也。'鄙夫问于我，空空如也。'空空即虚寂之谓也。颜子善学孔子，其曰'庶乎屡空'，盖深许之也。"便是在寻求《论语》的经典支持的同时，论证在孔子思想中已经具有了空无虚寂的因素。而万历元年南谯之会上所谓"虚寂之旨，羲皇姬孔相传之学脉"，更是将空无虚寂的思想要素上溯到孔子之前，使之具备一种"古已有之"的历史合法性。就此而言，可以说王龙溪试图为儒家建构一种空无虚寂的历史传统。这一点，在后来围绕"无善无恶心之体"的"九谛""九解"之辨中，为周海门所继承并发挥。[①]

由于虚寂被视为佛道两家思想的根本特征，王龙溪不以虚寂思想为非，并认为虚寂是儒学的内在向度，便必然要涉及儒学传统的正

---

① 参见彭国翔：《良知学的展开——王龙溪与中晚明的阳明学》，第七章"中晚明的阳明学与三教融合"第二节"有无之境"。

统与异端之辨。因为至少自北宋理学兴起以来,对大部分理学家而言,儒学与佛道二教的关系在一定意义上也可以说就是正统与异端的关系。儒学与佛道两家之间的正统与异端之辨,也可以说是贯穿理学思想发展的基本线索之一。但是,自阳明学兴起以来,相对于佛道两家,尽管以儒学为正统的基调在儒者当中并未改变,但以阳明学者为代表的相当一部分儒家学者,在吸收佛道两家思想并批判以僵化了的朱子学为象征符号的世俗儒学的过程中,将异端的所指开始由佛道两家向功利世俗化了的儒学扭转,从而使传统的正统与异端之辨在中晚明显示了新的动向。① 王龙溪有关正统与异端之辨的论说不仅是其三教观的重要组成部分,在中晚明的阳明学者中也具有相当的代表性。

将佛道两家斥为异端的保守立场,在王阳明处已经有明显的松动。阳明在《别湛甘泉序》中指出:

> 今世学者,皆知宗孔、孟,贱杨、墨,摈释、老,圣人之道,若大明于世。然吾从而求之,圣人不得而见之矣。其能有若墨氏之兼爱者乎?其能有若杨氏之有我者乎?其能有若老氏之清净自守、释氏之究心性命者乎?吾何以杨、墨、老、释之思哉?彼于圣人之道异,然犹有自得也。而世之学者,章绘句琢以夸俗,诡心色取,相饰以伪,谓圣人之道劳苦无功,非复人之所可为,而徒取辩于言词之间;古之人有终身不能究者,今吾皆能言其略,自以为若是亦足矣,而圣人之学遂废。则今之所大患者,岂非记诵词章之习!而弊之所从来,无亦言之太详、析之太精者之过欤?夫杨、墨、老、释,学仁义,求性命,不得其道而偏焉,固非若今之学者,以仁义为不可学,性命之为无益也。居今之时而有学仁义,求性命,外记诵辞章而不为者,虽其陷于杨、墨、老、释之偏,吾犹且以为贤,彼其

---

① 参见彭国翔:《阳明学者的正统与异端之辨》,《中华文化论坛》,2003 年第 1 期,第 123—128 页。

心犹求以自得也。夫求以自得,而后可与之言学圣人之道。①

虽然此文作于正德七年壬申(1512),但其中对佛道两家的肯定与容纳以及对世俗功利化了的儒学的批判,提倡自得之学,在阳明的整个思想中可谓是一以贯之的。因此,当有人问异端时,阳明并不像以往大多数传统的儒者那样指向佛道,而是回答说:"与愚夫愚妇同的,是谓同德;与愚夫愚妇异的,是谓异端。"②当然,在肯定与容纳的同时,阳明仍然以佛道两家为"不得其道而偏"。王龙溪则进一步提出"吾儒自有异端"的说法,明确将异端的矛头由佛道两家转向了世儒俗学。

在嘉靖三十六年丁巳(1557)的三山石云馆第之会中,王龙溪也曾与王慎中讨论过有关异端的问题,王龙溪指出:

> 异端之说,见于孔氏之书。当时佛氏未入中国,其于老氏尚往问礼,而有犹龙之叹。庄子宗老而任狂,非可以异端名也。吾儒之学,自有异端。至于佛氏之学,遗弃物理,究心虚寂,始失于诞。然今日所病,却不在此,惟在俗耳。(《全集》卷一《三山丽泽录》)

陆象山曾经表达过他对"异端"的看法,所谓:"今世儒者类指佛老为异端。孔子曰:'攻乎异端'。孔子时,佛教未入中国,虽有老子,其说未著,却指那个为异端?盖异字与同字为对。虽同师尧舜,而所学异绪,与尧舜不同,此所以为异端也。"③前引王龙溪《三教堂记》中所谓"吾儒自有异端。凡不循本绪,求籍于外者,皆异端也",即是点明象山之意。而在此基础上指出:"学佛老者,苟能以复性为宗,不沦

---

① 王守仁:《王阳明全集》(上),第230—231页。
② 王守仁:《传习录下》,《王阳明全集》(上),第107页。
③ 陆九渊:《陆九渊集》,第423页。按:象山集中语录部分共有两处论及异端,除此之外,尚见第402页,然两处文字虽略有差异,其旨则同。

于幻妄,是即道释之儒也;为吾儒者,自私用智,不能普物而明宗,则亦儒之异端而已。"则说明王龙溪认为正统与异端之辨并不绝对限于儒学与佛道二教之间。这里"吾儒之学,自有异端"的说法,显然与此正相呼应。至于王龙溪在两处均举孔子问礼于老聃的典故,也无非是要在孔子那里为容纳讲究虚寂的道家思想这一做法寻找合法性的依据。当然,王龙溪将异化为功利俗学的儒学批判为"儒之异端",并在极大程度上表示了对佛道两家的欣赏与肯定,并不意味着根本改变了儒家传统以佛道为异端的基本看法。如果要在儒释道三家之间做出正统与异端的基本分判,王龙溪显然还是会将佛道两家归为异端,这是由王龙溪的儒家身份和自我认同所决定的。将批判异端的重点转移到世儒的功利俗学,既有阳明学对抗僵化、异化了的朱子学并吸收佛道两家在心灵境界上的超越智慧这一思想史自身发展的内在因素,同时也是儒家道德理想主义对当时商品经济发展导致贪欲、奢靡、奔竞等功利之风席卷天下的必然回应。

就王龙溪的三教观而言,不以虚寂为佛道两家的专利并试图建构儒家传统的虚寂观,以及将以往正统与异端之辨的矛头转向世儒的功利俗学,无疑基于其儒家本位的三教一源论这一基本立场与核心内容。而所谓儒家本位,除了表现在王龙溪认为儒家本来具有佛道两家虚寂的精神境界而以良知为"范围三教之宗"之外,还反映在王龙溪融合三教过程中的自我认同之中。

三 王龙溪的自我认同

王龙溪虽然认为"二氏之学,与吾儒异,然与吾儒并传而不废,盖亦有道在焉",对佛道两家表现出了最大限度的肯定与容纳。但王龙溪同时也对儒学与佛道两家的根本区别,进行了根源性的探究。正是由于王龙溪与佛道两家的深入交涉以及对佛道两家的充分肯定,才使得王龙溪对儒学与佛道两家的毫厘之辨,达到了儒学传统中几乎前所未有的精微程度。而王龙溪的自我认同,也正是建立在这种毫厘之辨的基础之上。

以往儒者对佛道两家的批判,有一个从针对佛道两家所带来的社会问题到其思想理论本身的逐渐深化的过程。无论角度的不同,一个基本的看法是以出世与入世之学来分判佛道两家与儒学,认为佛道两家以虚寂为宗旨,于人伦日用处多不顾及,缺乏社会性的责任意识与相应的承担。但是,随着唐宋之际禅佛教和新道教的兴起与发展,佛道两家越来越强化了世俗的取向,对社会伦理不断给予肯定与重视。而儒家在与佛道两家的交往互动过程中,也相应地不断彰显其超越的向度。在这种儒释道三教日益交融的情况下,再简单地以入世与出世的两分法将儒学与佛道两家各置一端,便无法全面深入地在儒学与佛道两家之间做出明确的区分。王龙溪清楚地看到并指出了这一点,他在《书陈中阁卷》中说道:

> 吾儒与二氏之学不同,特毫发间,须从源头上理会,骨髓上寻究,方得相应,非见解言说可得而辨也。念庵子谓二氏之学起于主静,似矣。但谓释主空明,老主敛聚,其于真性,咸有断绝,恐未足以服释老之心。断灭种性,二乘禅与下品养生之术,或诚有之,释老尚指为外道。释老主静之旨,空明未尝不普照,敛聚未尝不充周。无住而生其心,原未尝恶六尘;并作而观复,原未尝离万物。(《全集》卷十六)

这里,王龙溪首先指出简单地认为佛道两家由于主张空明敛聚而断绝真性,并不是对佛道两家全面与深入的了解,因而"恐未足以服释老之心"。那种完全舍弃社会伦理、断灭种性的主张与做法,作为"二乘禅与下品养生之术",在佛道两家内部也不过是受到批判和否定的所谓"外道"。佛道两家的"主静之旨",其实是"空明未尝不普照,敛聚未尝不充周",换言之,就是在保持空无虚寂、无执不滞的心灵境界的同时,并不全然舍弃人伦日用以及应当承担的社会责任与义务。"无住而生其心"是《金刚经》中"应无所住而生其心"的简称,"并作而观复"是《老子》中"万物并作,吾以观复"(十六章)的略写。而王龙溪所谓"无住而生其心,原未尝恶六尘;并作而观复,原未尝离万物",正是要说明并不能简单地认为佛道两家是完全不讲入世的出世之学。

但是,如果说佛道两家"未尝恶六尘""未尝离万物",既空明又普照,既敛聚又充周,并未放弃人的社会性,那么,儒学与佛道两家的区别又在何处呢?还是否能用入世与出世这一对概念来把握儒学与佛道两家在价值取向上的基本差异呢?

在万历元年癸酉(1573)滁阳阳明新祠的聚会中,李渐庵曾向王龙溪扣问"儒与佛同异之旨",王龙溪的回答是:

> 人受天地之中以生,所谓性也。良知者,性之灵,即《尧典》所谓"峻德"。明峻德,即是致良知。不离伦物感应,原是万物一体之实学。亲九族,是明明德于一家;平章百姓,是明明德于一国;协和万邦,是明明德于天下。亲民正所以明其德也。是为大人之学。佛氏明心见性,自以为明明德,自证自足,离却伦物感应,与民不相亲,以身世为幻妄,终归寂灭,要之不可以治天下国家。此其大凡也。(《全集》卷七《南游会纪》)

单就这一段论述来看,似乎王龙溪对儒释之辨仍然持入世与出世的两分法,既无法反映出对当时佛教思想的应有认识,也和前引《书陈中阁卷》的讲法不免自相抵牾。因此,有人便向王龙溪质疑说:"佛氏普渡众生,至舍身命不惜,儒者以为自私自利,恐亦是扶教护法之意。"这里对佛教的理解,是"普渡众生,至舍身命不惜",并不认为佛教自私自利,不顾人伦日用,显然与王龙溪在《书陈中阁卷》中看法是一致的。面对这一问题,王龙溪回答说:

> 佛氏行无缘慈,虽渡尽众生,同归寂灭,与世界冷无交涉。吾儒与物同体,和畅欣合。盖人心不容已之生机,无可离处,故

第六章 多元宗教参与中的儒家认同

曰:"吾非斯人之徒与而谁与?"裁成辅相,天地之心、生民之命,所赖以立也。(《全集》卷七《南游会纪》)

而在嘉靖三十六年丁巳(1557)的三山石云馆第之会中,王龙溪在答友人问中对此有更为明确的解释:

> 佛虽不入断灭,毕竟以寂灭为宗。只如卢行者在忍祖会下,一言见性,谓"自性本来清净,具足自性,能生万法",何故不循中国礼乐衣冠之教,复从宝林祝法弘教度生?盖既以寂灭为宗,到底不肯背其宗乘。虽度尽未来际,众生同归寂灭,亦只是得他教门中事,分明是出世之学。故曰要之不可以治天下国家。吾儒却是与物同体,乃天地生生之机。先师尝曰:"自从悟得亲民宗旨,始堪破佛氏终有自私自利意在。"此却从骨髓上理会出来,所差只在毫厘,非言语比并、知识较量所得而窥其际也。
>
> 夫吾儒与禅不同,其本只在毫厘。昔人以吾儒之学主于经世,佛氏之学主于出世,亦大略言之耳。佛氏普渡众生,尽未来际,未尝不以经世为念,但其心设法一切,视为幻相,看得世界全无交涉处。视吾儒亲民一体、盹盹之心,终有不同。此在密体而默识之,非器数言诠之所能辨也。[①]

在王龙溪看来,佛教固然"空明未尝不普照""未尝不以经世为念",在"无所住而生其心"的同时能够"不恶六尘",进而普渡众生,但是佛教的慈悲是以缘起性空的观念为基础,所谓"无缘慈"。因此,佛教无论如何强化其入世的倾向,也不论各宗各派之间的思想有何具

[①] 王畿:《龙溪会语》卷二《三山丽泽录》。此两条不见于通行本《王龙溪先生全集》,参见彭国翔:《明刊〈龙溪会语〉及王龙溪文集佚文——王龙溪文集明刊本略考》,载《良知学的展开——王龙溪与中晚明的阳明学》繁体字版和简体字增订版(台北:学生书局,2003),"附录二"。

体的差异,缘起性空都是佛教最基本的观念,可以说是佛教的底色。而既然从自我到家国天下,从草木瓦石到芸芸众生其实最终都不过是因缘假合而生,那么"众因缘所生法,我说即是空",社会伦理、天下国家乃至天地万物对佛教来说,毕竟在本体论的意义上不具有终极的实在性。王龙溪所谓"虽渡尽众生,同归寂灭,与世界冷无交涉","但其心设法一切,视为幻相,看得世界全无交涉处",以及"盖既以寂灭为宗,到底不肯背其宗乘。虽度尽未来际,众生同归寂灭,亦只是了得他教门中事",正是指出了这一点。与之相较,儒家万物一体、生生不已的价值观和宇宙论,则显然说明儒家在本体论上对世界的客观实在性持肯定的态度。就此而言,不管儒学怎样在心灵境界上发扬自身空无虚寂、无执不滞的超越向度,也不管佛教怎样缩短彼岸与此岸之间的距离,以至"担水砍柴,无非妙道",双方在彼此融合、互相取益的过程中只要还没有丧失各自内在的规定性,儒学与佛教之间仍然存在着基本的分野,其间的毫厘之辨,正在于双方本体论上"有"与"无"根本立场与信念的差别。也正是这种本体论上的基本差异,决定了双方在价值观以及其他所有方面的不同取向。佛教对王龙溪来说,正所谓"视吾儒亲民一体、盹盹之心,终有不同"。儒佛之间如此,儒道之间也是同样。而王龙溪所谓"吾儒与二氏之学不同,特毫发间,须从源头上理会,骨髓上寻究,方得相应",就是希望人们能够从思想根源上把握到儒学与佛道两家在本体论上"有""无"与"虚""实"的不同。

正是因为儒学与佛道两家在本体论上存在着这样一种根本的差异,就此而言,如果不是以入世与出世截然对立、互不相容来简单化、极端化地分判儒学与佛道两家,对于儒学与佛道两家基本价值取向的不同侧重,其实仍然不妨可以借用入世与出世这一对概念来加以指示。王龙溪在《与李中溪》一书中说道:

> 先师提出良知二字,乃三教中大总持。吾儒所谓良知,即佛所谓觉,老所谓玄。但立意各有所重,而作用不同。大抵吾

> 儒主于经世,二氏主于出世。象山尝以两言判之:惟其主于经世,虽退藏宥密,皆经世分上事;惟其主于出世,虽至普渡未来众生,皆出世分上事。顺逆公私,具法眼者,当有以辨之矣。(《全集》卷十)

王龙溪所引陆象山之说,见于陆象山《与王顺伯》第一书,所谓"儒者虽至于无声无臭、无方无体,皆主于经世;释氏虽尽未来际普度之,皆主于出世"[①]。这里,王龙溪和陆象山一样,均看到了儒学既有"退藏于密"这出世的一面,而佛道两家也有"普渡未来众生"这经世的一面。但两者从本体论上的基本立场和价值论上的终极归趣来比较,仍然可以突显出经世与出世的不同侧重,所谓"立意各有所重,而作用不同"。因此从比较的角度择其大者而言,便仍然可以说儒学"主于经世",而佛道两家"主于出世"。因此,掌握了儒学与佛道两家均同时具有入世与出世这两个向度,同时又能意识到双方本体论上"有"与"无"的基本差别这一根源所在,在深入全面把握儒释道三家义理结构的基础上再以入世与出世来彰显儒学与佛道两家价值取向的不同侧重,就显然构成以入世与出世二元对立来两分儒学与佛道两家这一简单理解的否定之否定。当然,全面与周延地看,说儒学"主于经世",佛道两家"主于出世",毕竟只是突出重点与要点的表示,所以王龙溪用了"大抵"两字。而在上引万历元年滁阳阳明祠聚会答李渐庵之问,以及嘉靖三十六年三山石云馆第之会答友人问中,王龙溪在以入世与出世对比儒学与佛道两家时,也正是明确指出这种区分只不过是其中的"大凡"与"大略言之耳"而已。

儒释道三教融合在中晚明所达到的理论深度,使入世与出世或经世与出世这样虽然总体上并不错但毕竟不免失之笼统的传统讲法受到了相当程度的挑战。禅佛教以及以全真道为代表的新道教在理

[①] 陆九渊:《陆九渊集》卷二,第17页。按:象山集卷二《与王顺伯》二书辨儒释甚精,而其对佛老两家的态度,委实可以说奠定了后来阳明学基本的精神方向。

论上早已将儒学注重社会伦理的思想尽可能地容纳于自身之内,而中晚明像胡清虚这样往来于三教之间的道士,以及像憨山德清、紫柏真可那样积极投身社会活动、甚至卷入政治斗争的禅宗高僧①,其实践活动本身更是使儒释道之间变得疆界难明。在这种情况下,对于三教思想理论同异分合、交融互涉所呈现的精密复杂结构,像王龙溪这样能够深入周延地加以掌握的人,便自然会不主张在儒释道三家之间轻易地论同辩异。事实上,几乎在每次应友人之问而辨儒释道之同异时,王龙溪都表示不要在言语上有所轻议。正如在前引《书陈中阁卷》后,王龙溪紧接着便说了以下这样一段话:

> 吾人今日,未须屑屑与二氏作分疏对法,且须究明吾儒本教一宗。果自能穷源,方可理会彼家之源头;自能彻髓,方可研究彼家之骨髓。毫发不同处,始可得而辨。若自己不能究明此事,徒欲从知解凑泊、言说比拟,以辨别同异,正恐同者未必同,异者未必异,较来较去,终堕葛藤,祇益纷纷耳。(《全集》卷十六)

而在前引万历元年滁阳阳明祠答李渐庵问儒佛同异的那段话之前,王龙溪其实也首先有这样一番开场白:

---

① 关于胡清虚其人的考证,参见彭国翔:《良知学的展开——王龙溪与中晚明的阳明学》,第五章第一节的相关内容。憨山德清的生平参见其自撰《憨山老人自叙年谱实录》;吴应宾:《大明庐山五乳峰法云禅寺前中兴曹溪嗣法憨山大师塔铭》;钱谦益:《大明海印憨山大师庐山五乳峰塔铭》;陆梦龙:《憨山大师传》。《年谱实录》见《憨山大师梦游全集》卷五十三。两篇《塔铭》及一篇《传》见《憨山大师梦游全集》卷五十五。《全集》见《续藏经》第 1 辑第 2 编,第 32 套第 5 册。紫柏真可的生平参见德清:《达观大师塔铭》,《紫柏尊者全集》卷首,《续藏经》第 1 辑第 2 编,第 31 套第 4 册;陆符:《紫柏尊者传》,《紫柏尊者别集附录》,《续藏经》第 1 辑第 2 编,第 32 套第 1 册。有关憨山德清的研究可参考 1. Hsu Sung-peng, *A Buddhist Leader in Ming China: The Life and Thought of Han-shan Te-ch'ing*, University Park: Pennsylvania State University Press, 1979; 2. Wu Pei-yi, The Spiritual Autobiography of Te-ching,见 Wm. T. de Bary, ed., *The Unfolding of Neo-Confucianism*, New York: Columbia University Press, 1975, pp. 67-92。

> 岂易易言也? 未涉斯境,妄加卜度,谓之猜语。请举吾儒所同者与诸公商之。儒学明,佛学始有所证。毫厘同异,始可得而辨也。(《全集》卷七《南游会纪》)

此外,在《水西别言》中,王龙溪在对佛道两家予以充分肯定的同时,更是明确表达了同样的意思。所谓:

> 二氏之学,虽与吾儒有毫厘之辨,精诣密证,植根甚深,岂容轻议? 凡有质问,予多不答。且须理会吾儒正经一路,到得澈悟时,毫厘处自可默识,非言思所得而辨也。(《全集》卷十六)

相对于王龙溪"儒学明,佛学始有所证"的话,北宋张商英(1043—1122)也讲过"吾学佛而后知儒"的话。但不论张商英所持的佛教立场与王龙溪是否不同,对于儒释道三家义理的理解与把握,张商英及其同时代的学者们,也显然无法与王龙溪所代表的中晚明阳明学者相提并论。委实,中晚明三教高度融合情况下的阳明学者,对于儒学与佛道两家思想同异的精微了解与掌握,的确已到了"牛毛茧丝,无不辨析"的地步。在中晚明的思想界,王龙溪无论在思考还是表达上都堪称辩才无碍,但是,越是对不同思想系统内部以及彼此之间的错综复杂具有深刻的体察,在辨别同异时由于需要顾及各种不同的层面、向度与分际,往往就越会感到语言的限制。对于强调实践优先性的儒释道三家来说,彼此交往互动发展到中晚明水乳交融的程度时,毫厘之辨的最终结果恐怕更是"此中有真意,欲辨已忘言"了。

王龙溪不主张轻议儒学与佛道两家的同异,既不意味着混漫不同思想系统之间的分际,这一点从以上王龙溪对儒学与佛道两家的辨析中显然可见,同时也更不意味着王龙溪在儒释道三教之间缺乏明确的自我认同。事实上,王龙溪反复要求学者"究明吾儒本教一宗""理会吾儒正经一路",并认为在对儒家思想"穷源""彻髓"而自身达到"澈悟"的情况下自然能够掌握儒学与佛道两家的毫厘之辨,本身便已经显示了王龙溪儒家身份的自我认同。

隆庆四年庚午(1570),王龙溪在《自讼长语示儿辈》中曾将儒学与禅学和俗学作过一番对照,所谓:

> 因此勘得吾儒之学,与禅学、俗学,只在过与不及之间。彼视世界为虚妄,等生死为电泡,自成自住,自坏自空,天自信天,地自信地,万变轮回,归之太虚,漠然不以动心,佛氏之超脱也。牢笼世界,桎梏生死,以身徇物,悼往悲来,戚戚然若无所容,世俗之芥蒂也。修慝省愆,有惧心而无戚容,固不以数数成亏自委,亦不以物之得丧自伤,内见者大而外化者齐,平怀坦坦,不为境迁,吾道之中行也。古今学术毫厘之辨,亦在于此,有识者当自得之。(《全集》卷十五)

这里,王龙溪明确将儒学视为既有别于佛教又有别于俗学的中行之道,表示出对儒家之道的高度推崇与认同。并且,所谓"修慝省愆,有惧心而无戚容,固不以数数成亏自委,亦不以物之得丧自伤,内见者大而外化者齐,平怀坦坦,不为境迁",也鲜明地显示出王龙溪对儒家精神的深刻体知。

而在万历八年庚辰(1580),八十三岁的王龙溪在嘉禾舟中曾与陆光祖有过一场讨论。陆光祖因归宗佛学尤其大慧禅,始终认为良知教了不得生死。王龙溪最后在感到难以说服对方时对陆光祖说道:

> 先师谓吾儒与佛学不同,只毫发间,不可相混。子亦谓儒佛之学不同,不可相混。其言虽似,其旨则别。盖师门归重在儒,子意归重在佛。儒佛如太虚,太虚中岂容说轻说重,自生分别?子既为儒,还须祖述虞周,效法孔颜,共究良知宗旨,以笃父子,以严君臣,以亲万民,普济天下,绍隆千圣之正传。儒学明,佛学益有所证。将此身心报佛恩,道固并行不相悖也。(《全集》卷六《答五台陆子问》)

由此更可见出,无论对佛教如何地肯定,在最终的立场上,王龙溪的认同与自我归属无疑是儒家。并且在王龙溪看来,相对于佛教,儒学也仍然是"正传"。

王龙溪对儒家的自觉认同,在他写的一些诗句中屡有流露。在《用黄久庵韵六首》之五中,王龙溪开头便说"一脉天泉自有归,肯从别派问因依?"(《全集》卷十八)天泉证道对王龙溪具有十分重要的意义,它既意味着王龙溪思想成熟并开始提出自己独立的见解,同时又显示出王龙溪对阳明的一脉相承与善绍。而所谓"一脉天泉自有归,肯从别派问因依",无疑表示王龙溪认为自己的归属与认同在儒家思想、阳明的良知之教,而不在于作为"别派"的佛道两家。① 再如《桐庐安乐书院与诸生论学次晦翁韵四首》之四所谓:

> 名教之中乐有余,肯从异学泥空虚? 舍身尘刹还归幻,入口刀圭未是腴。
> 法界固应无内外,纵邻终是有亲疏。亡羊歧路皆妨道,岂独雕虫愧壮夫?(《全集》卷十八)

这里所谓"名教之中乐有余,肯从异学泥空虚",便反映出王龙溪儒家归属感的自信与自得,而在《经三教峰》中,王龙溪的自我认同更是在儒释道三教的对比表达中确然无疑:

> 三教峰顶一柱骖,俯看尘世隔苍烟。青牛白马知何处? 鱼

---

① 曾阳晴对王龙溪"一脉天泉自有归,肯从别派问因依"的解释是:"王阳明一生论学几乎以天泉证道终,而王龙溪一生论学则几乎以天泉证道始。王龙溪接受了王阳明晚年成熟的思想体系,若要有所突破,实属不易;或许他'肯从别派问因依',正是其有所创新的原因吧。"见氏著:《无善无恶的理想道德主义》(台北:台湾大学出版社,1988),第183页。认为天泉证道标志着王阳明与王龙溪论学的终始,显然是正确的观察。而王龙溪能够发扬推进阳明学的展开,当然也与充分吸收佛道两家的思想资源有关,这一点阳明也不例外。但是,从文句的解读上,这里"肯从别派问因依"承上句显然应当是反问句,即不必从别派问因依之意,恰恰表达了王龙溪自觉归宗儒学、归宗阳明的立场与态度。

跃鸢飞只自然。(《全集》卷十八)

"青牛"是指道家、道教,"白马"是指佛教。"鱼跃鸢飞"语原出《诗经·大雅·旱麓》,所谓"鸢飞戾天,鱼跃于渊",但在儒学尤其理学传统中,"鱼跃鸢飞"大概更多会让人联想到《中庸》里的话,所谓"君子之道费而隐,夫妇之愚,可以与知焉,及其至也,虽圣人亦有所不知焉;夫妇之不肖,可以能行焉,及其至也,虽圣人亦有所不能焉。天地之大也,人犹有所憾。故君子语大,天下莫能载焉;语小,天下莫能破焉。《诗》云:'鸢飞戾天,鱼跃于渊。'言其上下察也。"王龙溪此处的"鱼跃鸢飞",应当是以《中庸》的这段话为背景。而从《中庸》这段话来看,"鱼跃鸢飞"指示的是一种绾合、贯通凡俗与神圣、内在与超越、此世与彼岸的"上下与天地同流""天人合一"的大化流行的自然之境。

王龙溪的三教观与自我认同,决定了他对佛道两家必然采取融摄的态度与立场。而本体论上"有"与"无"这一儒学与佛道两家根源性的毫厘之辨,又决定了王龙溪只能是在境界论的向度上吸收佛道两家的思想资源,或者对佛道两家本体论、工夫论意义上的思想加以儒家境界论和工夫论的转化和改造。这种判摄与融通,具体反映在王龙溪对佛道两家一些具体观念与命题的儒家解读与创造性诠释之上。[①]

四 结 语

黄宗羲(字太冲,号南雷,称梨洲先生,1610—1695)曾在《明儒学案》中说王龙溪"不得不近于禅""不得不近于老"[②],后世治晚明

[①] 参见彭国翔:1.《王畿与佛教》,《台大历史学报》(台北)第二十九期,2002年6月,第29—61页;2.《王畿与道教——阳明学者对道教内丹学的融摄》,《中国文哲研究集刊》(台北)第21期,2002年9月,第255—292页。或参见彭国翔:《良知学的展开——王龙溪与中晚明的阳明学》第五章。

[②] 黄宗羲:《明儒学案》(北京:中华书局,1985),卷十二《浙中王门学案二》,第240页。

思想史者多顺承此说。事实上,对于诸如本章引言部分提到的晚明那些往来于三教之间而又并未丧失其儒家认同的学者,后来的研究者大都也沿袭《明儒学案》以来的判断,未能深探多元宗教参与中的儒家认同这一问题。事实上,王龙溪等人在三教关系问题上所代表的倾向,反映的正是多元宗教参与中如何保持自我认同的问题。如今,在世界范围内多元宗教对话日益深入的情况下,深入其他宗教传统而同时保持自身信仰的基本立场,更是成为一个具有普遍性的理论和实践课题。南乐山和白诗朗基于基督教的立场而深入儒家传统并自我宣称为"波士顿儒家"(Boston Confucian),就是一个既有多元宗教参与又保持自我认同的一个基督教方面的例子。

儒家传统当然并非西方意义上的建制化宗教(institutional religion),尤其是当我们以西亚一神教的一些基本特征作为宗教之所以为宗教的标准的话。但是,如果我们认识到宗教的本质在于"变化气质",使人的现实存在获得一种终极性、创造性的自我转化,而不在于组织化的教会、超越外在的一神信仰等仅仅属于亚伯拉罕信仰传统的那些特征[①],并且充分顾及非西方的宗教传统,"宗教"就未必一定要在外延和内涵上直接等同于"religion"。如果我们对于佛教传统有基本的了解,知道释迦牟尼开创的佛教就其本源而言根本是一种无神论的主张,如果我们知道道教根本否认凡人世界与神仙世界之间存在着异质性(heterogeneity)亦即本质的差别与鸿沟,而同时又承认不论佛教还是道教都可以为人们提供一种终极性的转化之道,都是一种宗教,那么,以"修身"为根本内容,为追求"变化气质"并最终成为"大人""君子""圣贤"提供一整套思想学说和实践方式("工夫")的儒家传统,显然具有极强的宗教性而完全具有宗教的功

[①] 需要指出的是,基督教、犹太教、伊斯兰教其实都属于亚伯拉罕信仰传统,属于同一根源的启示宗教。公元622年伊斯兰将圣地由耶路撒冷迁往麦加并改向供奉黑石的神庙卡巴(Ka'ba)祈祷,其实并不意味放弃亚伯拉罕信仰传统。自始至终,古兰经都是真主的启示而绝非穆罕默德的意旨。

能。只不过"大人""君子"以及"圣贤"境界的达成不是从人性到神性的异质跳跃,而是人性本身充分与完美的实现。事实上,作为宗教的佛教和道教只是两个起源于东方的例子,而世界上也还存在着大大小小、许许多多不同于西方宗教形态而同样被视为宗教的精神传统。儒学作为一种宗教性的精神传统,至少在国际学术界也早已不再是一个值得争议的问题,而成为讨论许多相关问题的前提和出发点了。并且,在当今全球性的宗教对话中,儒家也早已被其他的宗教传统主动接纳为一个不可或缺的对话伙伴。① 这绝非偶然,而是由于在许多其他宗教传统的代表人物眼中,在一个相当突出的层面上,儒学在中国以及东亚地区历史上发挥的作用,恰恰相当于他们的宗教传统在他们所在地区所发挥的作用。正是由于多元宗教互动交融的现实,如今西方宗教学研究领域中对于"religion"的理解和定义,也早已发生了改变。无论是蒂利希(Paul Tillich)的"终极关怀"(ultimate concern)、斯猖恩(Frederick J. Streng)的"终极性的转化之道"(the way of ultimate transformation)还是希克(John Hick)的"人类对于超越者的回应"(a human response to the transcendence),如果说都意味着对于西方传统"religion"概念的修正,那么,这些修正可以说无一例外都是在多元宗教互动交融的历史背景下发生的。

在当今的宗教学研究中,一种宗教传统对于其他宗教传统的态度,基本上可以划分为三种类型,即排他主义(exclusivism)、包容主

---

① 迄今为止,在香港、伯克利和波士顿已经分别召开过多次儒学和基督教对话的国际学术会议。第一次儒耶对话国际会议于1988年在香港中文大学举行。第二次儒耶对话国际会议于1991年在美国加州伯克利举行。第三次儒耶对话国际会议于1994年在波士顿大学(Boston University)举行。第四次儒耶对话国际会议于1998年又回到香港举行。第一次儒耶对话的论文集,参见 Peter K. H. Lee, ed., *Confucian-Christian Encounters in Historical and Contemporary Perspective*, Lewiston/Queenstown: The Edwin Mellen Press, 1991。第二次会议的论文收入 *Pacific Theological Review*, Vols. 24-25, 1993。第四次会议的论文集中文版参见赖品超、李景雄编《儒耶对话新里程》(香港:中文大学崇基学院宗教与文化研究中心,2001)。

义(inclusivism)和多元主义(pluralism)。① 排他主义是指自认为独占绝对宗教真理的专属权,否认其他的宗教传统可以为人的存在的终极转化提供真正可行的道路。包容主义是指虽然在一定程度上承认其他宗教传统拥有部分的真理性,但同时认为其他的宗教传统所拥有的真理已经包含在自己的宗教传统之中,其他宗教只是真理的初级阶段,而真理的最后与最高阶段仍然不为其他宗教传统所有,只能通过自己的宗教传统得到揭示和指明。这颇类似于佛教的所谓"判教"。多元主义则能够正视包括自身在内的各个宗教传统的特殊性,认为不同的宗教传统都可以为人类存在的终极性转化提供一条道路,尽管超越的方式不同,但都是对于超越者的一种回应。② 用希克著名的比喻来说,不同的宗教传统恰如信仰的彩虹,是对同一种神性之光的不同折射。③

当然,排他主义、包容主义和多元主义只是一种类型学(typology)的划分,每一种宗教传统都未必可以简单、绝对地归于三种中的某一种,每一种宗教传统内部也可能或多或少地同时包含这三种成

---

① 这三种类型的区分最早见于 Alan Race 的 *Christians and Religious Pluralism*. London: SCM Press and Maryknoll, New York, 1994, second edition,而为约翰·希克(John Hick)所大力发挥,如今在宗教研究和对话领域已经受到广泛的接受和使用。需要指出的是,目前有学者在这三种类型之外提出还有所谓"兼容主义"(compatiblism),并以孔汉思为代表。当然,孔汉思对多元主义所可能导致的相对主义问题有严厉的批评。但是,无论就开放性、宗教对话的态度、原则和目标来看,至少孔汉思所代表的所谓"兼容主义"与希克所代表的多元主义并无实质的不同。因此,是否需要在多元主义之外再区分出一种"兼容主义",或许还值得进一步思考。当然,如果单独划分出"兼容主义"不无意义而采取"排斥主义""包容主义""多元主义"和"兼容主义"四种类型区分的话,那么,我们可以说,以阳明学为代表的儒学也不妨称之为"理一分殊"的多元兼容主义。事实上,孔汉思所主张的"兼容主义"(如果可以这样称呼的话),在王阳明、王龙溪、焦弱侯等人所代表阳明传统中完全能够得到呼应,而从实践的层面来看,阳明学的兼容性尤为突出,这和孔汉思在全球伦理与宗教对话中更为注重的实践取向也颇有一致之处。

② 在不同的宗教传统中,超越者可以有不同的名称,如在基督教中为上帝,在伊斯兰教中为安拉,在印度教中为梵,在佛教中为法身,在道教中为道,在儒学中为天理、良知等等。

③ 参见约翰·希克著,王志成译:《信仰的彩虹:与宗教多元主义批评者的对话》(南京:江苏人民出版社,1999)。

分,并且,在全球众多的宗教传统中也可能存在着这三种类型的某种变种。但是,从提示一个宗教传统对其他宗教传统基本与总体的态度倾向来看,这三种类型显然具有较强的涵盖性,能够作为理论分析的有效架构。正是由于这一点,这三种区分在目前国际上的宗教研究和对话领域被广泛采纳和运用。

我们可以看到,如果借用这种三分法来看,王龙溪的三教观与自我认同似乎可以说是一种包容主义和多元主义之间的形态。王龙溪对于佛道两家的开放性,使他显示出一种多元主义的宗教观。而他儒家身份的自我认同,又使他好像实际上是包容主义的立场。事实上,这一点恰恰说明,在运用这种三分法来考察儒家对于其他宗教传统的态度时,我们仍然需要意识到其中的限制。在以上的考察中,王龙溪有一句很重要的话,所谓"人受天地之中以生,均有恒性,初未尝以某为儒、某为老、某为佛而分授也"。这显然是一种多元主义的宗教观。但是,王龙溪在这种宗教观之下仍然能够自觉地保持其儒家身份的自我认同,又向我们提示出:儒家宗教多元主义具有其不同一般的特性。

一般意义上的宗教多元主义,虽然能够正视并肯定其他宗教传统的意义,但有时不免会流于相对主义。而流于相对主义的多元主义表面对各种宗教传统都能肯定,其实否认宇宙间存在统一性的终极真理,不愿且无法正视各个不同的宗教传统在对终极真理的反映上可以存在侧面的不同、侧重的差异以及程度的深浅,无形中消解了不同宗教之间比较与对话的必要性,反而不利于宗教之间的彼此沟通与相互取益,不利于宗教冲突的化解。而王龙溪的三教观与自我认同,在平等对待不同宗教传统的同时,又是以充分肯定宇宙间存在着一个根源性的"道"为前提的,这就为肯定宇宙间终极真理的统一性提供了保证,不致流于相对主义的随波逐流。事实上,这种多元主义的宗教观在中晚明有一个从王阳明经王龙溪再到焦弱侯的逐渐成熟的发展过程。在这一过程中,王龙溪可以说是一个承上启下的枢纽性人物。

这种独特的多元主义宗教观,我们可以称之为"理一分殊"的多元主义宗教观。它既肯定"百虑",又信守"一致";既肯定"殊途",又信守"同归"。既肯定儒释道等宗教传统都是"道"的体现,但同时又指出各家所宣称的绝对真理都不过是"相对的绝对"(relative absolute)①,根源性的统一的"道"才是"绝对的绝对"。对于这种"理一分殊"的多元主义宗教观在中晚明的演变及其内涵,笔者在本书第七章有较为充分和细致的讨论,此处不赘。与本章相关而需要特别指出的是,正是由于这种"理一分殊"的多元主义宗教观,像王龙溪那样的儒者才能够在自如地往来于不同宗教传统的同时不丧失自己儒家的基本认同,使得"多元宗教参与"以及"多元宗教认同"的问题在实践的层面上不再构成一种困难。而对于今后全球日益密切的宗教互动,不仅是宗教的融合,还有日益引人关注的宗教冲突问题,这种"理一分殊"的多元主义宗教观应当可以提供一笔丰厚的思想资源。

---

①　关于"相对的绝对"这一观念的说明,参见1. John Hick, *An Interpretation of Religion: Human Responses to the Transcendent*, New Haven: Yale University Press, 1989;2. Leonard Swidler, *After the Absolute: The Dialogical Future of Religious Reflection*, Minneapolis: Fortress Press, 1990。

第七章

儒家"理一分殊"的多元主义宗教观

——以阳明学者的三教观为例

引　言
王阳明的三教观
王龙溪的三教观
焦弱侯的三教观
"理一分殊"的多元主义宗教观

一　引　言

如果说当今的全球化其实是世界上各种不同文化传统之间"趋同"与"求异"的一体两面,那么,"求异"的根源相当程度上在于不同文化传统宗教信仰之间的差别。正如不同族群和社会的人们都可以穿西装,使用美国的微软电脑系统和日本的小汽车,享受市场经济的实惠那样,如果说全球化可以仅仅局限于经济领域和物质层面,大概在不同的族群和社会之间不太容易出现差异和冲突的问题。正因为全球化是文化意义上的全球化,涉及生活世界的方方面面、里里外外,问题才不那么简单。在全球化的过程中,愈是触及不同文化形态的深层结构,愈容易形成差异的对照,从而引发冲突。对于文化的定义,至今已不下百余种,但认为文化包括从器物到制度再到观念这由表及里的三个层面,则基本上是中外学者们的共识。而差异与冲突的表现和发生,往往集中在观念的层面。如果说宗教信仰是文化中观念层面最为核心和底里的东西,那么,我们如今历历在目的世界上的主要冲突,都几乎无一例外地具有宗教信仰差异的根源。世界上各大宗教传统无不以惩恶扬善、净化人性为基本宗旨,但宗教在古今中外人类的历史上又常常是规模巨大、难以消解的族群冲突的渊薮。恰如卡西尔(Ernst Cassirer)所说:"它(宗教)鼓励我们与自然交往,与人交往,与超自然的力量和诸神本身交往,然而它的结果却恰恰相反:在它的具体表现中,它成了人们之间最深的纠纷和激烈斗争之源泉。"①从中东地区的连绵战火到"9·11"的极端恐怖,都可以说是宗教冲突的表现形式。亨廷顿(Samuel P. Huntington)所谓"文明的冲突"(the clash of civilizations),固然包括政治与经济利益的内容,但不同宗教信仰的冲突尤其是一个不可化约甚至至关重要的因素。事实上,亨廷顿本人也正是将宗教视为文化的最主要因素之一。② 因此,如何化解宗教冲突,谋求不同宗教传统之间的和谐相处、共同繁荣,恐怕和生态问题一样,是如今全人类需要认真面对和思考的当务之急。

作为中国传统社会的主流文化和东亚意识的主要构成部分,儒家思想具有和其他宗教传统交往互动的长期历史。甚至可以说,儒学的发展史就是一部与其他宗教传统的关系史。中国历史上儒释道三教之间的关系,是一个蕴涵极其丰富的研究课题。日本学者曾经

---

① 卡西尔著,甘阳译:《人论》(上海:上海译文出版社,1985),第92—93页。
② 塞缪尔·亨廷顿:《文明的冲突与世界秩序的重建》(北京:新华出版社,1999),第47页。

最初在这一方面进行过有益的探索①,但该研究领域目前仍有广阔的空间有待进一步的开拓。从儒学方面来看,对三教关系的不同看法和态度,在相当程度上直接塑造了不同儒家学者互不相同的思想形态和行为表达,这在中晚明居于思想界主流地位的阳明学那里更是得到了鲜明的体现。中晚明阳明学者与佛道二教的深度交流,无论在理论还是实践上,都可以说达到了中国历史上的高峰。因此,在当今之世宗教冲突愈演愈烈,"没有宗教之间的和平就没有国家之间的和平"②,已经不断得到现实层面的论证并日益成为众多有识之士基本共识的情况下,探讨中晚明具有代表性的阳明学者对于三教关系的看法,就不仅是儒释道三教关系研究本身的题中之意,更可以鉴古知今,为化解全球范围内的宗教冲突,建立不同宗教传统之间的和平共处之道提供有益的资源。

首先,本章以王阳明(名守仁,字伯安,号阳明,1472—1528)、王龙溪(名畿,字汝中,号龙溪,1498—1583)和焦弱侯(名竑,字弱侯,号澹园,又号漪园,1541—1620)的相关论说为据,考察阳明学三教观的内涵与发展。然后,本章指出,从王阳明到王龙溪再到焦弱侯,中晚明的阳明学在儒释道三教关系的问题上逐渐发展出一种超越儒家本位的多元主义宗教观。这种多元主义宗教观认为,儒释道甚至更多的宗教传统都只是宇宙间根源性、统一性的"道"的不同表现形式。这不仅与当今宗教学研究领域中晚近出现的多元主义理论具有一致的取向,而且在理论上还可以避免当今多元主义宗教理论的相

---

① 参见常盘大定:《支那に於ける佛教と儒教道教》(东洋文库,1930;或东洋书林,1982年新装本);久保田量远:1.《支那儒释道三教史论》(东方书院,1931);2.《支那儒道佛交涉史》(东京:大东出版社,1943)。迄今为止海内外学界专门研究三教关系史的专著大概仍只有此三书,但《支那儒道佛交涉史》一书于明代阳明学与佛道两家关系全无涉及,常盘大定书分前后编,前编讨论儒学与佛教的交涉,后编讨论道教与佛教的交涉,前编"下"第二、三、四章讨论明儒与佛教,但仅涉及胡居仁、王阳明与罗钦顺三人,于阳明后学则全未提及。

② 这句话是著名天主教神学家、《世界伦理宣言》的起草人孔汉思(Hans Kung,又译为汉斯·昆)1989年2月巴黎"世界宗教与人权"会议上宣读论文的题目,代表了孔汉思的一个基本观点,如今得到了全球伦理与宗教对话参与者们的普遍认同。

对主义倾向,它既肯定"百虑",又信守"一致";既肯定"殊途",又信守"同归",可以称为"理一分殊"的多元主义宗教观。最后,本章还提示了晚明阳明学者基于"理一分殊"多元主义宗教观之上参与不同宗教传统的实践,指出阳明学者多元宗教参与的实践可以为进一步思考当今世界范围内的多元宗教认同问题提供反省的资源与经验的借鉴。

对于三教关系的探讨,在儒学传统中渊源有自。在阳明学兴起之前,几乎历代儒者对此都有不同程度的论说。如果我们上溯到汉末的《牟子理惑论》,则三教融合的思想在明代以前已有相当漫长的历史。但以阳明学者的相关论说为中心来考察儒学的宗教观,是因为无论就思想主张还是社会现实而言,中晚明都是中国历史上三教融合的高峰,而作为这一时期儒学主要思想形式的阳明学,正体现了儒家思想在三教关系问题上最为成熟的形态。另外,王阳明的活动主要在正德年间与嘉靖初年,王龙溪的活动主要在嘉靖、隆庆年间以及万历初年,焦弱侯的活动则主要在万历中后期。如果说从正德年间到嘉靖初年是阳明学的兴起时期,从嘉靖经隆庆到万历初年是阳明学的全盛期,万历中后期至明末是阳明学衰落期,那么,这三人的活动时间恰好覆盖了阳明学从兴起到全盛再到衰落的整个时段。作为阳明学的创始人,王阳明对于阳明学兴起的重要性自不必言,对于阳明学的全盛期和衰落期来说,王龙溪与焦弱侯又分别可以作为这两个阶段的代表人物。[①] 因此,以这三位人物的相关论说作为整个阳明学的代表和取样,以阳明学为中心来考察儒家"理一分殊"的多元主义宗教观,便绝非任意的选择,而显然在方法学上具有充分的理据。

---

① 在阳明学的衰落期,另一位阳明学的代表人物是浙江的周汝登(1547—1629,字继元,号海门)。周汝登本是王龙溪传人,却被黄宗羲有意作为罗近溪弟子,如今学者亦大都习焉不察。有关周汝登的学派归属及黄宗羲为何有意将周汝登归入泰州学派,详细的考辨与讨论参见彭国翔:《周海门的学派归属与〈明儒学案〉相关问题之检讨》。

二 王阳明的三教观

尽管王阳明与佛道二教的关系,学界也已有相当的研究成果①,但阳明的三教观,还有格外需要提出加以说明的必要。晚年思想圆熟之后,阳明对于三教关系的基本看法,鲜明地反映在他"三间屋舍"的比喻上。嘉靖二年癸未(1523)十一月,阳明渡钱塘至萧山时,张元冲(字叔谦,号浮峰,1502—1563)到阳明舟中造访,二人曾经讨论过三教关系的问题。在这次谈话中,阳明正面表达了他的三教观:

> 张元冲在舟中问:"二氏与圣人之学所差毫厘,谓其皆有得于性命也。但二氏与性命中著些私利,便谬千里矣。今观二氏作用,亦有功于吾身者,不知亦须兼取否?"先生(阳明)曰:"说兼取,便不是。圣人尽性至命,何物不备?何待兼取?二氏之用,皆我之用。即吾尽性至命中完养此身谓之仙;即吾尽性至命中不染世累谓之佛。但后世儒者不见圣学之全,故与二氏成二见耳。譬之厅堂三间共为一厅,儒者不知皆吾所用,见佛氏,则割左边一间与之;见老氏,则割右边一间与之;而己则自处中间,皆举一而废百也。圣人与天地民物同体,儒、佛、老、庄皆吾之用,是之谓大道。二氏自私其身,是之谓小道。"②

在阳明学以前的儒学传统中,佛道二教基本上是被视为异端而

---

① 有关王阳明与佛教的研究,可参见以下著作:1. 忽滑谷快天:《达摩と阳明》(东京:国书刊行会,1987);2. 久须本文雄:《王阳明の禅の思想研究》(东京:日进堂,1968);3. 林惠胜:《王阳明与禅佛教之关系研究》,台湾师范大学博士论文,1996。有关阳明与道教的研究,则可参阅:1. 柳存仁:《王阳明与道教》,载氏著:《和风堂文集》(中)(上海:上海古籍出版社,1991),第847—877页;2. 秦家懿:《王阳明与道教》,《东亚文化的探索》(台北:正中书局,1996),第269—188页。
② 《王阳明年谱》"嘉靖二年十一月"条下,《王阳明全集》(下)(上海:上海古籍出版社,1992),第1289页。

受到正统儒家人士排斥的。如果说孟子时代儒家所面对的异端是杨、墨的话，认为唐宋以降儒家传统最大的异端是佛老，应当是一个基本不错的判断。明太祖时，大理寺卿李仕鲁对朱元璋崇佛不满，曾直言切谏说："陛下方创业，凡意旨所向，即示子孙万世法程，奈何舍圣学而崇异端乎？"并且"章数十上"，但朱元璋未予理睬。李仕鲁"性刚介，由儒术起，方欲推明朱氏学，以辟佛自任"，见朱元璋不以为意，便对朱元璋说："陛下深溺其教，无惑乎臣言之不入也。还陛下笏，乞赐骸骨，归田里。"说完竟将笏板置于地下。以朱元璋之专制残暴，自然大怒，于是"命武士摔搏之，立死阶下"。① 当然，这是儒家学者辟佛的一个较为极端的事例，但阳明学兴起之前，明代的儒家学者的确大都深排佛老。如薛瑄（字德温，号敬轩，1392—1464）曾说："如佛老之教，分明非正理，而举世趋之。虽先儒开示精切，而犹不能祛其惑。"②胡居仁（字叔心，称敬斋先生，1434—1484）也说："禅学绝灭物理，屏除思虑，以谓心存，是空其心，绝其理。内未尝有主，何以具天下之理哉？"③"杨墨老佛庄列，皆名异端，皆能害圣人之道。为害尤甚者，禅也。"④丘濬（字仲深，号琼台，称琼山先生，1421—1495）更是严厉指出："秦汉以来异端之大者，在佛老。必欲天下之风俗皆同，而道德无不一，非绝去异端之教不可也。"⑤至于像曹端（字正夫，号月川，1376—1434）"朝夕以圣贤崇正辟邪之论"奉劝"勤行佛老之善"的父亲⑥、何塘（字粹夫，号柏斋，1474—1543）"入郡城见弥勒像，抗言请去之"⑦，则将对佛老的排斥进一步落实到了具体的行为之中。然而，明代前期儒者对佛老的深排，恰恰反映出佛老尤

---

① 见张廷玉：《明史》卷一百三十九《李仕鲁传》。
② 薛瑄：《读书录》卷七。
③ 胡居仁：《居业录》卷七。
④ 胡居仁：《胡敬斋集》卷二《归儒峰记》。
⑤ 丘濬：《大学衍义补》卷七十八。
⑥ 黄宗羲：《明儒学案》（北京：中华书局，1985），卷四十四，第1063页。
⑦ 黄宗羲：《明儒学案》卷四十九，第1162页。

其佛教在儒家知识分子中影响的深广。上引薛瑄的话,其实也正透露了这一点。随着中晚明三教融合的日益深入,儒家学者对佛老的态度也日渐开放。上引文中张元冲"兼取二氏"的说法,正可以说是开放态度的显示。但是,张元冲的开放态度并没有得到阳明的认可。这说明,张元冲的三教观与阳明是有差别的。由阳明"说兼取,便不是"的态度及其三间屋舍的比喻来看,阳明认为,佛道两家的思想本来完全可以为儒学所容纳,只是后来儒者画地为牢,才将本来家当割舍与佛道两家。因此,阳明不仅仅是要对佛道两家保持开放,更是要主动将佛道两家包容到儒家思想内部。对阳明来说,三教共同的源头就是他所理解的儒家思想。

阳明的这种思想,在其晚年有进一步的表露。《稽山承语》是阳明弟子朱得之(字本思,号近斋,生卒年月不详)所录,其中有许多语录没有被收进今本的《王阳明全集》,是反映阳明晚年思想的一份重要文献。而在《稽山承语》中,阳明再次以三间屋舍的比喻阐发了他对于三教关系的理解:

> 或问:"三教同异。"师曰:"道大无外。若曰各道其道,是小其道矣。心学纯明之时,天下同风,各求自尽。就如此厅事,元是统成一间。其后子孙分居,便有中有傍。又传渐设藩篱,犹能往来相助。再久来渐有相较相争,甚而至于相敌。其初只是一家,去其藩篱仍旧是一家。三教之分亦只似此。"①

初看起来,阳明这里三间屋舍之喻与对张元冲所论并无不同,但仔细观察,如果说阳明在与张元冲之论中将三教的本源与全体归为儒家的话,由此处所谓"道大无外。若曰各道其道,是小其道矣",以及

---

① 见1. 陈来等:《关于〈遗言录〉〈稽山承语〉与王阳明语录佚文》,《清华汉学研究》第一辑,第189页;2.《中国文哲通讯》第八卷第三期(台北:"中研院"中国文哲研究所,1998年9月),第62页。

"其初只是一家,去其藩篱仍旧是一家。三教之分亦只似此"的话来看,儒家本位的色彩显然大为淡化,儒释道三教的本源与全体似乎已不再是儒,而是宇宙间无外的大道。当然,这种意思在阳明的话中尚不甚显豁,需要我们仔细地体会。然而,阳明思想这种进一步的隐微变化,事实上却正指示了中晚明阳明学者在看待三教关系问题上的一个主要发展方向。这一方向,在从王龙溪到焦弱侯的发展中得到了明确的揭示。

三　王龙溪的三教观

王龙溪的三教观,在与许多学者相与问答的讲会活动中都屡有表达,也经常有学者询问王龙溪对佛道二教的看法。而王龙溪有关三教问题的基本思想,集中反映在《三教堂记》这篇文字中:

> 三教之说,其来尚矣。老氏曰虚,圣人之学亦曰虚;佛氏曰寂,圣人之学亦曰寂,孰从而辨之?世之儒者,不揭其本,类以二氏为异端,亦未为通论也。春秋之时,佛氏未入中国,老氏见周末文胜,思反其本,以礼为忠信之薄,亦孔子从先进之意。孔子且适周而问之,曰吾闻之老聃云,未尝以为异也。象山云:"吾儒自有异端。凡不循本绪,求籍于外者,皆异端也。"孔子曰:"吾有知乎哉?无知也。"言良知本无知也。"鄙夫问于我,空空如也。"空空即虚寂之谓。颜子善学孔子,其曰"庶乎屡空",盖深许之也。汉之儒者,以仪文度数为学,昧其所谓空空之旨。佛氏始入中国,主持世教,思易五浊而还之淳。圆修三德,六度万行,摄诸一念。空性常显,一切圣凡差别,特其权乘耳。汨其末也,尽欲弃去礼法,荡然沦于虚无寂灭,谓之沉空,乃不善学者之过,非其始教使然也。人受天地之中以生,均有恒性,初未尝以某为儒、某为老、某为佛而分授也。良知者,性之灵,以天地万物为一体,范围三教之枢。不徇典要,不涉思为。虚实相生而非无

也;寂感相乘而非灭也。与百姓同其好恶,不离伦物感应,而圣功征焉。学佛老者,苟能以复性为宗,不沦于幻妄,是即道释之儒也;为吾儒者,自私用智,不能普物而明宗,则亦儒之异端而已。毫厘之辨,其机甚微。吾儒之学明,二氏始有所证。须得其髓,非言思可得而测也。①

王龙溪这篇总论三教的文字,主要包含三方面的内容。第一,虚寂的思想并非佛道两家的专属,同时也是儒学的内在向度;第二,正统与异端的区分并不绝对地限于儒学与佛道两家之间;第三,三教同源,以道观之,本无儒释道之分,而良知贯通虚实有无,为"范围三教之枢"。其中,第三点是王龙溪三教观的基础与核心思想,前两点则是在第三点基础上的进一步展开,反映了在三教关系上王龙溪对待佛道两家的基本态度。下面,我们就以王龙溪这篇总论三教的文字为基础,再结合其他的材料,对王龙溪三教观的主要内容进行较为详细的考察。

王龙溪三教观的核心思想,可以说是儒家本位的三教一源论。所谓"人受天地之中以生,均有恒性,初未尝以某为儒、某为老、某为佛而分授也。良知者,性之灵,以天地万物为一体,范围三教之枢"。正是其三教观核心思想的表述。在这两句话中,如果说前一句反映了王龙溪三教一源观点的话,后一句则说明王龙溪并非泛泛而言三教一源,而是在三教一源的主张中仍然有其归宗与本位,认为良知教其实可以将佛道两家包容在内。对此,王龙溪有一段话可以提供更为明确与详细的说明。

在嘉靖三十六年丁巳(1557)王龙溪与王慎中的三山石云馆第之会中,有人向王龙溪提出了这样的看法,所谓"佛氏虽不免有偏,然论心性甚精妙,乃是形而上一截理;吾人叙正人伦,未免连形而下发挥。然心性之学沉埋既久,一时难为超脱,借路悟入,未必非此学

---

① 王畿:《王龙溪先生全集》卷十七。

之助"。王龙溪不以为然,做出了如下的回应:

> 此说似是而实非。本无上下两截之分。吾儒未尝不说虚,不说寂,不说微,不说密。此是千圣相传之密藏,从此悟入,乃是范围三教之宗。自圣学不明,后儒反将千圣精义让与佛氏,才涉空寂,便以为异学,不肯承当。不知佛氏所说,本是吾儒大路,反欲借路而入,亦可哀也。夫仙佛二氏,皆是出世之学。佛氏虽后世始入中国,唐虞之时,所谓巢许之流,即其宗派。唐虞之时,圣学明,巢许在山中,如木石一般,任其自生自化,乃是尧舜一体中所养之物。盖世间字有一种清虚恬淡、不耐事之人,虽尧舜亦不以相强。只因圣学不明,汉之儒者,强说道理,泥于刑名格式,执为典要,失其变动周流之性体,反被二氏点检訾议,敢于主张做大。吾儒不悟本来自有家当,反甘心让之,尤可哀也矣。先师尝有屋舍三间之喻,唐虞之时,此三间屋舍原是本有家当,巢许辈皆其守舍之人。及至后世,圣学做主不起,仅守其中一间,将左右两间甘心让与二氏。及吾儒之学日衰,二氏之学日炽,甘心自谓不如,反欲假借存活。汩其后来,连其中一间岌岌乎有不能自存之势,反将从而归依之,渐至失其家业而不自觉。吾儒今日之事,何以异此?间有豪杰之士不忍甘心于自失,欲行主张正学以排斥二氏为己任,不能探本入微,务于内修,徒欲号召名义,以气魄胜之,只足以增二氏检议耳。先师良知之学,乃三教之灵枢,于此悟入,不以一毫知识参乎其间,彼将帖然归化,所谓经正而邪慝自无,非可以口舌争也。①

由此可见,王龙溪虽然认为从发生学的角度来看,儒释道三教之名均属后起,三教可以说都是人之恒性的某种表现,在这个意义上可谓三教一源。但其实儒家本来可以表现恒性之全,像巢许之流所代表的

---

① 王畿:《王龙溪先生全集》卷一《三山丽泽录》。

那种清虚恬淡的精神气质,原本也非佛道两家所独有,而是"尧舜一体中所养之物",是儒家内在的一个精神向度。这和前引阳明所谓:"说兼取,便不是。圣人尽性至命,何物不备?何待兼取?二氏之用,皆我之用。即吾尽性至命中完养此身谓之仙;即吾尽性至命中不染世累谓之佛。但后世儒者不见圣学之全,故与二氏成二见耳。"是完全一致的。因此,尽管汉儒将这种精神气质失落,使后世的儒者自甘得恒性之一偏,但要真正"不忍甘心于自失",却并不能像"豪杰之士"那样对佛道两家采取简单排斥的态度,所谓"徒欲号召名义,以气魄胜之",否则必不能"见圣学之全",而是要"探本入微,务于内修",充分吸收佛道两家在心灵境界上无执不滞的智慧,以激发拓展儒家内在相应的精神气质,如此才能恢复儒家三间屋舍的本来面貌。

在万历元年癸酉(1573)的南谯书院之会中,陆光祖也曾向王龙溪询问二氏之学,王龙溪的回答是:

> 二氏之学,与吾儒异,然与吾儒并传而不废,盖亦有道在焉。均是心也,佛氏从父母交媾时提出,故曰父母未生前,曰一丝不挂,而其事曰明心见性;道家从出胎时提出,故曰力地一声,泰山失足,一灵真性既立,而胎息已忘,而其事曰修心炼性;吾儒却从孩提时提出,故曰孩提知爱知敬,不学不虑,曰大人不失其赤子之心,而其事曰存心养性。夫以未生时看心,是佛氏超顿还虚之学;以出胎时看心,是道家炼精气神以求还虚之学。良知两字,范围三教之宗。良知之凝聚为精,流行为气,妙用为神,无三可住。良知即虚,无一可还。此所以为圣人之学。①

这里所谓"良知之凝聚为精,流行为气,妙用为神,无三可住。良知即虚,无一可还。此所以为圣人之学",已经进一步说明了王龙溪认为良知教可以将佛道二教融摄在内,所谓"良知两字,范围三教之

---

① 王畿:《王龙溪先生全集》卷七《南游会纪》。

宗"。王龙溪弟子查铎"尝有养生之好",当他悟到致良知之学可收养生之效,并向王龙溪表示今后只从致良知之学上"寻讨究证,更不踏两家船"时,王龙溪回答说:"如此行持,犹属对法,岂能归一得来？须信人生宇宙间,只有此一船,更无剩欠。"①这和阳明甚至对儒学可以"兼取"佛道两家的说法都不以为然的态度是完全一致的。而正是王龙溪的这种看法,决定了他在与佛道两家的互动过程中采取的是以良知教融摄、范围后者的方式。也正是在这个意义上,我们说王龙溪的三教一源论是儒家本位或良知教立场的。

王龙溪儒家本位的三教一源论,可以说是将阳明三教观的进一步明确化和推进。一方面,王龙溪始终没有放弃儒家的自我认同,在三教融合的问题上显示了儒家的本位；另一方面,王龙溪又表现出了超越儒释道三家的倾向。所谓"人受天地之中以生,均有恒性,初未尝以某为儒、某为老、某为佛而分授也",显然认为人的"恒性"是儒释道三教共同的基础与根源,而儒释道三教则可以说是这种"恒性"的表现。这两个方面,构成王龙溪三教融合思想的具体内容。而王龙溪之后,晚明阳明学者在三教融合思想上的一个重要发展方向,则正是表现为进一步淡化并超越儒家的本位,将儒释道三教平等地视为宇宙间一个更为根本的本源的不同表现。这一点,在焦竑的思想中得到了尤为充分的说明。

四　焦弱侯的三教观

焦竑(字弱侯,号澹园,又号漪园,1541—1620)师从耿定向、王襞、罗近溪,并曾于嘉靖四十四年(1565)在南京亲聆过王龙溪的讲席,在晚明不仅是一位阳明学的中坚,还是一位学识渊博的鸿儒,所谓"博极群书,自经史至稗官、杂说,无不淹贯"②,作为一位百科全书

---

① 王畿:《王龙溪先生全集》卷十六《书查子警卷》。
② 张廷玉:《明史》卷二八八。

式的人物,在当时享有崇高的学术地位与社会声望,被誉为"巨儒宿学,北面人宗"①。四方学者、士人无不以得见焦竑为荣,所谓"天下之人无问识不识,被先生容接,如登龙门。而官留都者自六官以下,有大议大疑,无不俯躬而奉教焉"②。并且,焦竑曾著《老子翼》《庄子翼》《楞严经精解评林》《楞伽经精解评林》《圆觉经精解评林》以及《法华经精解评林》等,更是当时会通三教的思想领袖。③

对于三教关系,焦竑曾明确指出:

> 道一也,达者契之,众人宗之。在中国者曰孔、孟、老、庄,其至自西域者曰释氏。由此推之,八荒之表,万古之上,莫不有先达者为师,非止此数人而已。昧者见迹而不见道,往往瓜分之,而又株守之。④

对于这种三教同是一道之表现的观点,焦竑还曾用"天无二月"的比喻来加以说明:

> 道是吾自有之物,只烦宣尼与瞿昙道破耳。非圣人一道、佛又一道也。大抵为儒佛辨者,如童子与邻人之子,各诧其家之月曰:"尔之月不如我之月也。"不知家有尔我,天无二月。⑤

---

① 徐光启:《尊师澹园焦先生续集序》,见焦竑:《澹园集》(北京:中华书局,1999),《附编二》,第1219页。

② 黄汝亨:《祭焦弱侯先生文》,见焦竑:《澹园集》,《附编三》,第1234页。

③ 焦竑当时三教领袖的地位,甚至利玛窦在其回忆录中也曾提到。利氏这样写道:"当时,在南京城里住着一位显贵的公民,他原来得过学位中的最高级别(按:焦竑曾中状元),中国人认为这本身就是很高的荣誉。后来,他被罢官免职,闲居在家,养尊处优,但人们还是非常尊敬他。这个人素有我们已经提到过的中国三教领袖的声誉。他在教中威信很高。"参见利玛窦、金尼阁著,何高济等译:《利玛窦中国札记》(北京:中华书局,1983),第358—359页。

④ 焦竑:《澹园集》卷十七《赠吴礼部序》,第195页。

⑤ 焦竑:《澹园集》卷四十九《明德堂答问》,第745页。

由于这种将儒释道三家平等地视为"一道"的表现,焦竑甚至对"三教合一"的说法也表示反对:

> 三教鼎立,非圣人意也。近日王纯甫、穆伯潜、薛君采辈始明目张胆,欲合三教而一之,自以为甚伟矣。不知道无三也,三之未尝三。道无一也,一之未尝一。如人以手分擘虚空,又有恶分擘之妄者,随而以手一之,可不可也?梦中占梦,重重成妄。①

焦竑提到三位主张三教合一的人物分别是王道(字纯甫,号顺渠,1487—1547)、穆孔晖(字伯潜,号玄庵,1479—1539)和薛蕙(字君采,号西原,1489—1541),据黄宗羲之说,王道最初从学阳明,后"因众说之淆乱,遂疑而不信",又从学湛若水,但"其学亦非师门之旨"②,而穆孔晖则是阳明弟子。三教合一之说,可以构成三教融合论的一种具体主张。焦竑三教同出一道的看法,其实也未尝不可以说甚至恰恰正是三教合一说的思想基础。在道术已裂为儒释道三家的情况下,正是由于三教原出一道,合一方有可能。而合一的目标,也是要汇归于一道。但是,焦竑为了强调三教本来便是一道的表现,并不接受三教合一的说法。

这里的关键在于,在焦竑看来,这些三教合一的持论者们之所以主张三教合一,其背后的预设并非三教本于一道,而是将三教视为三种各自独立的思想系统或者说三种各自不同的"道"。而对焦竑来说,既然"道"本来是一非三,也就无所谓合一。焦竑站在"道无三"的立场上不接受三教合一说,正如阳明不许张元冲的所谓"说兼取,便不是"。所不同者,对阳明来说,最后的道即是儒;对焦竑而言,最后的道则是超越于儒释道之上的更为源初的东西。而就焦竑不限于三教的宽阔视野而言,我们可以说,在焦竑的眼中,经过人类经验和

---

① 焦竑:《支谈》上。
② 黄宗羲:《明儒学案》卷四十二,第1038页。

理性检验的各种宗教传统,都可以视为宇宙间根源性的"道"的表现。

钱新祖(Edward T. Ch'ien)曾经认为,焦竑的三教一道论与以往各种三教同源论存在着本质的区别。前者是非区隔化(noncompartmentalization)的立场,而以往各种三教同源论则都是区隔化(compartmentalization)的立场。换言之,焦竑三教一道思想的具体内容不预设三教本质上有别且以某一家为本位,而以往各种三教同源论则不免首先预设了儒释道三教作为三种"道"的区隔。① 诚如余英时先生所言,以非区隔化与区隔化在焦竑与以往的三教同源论之间做出截然的划分,不免过于绝对而忽略了思想发展的连续性。② 事实上,正如我们前文已经指出的,王龙溪虽并未放弃儒家的自我认同以及三教问题上的儒家本位,但王龙溪的思想中也的确流露出超越三教区隔的倾向,这一倾向甚至在阳明处已经埋下了端倪。因此,从王阳明到王龙溪,或者至少说王龙溪,已经为焦竑的思想开辟了道路。不过,以非区隔化来形容焦竑三教一道论的思想内涵,认为焦竑不预设儒释道三教作为三种"道"的区隔,倒不失为正确的观察。事实上,至少就中晚明阳明学三教融合思想的发展来看,从王阳明到王龙溪再到焦竑,也的确体现出一种由区隔化到非区隔化的变化过程。只是这一过程是逐渐发生的,我们很难从中截取一个环节而认为突变是从该环节开始的。就整个儒学思想史上的三教融合论而言,情况恐怕更是这样。

如果说焦竑的三教一道论采取的是这种非区隔化的立场,那么,这种平等地将三教视为一道之表现的观念,当时也并非仅仅是焦竑个人的主张。何继高是山阴人,其生平不详,但何继高曾于万历二十

---

① 参见 Edward T. Ch'ien, *Chiao Hung and the Restructuring of Neo-Confucianism in the Late Ming*, New York: Columbia University Press, 1986。

② 参见 Ying-shih Yu, "The Intellectual Word of Chiao Hung Revisited: A Review Article", *Ming Studies* 25 (1988), pp.24-26。当然,余先生对钱新祖的批评尚不止这一点,而是从方法论到具体的文献史料对钱书进行了全面的检讨。

六年戊戌(1598)刊刻过八卷本的《卓吾先生批评龙溪王先生语录钞》,当为王龙溪后学而与焦竑属同时代人。他在为邓豁渠(名鹤,号太湖,约1498—1578)《南询录》所作的跋中说道:

> 无分中国外夷,同戴天,同履地,无分中国外夷之人。……同一血气心知,同一性命,性命之外无道,岂于道而独有二乎?圣,此道也,人圣之;佛,此道也,人佛之;仙,此道也,人仙之。圣人之所以圣,此性命也;佛之所以佛,此性命也;仙之所以仙,此性命也。圣佛仙之名不同,圣佛仙之道,未始不一也。世人目之曰三教,自其教而言,可曰三,自其道而言,不可谓三也。①

何继高并非知名的阳明学者,但他在三教的问题上持论与焦竑相当的一致,这足以说明焦竑的三教一道论在当时具有相当的代表性。对于王龙溪之后阳明学者继承由王龙溪所开启的三教一道论的这一发展方向,我们之所以选择焦竑为例来加以说明,原因也正在于此。当然,三教融合的思想在中晚明是儒释道三家共同的论调,并非阳明学的独唱。不过,就儒家传统而言,明确肯定三教融合并表现出超越三教的倾向,却的确是中晚明阳明学发展所特有的产物。

五 "理一分殊"的多元主义宗教观

儒家传统当然并非西方意义上的建制化宗教(institutional religion),但是,如果我们认识到宗教的本质在于"变化气质",使人的现实存在获得一种终极性、创造性的自我转化,而不在于组织化的教会、超越外在的一神信仰等仅仅属于亚伯拉罕信仰传统的那些特征,并且充分顾及非西方的宗教传统,我们就不应该将"宗教"这一概念

---

① 邓豁渠:《南询录》(日本内阁文库万历二十七年刊本)卷末。转引自荒木见悟:《邓豁渠的出现及其背景》,《中国哲学》(长沙:岳麓书社,1998)第十九辑,第19页。

的专属权自觉不自觉地拱手让给"religion"。如果我们对于佛教传统有基本的了解,知道释迦牟尼开创的佛教就其本源而言根本是一种无神论的主张,如果我们知道道教根本否认凡人世界与神仙世界之间存在着异质性(heterogeneity)亦即本质的差别与鸿沟,而同时又承认不论佛教还是道教都可以为人们提供一种终极性的转化之道,都是一种宗教,那么,以"修身"为根本内容,为追求"变化气质"并最终成为"大人""君子""圣贤"提供一整套思想学说和实践方式("工夫")的儒家传统,显然具有极强的宗教性而完全具有宗教的功能。只不过"大人""君子"以及"圣贤"境界的达成不是从人性到神性的异质跳跃,而是人性本身充分与完美的实现。事实上,作为宗教的佛教和道教只是两个起源于东方的例子,而世界上也还存在着大大小小、许许多多不同于西方宗教形态而同样被视为宗教的精神传统。儒学作为一种宗教性的精神传统,至少在国际学术界也早已不再是一个值得争议的问题,而成为讨论许多相关问题的前提和出发点了。并且,在当今全球性的宗教对话中,儒家也早已被其他的宗教传统主动接纳为一个不可或缺的对话伙伴。以儒家和基督教的对话为例,迄今为止,在伯克利、香港已经召开过多次对话性的国际会议。这一点绝非偶然,而是由于在许多其他宗教传统的代表人物的眼中,在一个相当突出的层面上,儒学在中国以及东亚地区历史上发挥的作用,恰恰相当于他们的宗教传统在他们所在地区所发挥的作用。

由于儒家传统本身具有极强的宗教性,对于人类如何使有限的自我连同其所存在的整体脉络(包括家、国、天下以及整个宇宙)一道最终实现创造性的转化,其"修身""成人"之学有着丰富的理论和实践可资参照,在全球的视域中也已经被广泛地认为是一种宗教传统,在当前全球的宗教对话中正在逐渐发挥其作用①,因此,我们不仅要充分重视儒家传统中宗教性的资源,以求为推动并深化全球范

---

① 参见本书第十三章。

围的宗教对话做出贡献,还应当在此基础上针对当今全球范围的宗教冲突问题,为谋求"化干戈为玉帛"的因应之道尽可能提供儒家方面的资源。事实上,这还并非只是因为作为一种精神性、宗教性的传统,儒家和世界上其他精神性、宗教性的传统一样需要承担这样的义务,更是因为对于化解宗教冲突来说,无论在观念还是实践的层面,儒家传统都的确具有格外宝贵的历史资源,值得我们发掘探讨,以利世人。

在当今的宗教学研究中,一种宗教传统对于其他宗教传统的态度,基本上可以划分为三种类型,即排他主义(exclusivism)、包容主义(inclusivism)和多元主义(pluralism)。① 排他主义是指自认为独占绝对宗教真理的专属权,否认其他的宗教传统可以为人的存在的终极转化提供真正可行的道路。包容主义是指虽然在一定程度上承认其他宗教传统拥有部分的真理性,但同时认为其他的宗教传统所拥有的真理已经包含在自己的宗教传统之中,其他宗教只是真理的初级阶段,而真理的最后与最高阶段仍然不为其他宗教传统所有,只能通过自己的宗教传统得到揭示和指明。这颇类似于佛教的所谓"判教"。多元主义则能够正视包括自身在内的各个宗教传统的特殊性,认为不同的宗教传统都可以为人类存在的终极性转化提供一

---

① 这三种类型的区分最早见于 Alan Race 的 *Christians and Religious Pluralism: Patterns in the Christian Theology of Religions*. London: SCM Press and Maryknoll, New York, 1994, second edition,而为约翰·希克(John Hick)所大力发挥,如今在宗教研究和对话领域已经受到广泛的接受和使用。需要指出的是,目前有学者在这三种类型之外提出还有所谓"兼容主义"(compatiblism),并以孔汉思为代表。当然,孔汉思对多元主义所可能导致的相对主义问题有严厉的批评。但是,无论就开放性、宗教对话的态度、原则和目标来看,至少孔汉思所代表的所谓"兼容主义"与希克所代表的多元主义并无实质的不同。因此,是否需要在多元主义之外再区分出一种"兼容主义",或许还值得进一步思考。当然,如果单独划分出"兼容主义"不无意义而采取"排斥主义""包容主义""多元主义"和"兼容主义"四种类型区分的话,那么,我们可以说,以阳明学为代表的儒学也不妨称之为"理一分殊"的多元兼容主义。事实上,孔汉思所主张的"兼容主义"(如果可以这样称呼的话),在王阳明、王龙溪、焦弱侯等人所代表阳明学传统中完全能够得到呼应,而从实践的层面来看,阳明学的兼容性尤为突出,这和孔汉思在全球伦理与宗教对话中更为注重的实践取向也颇有一致之处。

条道路,尽管超越的方式不同,但都是对于超越者的一种回应。① 用约翰·希克著名的比喻来说,不同的宗教传统恰如信仰的彩虹,是对同一种神性之光的不同折射。②

当然,排他主义、包容主义和多元主义只是一种类型学(typology)的划分,每一种宗教传统都未必可以简单、绝对地归于三种中的某一种,每一种宗教传统内部也可能或多或少地同时包含这三种成分,并且,在全球众多的宗教传统中也可能存在着这三种类型的某种变种。但是,从提示一个宗教传统对其他宗教传统基本与总体的态度倾向来看,这三种类型显然具有较强的涵盖性,能够作为理论分析的有效架构。正是由于这一点,这三种区分在目前国际上的宗教研究和对话领域被广泛采纳和运用。

如果借用这种三分法作为一种分析的方便,根据以上对从王阳明到王王龙溪再到焦竑这三位不同时期阳明学代表人物有关三教关系思想的考察,我们可以看到,阳明学者对于宗教关系的看法日益开放,不仅业已从排他主义的立场转化,并且恰恰表现出从包容主义到多元主义的演变。不过,我们需要指出的是,阳明学发展到焦竑所体现的多元宗教观,并非一般意义上的多元主义,而有其特殊的涵义和价值。这种宗教观,我们可以称之为"理一分殊"的多元主义宗教观。

一般意义上的宗教多元主义,虽然能够正视并肯定其他宗教传统的意义,但有时不免会流于相对主义。而流于相对主义的多元主义表面对各种宗教传统都能肯定,其实否认宇宙间存在统一性的终极真理,不愿且无法正视各个不同的宗教传统在对终极真理的反映上可以存在侧面的不同、侧重的差异以及程度的深浅,无形中消解了不同宗教之间比较与对话的必要性,反而不利于宗教之间的彼此沟

---

① 在不同的宗教传统中,超越者可以有不同的名称,如在基督教中为上帝,在伊斯兰教中为安拉,在印度教中为梵,在佛教中为法身,在道教中为道,在儒学中为天理、良知等等。

② 参见约翰·希克著,王志成译:《信仰的彩虹:与宗教多元主义批评者的对话》(南京:江苏人民出版社,1999)。

通与相互取益,不利于宗教冲突的化解。而阳明学所代表的儒家多元主义宗教观,在平等对待不同宗教传统的同时,又是以充分肯定宇宙间存在着一个根源性的"道"为前提的,这就为肯定宇宙间终极真理的统一性提供了保证,不致流于相对主义的随波逐流。

众所周知,"理一分殊"是宋明理学中最为重要的观念之一。由于最早由程颐(伊川,1033—1107)提出,后来又为朱熹(1130—1200)着力发挥,具有了伦理学、形上学和宇宙论的普遍涵义[1],这一观念于是历来与程朱这所谓狭义的"理学"一脉相联系,极少有人探讨这一观念与阳明学的内在意义关联。刘述先先生曾经对"理一分殊"进行过现代的阐释,认为它是贯穿先秦儒、宋明儒和当代新儒学的一个观念,并且对"理一分殊"加以进一步诠释,力图将其发展成为一个更具普遍意义的观念。这一点对于当代儒学的重建极具指导意义。不过,就宋明儒学传统而言,刘先生仍然更多地将"理一分殊"与朱子学相关。[2] 而通过以上对王阳明、王龙溪和焦弱侯这三位不同时期阳明学核心人物三教观的考察,我们可以看到,如果说"理一分殊"的命题反映了那种统一普遍与特殊、一般与个别、同一与差别之间关系的思想,那么,尽管在阳明学的话语中,作为一个名相的"理一分殊"出现的频率并不高,但就不同宗教传统之间关系这一特定问题而言,无论在理论上还是实践上,较之朱子学对佛道二教较为排斥的立场,阳明学都反而更能够体现"理一分殊"的原则,发展出一种"理一分殊"的多元主义宗教观。这种"理一分殊"的多元主义既肯定"百虑",又信守"一致";既肯定"殊途",又信守"同归"。就像焦竑那样,既肯定儒释道等宗教传统都是"道"的体现,但同时又指出各家所宣称的绝对真理都不过是"相对的绝对"

---

[1] "理一分殊"在朱熹哲学思想中的涵义,可参考陈来:《朱子哲学研究》(上海:华东师范大学出版社,2000),第五章,第111—123页。

[2] 刘述先先生对于"理一分殊"的现代阐释,参见刘述先:《"理一分殊"的现代解释》,见氏著:《理想与现实的纠结》(台北:学生书局,1993),第157—188页。

(relative absolute)①,根源性的统一的"道"才是"绝对的绝对"。最近,香港中文大学哲学系的郑宗义教授也一直在深入思考作为一种"实践形上学"的中国哲学(以儒学为代表)所能够开发出的"多元宗教观"。他有一个精妙贴切的比喻,笔者颇以为"于我心有戚戚焉"。他说:

> 打个比喻,超越是一个山峰,这个山峰尽管可以从多条不同的路径登上,但对一个登上山峰的人来说,他其实只能从一条路径登山,且当他由某条路径登上山峰时,这条路径对他之能登上山峰来说,就是真实无妄的。即使他在登上山峰后极目远望,可能隐约依稀见到有别的路径。然而,此见到之路径究非在其亲历之登山经验中,亦必不能如他已经历之路径般使他确信其亦为能由之以登山者。这犹如某宗教的信仰者纵使在理智上认识上知道有别的宗教的存在,这些宗教却永远无法取代他实践生命中诚信所及之信仰。人或谓这只是个比喻而不是个证明,我怎知各宗教所向往的超越是一,它们具体的信仰内容则为入路的不同呢?我们虽无法从具体的信仰内容上谋求统一,却可以从其形式与功能处来看出他们彼此之所同。以形式言,他们都是由人凭其自觉生命的实践所体证。以功能言,它们都有能启导人去面对自身存在真相的效力。……每一条路径对循之而登上山峰者而言都是真实无妄的,此中并没有沦为次等或部分的问题。②

---

① 关于"相对的绝对"这一观念的说明,参见 1. John Hick, *An Interpretation of Religion: Human Responses to the Transcendent*, New Haven: Yale University Press, 1989; 2. Leonard Swidler, *After the Absolute: The Dialogical Future of Religious Reflection*, Minneapolis: Fortress Press, 1990.
② 郑宗义:《从实践的形上学到多元宗教观——"天人合一"的现代重释》,《天人之际与人禽之辨——比较与多元的观点》(香港:香港中文大学新亚书院,2001 年 7 月),《新亚学术集刊》第十七期,第 75—76 页。

郑教授的这个比喻,进一步揭示和诠释了儒家传统的多元主义宗教观。笔者这里将其与阳明学所发展的儒家多元主义宗教观相关,并称之为"理一分殊"的多元主义,以别于一般意义上的多元主义,相信亦当为郑教授所许。而对于正确对待全球不同的宗教传统,化解彼此之间的冲突,这种"理一分殊"的多元主义显然是一个值得汲取的宝贵资源。譬如,由于这种"理一分殊"的多元主义宗教观,历来视佛道二教为异端的传统儒学观念在晚明发生了转变,至少对王龙溪、焦竑这样的阳明学者来说,正统与异端的区分在相当程度上已经不在于儒学和佛道二教之间,而更多地表现在真儒与俗儒、身心之学与口耳之学之间。① 因此,以王龙溪、焦竑等人为代表的阳明学者就不仅没有对佛道二教采取排斥甚至攻击的态度,甚至可以在不丧失自己儒家身份认同的情况下深入佛道二教内部,往来于三教之间。

就整体而言,较之世界上其他的宗教传统,儒学的一个最大的特征就是其兼容性。尽管中国历史上不无诸如"灭佛""法难""教案"等排斥其他宗教传统的事件,但且不论这些事件远不能和宗教裁判所、十字军东征以及伊斯兰教的圣战相提并论,关键更在于这些事件的发生主要是出于政治、经济和社会的原因,而并非出自儒家思想的内在要求②,如"三武一宗"的灭佛事件主要是由于寺院经济对整个国家经济的损害以及僧侣阶层生活腐化所造成的不良社会影响。因此,我们不应当以这样的个别事件为据,而否认儒家对待其他宗教传统的兼容特征。并且,这绝非认同儒家传统人士的私见,而是世界范围内比较宗教学研究领域一个较大的共识。许多具有其他宗教身份的学者都承认儒学相对于世界上其他的宗教传统具有较强的兼容性。

---

① 有关儒家正统与异端观念由于阳明学影响而在晚明发生的变化,参见彭国翔:《阳明学者的正统与异端之辨》,《中华文化论坛》2003 年第 1 期,第 123—128 页。

② 圣严法师自己就曾指出:"中国历史上虽曾有过禁止佛教与摧毁佛教的政治行为,但在漫长的历史过程中,那是几次极其短暂的事件而已,儒家虽站在反对佛教的一边,却未以政治手段压制佛教。"见释圣言:《明末的居士佛教》,《华冈佛学学报》第五期,第9 页。

此外，正是由于儒学具有"理一分殊"的多元主义宗教观的内在资源，具有兼容性的特征，在这种思想基础上，儒者往往能够充分参与到其他的宗教传统之中。这一点，同样在明代的阳明学者那里有充分的体现。王龙溪对佛道二教的深度涉入以及站在儒家基本立场上对佛道二教思想的融摄与创造性诠释，笔者有专题论文加以讨论，此处不赘。① 另外，如周汝登（字继元，号海门，1547—1629）、杨起元（字贞复，号复所，1547—1599）、管志道（字登之，号东溟，1536—1608）、李贽等人，都是往来于儒释道三教之中的佼佼者。而当时居士佛教的盛行，道教养生术的广泛流传，在相当程度上都包含着许多儒者多元宗教参与的成分。在如今全球化的过程中，由于不同宗教传统之间交往互动的日益密切，多元宗教参与（multiple religions participation）②甚至多元宗教认同（multiple religions identity）③的问题也越来越突出。孔汉思曾经提出"双重公民权"（dual religious citizenship）的概念④，意在指出一个人可以同时归属于两个不同宗教传统。而随着世界各种不同宗教传统相遇和互动的深化，在各种宗教传统之间甚至会出现"多重公民权"（multiple religious citizenship）而不只是"双重公民权"的问题。因此，如何看待多元宗教参与和认同的现象，探讨其中所关涉的理论课题，应当是如今和将来宗教学界关注的焦点之一。而阳明学者参与不同宗教传统的丰富经验，既然早已使多元宗教参与成为历史的现实，自然可以为当今全球范围内多元宗

---

① 参见彭国翔：1.《王畿与佛教》，《台大历史学报》（台北）第二十九期，2002年6月，第29—61页；2.《王畿与道教——阳明学者对道教内丹学的融摄》，《中国文哲研究集刊》（台北）第21期，2002年9月，第255—292页。亦可参见彭国翔：《良知学的展开——王龙溪与中晚明的阳明学》，第五章。

② 这是白诗朗（John Berthrong）提出的一个观念，参见 John Berthrong, "Syncretism Revisited: Multiple Religious Participation", *Pacific Theological Review*, Vols. 25-26 (1992-1993), pp. 57-59。

③ 这是南乐山（Robert Neville）提出的一个观念，参见其 *Boston Confucianism*, Albany, New York: State University of New York Press, 2000, pp. 206-209。

④ 参见秦家懿和孔汉思（Julia Ching and Hans Kung），*Christianity and Chinese Religions*, New York: Doubleday, 1989, pp. 273-283。

教参与的问题提供实践上的借鉴。杜维明先生晚近在代表儒家传统与基督教传统对话时提出的"儒家式的基督徒"如何可能的问题,其实不妨可以视为阳明学者多元主义宗教观与多元宗教参与经验在当代的进一步扩展,尽管阳明学的传统只是杜先生的思想资源之一。而随着全球各种宗教交往互动的日益紧密,现代儒者的多元宗教参与也将会更加丰富多彩。

最后需要指出的是,我们指出阳明学中所蕴涵的"理一分殊"的多元主义宗教观和多元宗教参与的实践经验做出回应,并不意味着世界上其他的宗教传统缺乏相应的资源。在一定意义上,其他宗教传统中都多少可以发现"差异中的统一"(unity in diversity)这种观念。① 但是,就化解宗教之间的冲突而言,如果说需要以既肯定差异又肯定统一并且鼓励不同宗教间的沟通互动方为上策的话,那么,我们可以说,阳明学"理一分殊"的多元主义宗教观和多元宗教参与的实践的确对此有较为深入与广泛的探讨,有较为丰厚的历史经验可资借鉴。经过进一步创造性的阐发,相信这一资源可以为全球宗教冲突的化解做出应有的贡献。

---

① 在2000年初出版的《全球对话》第3期《信仰的新宇宙》专辑中,代表世界各个宗教传统的专家学者分别探讨了自己宗教传统的基本意旨以及对于全球宗教对话的回应。从中可以看到,当今中西方代表不同宗教传统的学者都在极力发掘自身传统中"差异中的统一"这种观念。对此,刘述先先生曾经作过精要的评介,参见刘述先:1.《从比较的视域看世界伦理与宗教对话——以亚伯拉罕信仰为重点》;2.《从比较的视域看世界伦理与宗教对话——以东方传统智慧为重点》,二文俱收于刘述先:《全球伦理与宗教对话》(台北:立绪文化出版社,2001;石家庄:河北人民出版社,2006)。

第八章

民国时期的"五教"观念与实践

——以冯炳南为例

引　言
冯炳南其人其事
举办"五教"演讲与出版《五教入门》
"五教"的思想观念
结　语

　　一般认为,中国历史上的宗教传统以儒、释、道三教为主。但是,这种情况从明末以来发生了改变。在传统的儒、释、道三教之外,耶、回也逐渐成为中国宗教传统的有机组成部分。至少到民国时期,"五教"而非"三教"的观念已经深入人心,甚至已超出了知识人的范围。1940年代活跃于上海商界和法律界的冯炳南,曾经举办"五教演讲"并出版《五教入门》。本文通过分析冯炳南"五教"的思想观念与社会实践,具体说明了20世纪40年代中国人对于自身宗教传统的自觉认识已经由"三教"转为"五教"。

一　引　言

　　中国传统文化的主体构成,世人多以儒、释、道三教称之。例如,陈寅恪先生(1890—1969)1933年在《冯友兰〈中国哲学史〉审查报告三》中仍说:"故自晋至今,言中国之思想,可以儒释道三教代表之。"但是,按之思想史的实际,耶教(Christianity)——无论是天主教(Catholicism)还是新教(Protestantism)——和伊斯兰教(Islam)在元明以降,都早已大规模传入中国。① 陈寅恪先生的这种讲法,或许只能说明在像陈先生这样的知识人心目中,中国传统文化的主体仍是儒释道三教,而较晚传入中国的耶教和伊斯兰教,似乎仍然处在客位,没有在广大知识人中获得认同。不过,如果我们的观照范围不限于像陈先生那样的儒家知识人,而是将整个中国人对于宗教传统的意识与实践纳入考察范围之内,那么,可以说,同样就是在陈先生所处的民国时期,在传统"儒、释、道"这"三教"的意识之外,儒、释、道连同耶教和伊斯兰教在内的"五教"观念,也已经在社会上广为流传,为广大世人所接受。

1940年,活跃于上海的闻人冯炳南(1888—1956)曾经举办"五教演讲"并印行《五教入门》,在当时的上海产生了不小的影响。由于以往冯炳南大概并未进入研究者的视野,本章将首先介绍冯炳南其人其事,进而专门考察冯炳南举办"五教演讲"和出版《五教入门》的事迹,重点分析其"五教"的思想观念与社会实践。冯炳南并非像陈寅恪先生那样,属于知识界的代表人士。因此,他的案例恰好可以具体说明,20世纪40年代中国人对于自身宗教传统的自觉认识,很多已经由"三教"转为"五教"。本章的考察虽然以冯炳南为例,但笔者的这一判断并不仅仅由此单一案例得出。事实上,1922年在北方的奉天,有一位名叫王有台的警界人士,在其所著《孔道我闻录》中,已经有"儒释道耶回五教"之说了。王有台的友人凌近光在给《孔道

---

① 耶教和伊斯兰传入中国的最早时间都可以追溯到唐代,但彼时尚未成气候。大规模的流传,要到元明以降。关于耶教和回教在中国的历史发展,分别参见王治心:《中国基督教史纲》(青年协会书局1940年初版;上海古籍出版社2004年重印);傅统先:《中国回教史》(台北:台湾商务印书馆,1969)。

我闻录》所作的序文中,也特别称赞该书首篇《儒释道耶回五教辩》一文"论各教归宿,如权衡物,弗爽毫厘。"冯炳南多半并不知晓王有台其人以及《孔道我闻录》一书的存在。但冯炳南的"五教"观念和实践,可以说恰好与十八年前远在北方的王有台遥相呼应。这一点,足以说明五教的观念在民国时期已经不是一个偶然的现象了。

二 冯炳南其人其事

有关冯炳南的史料散漫无归,其生平难以详考。本章既非关于冯炳南的传记研究,无须详考其生平事迹。在重点考察其"五教"的观念与实践之前,仅交代其人的大致情况及其一生中的两件大事,作为了解其人的必要背景。

冯炳南是广东高要人,20 世纪 40 年代是旅居上海的大商业集团"粤商集团"的代表人物之一。①与"粤商集团"的其他几位人物往往专营一业不同,冯炳南是一位兼营多业的实业家。除了上海电力公司的董事长之外,他还是南洋烟草公司的董事、世界书局股东。1937 年宋子文控股南洋烟草公司一事,就是由冯炳南出面结识广东银行的邓勉仁,由邓氏出面与宋子文说

---

① "粤商集团"由旅居上海的广东商界领袖组成,主要代表人物除了冯炳南之外,还包括以陈炳谦、郑伯超和陈雪佳。陈炳谦是英商祥茂洋行买办,郑伯超是南洋兄弟烟草公司总经理,陈雪佳是英国太古洋行买办。当时活跃在上海的广东籍商人,除了"粤商集团"之外,还有广州与香港两地银行家组成的"省港财团",为首的是李煜堂代表的"广东银行"与李星习代表的"东亚银行"这两家。

合的。不过,除了商业之外,冯炳南更是一位著名的大律师。当时上海的同仁律师事务所是一所规模很大、颇具影响的机构。该所律师人数远较一般事务所为多,律师费亦较一般事务所为高,业务兴旺。该律师事务所全由冯炳南一人出资,所内所有律师和职工,都由冯炳南一人聘用。本文所要交代的冯炳南生平中的第一件大事,即与其主持同仁律师事务所的大律师身份有关。

　　1845年11月,上海开始有了租界。租界内的公园起先基本上都是不对华人开放的。但租界毕竟是在中国的国土,当时很多生活在租界的华人也是租界的纳税人,他们对此也有不满。因此,1881年虹口医院医生恽凯英和1885年怡和洋行买办唐茂枝等人,已经致函当时租界最高管理机构工部局,要求公园向华人开放。① 但是,这一要求一直没有得到真正的满足。"华人与狗不得入内"的故事,②

---

① 《上海英美租界工部局1881年年报》中有1881年4月6日恽凯英写的《虹口医院恽凯英等八人致工部局秘书函》,函文为"我们都是租界的居民,而且是纳税人,想请问你有什么条文规定中国人不可以进入公共花园?我们没有见到官方有关这方面的档。昨天,我们中有位先生冒昧地想进入花园,不料被门警阻挡了。"

② 历史上究竟有没有过这样一个告示牌,至今仍有争议。诚然,历史档案中至今仍未找到明文的条例。不过,在工部局最早的文件,即1885年的《公共租界工部局巡捕房章程》中,第24项(共6条)第1条是"脚踏车及犬不准入内",第5条则是"除西人之佣仆外,华人一概不准入内"。1885年的《外滩公园游览须知》中第1条为"狗及脚踏车切勿入内",第5条为"除西人佣仆外华人不准入内"。1909年《公共租界工部局公共娱乐场所(今鲁迅公园)规章》第3条为"华人不准入内,除非是侍奉外国人的佣人",第7条为"狗不得入园,除非加嘴套及用皮条牵住"。此外,许多经历过旧上海的人都表示见过"华人与狗不得入内"的牌子。如郭沫若1923年9月2日《月蚀》中写到"上海几处的公园都禁止狗与华人入内。"方志敏在《可爱的中国》中写道:"有几个穷朋友,邀我去游法国公园。一走到公园门口就看到一块刺目的牌子,牌子上写着:'华人与狗不准进园'。"但有人指出"华人"和"狗"并列只是民间的概括,并非正式官方文字的内容。如陈旭麓曾说:"这块牌子,是人所共知的。但有没有这个牌子呢?后来查了,其实没有这个牌子,但有一些游园规则,其中一条是'狗与××不准入内',一条是'华人不准入内'。后来我们把它联系起来便是'华人与狗不准入内'。"(见《陈旭麓文集》第二卷《思辨留踪》,上海:华东师范大学出版社,1997,第165页)但是,对于"华人与狗不准入内"的伪造说,陈岱孙不仅在1982年写的《往事偶记》中说他1918年在上海外滩公园亲眼见到过"华人与狗不得入内"的牌子,更在1990年7月12日致函上海黄浦区园林管理局,强调"华人与狗不得入内"是公园门口地上的牌子,不是游园规则中的某一条。并且,陈岱孙还指出,到1920年时,这块牌子仍然存在。

如今仍然常常被提起。不过,中国人究竟什么时候以何种方式最终使得租界当局取消禁令,争取到了自身的权益,一直语焉不详。事实上,当时根据国际公法起诉租界当局,致使英、法殖民者不得不向中国人全面开放公园,从而维护了民族尊严和权益的带头人,正是冯炳南。

上海租界的公园陆续取消禁令,全面向华人开放,是在1928年6月之后。① 这当然有时代的大背景,当时北伐战争胜利,民族主义高涨,汉口租界被收回,上海的租界在这种形势下,面对华人的要求,不能不有所让步。但直接的原因,却不能不归功于上海华人绅商为了开放租界公园一事与租界当局的持续交涉。为了促成租界公园向华人开放,当时的上海总商会推选冯炳南和吴蕴斋、刘鸿生为代表,组成开放公园华人委员会,通过法律途径来解决问题。从1926年3月20日开始,冯炳南即不断与工部局交涉,书信往复不断,有理有据,最终使工部局不得不决定租界公园全面对华人开放。

为了开放公共租界公园一事,冯炳南曾函致当时工部局的三位华人董事贝淞荪②、袁履登(1879—1954)、赵晋卿(1882—1965)③,还有致各家西文报纸的英文意见书。致三位华人董事的书信以及致西文报纸英文意见书的译文,都刊登在《申报》1928年4月18日第13版上。④ 其他相关文件,也都陆续在《申报》刊载。

---

① 上海档案馆《园林志》载:"1928年4月18日公共租界纳税(外国)人年会决议:从6月1日起,向中国人开放公共公园(按:今外滩公园)、极司非而公园、虹口公园、外滩草地及其沿岸(按:今延安东路以北)绿地。7月1日,顾家宅公园(按:今复兴公园)对中国人开放。"《申报》1928年4月19日第4版亦载:"公共租界纳税西人年会十八日下午二时在市政厅开会。……开放梵王渡公园、虹口公园、外白渡桥公园(按:即外滩公园)、蒲滩草地及其沿岸、昆山公园。"
② 贝淞荪是贝聿铭的父亲。
③ 这三位是1928年4月当选的首任华董。1929年4月第二届选出的华董是袁履登、徐新六和虞洽卿。1930年5月选出的五位华董则是袁履登、虞洽卿、徐新六、贝淞荪和刘鸿生。
④ 上海市地方志办公室保存有此函件,其官网上亦可查到。参见:http://www.shtong.gov.cn/node2/node2245/node69854/node69868/node70028/node70035/userobject1ai69768.html。

1930年工部局第五届五位华人董事的照片(左起第一位是徐新六,第二位是贝淞荪,第三位是虞洽卿,第四位是袁履登,第五位是刘鸿生)

关于冯炳南生平的第二件大事,是他参与第一本中国人撰写的英文《中国年鉴》。

1935年,商务印书馆在上海出版了 *The Chinese Year Book 1935-1936*。该书内页有孔祥熙(1880—1967)题写的"中国年鉴"四字,并有蔡元培(1868—1940)撰写的"前言"。在"前言"中,蔡元培指出此书是"为了适应广大英文读者长时期来的需求"而编写的。该书的出版,得到了多方的支持和帮助。不仅出版经费由当时的中国年鉴出版公司以及张静江(1876—1950)、张学良(1901—2001)、陈立夫(1900—2001)、朱家骅(1893—1963)、李宗仁(1891—1969)、刘湘(1888—1938)、杜月笙(1888—1951)、孙科(1891—1973)、于学忠(1890—1964)、邵力子(1882—1967)等45位知名人士赞助,为了该书的编撰,更是成立了专门的董事会,并由董事会推荐《中国评论周报》(*The China Critic*)的编辑桂中枢任主编。董事会的成员都是当时文化、政治、经济等各界赫赫有名的精英人物,包括蔡元培、李石曾(1881—1973)、俞佐庭(1889—1951)、郭禀文(1880—1969)等十二位。而在这十二人的董事会当中,就有冯炳南。

该书的意义不仅在于这是第一本完全由中国人编写的英文《中国年鉴》,更在于全书各章的撰写者,都是当时最为杰出的一批专业人士。该书各章及其撰稿人的情况如下:①

1935 年版英文《中国年鉴》撰写分工情况表

序号	各章名称	撰稿人	头衔
1	地形学	张其昀	国立中央大学教授
2	历史概要	顾颉刚	燕京大学教授
3	天文学	余青松	国立天文研究所主任,中国天文协会主席
4	气候	竺可桢	气候学研究所主任
5	人口	陶孟和	社会学研究所主任
6	国民党	崔唯吾	出版署前任主任
7	中央和地方行政系统	高一函	检察委员
8	行政院	彭学沛	行政院政治部主任
9	立法院	谢保樵	编译处长
10	司法院	谢冠生	司法院总秘书
11	考试院	陈大齐	考试院院长
12	检察院	钱智修	检察院委员
13	国家经济委员会	秦汾	国家经济委员会总秘书
14	对外关系(1928—1935)	刁敏谦	外事部情报和宣传处前处长
15	华侨	陈春圃	华侨事务委员会委员
16	教育	王世杰	教育部长
17	体育	褚民宜	行政院总秘书
18	海军	陈绍宽	海军部长
19	军队	杨杰	国立军事学院校长
20	航空	姚锡九	中国航空协会总秘书
21	铁路	曾仲鸣	中国铁道部副部长
22	航运业	何墨林 周凤图	中国商船航行公司经理,水路交通部门主任

---

① 参见平保兴:《民国时期出版的英文〈中国年鉴〉及其学术意义》,《年鉴信息与研究》2008 年第 2 期。

续 表

序号	各章名称	撰稿人	头 衔
23	电信	颜任光	电信部电报处主任
24	邮政	张梁任	汇款和储蓄银行董事会储蓄部主任
25	中国农业科学的发展	谢家声	国家农业研究局主任等职
26	森林	凌道扬	工业部森林处处长
27	动物饲养业	蔡无忌	工业部上海政府检测局长
28	渔业	侯潮海 陈谋琅	渔业部门主任,工业部技术专家
29	农业经济	张一心	中国银行信用贷款董事长
30	合作运动	王志莘	新华信用储蓄有限银行总经理
31	劳工	骆传华	工业秘书等职
32	采矿冶金业	翁文灏	中国地理测绘前任主任等职
33	电影	高元	中国卓越电影有限公司销售经理
34	水利工程	李协	黄河委员会会长
35	饥荒	章元善	行政院秘书等职
36	商业	章乃器	浙江工业银行副经理
37	对外贸易	何炳贤	工业部对外贸易局局长
38	工业	刘大钧	中国经济统计研究所所长
39	公共财政	陈炳章	财政部秘书
40	银行、金融和信用	张肖梅	中国银行经济研究部主任
41	佛教	关坰	财政部顾问等职
42	基督教会	徐宗泽	《基督教杂志》总编辑
43	中国基督教运动和抗议援助	刘廷芳	燕京大学神学和心理学教授
44	伊斯兰教	哈国栋	伊斯兰教知名专家
45	健康和医药	刘瑞恒	行政院国家健康行政部主任

由此表可见,撰写该书各章的执笔人,不仅都是所涉学科在当时中国第一流的人物,有很多同时也在相关的政府部门担任实际的领导工作。例如第一章"地形学"的撰写人张其昀(1900—1985)、第二章

"历史概要"的撰写人顾颉刚(1893—1980)、第四章"气候"的撰写人竺可桢(1890—1974)等等,几乎都是相关领域最为顶尖的不二人选。此外,有些章节的撰写人不仅是专业的学者,在撰写时更是所在部门的主管,具有丰富的实际经验,如撰写第十一章"考试院"的陈大齐(1886—1983),当时就是考试院的院长;撰写第十六章"教育"的王世杰(1891—1981),当时就是教育部长;撰写第十八章"海军"的陈绍宽(1890—1969),时任海军部长;撰写第十九章"军队"的杨杰(1889—1949),当时是国立军事学院的校长。如此阵容,使得这样一部《中国年鉴》的水平之高,恐怕是空前绝后了。而冯炳南能够与蔡元培等十二人并列该书的董事会成员,亦足见冯炳南当时的社会声望与影响力。

1941年12月太平洋战争爆发后,日军进入上海租界。由于冯炳南的声望和社会影响力,日本人及汪伪次年即打算胁迫冯炳南和秦润卿、袁履登等人,筹组维持会和伪上海市商会。冯炳南闻讯后,即同秦润卿到静安寺路(今南京西路)静安寺附近两座由客户抵押给福源钱庄的空屋内隐藏起来,使日伪方面无法挟持他出任伪职。这一点,表明了冯炳南在民族大义面前的鲜明立场和态度。此外,《栖霞寺志》第三卷载"上海殷商"冯炳南曾"助缘"栖霞寺中兴。冯炳南的母亲文太夫人是位"忠实的佛教徒",[①]极为重视孝道的冯炳南有捐助栖霞寺中兴,也是情理之中的事。

以上,主要是对冯炳南生平两件大事的简介。其他事迹,则因史料散逸,一时不能齐备。更主要的原因在于,本章并非冯炳南的生平传记,而是要从中国思想史和宗教史的角度出发,考察其"五教"的观念和实践。下面,我们就着重考察冯炳南人生中与其"五教"观念和实践有直接关系的事件,并分析其"五教"观念的历史

---

① "忠实的佛教徒"是冯炳南在其撰写的《先母文太夫人行述》中的用语。而据冯炳南在《五教入门总序》中所称,冯母除"熟诵《关帝经》"外,还"手持《金刚经》《玉皇经》",且"一生以诚为主",可以说是一位典型的三教共奉的中国传统妇女。

意义。我们将会看到,在冯炳南的自述中,这件事才是其生平所欲从事的三件大事之一。而上述两件事情,尚且不在其心目中的三件大事之列。

三 举办"五教"演讲与出版《五教入门》

1940年6月至7月间,冯炳南为了给母亲庆祝七十大寿,决定举办"五教"演讲并出版《五教入门》。冯炳南当时为母亲所作的寿词,曾经连载于1940年6月29日至7月4日的《申报》,并于6月29日在上海新新电台由其四子冯振威代其演讲播出,后来也收入了《五教演讲》一书的篇首。在这篇祝寿词中,冯炳南交代了举办"五教"演讲与出版《五教入门》的想法。

首先,他说:

> 为纪念家母的七十寿辰,由二十九日起,每天下午五点半至七点半(新钟点),在八仙桥青年会开始连续举行五教演讲五天;就是六月二十九,六月三十,七月一日,七月二日,七月三日,承蒋竹庄等几位先生担任主讲,这是万分荣幸,万分感谢的。

这里,冯炳南交代了"五教"演讲的时间和地点,以及演讲的人物。时间是1940年6月29日、30日、7月1日到3日连续三天,一共五日。地点在八仙桥的青年会,当时是上海基督教青年会的所在。①

---

① 八仙桥的青年会位于黄浦区西藏南路123号,1940年是上海基督教青年会的所在。现在是中华基督教青年会全国协会、女青年会全国协会、上海基督教青年会和青年宾馆的办公、营业处。根据上海市地方志办公室的记载,八仙桥的青年会大楼1929年10月动工,1931年建成。由当时著名的设计师李锦沛、范文照、赵深设计,江裕记营造厂施工。如今这座建筑已是上海市文物保护单位。

八仙桥青年会大楼照片之一

八仙桥青年会大楼照片之二

至于主讲人,这里只提到了蒋维乔(1873—1958,字竹庄)。的确,五场演讲中,蒋维乔一人就主讲了儒、释、道三讲。分别是6月29日的第一讲"儒家的要旨与道德"、7月1日的第三讲"道教之要旨与道德"以及7月3日的第五讲"释教之要旨与修行"。除此之外,耶教和回教(伊斯兰教),则分别在6月30日和7月2日,由徐松石(1900—1999)和哈德成(1888—1943)各自以"基督教之要旨"和"回教之要旨与道德"的题目主讲。①

关于"五教"演讲的时间、讲题和主讲人,我们不妨条列如下:

第一讲,6月29日,儒教:"儒家的要旨与道德";主讲人:蒋竹庄。

---

① 徐松石毕业于上海沪江大学,19岁皈依耶教,抗日战争期间组织了国内第一个耶教的文社,向国民传教。徐松石也是一名民族学学者,能够用中英文写作,著有《华人发现美洲考》《禹迹华踪美洲怀古》《泰族僮族粤族考》《基督教与中国文化》等。哈德成,又名国桢,陕西南郑人,回族。《伊斯兰教小辞典》称其为中国伊斯兰教著名阿訇。20世纪初曾到麦加朝觐,在埃及游学多年,1924年归国。1925年任浙江路清真寺教长,与马刚侯等人发起成立"中国回族学会",任副干事长。同时创办会刊《月报》,阐扬伊斯兰教义。随后主持翻译《古兰经》,译就三卷,刊载于学会月刊。1928年在上海参与发起和创办"伊斯兰师范学校",任教务主任。日军占领上海后,赴重庆,又至云南蒙自沙甸,组织马坚等人致力于《古兰经》翻译和伊斯兰教文化事业。与王静斋、达浦生、马松亭并称"中国四大阿訇"。逝于沙甸。

第二讲,6月30日,基督教:"基督教之要旨";主讲人:徐松石;速记:沈文彬。

第三讲,7月1日,道教:"道教之要旨与道德";主讲人:蒋竹庄。

第四讲,7月2日,回教:"回教之要旨与道德";主讲人:哈德成。

第五讲,7月3日,释教:"释教之要旨与修行";主讲人:蒋竹庄。

而在接下来的讲词中,冯炳南进一步指出,关于"五教"演讲一事,在他看来是"纪念家母寿辰最好的方式"。而之所以会这样认为,是因为这并非他的一时兴会,而是长时间深思熟虑的结果。他说:

> 现在举行的五教演讲,鄙人认为是纪念家母寿辰的最善的方法。鄙人对于社会认为必须改良的感觉,不自今年始,多年以前,已经有这个意见,不过在年轻时,忙于求自立,中年时,又为各种事业服务,闲暇的时间,实在没有,未遑及此,所以二三十年来,虽时时存着此心,但是时间能力,均感不足,所以迟迟未能为这个志愿觅得一个具体的办法。自二十六年起,病胃家居,缠绵数载,以十分之五六的时间与床褥做伴,身心都较为闲暇,便利用这几年的闲暇时间,把数十年来积蓄胸中没有系统的意思,加以整理,计划如何改良社会的问题,于是渐见具体,渐成系统,不过每逢计划一个办法,经历三数日之后,即又发觉种种缺憾,于是又需重头考虑研究,如是者无虑几十次之多。直至最近,才觉得较为缜密,较为进步,然而还未敢十分自信,未敢十分肯定,只算是略具雏形而已。今年适值家母七十的寿辰,趁此把我几年来的心得,或者可以独立举办的,或者需待群力协助的,使它们实现,以为家母的寿辰纪念。其次则因为自顾此身生存于社会,

已逾半百之年,受赐于社会者甚多,应当对于社会有所酬报。**五教演讲,是计划之一**,还有其他,容后再说。

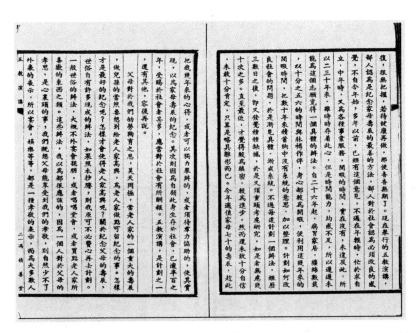

冯炳南长期思考最终所得的"较为缜密,较为进步"的"心得",也就是他计划要做的三件事。所谓"五教演讲,是计划之一,还有其他",就提示了这一点。事实上,在这篇祝寿讲词的后面,冯炳南明确提出了自己要做的三件事。其中第一件就是举办五教演讲和出版《五教入门》。他说:

> 第一件事,先请名儒硕学,将五教的要义,摘其与做人的道理有关系的,作概括简明的演讲。一方面延请通才,编撰儒、释、道、耶、回五教入门,鄙人鉴于一切科学,都能标准化,都有定律,有一定的程序,有事物的论据,而道德方面,则向来没有这样具体。在理论和方法方面,一向都是杂乱而无标准的,而且往往聚讼纷纭,莫衷一是,就是有志于道德上的依归者,见效亦异常迟

缓,不若科学之奏效速而功易见。因此,便觉得道德方面也有确定准程,教人入手的必要。**儒、释、道、耶、回五教崇奉的对象,虽有不同,采用的仪式,虽然各异,但其宗旨,总无非是劝人去恶修善**,如果人人能了解宗教的真意,人人能奉行宗教的真旨,则全世界不难臻于至善。不过五教的学说,意义精深,未必人人都能懂得其奥妙;然而其中亦有不少易于懂得易于实践的,这就可以作为做人的道德的入门方法。这部书,着手编纂,已经相当时日,每教各为一书,不久当可印行问世。

另外两件事则是要"翻译英国大儒斯迈尔的自助论,人格论,职责论,节约论,人生与工作,五部名著,以补五教入门之不足",以及"发起社会福利事业"。

冯炳南以母亲七十寿庆为由举办"五教"演讲一事,在当时的上海产生了很大的社会影响。哈德成的孙子和外孙后来在回忆祖父的文字中曾专门提到此事，只是将时间误记成了10月。①

在举办完"五教"演讲之后，冯炳南除了重金酬谢了五位演讲人之外，②立刻以冯积善堂的名义，于当年印行了《五教入门》。《五教入门》包括《儒教入门》《佛教入门》《道教入门》《耶教入门》《回教入门》五册。③ 需要说明的是，这五部书并非"五教"演讲的演讲稿。除了蒋维乔撰写了《道教入门》之外，其他四部入门的作者并不是其他演讲者。当然，除了蒋维乔之外，其他演讲者也并非与五部入门书毫无关系。比如，《回教入门》虽然作者是王博谦，但却是经过回教演讲人哈德成大阿訇审定并作序的。而蒋维乔不仅撰写了《道教入门》，还审定了《佛教入门》并为之撰写了序文。至于"五教"演讲的内容，则另外同样由冯积善堂出版印行了将五次演讲内容合为一册的《五教演讲》。我们先将《五教入门》各册及其作者陈列如下，再附上原书封面的图片。

《儒教入门》，林嵩尊④

《佛教入门》，王博谦⑤

《道教入门》，蒋维乔

《耶教入门》，程伯群⑥

---

① 哈德成的孙子和外孙的回忆文字，参见：http://www.mooncn.net/forum/showpost.php? p=678684。

② 例如，据哈德成的后人记载，"五教"演讲之后，冯炳南以5000元巨额酬金相赠。虽谢拒再三，仍坚持赠送。于是哈德成阿訇即将这笔酬金用作教育基金，帮助了不少贫穷家庭的穆斯林子女继续学习，为培养人才发挥了很大作用。

③ 笔者所用的《五教入门》现藏哈佛燕京图书馆。据悉也收录于林庆彰主编的《民国时期哲学思想丛书》第一编，第80册。

④ 林嵩尊1925年曾在上海创办中社，提倡国学，发行《中社杂志》。

⑤ 王博谦，号水镜居士，在应邀撰写《佛教入门》之前，著有《学佛浅说》（上海：佛学书局，1928）；该书有印光大师撰序，在社会上流传颇广。

⑥ 程伯群曾任中华基督教会长老会浙江大会、江南大会、江淮大会、江安大会"四联会"的总干事。著有《中国社会思想史》（上海：世界书局，1937）、《比较图书馆学》（上海：世界书局，1935），译有《林肯传》（上海：世界书局，1937）。

《回教入门》,王博谦

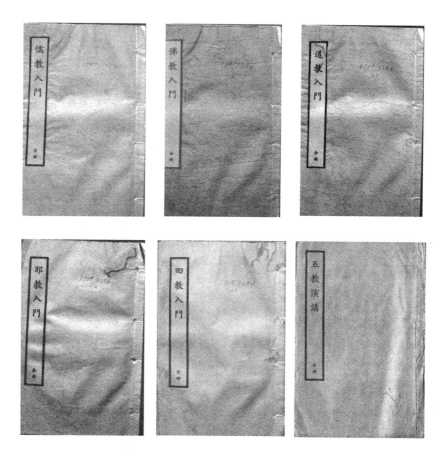

冯炳南不但举办"五教演讲",出版《五教入门》,还为《五教入门》亲自撰写了"五教入门总序",并且还在作者的序文之外,分别为《佛教入门》《道教入门》《耶教入门》和《回教入门》撰写了单独的序文。正是透过这些序文以及他在为母祝寿的讲词中,我们可以看到冯炳南有关"五教"的思想观念。下面,我们就以这些原始文献为据,对其"五教"观念予以初步的观察和分析。

四 "五教"的思想观念

在为《佛教入门》《道教入门》《耶教入门》和《回教入门》分别撰写的序文中,冯炳南对各教都表示了高度的尊敬。例如,他在《耶教入门序》中说:

> 炳南于各教,尚无专一的信仰,加以频年以来,身弱多病,尘俗之事,又极繁忙,以至各教的经典,都没有深邃的研究和确切的认识。至于耶教,对于耶圣救世的精神,是向来相当的尊敬。平日友好之中,不乏崇奉耶教的人。每为谈及耶教教义,中间最占主要地位的纯洁、无私、诚实、博爱,四大纲领,谈者娓娓不倦,听者津津有味,认为切于为人的要道,尤与炳南平日所主张自利利人及易知易行的宗旨相吻合。

这里,冯炳南直陈"对于耶圣救世的精神,是向来相当的尊敬"。在《回教入门序》中,他也说:

> 余于各家宗教,既并无颛一之信仰,致于各教典籍,都未做深切之探讨。尤其对于天方教典,虽已久耳穆罕默德圣人之名,然于其教义之精微,犹如万仞宫墙,徘徊门外。然据平日所闻之一鳞一爪,觉有数端,与余夙昔所持之宗旨,颇有暗相契合之处。

在这两篇序文中,冯炳南都尊称耶教与回教的创始人为"圣人",所谓"耶圣"和"穆罕默德圣人"。这种称呼,无疑更是显示了冯炳南对于耶教和回教的尊敬。

而在尊敬之外,从其篇幅不长的序文也可以看到,对于各教基本教义甚至各教之间的异同,冯炳南的理解与掌握甚至是颇为恰当和准确的。例如,他在《佛教入门序》中指出:

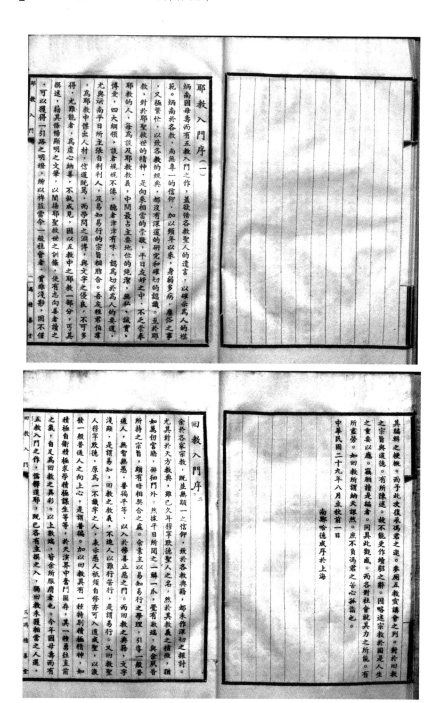

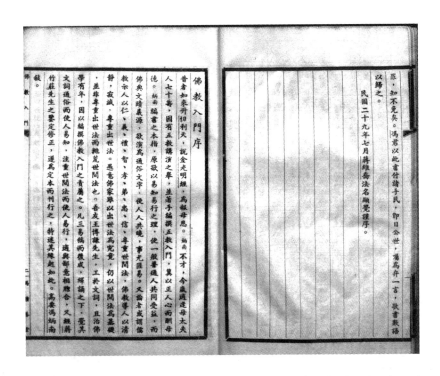

又论者或谓儒教示人以仁、义、礼、智、孝、弟、忠、信,专重世间法;佛教导人以清净、寂灭,专重出世法。愚意佛家虽以出世法为究竟,仍以世间法为基础,并非专重出世法而抛荒世间法也。

关于佛教与儒家在基本义理上的同异,笔者曾经在考察中晚明的阳明学时予以较为细致的分析。① 冯炳南能够不为"世间法"和"出世法"的两分所限,能够看到佛教也有世法的一面,是其难能可贵之处。而他在《道教入门序》中,甚至对道家、道教的源流进行了简要的概述。他说:

---

① 参见彭国翔:《良知学的展开——王龙溪与中晚明的阳明学》,第五章"王龙溪与佛道二教"第二节"龙溪的三教观与自我认同"第(二)部分"自我认同",以及第七章"中晚明的阳明学与三教融合"第二部分"有无之境"。

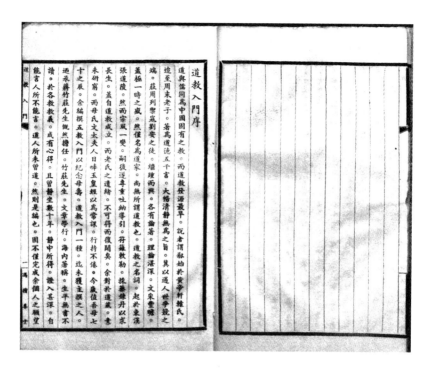

　　道与儒同为中国固有之教,而道教发源最早。说者谓刱始于黄帝轩辕氏,迨至周末老子,著为道德五千言,大畅清静无为之旨,冀以遏人世争竞之端。庄周、列御寇、刘安之徒,继踵而兴,各有论著,理论湛深,文采丰赡。盖极一时之盛。然仅名为道家,尚无所谓道教也。道教之名词,起于东汉张道陵,然而宗风一变,嗣后遂专重吐纳导引、符箓敕勒、采药炼丹以求长生。盖自道教成立,而老氏之遗绪,不可得而复闻矣。

这里对于道家、道教的判断,虽然极为简略,但基本上可以说是准确的。

　　在为各教分别撰写的序言之外,冯炳南在《五教入门总序》中,更是将"五教"放在一起加以讨论。他说:

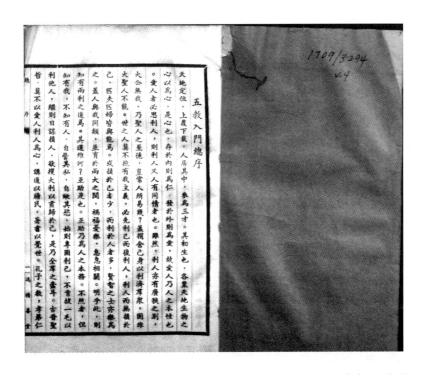

  古昔圣哲，莫不以爱人利人为心，讲道以牖民，著书以觉世。孔子之教，孝弟仁义，忠信笃敬，己立立人，己达达人；老聃之教，和光同尘，善下不争，柔以胜刚，慈以为实；释迦牟尼之教，离欲去染，自觉觉他，普度众生，慈悲救世；耶稣基督之教，忏悔罪过，真实为善，至诚纯洁，无私博爱；穆罕默德之教，诚恳忠实，坚忍勇敢，对人行善，不喜作恶。教旨虽各有不同，而立意在爱人利人则一也。

在这段话中，冯炳南不仅概述了他对于儒教、佛教、道教、耶教和回教这"五教教旨"的理解，同时也提出了他认为"五教教旨"可以会通为一的看法，所谓"教旨虽各有不同，而立意在爱人利人则一也"。

  在前引文中已经可以看到，在《耶教入门序》和《回教入门序》的开头，冯炳南都提到自己并无特定的信仰，所谓"炳南于各教，尚无专一的信仰"，"余于各家宗教，既并无颛一之信仰"。不过，这只能是冯炳南的谦词,并不意味着他不具备信仰的虔诚。事实上,也正是在《五教入门总序》中,在表达了他自己对于"五教教旨"的看法之后,冯炳南紧接着表述了他对于信仰甚至什么是宗教的看法,他说:

> 炳南困学有年,慧根未种,虽泛览载籍,覃思佳训,而义理精微,未易穷其蕴奥。就大体观之,人类幸福,文化根荄,殆皆导源于教典,而事涉天人相与之际,其所以起凡情之回向者,或崇奉一尊,或泛神为教,玄契示象,非道一风同也;规律仪文,又昭然若判也。然究论修进之阶,则潜通默感,而皆以溉生匡俗为归,但期一本之真诚斯可矣。奚必溯回冥漠,沾沾株守于唯一皈依,而后始谓之信仰也哉?
>
> 顾非敢谓宇宙间无神也,阴阳之一长一消,万物之忽生忽灭,造化必有主宰者以斡运于中枢。近世文明日进,科学自诩万能,然如水如火如土如空气及太阳之光热,乃世界人类物类所必需,而赖之以生存者。科学家虽间有运其智能,殚精制造,然用力多而成效寡,终不能夺天工之巧,而溥其功用于寰球,况乎原料又必取诸天然也。又如月绕地而行,每月一周;地绕日而行,每日自转一周,每年公转一周,万古不易。是谁使之然者?天空之中,八大行星而外,小星几如恒河沙数,各循轨道而行,不相冲犯,有吸力以引之使近,又有拒力以隔之使离,往复循环,秩然不紊,又岂人之所能为耶?夫人生有涯,耳目之聪明亦有限,亘古迄今,所谓创造之大圣者,亦不过因自然之物力而改善之,未足以言创造也。其真能创造者,乃至广至大、至灵至妙、变化不可知之神耳。在儒道两教谓之天,在释教谓之佛,在耶教谓之上帝,在回教谓之真主。五教各宗其神,立极以教后世,惟有诵其至言,契其妙义,可从则从之,可行则行之,但求裨益于我之身心,而不必拘乎膜拜祈祷之仪式也。

所谓"或崇奉一尊,或泛神为教,玄契示象,非道一风同也;规律

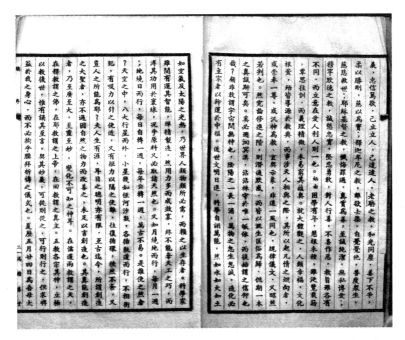

仪文，又昭然若判也"，表明冯炳南能够平情意识到各教的差别。而"但期一本之真诚斯可矣。奚必溯回冥漠，沾沾株守于唯一皈依，而后始谓之信仰也哉？"的反问，则表明了他对宗教信仰的理解显然不限于西亚一神教（monotheism）的模式，可以说是一种宗教多元论（religious pluralism）的看法。

此外，从冯炳南这里对于科学"万能"论的批评来看，①他显然不

---

① 在纪念母寿演讲词中，冯炳南同样表达了对于科学万能论的批评，所谓："现值家母的七十寿辰，不愿以世俗豪奢的过眼烟云方式，来举行庆祝，而想用一个较有持久性的，对于人们的心灵和肉体，都有裨益的办法，以为纪念，鄙人认为一个人的心灵和肉体，有同样的重要，肉体固然当求其健全，而心灵上的健全，亦应该一样加以注意，肉体的健全，可以靠科学而获得，但是心灵上的健全，有时亦不能乞灵于科学，所以人体的疾病，除了科学的治疗外，尚有许多要用精神来治疗，世人只见科学的有形的煊赫的效果，有可以按案的准备迹象，便以为科学万能，科学虽然有它的能力，然而不是万能的。""科学是探求事物的真理的方法，而道德则是探求做人的真理的方法，做人的真理未曾获得，则事物的真理，何补于我们？道德与科学，能够合作，则人类日进于文明，若道德与科学分离，则不论科学进步，达到如何完善的程度，祇足以加速人类退化而已。世界上没有科学，人类还可以生存，如果没有了道德，则不能生存了。"

是一位科学主义者。这一点,在直到今日科学主义仍然占据主导的中国,是十分难得的。不过,冯炳南虽然质疑科学万能,肯定宇宙间不无神的存在,但他对"神"的理解,却也并没有归于西亚一神教意义上的人格神,而是将儒道两教中的"天"、佛教中的"佛"、耶教中的"上帝"和回教中的"真主",并置于"神"的地位,所谓"五教各宗其神"。更为重要的是,虽然冯炳南认为"五教"都是"立极以教后世",但对于各教教义,他都禀持理性主义的立场,并不采取迷信的态度,所谓"可从则从之,可行则行"。至于"但求裨益于我之身心,而不必拘乎膜拜祈祷之仪式也"的话,则再一次表明,对于冯炳南来说,"膜拜祈祷"并非宗教信仰的必要内容。笔者曾经专门讨论过儒家对于宗教与信仰的看法,①从冯炳南此处所论来看,他的看法可以说显然是典型的儒家立场。

冯炳南对于"五教"的看法,可以说是一种儒家立场的"五教同源"论。事实上,他在《五教入门总序》中,就明确使用了"五教同源"的字眼。并且,这里所谓"源",显然是儒家最为强调的"为善去恶"的道德意识。事实上,前引纪念母亲七十寿庆的讲词中,已经有明确的表示,所谓"儒、释、道、耶、回五教崇奉的对象,虽有不同,采用的仪式,虽然各异,但其宗旨,总无非是劝人去恶修善"。这一点,在《五教入门总序》如下文字中,同样表示得非常清楚:

> 盖《五教入门》者,并非导人入五教之门,不过采辑五教教典中之嘉言懿训以导人入为人行善之门耳。方今危言簧鼓,圣教榛芜,人欲横流,人心亦日益陷溺,由是理智丧失,几不自知人之所以为人。兹编所纂著者,皆不外为人之要道,无人不能知、无人不能行者也。夫善则当好,恶则当恶,此人人之所能知,亦人人所应知;见善则趋,见恶则去,此人人之所能行,亦人人之所应行。人苟好善而恶恶,又能趋善而去恶,则无愧于为

---

① 参见本书导言及第十章"唐君毅论宗教精神"。

人，士可以希贤，贤可以希圣，即与天地参无难矣。五教同源之旨不在斯欤？

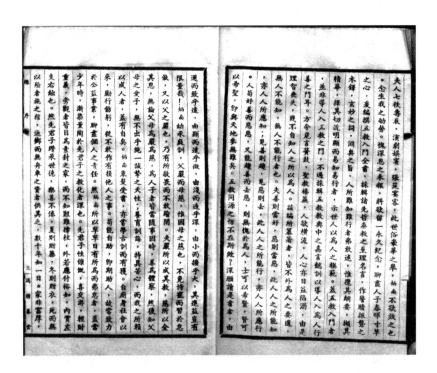

"为人之道"是儒家最为关注的问题，所以"成人"是儒家传统的核心课题之一。正因为冯炳南将"为人之道"视为"五教"立教的目的，他在《耶教入门序》中开篇就说："炳南因母寿而有五教入门之作，盖欲借各教圣人的遗言，以确示为人的模范。"而为人之道最为根本的内容，不外是"好善而恶恶""趋善而去恶"。这里，冯炳南直接使用了儒家的话语，最终将"五教同源"之源，指向了儒家"为善去恶"的道德意识与实践。"士希贤、贤希圣"，最终"与天地参"，正是儒家传统一贯的修身之道。

同样，如果说重视孝道是儒家传统最为重要的一项价值，那么，冯炳南以"五教"演讲的形式为母亲祝寿，自然是其践行孝道的直接表现，而他在《五教入门总序》中将"孝亲"归于不断"迁善改过"的"为人之本"，则更将其儒家伦理的价值信守表露无疑。① 他说：

> 今炳南生五十有三岁矣，日月虽迁，而影事历历，我有过而自知，我知过而速改，我改过而即可迁善，故此后省察存养之工夫，皆以改过为先务。五教之书，乃所以导我改过者也，导我改过，即所以助我为人矣。窃思为人之道，当求其本，其本何在，首在孝亲。

正是由于冯炳南最为看重为人之道，他在纪念母亲七十寿庆的演讲词中，曾自陈多年总结的心得与体会如下：

> 我曾细想，世界上做人的态度，不外五种：一利人利己；二利人不损己；三利人损己；四损人利己；五损人不利己。第一种最合理，第二种亦可以行得，第三种不是普通人人人所能做的，第四种就要不得，第五种更要不得。所谓简明的道德标准及方法，就是要教人如何可以做得到上面所说的最合理的态度，就是如何可以利人利己。

冯炳南这里总结的做人的五种类型以及他所提倡的"利人利己"的"为人之道"，应该是他平素最为津津乐道的。王博谦在其所著《佛教入门》和《回教入门》的最后，程伯群在其所著《耶教入门》的最后，以及蒋维乔和林嵩尊在为《道教入门》和《儒教入门》各自撰写的序

---

① "迁善改过"的观念与实践虽然不限于儒家，参见 Pei-yi Wu（吴百益）的"Self-examination and Confessions of Sins in Traditional China"（*Harvard Journal of Asiatic Studies*, Vol. 39, June 1979, pp. 5-38），但从明末清初以来，在儒家知识人的大力推动之下，在整个中国社会产生了极为深广的影响。关于明末清初"迁善改过"的思想与实践，参见王汎森：《明末清初的人谱与省过会》，载其《权力的毛细管作用——清代的思想、学术与心态》（台北：联经出版公司，2013），以及吴震：《明末清初劝善运动思想研究》（台北：台湾大学出版中心，2009）。

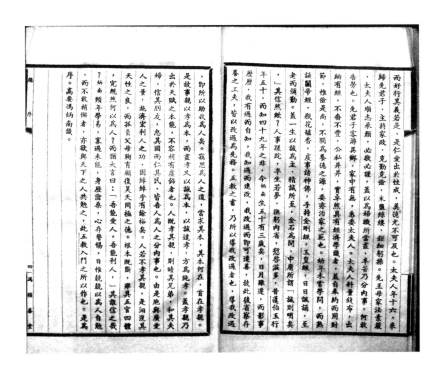

文最后，都不约而同征引了冯炳南总结的五类以及"利人利己"的为人之道。并且，蒋维乔称之为"蔼然斯人之言，何其深切而着明也。吾愿读此书者，既得宗教上之利益，并每日三复斯言，应庶乎无大过亦"。王博谦更称其为"做人楷模""结论中之结论"。至于其儒家的立场，在林嵩尊的赞词中则透露无遗，所谓"聆先生之言，可以知先生之为人矣。儒家之先哲，皆以利人为心。而先生即本先哲之心为心"。

冯炳南在《五教入门总序》之外，分别又为《佛教入门》《道教入门》《耶教入门》和《回教入门》作序，却并未给《儒教入门》作序，这似乎非但不能说明他厚此薄彼，也许恰恰说明，正是由于他的儒家立场，使他对于其他四教格外客气。

第八章 民国时期的"五教"观念与实践 | 219

五 结 语

通过上文对冯炳南其人及其"五教"观念与实践的考察,我们可以看到,在20世纪40年代,以"儒释道耶回"作为流行中国的"五教",已经是一个较为普遍的观念。并且,这种"五教"意识,以冯炳南的身份来看,也已经不限于学院知识人的范围。

前面已提及,冯炳南的"五教"意识在20世纪初绝不是孤立的个案。例如,1922年奉天(今东北)同善堂出版了海城人王有台著、海城人凌近光校阅并撰序的《孔道我闻录》一册。该书第一篇即《儒释道耶回五教辩》,在这篇文章的开头,作者王有台即指出:

> 主慈悲者,释也;言感应者,道也;倡博爱、尚清真者,耶与回

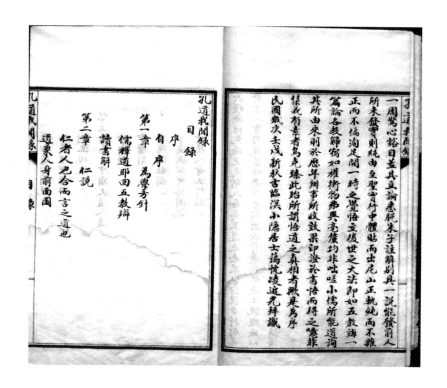

也。上溯释迦、老子、耶稣、谟罕默德四教圣人,虽其立教精神各有不同,而其因时立论、劝人为善之宗旨则一也。

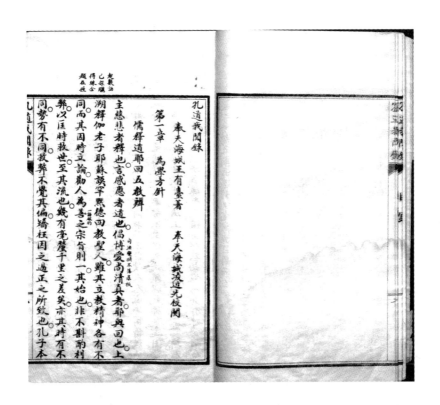

显然,王有台同样具有自觉的"儒释道耶回"这一"五教"意识。并且,王有台的儒教立场虽然比冯炳南有过之无不及,近乎"儒家本位",似乎不像冯炳南那样能够平视各教而不将"五教"归"儒",但以"为善去恶"为"五教"共同之源,则与冯炳南是相当一致的。

根据凌近光的序文,王有台"自变法维新,投身警界,旋办奉天习艺所(即奉天改良监狱之嚆矢)、惠工公司,继又接办同善堂诸善举"。如此看来,王有台其人显然更不是一位学院中的知识人。当然,虽然一直投身实业,包括当时奉天有相当影响的慈善事业同善堂,①像那个时代大多数不致过于贫穷的人家一样,王有台也是一方面自小接受儒家经典教育,一方面在中西文化冲撞的时代变局中,接受了近代西方文明知识系统的洗礼。这一点,从他的自序中显而易见。

不过,无论是王有台其人,还是《孔道我闻录》这部书,大概都不太为人所知。即便在当时,应该也是没有什么影响。冯炳南读过此书的可能性是微乎其微的。但两人一南一北,相隔不过十八年,同样具有自觉的"五教"意识,可谓遥相呼应。这无疑表明,"五教"而非"三教"的观念,至少到民国初年,早已成为广大中国人而非学院知识人对于流行中国的五种价值系统的自觉意识了。

当然,由于儒释道耶回这"五教"元明以降已经成为中国社会的宗教事实,②这种自觉的"五教"观念,自然可以上溯得更早。例如,英国传教士慕威廉(William Muirhead, 1822—1900)在1879年就曾经以中文出版过一本《儒释道回耶稣五教通考》,其中已经正式提出了"五教"的说法。有人认为,这似乎是最早明确提出"五教"之说的中文文献之一。③ 但是,该书与冯炳南的"五教"观念截然不同,本质上是一部希望将中国基督教化(Christianized)的传教之书,并不能反映当时中国社会的宗教状况。所以虽然有"五教"一说,在该书自序中,慕威廉却开宗明义即宣称基督教"独为真理,其据甚多,不必与他教并驾齐驱。如日之光,难与萤火比例"④。其毫不掩饰的独尊耶

---

① 奉天同善堂在沈阳,前身是1882年(清光绪八年)盛京总兵左宝贵创立的各种慈善机构。1896年盛京将军依克唐阿将之前左宝贵建立的慈善机构合并,取"万善同归"之意,正式命名为"同善堂",由奉天督军公署管辖。

② 元朝时,当局已经意识到"五教"并存的社会现实,例如,《元史·本纪第五·世祖二》至元元年春正月癸卯(1264年2月26日)的敕谕中即载有"儒、释、道、也里可温、答失蛮等户,旧免租税,今并征之"的话。其中"也里可温"为耶教徒,而"答失蛮"即回教徒。

③ 陈怀宇:《近代传教士论中国宗教——以慕威廉〈五教通考〉为中心》(上海:上海人民出版社,2012),第61页。

④ 慕威廉:《儒释道回耶稣五教通考》(东京:十字铺书屋,1879),第56页。哈佛燕京图书馆藏显微数据,Series G Humanities, No. 8。

教的心态,跃然纸上。更为关键的是,本章的用意在于以冯炳南为例,考察中国人自己对于"五教"的观念和实践,并不在于追溯"五教"一词在中文世界的起源,因此,此类域外来华的传教士之作,就不在本章的考察范围之内了。①

此外,还有一种"五教"的思想与实践,如清末同光年间王觉一的"五教合一"运动以及后来由此发展而出的"一贯道",以及1927年四川人肖昌明创立的"天德圣教",②都是以共尊"五教"为名义的新兴民间宗教(popular religion)。不过,这些民间宗教运动虽然也肯定"五教",言其会通,其实都试图在儒释道耶回之外另创一教,其五教意识与冯炳南所代表的受过教育的国民(educated people)对于"五教"的理解,已经截然异趣,③因此也不是本章所当考究的题中之义。

有趣的是,随着中国内地宗教政策的调整,最近不少省市都有所谓"慈爱人间、五教同行"的活动。不过,虽然有个别学者呼吁建立

---

① 当然,西来传教士中并非都是如慕威廉般贬抑诸家、独尊耶教者,也有能够平视五教、自觉求同存异的人物,例如美国传教士李佳白(Gilbert Reid,1857—1927)曾经在上海创办尚贤堂,举办教务联合会,轮流延请各教名人前往演说,以各教之间"发挥所长,不相非难"为教务联合会的原则和宗旨。并且,他曾在至孔教会的演讲中指出,各教之间有同有异,彼此之间应该是"我既不苟同于人,亦不宜强人之苟同于我。而惟互相和合敬爱,劝勉辅助,共谋人道之乐利而已"。参见其孔教会演说文《孔教之窥见一斑》,收入程湑编《孔教外论》。

② "一贯道"和"天德圣教"1949 年之后皆绝迹于中国内地,而在台湾和香港流传。关于"天德圣教",参见 Holmes Welch and Chun-Fang Yu(于君方),"The Tradition of Innovation: A Chinese New Religion," *Numen* XXXVIII, 2(1980):222-246。关于王觉一与"一贯道"的研究,参见钟云莺:《王觉一生平及其〈理数合解〉理天之研究》(台北:花木兰出版社,2011)。关于"一贯道",参见(1)李世瑜:《华北秘密宗教》(台北:古亭书屋,1975);(2)宋光宇:《天道传证——一贯道与现代社会》(台北:正一善书出版社,1996);(3)陆仲伟:《一贯道内幕》(南京:江苏人民出版社,1998);(4)秦宝琦、晏乐斌:《地下神秘王国一贯道的兴衰》(福州:福建人民出版社,2000);(5)钟云莺:《近代一贯道的发展及其影响》,载汉宝德、吕芳上等编:《中华民国发展史·教育与文化》(上册)(台北:联经出版公司,2011)。

③ 冯炳南所谓的五教会通,是强调"儒、释、道、耶、回"之间的共识与相通之处。这种会通意识,哈德成在其《回教入门序》中,也予以肯定。他说:"夫世界之大宗教,曰儒、曰释、曰道、曰耶、曰回,五者而已。然各教之持说虽殊,而其重道德、屏私欲、致治平、福人群之宗旨则一。《易·系辞》曰'天下同归而殊途',殆可为各宗教言也。"

儒教,至少就目前中国官方的宗教政策来看,法定的"五教",仍是佛教、道教、伊斯兰教(回教)、基督教(Protestantism)和天主教(Catholicism),而不包含"儒教"。显然,官方的这种"五教"观与冯炳南所代表的清末以来、民国时期的"五教"观,又是颇为不同的。此中的关键,当然是可否将儒学理解为一种宗教传统。而该问题的关键,又在于如何理解"宗教"的概念与定义。如果宗教可以依照冯炳南理解的那样,"但期一本之真诚斯可矣。奚必溯回冥漠,沾沾株守于唯一皈依,而后始谓之信仰也哉?""但求裨益于我之身心,而不必拘乎膜拜祈祷之仪式也。"那么,儒家传统作为转化身心、变化气质的一整套理论与实践,当然可以视为一种宗教。由于笔者曾经对这些问题进行过专门的探讨,①此处也就不再重复了。

最后我想指出的是,冯炳南可以说是一位典型的儒商,他继承了中国历史上尤其明清以来的儒商传统。② 儒商虽从事工商实业,却绝非仅仅关注经济利益的"经济人",而是关心政治,注重文化思想与社会公益的建设,认同儒家仁、义、礼、智、信的价值,甚至具有类似于清教徒(Puritan)一样的宗教情怀与虔诚(piety)。只不过那种虔诚并不局限于儒家一教,而是及于其他各种伟大的精神性传统,恰如冯炳南的"五教"观念及实践。可惜的是,1949年之后,这种儒商的传统在中国内地随着儒学传统一道被斩断,只能在海外华人的世界(Chinese Diaspora)中不绝如缕。改革开放迄今,中国大陆商人阶层涌现,其财富不断积累,但像冯炳南那样真正的儒商却并未出现。只有在一个自由、民主和法治的社会,儒家才能最终避免狄培理(Wm. Theodore de Bary)所描述的那种历史命运:"经常不得不单枪匹马面对大权在握的统治者,独自应对帝国官僚体系的复杂、僵化、或派系内讧。他们越是有良知,就越容易成为烈士,或者更多的时候成为政

---

① 参见本书导言。
② 关于中国历史上尤其明清以来的儒商传统,参见余英时:《儒家伦理与商人精神》,收入沈志佳编:《余英时文集》第3卷(桂林:广西师范大学出版社,2004)。

治空想家。"①希望在不久的将来,随着公平与正义的日益完善以及"斯文"的重建,②真正的儒商更多地重现于神州大地。

---

① W. T. de Bary, *The Trouble with Confucianism* (Harvard University Press, 1996), p. 99.
② 参见彭国翔:《重建斯文——儒学与当今世界》(北京:北京大学出版社,2013)。

第九章

再论民国时期的"五教"观念与实践
——同源、同化与相处之道

引　言
"五教"同源
"五教"同化
宗教观(修道)及其基础(率性)
"五教"相处之道
关于以儒教为国教的问题
结　语

一　引　言

在上一章中,笔者运用学界以往未尝利用的文献,考察了学界一直未有专门研究的冯炳南及其"五教"观念与实践。根据笔者的研究,1940年上海闻人冯炳南的"五教"观念与实践,可以说反映了民国时期社会中产阶级以上人士对于儒、释、道、耶、回这"五教"的一种态度与立场。这种"五教"的观念及其实践,不但在民国时期颇有代表性,即便今日看来,在目前全球化所造成的各种宗教互动日益密切、冲突不断的局势下,更有其特别的意义。

本章将在上一章的基础上,以《五教同化论》和《吾人对于五大教应取之态度》这两篇学界以往未尝措意的民国时期的文献为主,特别是"五教同化论",兼取其他同样鲜为人知的史料,对于民国时期的"五教"观念,再予考察和申论。既求回顾思想史之旧貌,也希望对于这些年来我一直关注的宗教问题,尤其是如何处理不同宗教传统之间的关系问题,能够提供温故知新的理解,对世界各大宗教传统彼此和谐相处和取长补短有所助益。

二 "五教"同源

儒、释、道三教一源的观念,在中国传统思想中源远流长,到了晚明的阳明学中达到极致。这一点,反映出中国思想传统重视融合折中的特点。① 同样,在民国时期流行的"五教"观念中,"三教一源"的思想进一步演化成"五教同源"的观念。笔者已经指出,在冯炳南的思想中,"五教同源"的观念显而易见。而上一章最后,也提到1922年东北海城人王有台曾经有《儒释道耶回五教辩》一文。不过,王有台虽有"五教"之说,但并未像冯炳南那样阐发"五教同源"的观念。那么,民国时期"五教同源"的观念,是否在冯炳南于1940年举办"五教"演讲并出版发行《五教入门》方才具备呢?

事实上,在冯炳南1940年举办"五教"演讲并出版发行《五教入门》之前,在《明经说》第17期特刊中,有一篇未完待续的《五教同化论》,该文已经非常明确和详细地表达了"五教同源"的思想。该文的作者,如今已难考。不过,正是由于该文的作者似乎不是当时的著名人物,其中所反映的关于"五教"的思想,才更能说明并非少数知

---

① 参见彭国翔:《良知学的展开——王龙溪与中晚明的阳明学》(台北:学生书局,2003;北京:生活·读书·新知三联书店,2005,2015)。

识精英的专属,而是恐怕在至少中产阶级以及以上的社会人士中已有相当的反映。此外,在1933年《道德月刊》第1卷第1期中,有一篇署名为"悟坦"的《吾人对于五大教应取之态度》的文章。顾名思义,该文主要是表达对于"五教"之间关系的态度。不过,其中同样也流露出了"五教同源"的思想。可惜的是,这两篇文献以往似乎都未进入民国时期宗教思想研究者的视野。以下,就让我们以这两篇颇具思想史意义而鲜为人知的文献为据,仔细解读其中的相关意涵。

在《五教同化论》一文中,首先表达的就是"五教同源"的思想。而在正式阐发这一思想之前,该文首先回顾了中国历史上"三教一源"的传统,指出"三教之源出于一途而其精义更无分别",三教之间可以说是"名虽有异,实已无歧",所谓"故三教一教也,名三而实一也。"在此基础上,该文进一步指出,宋元以降,随着回教和耶教逐渐在中国的广泛传播,①传统的"儒释道"三教演变为"儒释道耶回"五教。而这"五教",在《五教同化论》的作者看来,也同样是"夫教一也,名虽众而实则同"。

这一点,在《吾人对于五大教应取之态度》一文中,同样也有明确的表达,所谓:

> 现在世界交通,门户开放,人人公认的有五大宗教,五大教是道、佛、基、回、儒。道之太上老君,佛之释迦如来,基之耶稣,回之默罕默德,儒之孔子,均是世界人类所公认为五大教主的。但是要说五大教主,同一源流,同一宗旨,世人听着,必然骇而却走,不敢相信。此等原因,就是佛家所谓习识作用。因彼等素日所闻所知的,皆是五教教徒,互相毁谤的言语。不是你说我异端,就是我说你外道。是己非人,早已成为习惯。今日忽听说五

---

① 该文注意到了基督教在唐朝时即已传入的历史事实,但也很清楚当时未成气候,要到后来在另外的机缘之下,才得以在中国广泛流传,所谓"故景教之传,不大而中梗。后之耶教传来,又其他因缘也"。

> 故寺廟供奉徧於里閭，祭祀禮儀備於典制，佛有僧尼之眾，道有羽士之徒，皆與乏人往還，經師友善其同化之迹，有事可徵，有史足證，此由三教之源出於一途，而其精義更無分別也。故三教名雖有異，實巳無歧。信仰任民自由，僧持聽人所好。故靜定法戒行之規，脩戒行作功德為己有成。輕以省本道德明性命習戒行者，三教一趣莫可軒輊。以道佛而廢其八有則不乘於中庸之訓也。故儒以道佛，道佛以儒經而通其辭，相與闡揚乃臻大化，此實吉。

大教主是无分别、无高下的，岂不是大大的怪事么？且彼拘守各教中枝枝节节的仪式语言，实在五教各有不同，更寻不出一个共同相，在于何处。其闻而骇走，自属当然之事。然而这种真理，又不能不向众人说明，以破大地众生的迷梦，而促进世界之大同。

这里"道、佛、基、回、儒"中的"基"，也就是《五教同化论》中所谓的"耶"，都是指"基督教"（Christianity，包括天主教和新教）。当然，在民国时期，似乎更多的还是用"耶"来指称广义的"基督教"，这

> 教之大幸，亦人類之大幸也。故三教迄今傳播未已。人民所以尊仰者，未或少衰，此固以三教之精足以垂不朽，而老孔佛氏足以為萬世師表也。此三教之在中國相得益彰，左右民情俗尚輔導政治法律，立人道之本。定世習之範。蓋數千年未嘗易也。夫以三教同行一國同施一族，久而彌通達而益化。設非有其共同之義，不悖之旨，能如是哉。故三教一教也名三而實一也。此可見莊子之能見其大，而文中子之能達其原也。而三教之同化，乃積為東亞之文明，以

一用法至今在港台地区依然通行。而由这段话可见，所谓"五大教主，同一源流，同一宗旨"，正是"五教同源"思想的反映。该文作者"悟坦"其人，笔者一时无暇详考，而"五教同源"的思想，用他自己的话来说，就是"教虽有五，而道则无二"。

至于"五教"所同之"源"是什么，笔者在讨论冯炳南的专文中已经指出，至少在像冯炳南这样的人看来，"五教"所共同之源就在于"人性"与"人道"。这一点，其实在《五教同化论》以及《吾人对于五大教应取之态度》两文中也有明确的反映。对此，本章后面会有具体的讨论。

論說 吾人對於五大教應取之態度

他一區宇的宗教，也是同一原理成的，但是在衆人眼中，見其宗教儀式不同，語言各異，就本其習慣，妄生分別，入者主之，出者奴之，由分別而是非，由是非而攻擊。甚至醸成宗教的戰爭，足以流毒衆生遺禍無窮，今值世界公認信教自由之時，有形之教爭，雖然不能驟起。而無形的心爭，亦足以釀造戾氣，破壞太和，無形之中，爲造刼之重大原因，一般忠實的教徒，往往不明此理，反以攻擊他教，獨尊已教，爲救世救民，眞是不明從前教主創立宗教之心理，教主創教，無不以救人爲心，今因爭教，反致造刼害人，試想教主在天之靈，能不太息長嘆麽？

現在世界交通。門戶開放，人人公認的有五大宗教，五大教是道佛基回儒，道之太上老君，佛之釋迦如來，基之耶穌，回之謨罕默德，儒之孔子。均是世界人類所公認爲五大教主的，但是要說五大教主，同一源流。同一宗旨，世人聽著，必然駭而却走，不敢相信，此等原因，就是佛家所謂習識作用，因彼等素日所聞所知的，皆是五教教徒，

三 "五教"同化

不过,除了"五教同源"的思想之外,正如《五教同化论》一文的题目所示,作者更着重阐发的是其所谓"同化"的观念。在表达了"五教同源"的看法之后,作者接着指出:

> 故世界教有几宗,传有几派,信仰有几人,传播有几方,皆非吾所重视。所重者果其能以此为教否耳。以此为教,斯谓之教;不此之教,则不得名教。以教之不能违教律,犹人之不能背人道也。故教之能传远,能延久者,必其能孚此义而不离此旨,必其

能归于大同而底于共化也。

由这段文字可见,作者所谓"同化",即"归于大同而底于共化"。那么,这种"归于大同而底于共化"的"同化"究竟何意呢?作者进一步指出:

> 故教之入中土,实如物之入市,人之入都。集中之,应时宜,辨正之,适中道,当必至是而后已。以其愈比较而愈分明,愈交换而愈开拓。人之交友众,则知识必广;物之考验多,则价值必增。此以相得则有助,相竞则有错。人赖友以切磋,物赖类以比赛。

> 教之为教,亦赖他教以辅导而后大,以观摩而后精,以互易而后全善全美,以相合而后大同大化。此不易之理也。如学术也,东西既通,则优劣立辨,以长补短,则劣者亦优。新旧既合,则良窳互明,以此剂彼,则窳者同良。故学术以求其会通为先,而教以期于同化为贵。

在这两段文字中,作者首先以"物之入市,人之入都"为比喻,说明不同的货物来到集市和不同的人物来到都市,只有通过"比较""交换",才能各自获得改善和发展,所谓"愈比较而愈分明,愈交换而愈开拓。人之交友众,则知识必广;物之考验多,则价值必增"。而"五教"之间,也恰如这种情况,需要"赖他教以辅导而后大,以观摩而后精,以互易而后全善全美,以相合而后大同大化"。在作者看来,这与东西、新旧学术之间通过彼此之间的"通"与"合"而达至"辨优劣""补长短"以及"相互发明""彼此调剂"的效果,也是一样的道理。

由此可见,作者所谓的"同化",也即"大同"与"共化",既不意味着"五教"趋同,取消了彼此的差异;也不意味着某一种宗教去

"化"其他的宗教使之"同"于自己,而是指"五教"之间相互比较、彼此借鉴、互通有无和取长补短。简言之,"五教"之间的"同化",正如不同学术之间的"会通"。正所谓"学术以求其会通为先,而教以期于同化为贵"。

至于"同化"之所以可能,则是由于"五教同源"。而"五教"所同之"源"是什么呢?作者在倡言"五教同化"的观点之后,紧接着说:

> 人类本同性也,本同生也,所宜者皆宜,所恶者皆恶,则其所受之教,必期其同,同则无不同。为世道,为治国,为人类幸福,为天下永久和平,皆必基于教之大同,以教之本为**率人性**而**修人道**也。

显然,对于作者来说,"五教同化"之所以可能,其根据在于共同的人性。在作者看来,正是由于世界各民族在根本的人性方面有其共同基础,所以各大宗教尽管各有不同、各具风姿,却都是人性最内在和根本的要求。也正是由于这一认识,对于什么是宗教以及宗教的基础何在,作者在《五教同化论》中也流露出了自己的看法。

四 宗教观(修道)及其基础(率性)

作者之所以主张"五教同源"并提倡"五教同化",其实关键在于其对于宗教的理解。他说:

> 夫所谓教,所谓世界之教,不问其为何人所创,何时所兴,何地所传,与其何名何派,皆不能外《中庸》之一语"修道之谓教"。此语为明定教之大义,而五字中实止二字"修道"是也。修道者,为教本旨,为教至理,为教不易之准则。而何以修道?何以谓之修道?何者名道?何者名修?亦复有不移之义、不二之旨。不问其为何宗何派,何人所授,何人所传,皆不得悖《中庸》之一语

"率性之谓道"。率者即含有修义,性者名为道根。以率性二字,即足以概括教之所以教,修之为修,道之为道,此外皆其枝节与皮毛也。故教之所以为教,不过乎此二语。以上不得有言,以无可言;以下不能概言,以不尽言。提纲挈领,二语而已,四字而已。

在这一段话中,作者借用了《中庸》中"修道之谓教"和"率性之谓道"这两句话,并对其涵义做出了创造性的诠释。其中包含了两层含义。其一,是作者对于什么是宗教的理解;其二,则表明作者之所以有这种宗教观,在于他认为世界上所有宗教的根源,都源于人性。

首先,在作者看来,世界上不论何种宗教传统,"不问其为何人所创,何时所兴,何地所传,与其何名何派",都是以"修道"为本,所谓"修道者,为教本旨,为教至理,为教不易之准则"。可见,"道"是世界上各种宗教共同追求的目标。在这个意义上,宗教的信奉与实践,就是一个修道的过程。而作者所理解的宗教,显然就是"修道"。可以这么说,对作者来说,世界上举凡以修道为最终目的的理论和实践,无论其具体的形态与方式如何千差万别,都可以说是"宗教"。这一认识,显然与近代以来逐渐形成的以亚伯拉罕传统(abrahamic tradition)或者说西亚一神教为典范的"宗教"(religion)观有所不同。而根据作者所理解的"宗教",非但佛教、道教是"宗教",儒家也无疑是一种"宗教"。

其次,作者紧接着又指出了"修道"的基础在于"率性",或者说"修道"的根本就是"率性"。这是因为作为"道"的宗教,其根本在于"性",即"人性",所谓"性者名为道根"。这样看来,如上所说,对作者而言,正是最为根本的共同人性,构成了宗教之所以宗教的基础,这正是"五教"之所同的"源"之所在。同时,也正是人性这一共同的根源,使得不同宗教之间的"同化"得以可能。当然,这里的"性"或"人性",应当是儒家传统中所谓的以"善"为其本质内容的"天命之性"。作者之所以借用《中庸》里的两句话,足以为证。

正是由于作者对于宗教及其基础的这样一种理解,对他来说,"修道之谓教"和"率性之谓道"这两句话,或者说"修道"和"率性"这四个字,道出了宗教的本质。因此,作者才极为自信地宣称:"故教之所以为教,不过乎此二语。以上不得有言,以无可言;以下不能概言,以不尽言。提纲挈领,二语而已,四字而已。"

在《吾人对于五大教应取之态度》一文中,作者也表达了自己的宗教观。该文作者写道:

> 宗教的起原,就是在某一时代,某一区宇,以宇宙万有之大道,适合人类普遍的心理,而能补偏救弊,以保持人类之平等进化。其所以然,乃因人类、种族虽有差别,而性天实无差别。此一点无差别的心理,就立为天地心,天地之心既立。虽区宇时代,有风格习惯之不同,而圣哲出世,本此天地之心,因势利导,使大地众生,不知不觉的复于冲和性天之本然,自然有共同的趣向,所以也就自然成为教范。自然成为宗教之模型。

这里,所谓"宇宙万有之大道,适合人类普遍的心理",是指出了不同宗教的共性或者共同的根源。而"其所以然,乃因人类、种族虽有差别,而性天实无差别。此一点无差别的心理,就立为天地心",则是指出了不同宗教之间共同的基础在于无差别的人性与人心,正如南宋陆象山所谓"人同此心,心同此理"。

显然,与前述《五教同化论》作者的宗教观相较,这段文字所反映的宗教观极为相同。并且,由于采取了现代白话文的表达方式,这段话对于作者所理解的什么是宗教以及宗教的基础是什么,也更为明白晓畅。由此可见,不但"五教同源"和"五教同化"的观念在当时不是一个孤立的现象,对于什么是宗教以及其基础在哪里,当时的中国人已经有着来自于中国传统自身尤其是儒家传统的一些共识了。

总之,正是在这样一种宗教观的基础之上,"五教同源"和"五教同化"方才得以成立。也正是因为如此,《五教同化论》的作者才可

以自信满满地说道:

> 天下只一道,人生只一性,则教只一教,前日之不同,以其未遇也,以其时殊也,地殊也。今既处一地,共一时,加之一民族,而犹曰不同。吾谁欺?欺天乎?如曰不同,则必不可使同处同行。加一民族,则必有激争以求其孰亡孰存,吾知其不能也。盖所存亡者,仍属人类,非关乎教也。教原无分,其存者永古如斯,如道、儒、佛永不相害,故永存而不见其害。今回、耶亦如是,虽更数百年,数千年,其存仍如今日,仍如三教,其名存也,其实早同化矣。实既同化,何害于名之存。故五者自今日始,惟有同化于一教,以大其传而广其功,不必求其名之何若,以民类共处教化之下久矣。**既尊其一,复敬其四;既赞其我,复不非笑其他。**已千百年如是,未尝有异。则可知千百年后,亦复如是,未见有殊。**以教之行,初无相妨,故能相得也。此教之真趣,亦即教之大同大化,为世界人类之大同大化也。**

五 "五教"相处之道

基于"五教同源"和"五教同化"的立场与主张,"五教同化论"自然不可能主张独尊某一宗教而轻视其余。关于不同宗教之间的相处之道,作者指出:

> 五教既来一地,既合于一民族,其所以趋于大同而克成大化者,此嚆矢也,此基础也,不必问其孰长孰短,同则无长短矣。不必问其孰先孰后,化则无先后矣。道也、儒也、佛也、回也、耶也,皆教也,皆一也,既皆为吾民族所信奉,所服从矣。则宁有彼此之分、利害之别、善恶之争执、主奴之攻讦乎?如有之,非教与教,直吾民之自毁也,直吾人类之自残也。以其不可分而故分

之,是非分教,乃分其身体。以其原无异而故异,是非异教,乃异视其同类。

这段话虽然是从中华民族信仰"五教"的角度来说,但显然表达的是对于"五教"之间如何相处的一般原则的看法。在作者看来,不同宗教之间不应该有"彼此之分""利害之别""善恶之争执"以及"主奴之攻讦",而应当一视同仁。否则的话,就是"吾民之自毁也,直吾人类之自残也"。作者甚至以身体为比喻,认为如果在不同宗教之间分彼此、别利害、争善恶,就如同将人的身体分裂一样,所谓"是非分教,乃分其身体"。正因为这样一种看法,对于作者来说,如果在不同宗教之间不能一视同仁,就等于在同样的人类之中人为地制造差别,所谓"是非异教,乃异视其同类"。

这样一种处理不同宗教之间关系的看法和主张,在《吾人对于五大教应取之态度》一文中更有专门的表达。显然,正如题目所示,这篇文章探讨的正是如何处理"五教"之间关系的问题。

首先,作者指出"五教"之间的纷争,既不合乎宗教的本性,也不合于各教教主创教的初衷。如前文所引,作者认为,宗教是"以宇宙万有之大道,适合人类普遍的心理"。人类种族虽有差别,"而性天实无差别"。各教教主正是"本此天地之心,因势利导,使大地众生,不知不觉的复于冲和性天之本然"。正是在此基础上,作者指出:

此一时代,此一区宇之宗教,是如此成的,而他一时代,他一区宇的宗教,也是同一原理成的,但是在众人眼中,见其宗教仪式不同,语言各异,就本其习惯,妄生分别,入者主之,出者奴之,由分别而是非,由是非而攻击。甚至酿成宗教的战争,足以流毒众生,遗祸无穷,今值世界公认信教自由之时,有形之战争,虽然不能骤起。而无形的心争,亦足以酿造戾气,破坏太和,无形之中,为造劫之重大原因,一般忠实的教徒,往往不明此理,反以攻击他教,独尊己教,为救世救民,真是不明从前教主创立宗教之心理,教主创教,无不以救人为心,今因争教,反致造劫害人,试想教主在天之灵,能不太息长叹么?

显然,在作者看来,不同宗教之间的相互攻击甚至战争,不过是在"造劫",其后果是"流毒众生,遗祸无穷"。因此,更为重要的是不但要意识到宗教之间不能和谐相处所造成的危害,更要了解宗教之间应该如何相处,才能避免"心争"。因为在作者看来,"心争"足以"酿造戾气,破坏太和",是无形之中"造劫"的重大原因。

那么,如何才能避免"心争",最终消解宗教冲突带给人类的劫难呢?作者在文章最后写道:

> 五教经典,皆是明道之书;五教教主,皆负昌道之任。教虽有五,道实为一。不一就不是道,也就不是教。吾人欲免教争之劫,第一、对五大教主,须一律崇拜信仰,不可发生歧视之心,不可造作主奴之论,便是五大教主的好弟子,且是世界众生的福音。第二、须要讲求一贯之道,将各人素有的成见,一概打破,虚心平气的了悟了悟,试看各教经典,凡讲根本学理的地方,是不是完全一致,是不是互相证明。此一问题,关系人生甚大,若欲真明白,还请将这种理由详细参研,自然豁然大悟,自知从前见解之误了!

这里,作者提供的避免"教争"的五教相处之道,是很具体的。首先,是对于"五教"要一视同仁,所谓"不可发生歧视之心,不可造作主奴之论"。其次,是对"五教"的思想要认真研究,所谓"虚心平气的了悟了悟",求其会通,体会其中的"一贯之道"。如果能够做到这两点,各个不同的宗教之间就可以和谐相处乃至归于"大同大化"了。当然,这一立场的前提,自然是"五教同源"的思想。这段话中作者首先强调"教虽有五,道实为一。不一就不是道,也就不是教",无疑正是这一种思想的反映。

有一点需要说明的是,在《五教同化论》中,作者曾有"新教"一说。所谓"自今以后,为东教化行天下之日,中国文明普被世界之时。而代操舟楫,执御赐车马者,则即应运而兴之新教也"。至于什么是他所说的"新教",作者指出:

> 新教者,合五教而臻同化,联合各教而并推行者也。所有教义,即五教原义;教旨,即五教本旨。不过取其同而各其异,因其旧而图其新。有共存共荣之正,非独断独行之计。故五教,一教也。新教以合五为一,而非去取其他也;以通异为同,而非轩轾其内也。故寻教之原本,溯教之旨趣,发挥教之功用,宏扬教之规模,不外于建中立极,实践率性修道之定义;执中用和,敦行忠恕不违之大则,以明古圣立教之意,以见吾人赖教之因。而以世界大同,人类共化为其准的,此则新教之为新教,亦即五教之所以付于新教者也。

由此可见,这里所谓的"新教",并不是要在"五教"之外另立一教,而是"合五教而臻同化,联合各教而并推行者也"。这当然是其"五教同化论"的基本立场。在这个意义上,作者所谓的"新教",其实可以说就是其"五教同化论"的主张。其目的不是要在原有的"五教"之外标新立异,而不过是在"五教"之间"取其同而各其异,因其旧而图其新",为的是"五教"的"共存共荣"而非某一种宗教的"独断独行"。也正是因为这一目标,作者强调他所谓的"新教"是"以合五为一,而非去取其他也;以通异为同,而非轩轾其内也"。显然,这与其关于"五教"相处之道的主张,又是完全一致的。

六 关于以儒教为国教的问题

在考察冯炳南的"五教"观及其实践时,笔者曾经指出,冯炳南的"五教"思想可以说是一种"儒家本位"的"五教同源"论。这当然是以冯炳南自己的文献为据做出的客观判断。而在《五教同化论》和《吾人对于五大教应取之态度》这两篇文字中,和冯炳南一样,两位作者的"五教同源"和"五教同化"思想,也都认为宗教的基础在于"人同此心、心同此理"的共同人性。这一点,无疑也是儒家传统的影响所致。不过,这两篇文字的作者是否也可以说是"儒家本位"的呢?

在《五教同化论》中,作者的确表达了对于"儒教"的推崇,文中有这样一段话:

> 五教以道儒创自中国,又经历代贤圣研所揣摩,至精至善。而儒承道之后,因时之宜,立极于中庸,致功兼内外,尤为独一无二之教,足以包举一切者也。

如前所述,作者用《中庸》里的"修道之谓教"和"率性之谓道"来概括所有宗教的根本宗旨,似乎也表明了作者深受儒家思想的影响。这一点,和冯炳南的思想,委实极为相似。不过,正如冯炳南的"儒家本位"并不是认为"儒家"在"五教"中有特殊的地位甚至高于其他四教一样,作者对于儒家的这种推崇,或者说其"儒家本位",也并不是狭隘的文化保守主义。所以,紧接着这段话之后,作者即指出外来宗教对于中国固有文明发展的积极作用,而明确反对那种认为外来宗教会灭亡中华文明的狭隘民族主义的立场。所谓"前既不闻佛教之亡吾国,今岂犹疑回、耶之害吾民哉?故二教之来,将以大世界之教推吾国之文化,而以通天下之教,使同被吾人之文明也"。由此可见,作者的"儒家本位",只是立足于自身的文化传统,认为吸收与消化外来的宗教不能不从自身固有的文化传统出发,用作者在文末附言中的话来说,即不过是"由('经由'之意)中国儒教而化"。可见儒家只是同化"五教"所不得不通过的一条途径而已。此外,作者的"儒家本位",大概也只是因为儒家提倡的"中正平和"之道,对于不同宗教之间的融合,实有其特殊的贡献与意义。①

事实上,《五教同化论》中对于儒家的推崇,也不过只有这一段话,更多的则是如前文所引的强调对于"五教"应一视同仁的文字。这一点,当然与其"五教同化论"的根本立场是吻合无间的。

至于《吾人对于五大教应取之态度》一文,则连这种"儒家本位"的色彩也几乎荡然无存了。作者通篇强调的,都是"五教"之间的一视同仁和彼此会通。以下这两段话,对于作者平视"五教"的立场,大概显示地再清楚不过了。

> 若是五大教主在天上会面,必然是欢若平生,并且日日以世间教徒,互相歧视,互相争长,为最堪太息痛恨的事,若有一等教徒,以争教向教主献功。必然是大被呵斥的呀!

> 五大教主,虽所处的时地不同,而同具大慈大悲之心,同抱无人无我之见,受天明命,而抱负一时教化之责,当机说法,随感而应,何所谓浅,何所谓深,何所谓大乘,何所谓小乘,所过者化,所存者神,上下与天地同流,又何尝有丝毫计较之心哉?

显然,如果是基于这样一种立场,对于那种特别崇拜某一种宗教而轻视其他宗教的思想与实践,无疑是不会接受的。事实上,在看待不同宗教的问题上,儒家传统的主流所禀持的,正是一种"理一分殊"的多元主义宗教观。无论是冯炳南还是《五教同化论》的作者之所以会有所谓的"儒家本位",也正是由于儒家传统本身多元主义的这一特点使然。

在当时的中国,有一股主张将"儒教"立为"国教"的思潮。康有

---

① 儒家传统尤其强调不同宗教之间应当对话和融合的特性及其对于化解宗教冲突的意义和贡献,参见本书第十三、十四章。

为和陈焕章的"孔教"运动,即是最为明显的一例。① 这种独尊儒教的主张和实践,当然会受到来自于其他宗教传统人士的抵制和反对。例如,1914年《善导月报》第9期就曾报道,当时的"五教"联合会公开反对立孔教为国教,甚至要召开大会,"拟以定国教之弊害,昭示全国国民"。

在《五教同化论》和《吾人对于五大教应取之态度》两篇文字中,对于立"儒教"为"国教"的问题,并没有明确的说明。但是,不予响应、不作回应,本身就是一种态度。而根据以上对于两文中"五教同源""五教同化""宗教观"以及"五教相处之道"思想观念的考察和分析,两文的作者显然是不会赞同立"儒教"为"国教"的。因为那正是其反对的"歧视之心""造作主奴之论"和"独断独行之计"。事实上,那种"独尊己教"的观念和做法,原本就与儒家传统"理一分殊""中正平和"的多元主义立场不相符合。真正于儒学深造自得的人士不接受这种狭隘的立场与做法,也就是可想而知的了。

七 结 语

笔者在上一章考察冯炳南的"五教"观念及其实践的最后已经指出,"儒释道耶回"这"五教"的观念在民国时期已经较为流行。以上对于《五教同化论》和《吾人对于五大教应取之态度》这两篇文献所涵观念的分析,可以进一步支持我们的这一观察。

事实上,除了1922年东北王有台的《儒释道耶回五教辩》、1940年冯炳南组织"五教"演讲并出版《五教入门》之外,1929年《云南清真铎报》第7期刊登了署名"伯光"的《五教联合会演说词》,1935年《道德月刊》第二卷第十期刊登了张尔岐撰写的《五教经旨》,1940年《古学丛刊》第6期刊登了江朝宗的《简明五教精义》。这里只是

---

① 关于民国初年的孔教会和孔教运动,参见韩华:《民初孔教会与国教运动研究》(北京:北京图书馆出版社,2007)。

略举数例。而这些在不同时间、不同地点出版的文字和相关的活动，无不表明随着"儒释道耶回"成为在中华大地长期和普遍流传的宗教事实，至少在民国时期，"五教"而非"三教"的观念和实践也已经成为中国社会的一个普遍现象。

而所谓"五教"的观念不仅包含着对于"儒释道耶回"作为人类五种伟大宗教传统的承认和接受，同时更包含着由此而来的对于世界各大不同宗教传统之间关系与相处之道的认识，以及对于什么是宗教的不同于西亚一神教模式的理解。相对于本章以及前一章冯炳南文所揭示的 20 世纪初中国人对于"宗教"的理解，西方宗教学界对于"宗教"的定义要真正突破西亚一神教和亚伯拉罕传统，恐怕要到 20 世纪后半叶了。①

---

① 这方面以 W. C. Smith 为代表，而其一些相关的代表性著作，比如 *The Meaning and End of Religion*，要到 20 世纪 60 年代才出版。

第十章

唐君毅论宗教精神

引　言
为什么要肯定宗教精神
什么是真正的宗教精神
宗教精神与人类其他精神活动的关系
世界各大宗教传统宗教精神的比较
中国宗教尤其儒家宗教精神的特质
建立新的宗教精神
一些问题的观察和分析

一　引　言

在现代新儒家第二代之中,①当以唐君毅先生(1909—1978)最富宗教精神和情怀。事实上,在其等身的著作之中,唐君毅也的确有相当的内容专门探讨宗教精神的问题。迄今为止,海内外关于唐君

---

① 关于现代新儒学的不同阶段如何划分,笔者以为目前当以刘述先先生所论较为持平和全面,参见刘述先:《现代新儒学研究之省察》,《中国文哲研究集刊》,第20期,2002年3月,第367—382页。该文后来收入刘述先:《现代新儒学之省察论集》(台北:"中央研究院"中国文哲研究所,2004)。

毅的研究所在多有,①其中亦有讨论其论宗教者。不过,以全面掌握相关文献为基础,以唐君毅关于宗教的论说为对象的专题研究,则尚不多见。② 本章即尝试就此作一探讨。

唐君毅最早的一篇关于宗教的文字,是1936年5月刊于《中心评论》的《中国宗教之特质》,③当时他年仅27岁。该篇文字所论虽简略,但对于中国宗教思想尤其儒传统宗教性的基本精神,可谓"已先立乎其大"。此后,唐君毅对宗教问题一直有直接的讨论文字。1947年5月,唐君毅在《东方与西方》第1卷第2期发表《论墨学与西方宗教精神》④,1947年7月,在《文化先锋》第7卷第1期及第9卷第3期发表《中国科学与宗教不发达之古代历史的原因》⑤。1948年3月,在《理想、历史、文化》第1期发表《论中国原始宗教信仰与儒家天道观之关系:兼释中国哲学之起源》⑥。1950年3月,在《民主评论》第1卷第19期发表《宗教精神与现代人类》⑦。1950年5月,

---

① 2001年以前中文世界关于唐君毅研究的文献,可参考单波:《心通九境——唐君毅哲学的精神空间》(北京:人民出版社,2001)一书附录部分。晚近西文世界中关于唐君毅研究的文章有吴有能(William Yau-nang Ng), "Tang Junyi on Spirituality: Its Foundation and Contemporary Relevance," in *Confucian Spirituality*, Edited by Tu Weiming and Mary Evelyn Tucker, New York: Crossroad Publishing Company, 2004, pp.377-398; Anja Steinbauer, *Tang Junyis System der neun Horizonte des Geistes*, Hamburg: Hamburger Sinologische Gesellschaft, 2005。

② 在既有的研究中,较为专门的讨论有郑志明:《儒学的现世性与宗教性》(嘉义:南华管理学院,1998),第九章、第十章,第273—326页;单波:《心通九境——唐君毅哲学的精神空间》,第六章。

③ 该文现收入《唐君毅全集》第十一卷《中西哲学思想之比较论文集》。《全集》卷二十九《唐君毅著述年表》中作"中国宗教思想之特质"。本章所用《唐君毅全集》为台湾学生书局1991年版。本章以下引用简称"《全集》"。

④ 《唐君毅著述年表》谓收入《全集》第十八卷《哲学论集》,但《全集》第十八卷中并无此文,实则收入《全集》卷九《中华人文与当今世界补编》(上)。

⑤ 收入《全集》卷九《中华人文与当今世界补编》(上)。

⑥ 按:《唐君毅著述年表》谓收入《全集》第十八卷《哲学论集》,但《全集》第十八卷中并无此文,该文实则收入《全集》卷九《中华人文与当今世界补编》(上)。

⑦ 收入《全集》卷五第一部之《导论——忏悔向往与对真理之信心》(《全集》卷五中作"现代人类",而《唐君毅著述年表》中则谓为"人类文化")。

在《理想与文化》第九期发表《人类宗教意识之本性及其诸形态》①。1951年2月,在《民主评论》发表《〈圣经〉是"狂幻的传奇"?》②。1952年8月,在《民主评论》第3卷第17期发表《宗教精神之伟大》③。1952年12月,在《人生》第四卷第三期发表文章《与青年谈中国文化》④,其中第四部分题为"中国宗教精神与其哲学"。1953年春,出版《中国文化之精神价值》⑤,其中第二章"中国文化与宗教之起源"、第十四章"中国之宗教精神与形上信仰——悠久世界"以及第十七章"中国未来之文化创造"(下)之第九节"宗教精神之重建",都是专门讨论宗教问题的文字。1953年10月,在《民主评论》第4卷第21期发表《印度与中国先哲之宗教道德智慧之方向》⑥。1954年9月,在《民主评论》第5卷第17期发表《我对哲学与宗教之抉择》⑦。1955年2月,在《民主潮》第5卷第4期发表《与劳思光先生论宗教书》⑧,1955年4月,在《人生》第9卷总第107期发表《致谢扶雅先生论宗教书》⑨。1955年11月,在《民主评论》第6卷第22期发表《我与宗教徒》⑩。1955年12月,在《自由人》第504期发表

---

① 收入《全集》第二十卷《文化意识与道德理性》第七章。据唐君毅1957年1月30日该书《自序——写作缘起》,该部分成于唐君毅在江西信江鹅湖书院。
② 收入《全集》卷十《中华人文与当今世界补编》(下),署名"陈子弘"。
③ 收入《全集》卷十《中华人文与当今世界补编》(下),署名"弘之"。
④ 该文后收入《青年与学问》,最初由流亡出版社出版(时间不详),后改由人生出版社1960年出版。1973年9月改由三民书局印行,收入《三民文库》,为第177册。《青年与学问》现收入《全集》卷二,该文在第77—90页。
⑤ 该书成于1952年秋,初版于1953年,至1977年11月共发行11版。1978年经唐君毅先生亲自校订,增加第十版自序,于1981年5月再版,至1981年4月间,修订版共发行三次。《全集》版即据1981年4月修订版第3版。
⑥ 收入《全集》卷五《人文精神之重建》第五部第四章。按:《唐君毅著述年表》作"印度与中国宗教道德智慧之方向",无"先哲之"三字。
⑦ 收入《全集》卷五《人文精神之重建》"附录";收入《全集》卷五《人文精神之重建》"附录"。
⑧ 收入《全集》卷十《中华人文与当今世界补编》(下)。
⑨ 同上。
⑩ 同上。

《耶稣圣诞正名》①。1956年2月在《民主评论》第7卷第3、4期发表《论精神上的大赦——现代中国知识分子相互赦免其罪过之道路及其问题》②。1956年11月和1956年12月,在《民主评论》第7卷第22期和第7卷第23期连续发表《宗教信仰与现代中国文化(上)——世界宗教之价值及其冲突之消融》和《宗教信仰与现代中国文化(下)——儒家之宗教精神》③。1958年1月,在《自由人》第714期发表《国人的信仰问题——从"圣诞"一词说起》④。1961年10月,在《民主评论》第12卷第12期发表《世界六大宗教了解堂建立之感想》⑤。1963年10月,在《大学生活》第9卷第10期发表《儒家之学与教之树立与宗教纷争之根绝》⑥。1968年2月,在《人生》第32卷总第381、382期发表《致陆达诚神甫书》⑦。1972年1月,在《新儒学》第3卷第1期发表《儒教之能立与当立》⑧。这是1971年12月唐君毅给《新儒学》杂志社的回信,表示自己对建立儒教的一贯支持。这封信大概也是唐君毅生前关于宗教与儒学的最后一篇文字。由此可见,唐君毅自觉地关注和讨论宗教问题,从20多岁开始,几乎一生不断。

以上,是笔者遍检《全集》所得。⑨ 所有这些文字,既有关于宗教

---

① 收入《全集》卷十《中华人文与当今世界补编》(下)。
② 该文收入《中国人文精神之发展》第12、13篇。《唐君毅著述年表》谓该文发表于1956年2月,但《全集》该文后年月则为1955年2月。唐端正先生编撰《唐君毅先生年谱》将此文系于1956年下,今从之。
③ 收入《全集》卷六《中国人文精神之发展》第五部。
④ 收入《全集》卷十《中华人文与当今世界补编》(下)。
⑤ 收入《全集》卷八《中华人文与当今世界》(下)之十八"附录"。
⑥ 收入《全集》卷八《中华人文与当今世界》(下)之十八。
⑦ 收入《全集》卷十《中华人文与当今世界补编》(下)。
⑧ 同上。
⑨ 《全集》卷十九《英文论著汇编》中收有唐君毅论宗教的文字共有三篇,一是"The Religious Spirit of Confucianism",该文是1956年12月发表于《民主评论》第7卷第23期《宗教信仰与现代中国文化(下)——儒家之宗教精神》一文的翻译;二是"Chinese Attitude Toward World Religions",该文未注明是否为译文。据笔者考察,该文是反映唐君毅儒家基本信念以及对其他宗教传统所持态度的一篇重要文献。在后文的相关讨论中,笔者会引用该文的相关部分加以讨论;三是"My Option between Philosophy and Religion",该文是1954年9月发表于《民主评论》第5卷第17期《我对哲学与宗教之抉择》一文的翻译。

问题的专论,如《宗教精神与现代人类》《人类宗教意识之本性及其诸形态》《中国文化与宗教之起源》《中国之宗教精神与形上信仰——悠久世界》和《宗教精神之重建》,也有一些短论时评,如《〈圣经〉是"狂幻的传奇"?》《宗教精神之伟大》《我与宗教徒》《国人的信仰问题——从"圣诞"一词说起》以及《世界六大宗教了解堂建立之感想》,甚至还包括与他人论及宗教问题的书信,如《与劳思光先生论宗教书》《致谢扶雅先生论宗教书》以及《致陆达诚神甫书》。当然,《全集》其他文字中容或仍偶有涉及宗教者,尤其是其最后一部大著《生命存在与心灵境界》中的相关内容,更可谓其宗教心灵的最后反映,但是,若就专论宗教的文字而言,以上所列恐怕已囊括无余。

正是这些文字,构成我们全面、深入考察唐君毅有关宗教问题的思想的文献基础。而细览唐君毅的这些文字,我们可以发现,关于宗教精神的讨论,①几乎构成唐君毅思考宗教问题的核心。正如唐君毅在《宗教信仰与现代中国文化(下)》中明确所说:"吾人论宗教,自始不重自宗教之具体的信仰内容着眼,而唯自人依于其超越性而生之宗教的精神要求上着眼。一宗教之价值与地位,唯有其能满足人之此宗教精神要求而见。"②由此可见,对唐君毅来说,宗教的本质不在于其外部的种种形式,而在于其内部的宗教精神。换言之,唐君毅的宗教观,其实也就是他的宗教精神观。史密斯(W. C. Smith)曾经特别提出"宗教性"(religiousness)一词,既是有鉴于"宗教"已经几乎为基督教传统独占的历史情状,更是意在强调"宗教"的实质并不在于其外在的形式,而在于其内在的精神气质。③ 其他诸如蒂利希

---

① 对唐君毅来说,"宗教性""宗教精神"和"宗教意识"是异名同实的关系。如他在《人类宗教意识之本性及其诸形态》中开宗明义界定宗教意识时即指出:"而吾人如欲见人类之自自然生命解脱之努力,求根绝其自然生命之欲望之精神,人类更高一级之精神生活,则只能求之于人之宗教精神或宗教生活宗教意识中。"《文化意识与道德理性》,《全集》卷二十,第463页。

② 《全集》卷六《中国人文精神之发展》,第360页。

③ 参见 W. C. Smith, *The Meaning and End of Religion*, New York: Harper & Row Publishers, 1978, chapt. 8 "conclusion"。

(Paul Tillich)、斯狷恩(Frederick Streng)以及希克(John Hick)分别以"终极关怀"(ultimate concern)、"终极性的转化之道"(the way of ultimate transformation)和"人类对于超越者的回应"(human responses to the transcendent)来界定宗教,①等等,与唐君毅从"宗教精神"来说明宗教之所以为宗教,其实是不谋而合。具体来说,唐君毅有关宗教精神的思考与主张包含六个方面:一、为什么要肯定宗教精神;二、什么是真正的宗教精神;三、宗教精神与人类其他精神活动的关系;四、世界各大宗教传统宗教精神的比较;五、中国宗教尤其是儒家传统宗教性的特质;六、建立新的宗教精神。同时,在围绕宗教精神的这几个方面中,唐君毅的思考也广泛涉及宗教学方面的基本问题,既有传统的关于信仰对象客观性、宗教经验等,也有诸如宗教对话、宗教宽容和宗教认同等现代宗教学理论所面临的问题。本章以下的考察,首先依次对这几个方面加以展开,最后再集中提出一些个人的分析和观察。

本章关于唐君毅论宗教精神的认识,完全得自于对这些文献的研读,而不预设任何先行的解释框架。所谓"即事以穷理"而非"立理以限事"。因此,本章的讨论,将广引唐君毅相关的文字,以便既呈现唐君毅关于宗教精神的思想的固有问题意识,亦可使笔者的考察"言必有据""论不虚发"。更为重要的是,我们从中可以看到,唐君毅的很多看法和主张,不仅在当时洞烛几先,充满智慧,如今看来,仍然与当下的时代问题以及人类文化发展的前景密切相关,可以为世人提供丰富和宝贵的观念以及灵性资源,值得我们再三致意,深入发掘。

---

① 参见 Paul Tillich, *Theology of Culture*, Edited by Robert C. Kimball, New York: Oxford University Press, 1959. 中译《文化神学》,《蒂利希选集》(上)(上海:上海三联书店, 1999),第382页。Frederick J. Streng, *Understanding religious Life*, 3d ed., Belmont, California: Wadsworth, 1985. John Hick, *An Interpretation of Religion: Human Responses to the Transcendent*, New Haven: Yale University Press, 1989。

二 为什么要肯定宗教精神

"五四"以降,随着当时西方思潮的涌入,中国思想界否定中国传统思想中有宗教精神以及否定宗教精神的价值思想席卷天下。当时思想界的豪杰几乎无不望风而动,如蔡元培主张以美育取代宗教,胡适主张以对人类进化的信仰取代宗教,梁漱溟主张以伦理代宗教,冯友兰主张以哲学代宗教,等等。恰如唐君毅所谓"在五四时代至后之国民革命时代,中国文化思潮之趋势,明是反宗教的"。"在五四时代崇尚科学之口号下,一般人皆以宗教为迷信为不科学。"①此风所及,加上政治意识形态的长期禁锢,直至今日,至少在大陆学界,"宗教"对大部分知识分子来说仍然是一个负面的字眼。与此相较,就在当时,唐君毅已经不为流俗所转,充分意识到了宗教精神的重要性。首先,在他看来,宗教问题是西方文化传入中国以来一个极其重要且不容忽视的问题。他在《宗教信仰与现代中国文化(上)——世界宗教之价值及其冲突之消融》一文开头即指出:

> 由西方文化之入中国而生现代中国文化问题之一,乃宗教问题。这个问题之复杂性与重要性,不亚于现代中国之任何文化问题,如科学、民主、道德、教育问题之类。然此问题,却是最为不属于特定宗教的中国学者与知识分子所忽略的问题。②

并且,通过分析太平天国运动和义和团运动中的宗教因素,唐君毅进一步强调了宗教问题对于中国文化发展的重要性。他说:

> 可见百年来之中国之政治问题文化问题,正一直与宗教问

---

① 《全集》卷六,第336页。
② 同上书,第329页。

题相夹杂。政治的斗争与文化思想的冲突,都有宗教思想的冲突裹挟于其中。而政治的斗争,都多多少少,直接间接涵有宗教的意义,宗教亦无异直接间接在参加政治的斗争。这正无异于西方宗教战争的精神之移入中国。这与中国以前的历史全不同了,这不能不使我们想到中国之宗教问题的重要。①

当然,就唐君毅来说,宗教的重要绝不仅仅是对于中国文化而言的,更重要的是,宗教是人类精神活动的一个重要领域。苏联的词典曾将基督教的《圣经》解释为"一种狂幻的传奇的收集,而毫无科学根据",更将"宗教"定义为"一种上帝天使及灵魂等之狂幻信仰,这种信仰从科学观点看来,是没有任何基础的","宗教一向加强反动阶级之利益,用以压迫工人阶级,而增加小资产阶级之力量"。"小资产阶级社会之结束与共产主义社会制度之创造,摧毁了宗教之根基,而以自然科学之法则代替了她的谎言。"对此,唐君毅曾撰《〈圣经〉是狂幻的传奇?》一文专门加以驳斥。② 当看到报载一美国传教士为祈祷上帝保卫世界和平而绝食逝世,唐君毅感慨不已,于是发表《宗教精神之伟大》一文,再次从正面肯定了宗教精神。由传教士之死,唐君毅指出:

> 但是人之为一超自然生命而具精神生命之存在,其最高的表现,则见于人之为了一客观理想之实现,而不忍心伤害任何人。他自觉的不惜牺牲他自己之自然生命以感化对方,以证明此客观理想——即"道"——与合此理想之理想人生,确是真实不虚,而具备一高于自然生命之价值者。这即是人类最伟大的宗教精神。③

---

① 《全集》卷六,第333页。
② 该文发表时署名"陈子弘"。
③ 《全集》卷十,第206页。

1. 宗教精神的独立性

对唐君毅来说,宗教问题的重要,正是在于必须肯定宗教精神。对于为什么要肯定宗教精神,唐君毅主要是从三个方面来加以论证的。首先,在唐君毅看来,作为人类意识的基本和重要组成部分,宗教精神具有独立不可化约的属性。

对于宗教精神的否定,莫过于将宗教精神仅仅视为人类其他精神或意识的衍生物。在《人类宗教意识之本性与其诸形态》一文中,唐君毅曾经详细列举并逐一批驳了六种将宗教意识化约为其他意识的学说。

依唐君毅之见,第一种是将宗教意识化约为人的求自然生存的欲望,所谓"以宗教意识即吾人之求自然生存之欲望之一种变形"①。这一学说的代表是费尔巴哈的宗教理论。在唐君毅看来,这也是六种学说中最浅薄的一种。第二种是将宗教意识归于人类的生殖意识,所谓"以吾人之宗教意识,乃原于吾人之生殖意识"②。这一学说的代表是佛洛特(即弗洛伊德)。第三种是将宗教意识化约为人类的权力意识,所谓"以宗教意识为人之权力意识之一种变形"③。这一学说的代表是尼采。第四种是将宗教意识化约为人类的求真意识,认为前者不过是后者的变形,所谓"吾人之信仰有神,乃由于欲满足吾人之求真心"④,以及"吾人之信有神,乃起源于吾人之欲解释一切现象原因之求真意识,而神之观念,乃赖类推之推理活动以建立者"⑤。这一学说的代表是斯宾塞、孔德等。第五种是将宗教意识视

---

① 《全集》卷二十,第464—465页。
② 同上书,第465页。
③ 同上书,第466页。
④ 同上书,第468页。
⑤ 同上书,第469页。

为人类"对万物之移情活动之变形"①。这种学说是"以吾人之审美活动或艺术性之活动说明宗教意识"②。第六种是将宗教意识化约为人的社会意识,所谓"以宗教意识为吾人之社会意识之变形"③。这一学说的代表是德国的费尔巴哈和法国的涂尔干。

对于这六种学说的批评,除了在指出每一种之中即有所针对的予以批评之外,唐君毅还总结为以下几点:

> 一、一般宗教意识中必先有神之客观存在之肯定。此客观存在之神之肯定,不能由吾人之主观欲望加以说明。吾人之求生存之意识,有关生殖之意识、求权力之意识之本身,皆不能诞育出真正有神之宗教意识。
>
> 二、由吾人之求真心与理性活动,固可使吾人有客观之神之概念,并可以论证证明神之存在;由吾人移情万物之审美意识,亦可使吾人于万物之流行变化互相贯通中,直觉一宇宙生命之在内部鼓荡而接触神之存在。然二者皆不包含宗教上之崇拜皈依之意识,而崇拜皈依之意识,正为宗教意识之核心。
>
> 三、由吾人之社会意识可使吾人觉有一包括个人主观精神之客观的集体精神之存在,然不能使吾人有超越于现实之民族社会之上之神之信仰,亦不能使吾人有遍在宇宙之神之信仰。④

这三点批评,关键在于指出宗教意识不能化约为人类其他意识的任何一种,所谓宗教意识"非任一种人类其他之精神意识之化身"⑤。此外,唐君毅还进一步指出,宗教意识也不能视为人类其他"各种意识集合之产物"。因为"各种意识之集合,虽似可对宗教意识之各方面均有所说明,然对宗教意识之核心,为对神之崇拜皈依之意识,仍

---

① 《全集》卷二十,第470页。
② 同上。
③ 同上书,第472页。
④ 同上书,第474页。
⑤ 同上书,第475页。

无所说明。且将此各种意识平等的加以集合,而不以其中之一为主,乃不能免于相矛盾冲突者"①。

总之,对唐君毅来说,无论是不能化约为人类意识的任何一种,还是不能由人类其他意识的集合来加以说明,无非都是要强调宗教意识作为人类精神活动的独立性。正是在这个意义上,唐君毅认为,人的宗教精神和要求具有不可避免的永恒意义,人文主义者只有肯定这一点,所持的人文主义才算得上是圆满的人文主义,所谓:

> 故人类精神,若不有一在客观宇宙中之不朽意义,则一切福德,毕竟只归于空幻。唯物论者及社会功利主义者与反宗教之人文主义者之抹杀此问题者,皆由于其对人类之有价值而备福德之人格,未能真致其爱惜珍贵之情故耳。人诚有此情,则不朽之宗教要求,仍将沛然莫之能御。诚有此情,而吾人又欲使一切生者死者,皆逐渐的成为福德兼备之人格,吾人又感自力之不足,或自力之无所施时,则祈天求神之志,亦在所不能免者。唯肯定宗教之人文主义,乃圆满之人文主义也。②

2. 宗教信仰对象的客观真实性

在强调了宗教精神的独立性之后,唐君毅紧接着对宗教信仰对象的客观真实性进行了说明。这是他论证为什么要肯定宗教精神的第二个方面。

前文已经指出,对唐君毅来说,宗教的核心在于宗教精神。但是,这并不等于说唐君毅认为宗教信仰的对象并不具有客观性。对此,唐君毅自己曾经在《人类宗教意识之本性与其诸形态》一文中设问并作答,对信仰对象的客观真实性予以了论证。唐君毅的设问是

---

① 《全集》卷二十,第475页。
② 《全集》卷四,第444页。

这样的:

> 吾人所谓在宗教意识中所发现之神,虽被置定为无限者,客观公共者,然此神终为只在宗教意识中所发现,而非他种意识中所发现。人可有宗教意识,亦可无宗教意识。则如此之神唯对有宗教意识者为真实,非对无宗教意识者为真实;而此神遂为只对一切有宗教意识者之客观公共存在,非对一切有宗教意识与无宗教意识之人之客观公共之存在。换言之,即此神仍非真正之客观公共者,具真正之客观公共之真实性者,吾人遂可说如此置定之神,为诸有宗教意识之人之一共同的幻影。而吾人之将神之存在唯建基于宗教意识,仍无异将神之真正存在置于可疑之列,吾人亦可由之疑神之真正的存在。①

唐君毅的这一设问,其实涉及了传统宗教学中的信仰对象的客观性问题,或者说宗教哲学中"上帝存在的证明"这一老问题。那么,唐君毅自己又是如何回答这一问题的呢? 对此,唐君毅有四点答复:

> 一、吾人之谓存在为客观公共者与否,唯当依其是否在理上,只可置定于一个人之内,或在理上可置定于个人之外为一切人所接触,以为判定。而不须先问其在事实上是否实际为一切人所公共接触。如必须俟一存在之事实上为一切人意识所接触,然后可称为客观公共之存在,则吾人所认识为客观公共之自然物,亦无一实际上为一切人所皆曾接触者。
>
> 二、吾人各种意识所接触之存在各不相同。对此种意识为真实者,原不必对他种意识为真实。故吾人不能只由一存在之对一意识,为不存在而非真实,以论定该存在之非真实。吾人不能由颜色对听觉为不存在,盲者之不觉颜色为存在,而谓颜色不存在非真实。吾人亦不能由神对一般非宗教意识为不存在,无宗教意识者不觉神之存在,而谓神不存在。

---

① 《全集》卷二十,第487页。

三、凡吾人意识所接触之事物或境相,对吾人最初接触之意识为有实作用,即直觉地被吾人认为有客观真实性者。亦理当被吾人认为有客观真实性者。吾人之所以以某一境相为非真实而虚幻,唯由先判断一意识所接触之境相,于另一意识所接触之境相领域中,而吾人在对另一领域继起之经验,又不能证实其存在于此另一领域中;反觉此境相之性质结构,与吾人在此另一领域以后或已往之对同类事物境相之性质结构之经验相矛盾。

四、至于吾人之直斥一意识经验与其境相之全体,为无独立客观之实在性,而为主观虚幻者,则由吾人觉此意识经验与其境相,为由过去之诸意识经验与其境相,经分解而自加组合以构成之复合物。如吾人不仅以梦境与幻想境本身为虚幻,且以吾人之做梦与幻想之本身为主观虚幻之事;即由吾人之反溯此做梦与幻想与其境相,皆不外过去诸经验与其境相之再现或复合物而来。由此而吾人对于一切意识经验,只须吾人觉其可纯视作过去意识经验之复合物或另一种表现方式者,皆可被视为非真实而为主观虚幻者。①

唐君毅关于宗教信仰对象客观真实性的论证,背后其实还有一个更为基本的哲学问题,即什么是客观性?客观性的标准是什么?对于这一问题,唐君毅的看法是这样的:

> 人之活动之为客观或主观,当以有无普遍性为衡定,即是否合理性为衡定。而不以是否依于人之主体心灵而发出,以为衡定。科学知识世界中,有客观的真理,艺术世界中有客观的审美,道德世界中有客观的善,宗教的世界中亦有客观的神圣。因只要表现普遍性而合理性之一切人生活动与其成果,即皆有一客观性。②

---

① 《全集》卷二十,第477—478页。
② 《全集》卷六,第339页。

如此来界定客观性,不仅为宗教精神的客观真实性提供了保证,更是从哲学理论的深层破解了一般世俗之见以及庸俗唯物论对于客观性的肤浅理解。

3. 时代的需要:对治近代以来人类文化的弊端

对唐君毅来说,之所以要肯定宗教精神,除了宗教精神本身具有独立不可化约的性质以及宗教信仰的对象具有客观的真实性之外,还有重要的一点,即只有肯定宗教精神才可以对治近代尤其启蒙运动以来人类文化的弊端和病痛。在这个意义上,宗教精神的肯定乃是时代的需要。正如他在《人文精神之重建》一书的"自序"中谈到其宗教精神与现代人类时所说:"重在指出吾人须以宗教精神担负时代之苦难,以求中西古今之人文理想之会通。"①而他在总结整部书的十点论旨时,其中第四点就是:"本书肯定宗教精神之价值,并以儒家之人文精神本包含亦当包含一宗教精神。"②

在《致谢扶雅先生论宗教书》中,唐君毅指出,要想对治近代以来文化的弊端,不能仅仅继承西方文艺复兴以来的人文主义而反对宗教,反而恰恰必须复兴宗教精神。他说:

> 毅尝以为吾人今日言人文精神当只求所以对治唯物之论,而决非只承西方文艺复兴以来之人文主义者流之反中古之宗教精神,而正须复兴宗教精神以救治近代文化之弊。③

这一点,他在《宗教精神与现代人类》一文中说得更清楚,所谓:

> 对现在之时代言,则真正宗教精神之价值之普遍的被认识,尤有迫切之需要。在这个时代,如果人们之宗教精神,不能主宰

---

① 《全集》卷五,第5页。
② 同上书,第16页。
③ 《全集》卷十,第267页。

其科学精神;人之求向上升的意志,不能主宰其追求功利之实用的意志,人类之存在之保障、最高的道德之实践、政治经济与社会之改造、世界人文主义之复兴,中国儒家精神之充量发展,同是不可能的。①

这种从文化意义上对于宗教精神的肯定,在唐君毅看来,并非是站在某一宗教的立场,而是从整个人类文化发展的需要的角度来说的。同样是在《宗教精神与现代人类》一文中,唐君毅明确指出:

> 我们为宗教辩护,并非向已信宗教者说话,而是对不信宗教或未信宗教者说话,以使人更公认宗教在文化中应获得地位。而我们之立场,又非站在某一特殊之宗教立场,以劝说人信某一宗教。而唯是站在一求人类文化生活之充实发展之立场,以论究此问题。所以我们之辩护,将只着重说明宗教精神之价值,宗教精神对于人类文化之必需。而不着重在神存在(或佛菩萨之存在)之证明、神之意义之说明等。②

在此基础上,唐君毅提出了他所认为的在当今之世对待宗教所应有的基本态度和取向。他说:

> 此态度(对于宗教问题当持之态度),照我的意思,必须较五四时代进一步,即自觉的肯定宗教之价值。但同时必须建立一种确立现有的不同宗教之不同的价值的思想,以真实的成就一各种宗教间之相互宽容,与互认对方之长,而互相取资,以求宗教精神的融通,而免人与人间由宗教信仰的分歧,而造成不必要的对峙与冲突;而同时亦要肯定中国儒家思想中之宗教意义,使纯粹中国人与不信仰其他宗教的世界人士,在儒家思想的信仰中,同可发现一宗教性的安身立命之所,以建立儒家的教化之基础。此儒家的教化,并不同于狭义之宗教,亦不是要建立之以

---

① 《全集》卷五,第30页。
② 同上书,第29页。

成为一般宗教之一,以与其他宗教争天下。而只是要建立之成为一般宗教之基础,而使一切宗教得相容俱存,而不致造成人与人之冲突敌对。同时要建立之为一涵宗教性而又超一般宗教的,人之安身立命之所。①

这里一段文字所说,可以说充分反映了唐君毅在宗教问题上的基本立场和宗旨,也可以视为他的宗教思想的基本纲领和原则。他所有围绕宗教问题的论说,几乎都可以说是为了实现这一目标。在以下的讨论中,我们可以看到,唐君毅的这一立场和宗旨几乎体现在他关于宗教精神的思考的各个方面。

最后,必须指出的是,唐君毅对于宗教精神的肯定,是在人类精神活动的整个领域中来进行的。在他看来,较之人类的其他精神或意识,"宗教原为人类精神生活之一最高表现"②。我们开头说唐君毅是整个现代新儒学运动中最富宗教精神和情怀者,也正是就此而言。

三 什么是真正的宗教精神

在前引《宗教精神与现代人类》中,我们已经看到,唐君毅认为"对现在之时代言,则真正宗教精神之价值之普遍的被认识,犹有迫切之需要"。这里,唐君毅提到了所谓"真正宗教精神"。那么,什么是真正的宗教精神呢?这一点,也是唐君毅关于宗教精神的思考的一个重要方面。

1. 世俗的宗教精神

在说明什么是真正的宗教精神之前,唐君毅首先指出了什么是一般世俗意义上的宗教精神。他说:

---

① 《全集》卷六,第335页。
② 《全集》卷八,第59页。

世俗流行的宗教精神之意义,或是指坚执不舍,一往直前的意志。或是指一种绝对的信仰、绝对的希望。或是指一种人对其所信仰所希望实现的目标之达到,有一定的保障之感。此三义可相连,统可如詹姆士之名之为一信仰的意志。通常人说一革命家、一主义信徒、一事业家、一恋爱追求者有宗教精神,常不出此三义之外。此三义之宗教精神,表现在一般宗教生活之本身,即为一信仰神之爱吾人,救主之愿赐恩于吾人,信仰吾人之将蒙恩而得救;信仰吾人只要真向神祈求,神即能助吾人之成功而得幸福。由此信仰,而感到自己之生命有了寄托归宿,觉到一切都安稳了,而加强了生活意味与勇气,在人生道上一往直前的意志。一般宗教徒之宣传宗教,亦常依此意义,以讲宗教之价值。一般人之相信宗教,亦恒是依此意义而相信宗教。但是此种宗教精神之意义,只是第二义以下的。并非真正的宗教精神的根本意义,原始意义。如以此为宗教精神之根本原始的意义,或人自开始点即出自此动机以信宗教,人便落入纯实用功利的观点。从实用功利的观点,人绝不能透入宗教之核心的。而人若泛称一切有绝对信仰与坚强意志的人为有宗教精神,则宗教精神之对人类为祸为福,亦殊难说。因为人之绝对信仰坚强意志本身,可即是坏的。如从此种意义讲宗教精神,则宗教精神之真正价值,不能确定下来,不成为当普遍的被认识者。①

2. 真正的宗教精神

那种世俗流行的宗教精神,在唐君毅看来,是所谓"恒为第二义以下之宗教精神"②。正是以一般世俗意义上的宗教精神为对照,唐君毅进而指出了什么是他所理解的真正的宗教精神。他说:

---

① 《全集》卷五,第30—31页。
② 同上书,第29页。

我们所要指出的真正的宗教精神,是一种深切的肯定人生之苦罪之存在,并自觉自己去除苦罪之能力有限,而发生忏悔心,化出悲悯心;由此忏悔心悲悯心,以接受呈现一超越的精神力量,便去从事道德文化实践之精神。此精神在世间大宗教中皆有,而原始佛教基督教更能充量表现之。……表现这一种精神之第一句话,不是与人以一福报之保障,不是使人相信你求什么,神佛便帮助你什么,而是在人深陷于苦痛、无办法的时候,向人启示:你的一切苦痛,都原于你与人们的罪恶。你不能剪除你与人们的罪恶,你便应承担痛苦。而你必须凭一超越的意志或精神力量,你才能去除你与人们之罪恶与苦痛。否则,你总是无力的。你自以为有办法的,都是无办法的。你一般意识生活中之一点理性的光辉,你现实生命中之自然力量,乃是被限定的,卑微的,渺小的。如此,则你只有转出或接上一超越的精神力量,可以使你逐渐上升,望见真正的伟大、无限、幸福与至善。在最后阶段,你可以有保障。然而此保障,是第二义的。故说之为神所赐,是佛菩萨之加被。你并不能期必此保障之何时降临。即此保障之何时来临,你并不觉有保障。你不觉有保障,你才可以真得保障。所以真宗教的精神,自始至终都是谦卑的。流俗的宗教宣传,开始点即说:你信了神,便有神冥冥中扶助你;祈祷他,他就答应。此除了为教化的方便,别无价值。而当人不知此只为一方便,而以为真宗教精神即求神扶助时,并以祈祷神相助,为宗教生活之主要内容时;人根本误解了宗教精神,而过着一堕落的宗教生活。……所以我们要讲真宗教精神,必须透过一层,回到宗教精神之根本处原始处去。如果我们不能在此根本处原始处,看得稳,握得紧,并求其为人所了解,我们将不能有宗教精神之再生。而宗教在文化中之地位,亦将因其本身之功利化世俗化,而日益降低。不复能再有其过去之尊严与光荣,以至根本失却在文化中之地位。①

> 真宗教的精神,即是承认自己有罪,承认整个人类有罪。……全世界的人类,不能形成一感化人类之野心与贪欲之宗教道德精神,陶养驯服人之蛮性的遗留,即全人类之罪。承认自己有罪,承认自己对世界无办法,这是现代人应学习的一种谦卑的宗教精神。本此谦卑的精神,去检讨反省我们个人人格中之一一之罪,我们自己民族和人类之自觉或不自觉而深藏下意识之罪,而先自己忏悔,帮助他人忏悔感化他人,是人类唯一解除其毁灭之威胁,真正存在以创建未来文化社会的道路。②

表面来看,唐君毅这里对宗教精神的理解和界定基本是以佛教和基督教为背景的。而这种宗教精神,似乎和儒家尤其孟子一系尽心知性知天的宗教精神并不一致。因为前者强调人之有限和渺小,后者突显道德主体之无限性。但其实,这种冲突在唐君毅那里是可以化解的。这一点,我们在后面讨论唐君毅关于儒家宗教精神的部分再加以详细探讨。

3. 宗教精神的形态

尽管唐君毅以世俗的宗教精神为对照,突显了他所谓的真正的宗教精神。但是,在对于诸种宗教意识的分类和讨论中,唐君毅还是极大地包容了世界上几乎所有的宗教形态。在《人类宗教意识之本性与其诸形态》一文中,唐君毅曾经将宗教意识分为十种形态。

第一种同时也是最低一种宗教意识,"乃信仰一自然神,而向之祈求助我满足欲望之宗教意识。此即原始人之庶物崇拜图腾崇

---

① 《全集》卷五,第31—33页。
② 同上书,第40—41页。

拜"①。第二种"较高之宗教意识为信仰有限之人神民族神或超自然之无限神——无限神或为无限之人格神或无限之超人格神——而同时对之表示欲望者"②。第三种是"求神满足吾人来生之愿望之宗教意识"③。第四种是"求神主持世间正义之宗教意识"④。第五种是"求灵魂之不朽以完成其人格,及以苦行求自己灵魂之解脱之宗教意识"⑤。第六种是"信神以克欲之宗教意识"⑥。第七种是"不信神亦不执我之宗教意识"⑦。第八种是"担负人类或众生苦罪,保存一切价值,实现一切价值,于超越世界或永恒世界之宗教意识"⑧。第九种是"通过对先知先觉之崇拜以担负人类众生之苦罪之宗教意识"⑨。第十种是"包含对圣贤豪杰个人祖先民族祖先(即民族神)之崇拜皈依之宗教意识"⑩。

对于唐君毅这十种宗教意识或宗教精神的分类,笔者以为有几点值得说明。首先,这十种不同的宗教意识不是一种抽象的逻辑分类,而是在现实世界中都有实际的来源,基本上涵盖了所有人类社会的宗教形态。不过,这并不意味着每一种宗教意识直接单一地对应某一种宗教形态。比如,第九种宗教意识,就既可以是大乘佛教的宗教精神,也可以是基督教的宗教精神。反过来,同属于一种宗教传统,却未必表现为同一种宗教精神。比如佛教大小乘,在唐君毅的十种分类中,就不是同一种宗教精神。第二,关于第十种宗教精神,唐君毅尽管没有明确说明,但显然他是以儒家的宗教精神为根据的。

---

① 《全集》卷二十,第494—495页。
② 同上书,第496页。
③ 同上书,第497页。
④ 同上。
⑤ 同上书,第498页。
⑥ 同上书,第499页。
⑦ 同上书,第500页。
⑧ 同上书,第501页。
⑨ 同上书,第502页。
⑩ 同上书,第504页。

之所以如此，我们在后文考察唐君毅有关儒家宗教精神的论述时，会很清楚地看到这一点。第三，尽管唐君毅十种宗教意识的划分可以说是从肯定人类宗教精神多样性的前提出发的，我们后文也会专门论及唐君毅的多元立场，但这里的分类仍然是有价值上的高低的。换言之，这十种类型的划分背后仍有一种判教式的价值排序。并且，这里的排序似乎已经预示了他在晚年最后一部大著《生命存在与心灵境界》中对于人类不同存在类型和精神境界的排序。正如这十种宗教意识的最后和最高形态是实际以儒家精神为根据的"包含对圣贤豪杰个人祖先民族祖先（即民族神）之崇拜皈依之宗教意识"一样，《生命存在与心灵境界》中人类"心灵九境"最高的精神境界"天德流行境"，也同样是以儒家的宗教精神为旨归。那么，这种个人认同上的"一元"与其宗教观之间的"多元"之间如何协调，就是一个值得深入思考的问题。这一点，我们在最后会加以讨论。第四，曾有学者认为，第一种到第四种是针对生命机体的需求，来自于生理的保存需要；第五种到第七种是针对生命心理的需求，来自于自我的实现需要；第八种到第十种是针对生命价值的需求，来自于精神的境界需要。从生理保存、自我实现和精神境界三种不同的需要来观察唐君毅的这十种宗教意识，笔者认为是颇为可取的。不过，如果由此进而认为"这三种需要即是宗教形成的主要动机与目的，说明了宗教主要有三个层次，即个人层次、文化层次与终极层次"[①]，则笔者似觉稍有未安，因为我们可以说这些不同的宗教意识是要去解决人的不同需要，无论是"生理保存""自我实现"还是"精神境界"，但如果说这些宗教意识的产生是来自于这些需要，则未免又将宗教意识从来源上化约为其他的意识活动。而正如我们在本文第二部分可以看到的，这恰恰是唐君毅在论及宗教精神或宗教意识时所首先加以反对的。

[①] 郑志明：《当代人文精神的认知与重建——从唐君毅的〈人类宗教意识之本性及其诸形态〉谈起》，第六届当代新儒学国际学术会议论文。

总之,唐君毅对于宗教精神多种形态的考察,说明了他充分顾及了人类宗教精神的多样性,这是他始终具有一种多元和整全的视野的反映。事实上,对于宗教精神的把握,唐君毅也同样是在一个人类各种精神活动的整体脉络中来进行的。他对宗教精神和人类其他精神活动之间关系的考察,正是这样一种表现。

四 宗教精神与人类其他精神活动的关系

唐君毅一方面充分论证了宗教精神的独立不可化约性,另一方面也探讨了宗教精神和人类其他精神活动的关系。其中,最主要的是他关于宗教精神与科学精神、道德精神以及艺术精神之间关系的思考。不过,在分别考察唐君毅关于宗教精神和科学精神、道德精神之间关系的思考之前,我们首先看看他对于宗教精神和追求真、善、美的精神之间的总体论述。对唐君毅来说,人类的求真意识、求善意识和求美意识,也就是人类的科学精神、道德精神以及艺术精神。

1. 总论宗教与真善美诸精神之间的关系

和对于宗教精神独特性的认识相关,唐君毅认为,尽管宗教精神和人类追求真、善、美的科学精神、道德精神以及艺术精神虽然都可以说是一种精神上的主观自觉,但是,这几种人类的精神活动彼此之间均有所不同。他在《中西文化精神之比较》中指出:

> 科学精神为主观之自觉,去了解客观自然或社会之精神。宗教精神为主观之自觉,去信仰皈依客观之神,而祈求与之合一之精神。艺术之精神为主观之自觉,欣赏客观之境相,或求表现意境于客观媒介如声色文字之精神。道德精神为主观之自觉,

自己规定支配主宰其人格的形成之精神。①

在《人类宗教意识之本性与其诸形态》中,唐君毅进一步强调了宗教精神与科学精神、艺术精神和道德精神的差别:

> 宗教意识之核心为自欲望的我解脱,为皈依崇拜神之意识。其所求之价值为人之超越欲望的我而神化,或接触超越之神,接触一视之如神之圣贤豪杰祖先之精神而神化。由是而人有一宗教信仰后,可觉其生活之价值,含一绝对意义超越意义或通于宇宙全体之意义,此与科学哲学所求价值为真,文学艺术所求之价值为美,道德所求之价值为善,皆不同。因而宗教意识之极端发展,恒可归于其他文化意识价值意识之否定,或与其他文化意识价值意识相冲突,及各宗教之自相冲突。然在另一方面,宗教意识亦能助成其他文化意识价值意识。②

不过,从这里的话我们也可以看到,唐君毅在强调宗教精神不同于科学精神、艺术精神和道德精神的同时,也指出了四者之间并非没有关联,所谓"然在另一方面,宗教意识亦能助成其他文化意识价值意识"。事实上,对于宗教精神与科学精神、道德精神和艺术精神之间既彼此冲突又相互辅助的两面,唐君毅都有具体的论述。

2. 宗教精神与科学精神、道德精神和艺术精神之间的冲突

首先,我们看看唐君毅关于宗教精神与科学精神、道德精神和艺术精神之间为什么会有冲突的解释。在《文化意识与道德理性》中,唐君毅着重讨论了宗教精神与科学精神或求真意识、道德精神或求善意识以及艺术精神或求美意识之间之所以容易发生冲突的原因。对于宗教精神和科学精神或求真意识之间的冲突,唐君毅指出:

---

① 《全集》卷五,第96页。
② 《全集》卷二十,第506—507页。

在宗教意识中恒包含一不合理者之肯定。宗教中恒有神话,神话必与经验科学历史科学之理性相违。宗教中恒有独断之教义与不可解之吊诡 paradox,与哲学理性相违。——吾人据理性以论宗教之神话,恒设法找出宗教神话之历史事实之根据,或掘发神话之象征意义,并为其独断教义建立根据,分析其吊诡,使可理解。然实则对宗教作理性之解释,乃宗教意识外之另一事,而可冲淡或破坏吾人之宗教意识者。尅就宗教意识而言,宗教中之非理性成分,皆为不可少,亦不能由解释以化除者。盖在宗教意识中吾人求超越其欲望的我,亦即同时求超越欲望的我所肯定之现实世界。故在宗教意识中,必包含一日常经验之现实世界之虚幻感,对日常经验的现实世界之真实之否定意识。宗教中神话之内容,恒与经验现实世界相矛盾。故当吾人信神话时,即加强所经验现实世界之虚幻感,而引出吾人对经验现实世界之真实性之否定。而当吾人对经验现实世界有虚幻感之时,吾人即趋于相信神话。常人恒以为吾人在宗教意识中,所以相信神话,只原于吾人之望神话内容之真实化,以满足吾人之愿欲,而不知吾人所以望神话内容之真实化,除满足吾人愿欲外,尚有此深一层之动机。唯人之信神话有此深一层之动机,而此动机藏于宗教意识之本身,神话方为人之宗教意识之必然的产物,为欲培养人之宗教意识,亦不当加以全废除者。此即宗教意识与日常经验,及应用于日常经验中之理性之矛盾,所以不易避免之故。①

简言之,在唐君毅看来,宗教精神之所以会和科学精神发生冲突,在于宗教中始终会有非理性的内容,而科学则始终要求必须遵循理性的原则。因此,宗教精神和科学精神之间的冲突,其实也就是人类非理性或超理性与理性之间的矛盾。

---

① 《全集》卷二十,第 507—508 页。

对于宗教意识和艺术精神或求美意识之间的冲突,唐君毅指出:

> 由于在宗教意识中,人须超越日常经验之现实世界,亦即须超越日常经验之形色世界,而美则为不能离形色世界者。中世纪僧人见瑞士山水之美,至不敢仰视,乃宗教意识主宰之心灵所必有之事。诚然宗教与艺术亦恒有相依为用之情形。如宗教仪式及庙宇中,恒包含音乐图画颂赞与建筑等艺术成分。然吾人须复知,一切宗教中之音乐图画颂赞建筑等之价值,皆只在其引现唤醒吾人之宗教精神一面。当吾人之宗教精神唤醒以后,其本身即成必须超越者。而其所以能唤醒吾人之宗教精神,则由宗教中之音乐图画建筑等,虽是形色世界之对象,然此形色之华丽伟大庄严等,可使吾人忘形色世界中其他之行色,使自己欲望屈服,而其所含之宗教意义,则足引现吾人之纯粹宗教意识。宗教艺术中所表现之美,恒壮美多于优美。壮美恒为启示一无限之内容于有限之形色,乃一方足使吾人之欲望屈服,一方使吾人趋向于形色观念之超越者。故宗教中之艺术之形色,在其宗教意义被人了解后,乃注定将被超越者。艺术对于宗教之价值,亦将永为附从的,或工具的。①

如果宗教精神代表一种超感性的意识,而艺术精神首先直接表现为一种感性的意识,所谓"形色世界"。那么,宗教精神之所以可能会和艺术精神形成永恒的冲突,照唐君毅这里的意思,简单来说,则在于人类超感性与感性之间的对立。由于人类始终都同时具备超感性与感性的意识和经验,所以这种冲突似乎也是永恒的。

关于宗教精神和道德精神或求善意识之间可能的冲突,唐君毅接着说:

> 至宗教意识与道德意识冲突,则在宗教意识恒原于感自己无力解脱其苦罪,故皈依崇拜神以求神之助我解脱苦罪。然当

---

① 《全集》卷二十,第508—509页。

吾人感自己无力解脱其苦罪而皈依崇拜神时,吾人恒有一对自己之意志自由之否定。因而在宗教意识中,人恒易趋向于宿命论之相信。在中世纪基督教中,尤多否定意志自由,以人之得救与否,纯赖上帝赐恩之思想。此种意志自由之否定,对宗教意识之所以为必需者;乃因吾人否定自己之意志自由以后,吾人同时亦否定吾之欲望的我满足其欲望之自由。故当吾人由宿命论思想之开示,而知吾之一饮一啄莫非前定时,吾人奔逐嗜欲之念,即趋于止息。而当吾人知吾人之得救与否,系于上帝之赐恩时,则吾人对得救本身亦无欲望。则吾人之否定意志自由,正所以使超欲望之我易于呈现,亦即所以使神更易降临于我者。至于在其他种之宗教意识,如苦行者及佛教徒之宗教意识中,虽不必包含意志自由之否定;然亦不必包含意志自由之肯定。盖在宗教意识中,吾人乃念念迫切于自欲望的我解脱。而吾人之念念迫切于求解脱,亦即念念觉被束缚而不自由者。由是而吾人求解脱之努力,虽为以自由为目标,吾人从事解脱之活动中,亦表现一意志自由;然因吾人之念念在求自欲望的我解脱,念念觉有束缚在前;则吾人可不自觉我已有真正之意志自由,而成立一意志必能自由之信念。然在自觉之道德生活中,则吾人乃自觉的以自己主宰自己支配自己。惟因自觉自信自己之能主宰支配自己,乃能自觉的求生活之道德化。故意志自由之肯定为必需者。如在经验的我不能肯定有此意志自由,亦须在超越的我中肯定有此意志之自由。而充宗教意识之极,则不须自觉肯定此意志自由亦可否定意志自由。由是而宗教意识之极端发展,又可以有意志自由之信念之道德意识,为罪恶之意识为魔鬼所欺骗之意识。由是而宗教意识复与道德意识相冲突。①

这一段文字的关键,在于说明道德意识必然肯定意志自由,而宗教意

---

① 《全集》卷二十,第509—510页。

识不仅无须肯定意志自由,反而有时会否定意志自由。因此,道德精神与宗教精神之所以可能产生冲突,根本的原因正在于对意志自由的肯定抑或否定。

3. 宗教精神与科学精神、道德精神和艺术精神之间的相互补充

其次,我们再来看看唐君毅关于宗教精神与科学精神、道德精神和艺术精神之间相互"助成"关系的看法。在《中西文化精神之比较》中,唐君毅曾有专门一节就叫作"科学宗教艺术道德四种精神之差别"。① 其中,不仅讨论了四者之间的差别,也说明了彼此之间相互支援的可能。这里,我们仅以宗教精神和道德精神、科学精神之间的关系为例,来看看唐君毅的看法。

关于宗教精神和道德精神,唐君毅曾经指出:

> 宗教之精神活动与道德之精神活动所依之形上实在可相同,因而二种精神活动可相交会,而活动之方向相反。宗教上所信仰皈依之天心或神,可同时为启示吾人以道德命令之天心或神。即其所依之形上实在或道体可相同。故吾人实践道德命令以规定支配自己道德生活,与信仰祈祷神之宗教生活,可相交会。然宗教信仰皈依神之活动方向,乃自下而上;而道德性之实践神之命令之活动方向,乃自上而下。故同此一神,宗教信仰中之神常为超越之神。而道德实践中之神,则宜为内在之神。人之宗教信仰主宰其道德实践时,神恒高高在上。而人之道德实践主宰其宗教信仰时,神恒即在吾心。又宗教精神未能引出道德精神时,则神可望而不可及。宗教精神全融入道德精神时,神即同化于吾心,而人性即天性,人心即天心。②

---

① 《全集》卷五,第96—99页。
② 同上书,第96—97页。

这里所谓"宗教之精神活动与道德之精神活动所依之形上实在可相同,因而二种精神活动可相交会",其实指出了宗教精神与道德精神相互支持的可能。而对于两者之间的彼此依赖性,唐君毅下面这段话说得更为明确:

> 尤有进者,即吾人尚可自一方面说宗教意识所依之道德意识,为一最深之道德意识。盖宗教意识原自求自然生命之欲望全然解脱,此即要求一超自然生命之精神生命的再生。在宗教意识中,吾人因欲自自然生命解脱,故恒自判断其自然生命通体是罪恶。佛家所谓无始以来无明之缚,基督教所谓原始罪恶是也。此种对自己罪恶之深厚之认识,乃由吾人对自己所下之道德判断,不仅及于意识中表层之我,而深入下意识之底层之结果。吾人之能作如是之判断,乃依于吾人之道德意识。而此判断之活动,即为一求超越罪恶,而表现极高之道德价值之自觉的道德活动。而吾人经此自己之罪恶之认识,而对神痛自忏悔,求其恩救,或俟其恩救;则为一表现更高之道德价值之不自觉的道德活动。而此二种不自觉的道德活动,若不在自觉信仰完满之神之宗教意识形成后,而与吾人之现实自我相对较时,乃不易有者。由是而吾人遂可言,吾人之宗教活动,一方依于吾人之此种道德意识,而同时亦即为成就吾人此种道德意识者。①

而至于所谓"宗教精神全融入道德精神时,神即同化于吾心,而人性即天性,人心即天心",更是提示了宗教精神与道德精神彼此融合的方向。事实上,唐君毅认为,儒家思想即是融宗教意识和道德意识为一的。这一点,我们后文再详细讨论。

正如宗教精神与道德精神之间的关系一样,对唐君毅来说,宗教精神和科学精神之间也是既不相同又可以彼此配合的关系。对此,唐君毅指出:

---

① 《全集》卷二十,第513—514页。

> 科学之对象,恒为客观现实之存在,此乃在个人之自觉的了解力所可能笼罩之下者。而宗教之对象,则为客观而超现实之神之存在,在个人自觉的了解力之上者。故二种精神活动,常相违反而冲突。然二种活动,皆肯定主观自觉与超主观之客观者之对待,皆求有以克服此对待,而又终不能全克服之。科学肯定我与现实存在之对待,欲由了解其所依之条理而克服此对待。宗教肯定我与神之对待而信仰皈依之,以求克服此对待。然现实存在所依之理,络绎相连,愈引愈远,故科学终不能克服理智的了解与所了解者间之对待。如科学而真了解现实存在之一切理,使万理皆呈现于目前,则万理成观照之所对,而内在于吾心,可自由加以玩赏。而科学生活,将无以异于艺术生活。又如吾人对神信仰皈依,而直达于神之境界,则神亦内在于吾心,神之命令我,皆我之自命,而宗教生活,即无异于道德生活。故科学宗教皆建立于主观客观之对待上。人欲求克服对待又终不能克服,即造成一种主观与超主观之客观间之紧张关系。此二者既皆同具一主观与客观间之对待关系,及紧张关系,故二种意识可互为增上而相缘引。①

总之,在唐君毅看来,在宗教精神与人类追求真善美的科学精神、道德精神和艺术精神之间,决不只有冲突的可能,更应当是彼此互相补充的关系。以下这段话,最能够说明唐君毅的这一看法:

> 极端发展之宗教意识,虽可鄙弃其他之道德文化活动,然在实际上,宗教活动又不能孤行,而必须联系于学术艺术及其他文化活动。如一宗教之形成,必须人有若干关于此宗教真理之哲学的了解,宗教颂赞宗教音乐之艺术的陶冶,宗教戒律之道德的实践,而宗教之组织亦皆有其财政及一般行政等。②

---

① 《全集》卷五,第 97—98 页。
② 《全集》卷二十,第 510 页。

宗教意识之极端发展,虽与求美求真求善之学术艺术道德意识冲突,且可导致宗教之战争,然宗教意识复正为完成吾人之求真求美求善之意识,而其本身亦表现一道德价值,而依于道德意识者。此即宗教意识中所信之神或神化之人,恒被称至真至善至美之故。①

五　世界各大宗教传统宗教精神的比较

依唐君毅之见,不仅宗教精神和人类的其他精神活动之间构成既冲突又依赖的双重关系,在世界各大宗教传统之间,也同样存在彼此冲突或融合的可能。而关于世界各大宗教传统的比较,因此也成为唐君毅论宗教精神的一个重要组成部分。并且,正是在把握世界各大宗教传统基本特征的前提下,唐君毅才能够在一个宽广的全球视域中界定儒家传统的宗教精神,并提出他自己建立新的宗教精神的思想和主张。

1. 世界各大宗教的基本特色

对唐君毅来说,世界各大宗教,各有其特色和不容抹杀的价值。在《宗教信仰与现代中国文化——世界宗教之价值及其冲突之销融(上)》一文中,他曾对世界各大宗教传统分别进行过详细的讨论。由于篇幅的原因,我们无法对唐君毅关于世界各大宗教传统的评述一一征引。这里仅以道教为例,因为道教往往被中国知识人所轻视,但我们从以下的文字中可以看到,即使对于道教,唐君毅也有足够同情的了解和深入而恰如其分的观察。他说:

中国之道教,除了在近代趋于为一切宗教遍设神位之宗教

---

① 《全集》卷二十,第511页。

外,在其最初亦非无一特色。此特色,即中国道教依于由先秦燕齐方士,一直传衍下来之长生不死及自形骸解脱,以遨游世界之要求而起。此要求与人之求维持世间正义,拔除世间罪恶苦痛之宗教比,当然是道德感较差的。因此只是为个人的要求。但是在一切宗教中,亦同都有求永生之要求。而人之求超越自然寿命、与天生形骸的限制,仍不能不说是一表现人之超越性之精神要求。无论如何,死是可悲的。形骸之限制,是与人之精神之无限性相违的。则人在此发出一求长生不死,超脱形骸限制之神仙思想,仍是昭露人性之一庄严与高卓的。而中国之神仙思想一特色,则为即以此肉身为修炼之资。此可视为一对肉身之贪恋,但亦可视为一当下要即俗成真之意志之表现。此即俗成真之意志中,有一先不舍离我在世间之此身之精神。此精神乃更与儒家之肯定世界之精神相应者。在基督教要人舍弃生命,以得生命,佛家有委身饲虎之义。人既生于世,要舍弃生命身体实难。但人在既厌弃此生命与身体,而欲求超拔解脱时,则人要负担此自然生命及此自然身体之重量,而由此修炼,加以超化,亦难。人之自然身体,乃一大机械,人之自然生命,乃一大冲动,如何加以调理已不易。而道教之精神思想,则或欲由服食,或欲由吐纳,或欲由符咒,或欲由静坐,想把此形骸变化,此仍是大勇猛。而其后之发展,则归向于在此形骸中,求出炼养之炉鼎,即就此形骸中之精华所在,以炼精化气,炼气化神,炼神还虚。成一片纯阳之仙体。此种即形骸之精华,以为修炼之资之理论,在道教称之为修命。而彼等之所以视儒佛之教为不足者,即在儒家只修心养性,佛教只明心见性,即皆只是修心性,而未修命。故性命双修,即成为后来之道教之宗旨。……而此精神此思想,亦要为一种求人之生命与活动之绝对的自由、与长久的存在之理想,亦即一种出自求生命之价值之实现与生发,之超越的圆满与悠久之精神要求之理想。人既有其自然生命与身体形骸,人即有本其超越性,而特注目于此自然生命与身体形骸之超化之宗教。而道教则正是对此自然生命与身体形骸及其超化之观念特为凸出之宗教。而此即使道教在宗教世界中有其特定地位，而不容抹杀。①

概括来说，对于世界上主要大的宗教传统的基本特色，唐君毅的看法是这样的：伊斯兰教最为重视正义理想的实现，基督教的罪恶意识最为突出，佛教和印度教最重视苦痛问题，而道教则强调人的超越性解脱不仅不能脱离自然生命和肉体，反而恰恰需要以自然生命和身体形骸的转化为前提。②

2. 世界各大宗教的差异与得失

除了指出世界各大宗教传统的基本特质之外，唐君毅还对这些世界主要宗教传统之间的异同进行过比较，其论颇能得其大端，从而进一步突显了各大宗教传统的不同特色。这里，我们不妨先看看唐君毅对于犹太教、伊斯兰教（回教）和基督教各自特征的论述，然后再看看他对于伊斯兰教和基督教以及印度婆罗门教和佛教作为两种不同类型的比较。

对于犹太教，唐君毅指出：

> 犹太教之耶和华，唯以主持正义，而主要以罚恶为事。犹太人之所求于耶和华者，初亦唯是求其惩罚亡其国家之敌人。耶和华之超越性，特为显著，个人唯有服从其意志，而不能外有所为。此耶和华故为诸犹太人精神集中，而得交相贯通，以凝结成一民族或社会者。然耶和华特以威严显，而恒不体恤个人之意愿，因而不免对诸个人之精神，若为外在之一客观精神人格。③

---

① 《全集》卷六，第356—358页。
② 参见《全集》卷六《中国人文精神之发展》，第345—358页。
③ 《全集》卷四，第445—446页。

对于伊斯兰教(回教),唐君毅的看法是:

> 至于回教之上帝,亦以超越性显,然回教之上帝,不只以罚恶为事,而尤富于赏善之意志。回教之上帝,为一超民族意识之上帝,故凡信回教之不同民族皆平等,一切教徒在回教上帝下,亦皆可平等,此即为一真具普遍的正义之德之上帝。由一切人在回教上帝下皆平等之故,于是回教之教义,特重一切人之自尊独立,各保其清真之德性品行。故回教徒精神,为挺拔直立,以承受一客观普遍上帝之意旨。此与旧约中犹太人奉耶和华时之精神,恒不免为委屈的、哀怨的、愤懑的,大不相同。①

对于基督教,唐君毅所论尤多,他说:

> 至于基督教之上帝与犹太教、回教之上帝之不同,则在基督教之上帝之根本德性,唯是一仁爱。由上帝之道,唯是仁爱,则上帝之精神,乃抚育世间、体恤人类而下覆者。由此而耶稣之实现上帝之道于世间,则重宽恕他人之罪恶,对人谦卑。耶稣之奉行此道,明白劝人忘掉世界之一切人与人、民族与民族之仇恨,并告犹太人曰:"我们之国在天上"——即纯精神界——不在世间。此即表示耶稣之精神乃使上帝之道降至世间,而使世间升至上帝之一精神。故耶稣为此道而上十字架以后,基督徒即谓耶稣为上帝差遣之独生子,至人间为人受苦、赎人之罪者。犹太教徒所期望之神对人之审判,在基督教则移至世界之末日。耶稣乃人而神之圣子,上帝为圣父,耶稣所表现之精神及上帝之道,其遍运人间,以使神人交通者,即圣灵。此三位为一体。故基督教之上帝,可谓为犹太教中之超越而威严之上帝之自己超越其超越性,而内在于人心、于世界,自己超越其威严性,而显其谦卑、宽恕、仁爱,以承担世间之苦痛罪恶,并使一切同信此上帝、耶稣之人,亦彼此相待以仁爱、宽恕、谦卑,而共谋解除世间

---

① 《全集》卷四,第446页。

之苦痛罪恶之上帝。由此而基督教崇拜之上帝,与基督教崇拜之耶稣,即成为一坚固的教会团体中之一切个人之精神,互相贯通而凝结之根据。此精神之凝结与贯通,初不如回教徒之先分别肯定各人之自尊心、个体性,而只在共信上帝一点上,精神互相凝结贯通;实只是由各个人之自愿销融其个体性于耶稣之精神人格之前,而隶属于一客观之教会团体,以凝结贯通。故基督教之精神,不如回教徒之挺拔而直立,而是内敛的、深厚的。基督教教会主宰罗马世界之后,教会精神之堕落之形态,即为诸教徒之赖其团结意识,以共排斥异端,而形成之一精神之僵化。至近代基督教之尊重良心与自由之精神,则是希腊精神或日耳曼精神透入基督教,而将此僵化打开之结果。由此僵化之打开,而后基督教之精神,乃由内敛而趋于外拓,由重谦卑、宽恕与祈望,而更重自我之尊严与个体之意志,由深厚中更转出高卓。此乃因个人自我地位之提高,而上帝亦由是而更与个人之良心及理性相连结矣。①

在如今的宗教学研究中,这三种西亚一神教被称为亚伯拉罕传统,而亚伯拉罕传统的基本特征就是信仰一个唯一的人格神(上帝),具有唯一一个救主或先知,还有组织化的教会以及单一的经典。而这几项标准,原本只是西亚一神教的特征,但由于后来中文世界逐渐以西亚一神教作为"宗教"的标准,所以东亚、南亚的其他宗教传统严格意义上反倒不能纳入"宗教"的范畴了。事实上,西方的宗教学者自己已经意识到了世界宗教的多样性,比如孔汉思和秦家懿就至少注意到了西亚的亚伯拉罕传统、南亚的印度教和佛教以及东亚的儒教和道教这所谓三大宗教系统的不同。② 唐君毅没有从地域的角度来划分不同的宗教系统,但是他对于这些不同宗教系统各

---

① 《全集》卷四,第446—448页。
② 参见 Hans Küng and Julia Ching, *Christianity and Chinese Religions*, "Introduction", New York: Doubleday, 1989。

自的特性和彼此之间的根本差别,却有着准确的把握。譬如,他曾经将回教和基督教作为一类,比较他们同婆罗门教之间的差别与得失,进而又比较婆罗门教和佛教之间的差别与得失。他说:

> 回教与基督教皆有一唯一之上帝,亦有一唯一之先知或救主即穆罕默德或耶稣。二教皆以人不信先知或救主,则别无直接联系其精神于上帝以得救之道。此种宗教思想之价值,在除上帝外,兼使一具体而现实之人格,成为"同教之一切人之个体精神"中之一普遍的联系者。而其短处,则在使人之通接于上帝之道路,只有一条。印度婆罗门教之谓我即梵,则使上帝成为内在于一切事物、一切人,而人人皆可自觉其通接于上帝之道路者。由此,上帝与世界通接之道路成无数者,乃见上帝之真广大。然其缺点,则在因梵之为无所不在,人遂可将梵与自然物混淆以措思,于是梵易失其人格与精神性。佛教之反对婆罗门教,主一切法之为因缘生,而其自性毕竟空;则一方所以扫荡一切自然物之实在性,一方所以破除吾人之一切我执与法执,以显此心之至虚,而随所遇以运吾人之大智大悲,恒不舍世界之有情。则上帝之一切清净恒常之无边福德,皆佛心之所备。于是外在超越于此心之梵天或上帝,即可不立。此种宗教之价值,即在升人之自觉者之佛,以同于上帝,并表现一视一切众生皆平等之精神。又由因缘生之教,使一切众生之心色诸法,同成为透明而不相对峙者。佛教之理论问题,则在一切诸佛之毕竟是一或是多,佛心是否可说为自始永恒存在者。如佛心自始永恒存在,一切修行者唯是求同证一佛心之佛性;此佛心,仍可在一义上同于上帝或梵,诸佛亦可以不异而即一佛。佛教中如华严、法华、涅槃、楞严、圆觉诸经所言,即显有此趋向。如佛教徒而决不承认有共同之佛心佛性,不承认诸佛之即一即多,则佛教虽表现一大平等与使一切法不相对峙之价值,然终不能免于诸佛与众生

之世界之散漫而无统摄之失。①

至于在如何肯定信仰对象作为一种超越存在的客观真实性这一问题上,唐君毅将佛教与婆罗门教作为一类,而将伊斯兰教(回教)与基督教作为另一类。在他看来,两类的差别,即在肯定信仰对象作为一种超越存在的客观真实性的方式不同。唐君毅指出:

> 在上述之一切宗教中,无论其所信仰者为上帝或梵天或佛心、佛性,要皆被视为对吾人当前个人之心为一超越者。由是吾人如何可肯定此超越者之必然存在,即为一宗教哲学或形而上学之大问题。大率在佛教与婆罗门教中,对于梵天之存在、涅槃之常乐我净,最后均赖人之直接之神秘经验或戒定慧等修养工夫,加以证实。回教徒与基督教徒,则皆以除其救主先知外,无人能直接见上帝。上帝唯启示其教义于其先知、救主,由先知、救主传至人间,故皆自称为启示的宗教。因而其所以教一般人信上帝存在之道,则或为命人对先知、救主所言,先持绝对相信态度,或注重以推理证明上帝存在之必然。②

不管是在当时还是在如今,像唐君毅那样对包括犹太教、基督教、伊斯兰教、婆罗门教、佛教和道教在内的世界各大宗教传统的精神都能够得其环中,明其同异,辨其得失,都是不多见的。考虑到宗教学研究在整个中文世界的起步之晚,至少从"温故知新"的角度来看,唐君毅在宗教领域的先驱性工作和丰硕成果,就尤其需要充分的重视和发掘。事实上,本章选择唐君毅论宗教精神为题进行专门的研究,不仅是基于在唐君毅研究的领域"详人所略"的考虑,更是着眼于中文世界宗教学研究尤其中国宗教传统研究的连续性。所谓"温故"而后才能"知新"。不能充分消化吸收前贤的成果,真正的"推陈出新"恐怕是无从谈起的。

---

① 《全集》卷四,第448—449页。
② 同上书,第449—450页。

六　中国宗教尤其儒家宗教精神的特质

无论是在《宗教信仰与现代中国文化——世界宗教之价值及其冲突之销融(上)》一文中分论世界各大宗教的基本特征,还是在《中国之宗教精神与形上信仰——悠久世界》一文中综论世界各大宗教的异同,唐君毅都没有直接将儒家传统放在其中。不过,这并不意味着唐君毅认为儒家传统中缺乏宗教精神。恰恰相反,在唐君毅看来,儒家传统富有极强的宗教精神,并且,较之世界各大宗教传统,儒家的宗教精神有其鲜明的特色与独特的价值。事实上,在唐君毅有关宗教精神的讨论中,对于儒家宗教精神的讨论占据了相当大的比重。下面,我们就专门考察唐君毅关于儒家宗教精神的思想。

1. 中国宗教思想的一般特质

在具体讨论唐君毅有关儒家宗教精神的思想之前,我们首先需要看一看他对于中国宗教思想的一般讨论。这不仅是唐君毅论宗教精神的题中之义,更为重要的是,他关于中国宗教思想一般特质的看法,其实也主要是得自于对儒家传统的观察。这一点,我们从他的相关文字中就可以看到。

在《中国文化之精神价值》一书的"自序"中,唐君毅曾经特别交代了他对于中国宗教精神的肯定和重视。他说:

> 吾于中国文化之精神,不取时贤之无宗教之说,而主中国之哲学、道德与政治之精神,皆直接自原始敬天之精神而开出之说。故中国文化非无宗教,而是宗教之融摄于人文。……余于中国宗教精神中,对天地鬼神之观念,更特致尊重,兼以为可以

补西方宗教精神所不足,并可以为中国未来之新宗教之基础。①在当时思想界普遍视宗教为迷信之说时,唐君毅不仅肯定了中国的宗教精神,指出了中国"宗教融摄于人文"的特点,并且进一步揭示该特点将"成为中国未来之新宗教之基础"。这一点,是极为难能可贵的。事实上,唐君毅建立新宗教的主张,正是建立在他立足中国以儒家思想为代表的宗教精神并博采世界各大宗教传统宗教精神之长所形成的理解之上。对此,我们将在本章的第七节专门加以讨论。

本章引言部分曾经指出,唐君毅1936年5月曾在《中心评论》发表《中国宗教之特质》,这不仅是他最早发表的有关宗教的文章,同时也是他最早发表的关于中国宗教的文章。其中,他将中国宗教的特质概括为八项:

一、中国民族无含超绝意义的天的观念;
二、中国民族不相信神有绝对的权力;
三、中国民族的神与人最相像;
四、重人伦关系过于神人关系;
五、祖先崇拜与圣贤崇拜之宗教;
六、以人与人之间交往之态度对神;
七、现世主义的宗教观;
八、宗教上之宽容精神。②

在1952年出版的《中国文化之精神价值》一书第二章"中国文化与宗教之起源"中,唐君毅也曾经将中国古代宗教的精神特质概括为以下三点:

一、人神之距离少;
二、祖考配享于神及神意与人意之不相违;

---

① 《全集》卷四,第7页。
② 《全集》卷十一,第241—254页。

三、天帝之富仁爱体恤之德。①

而无论是1936年概括的八点还是1952年概括的三点,其中都有一个核心的观念。对此,在《中国宗教之特质》一文的最后"附录"部分,唐君毅明确指出,中国宗教思想的根源或者说根本特征,在于"天人不二分全合一"这一根本观念:

> 本文论中国宗教思想之特质,表面看来是八项;但是这八项都是从"天人不二分全合一"的根本观念引来的。因为中国人相信天人不二分全合一,所以没有超越的天的观念。因为没有超越的天的观念,所以也没有与人隔绝高高在上有绝对权力的神的观念。于是,把神视作人一般,逐渐成重人伦关系过于神人关系,因而产生祖先崇拜圣贤崇拜之宗教;因而以人与人之间交往之态度对神,而产生现世主义的宗教观。现世主义的宗教观注重宗教的实际性,遂使人不再偏狭的迷信独断的教义 Dogma,因而产生宗教上的宽容精神。②

事实上,这种"天人不二分全合一"或者"天人合一"的观念,不仅是一般意义上中国宗教的基本特质,更历来被认为是儒家思想的根本精神。对中国传统思想稍有了解者,几乎无人不知"天人合一"这个观念。但是其中的精义,却又值得学者体会终生。钱穆先生辞世不久前,认为自己对中国文化的根本精神有了新的彻悟,但说来仍不外"天人合一"。可见其中的蕴涵,正如《中庸》所谓"君子之道费而隐",要说简单,"愚夫愚妇可知",但是"及其至也","虽圣人有所不知"。

2. 比较视域中的儒家宗教精神

我们前面已经提到,唐君毅始终肯定儒家的宗教精神。譬如,唐

---

① 《全集》卷四,第41—49页。
② 《全集》卷十一,第254页。

君毅曾经在《人文精神之重建》一书的"自序"中将该书论旨总结为十点,其中第四点即:"本书肯定宗教精神之价值,并以儒家之人文精神本包含亦当包含一宗教精神。"①并且,在唐君毅看来,虽然儒家不同于一般宗教,并没有奇迹和神话的成分,"但儒家精神,亦有与一切人类高级宗教共同之点,此共同点即其宗教性。故过去曾有儒释道三教之称,而今后之儒家思想,亦将不只以哲学理论姿态出现,而仍可成为儒者之教。此儒者之教与一切宗教之共同点,即他是重视人生存在自己之求得一确定的安身立命之地的。"②因此,对于时人淡忘"宗教"一词在中国传统中原有的意义,不自觉地以西方近代以来的"religion"来理解"宗教"一词,唐君毅明确以为不可,所谓"当今世俗之人谓东方无宗教者,其心目中,所谓宗教,无意间已为西来之传教士所谓宗教之所惑,此实大大不可者也。"③正是由于唐君毅明确肯定儒家的宗教精神,除了一般性地指出中国宗教的特点之外,唐君毅还有丰富的关于儒家宗教精神的直接讨论,尤其集中在《中国之宗教精神与形上信仰——悠久世界》(1953)、《宗教信仰与现代中国文化(下)——儒家之宗教精神》(1956)以及《儒家之学与教之树立及宗教纷争之根绝》(1963)这三篇文字中。这些文字,也可以视为对他所谓"天人不二分全合一"这一儒家根本观念的具体诠释和论证。

由于唐君毅对世界各大宗教传统的精神特质都有充分的了解,因此,他对于儒家宗教精神的理解,一开始就是从一个比较的视域出发,从一个人类宗教精神的整体脉络中予以定位的。

在《人文精神之重建》的"中西文化精神之比较"部分,唐君毅曾经指出了以儒家为代表的中国宗教与以基督教为代表的西方宗教的基本差异:

---

① 《全集》卷五,第16页。
② 《全集》卷六,第365页。
③ 《全集》卷八,第66页。

中国古代固亦有天帝之信仰。然于此种原始之宗教信仰，孔子以后之儒家，并未尝自觉的加以排斥，惟融摄之于其道德精神中。此融摄之所以可能，初乃源于在中国原始宗教思想中，自始即缺神人对待、神人悬殊之意识，缺神造天地之神话，原始罪恶之观念等。由此融摄之功，而宗教信仰中之天神即渐同一于直呈于自然之天道；宗教信仰中之天命即内在于吾人，而为吾人之性，吾内心之仁。中国古代之天帝与西洋基督教中之神，自哲学上言之，可指同一道体。然此中有一根本之差别，即此道体之超越性与内在性偏重之不同，与对此道体之态度之不同。西洋人以信仰祈求向往之态度对此道体，将此道体推之而上，使道体人格化。由重视其超越性，而视之为超越吾人之一绝对之精神人格，吾人之精神人格乃皆其所造而隶属于其下，以求其赐恩。此为宗教精神。中国人以存养实现之态度对此道体，彻之而下，则此道体，唯是天命。天命即人性。人之诚意正心、亲亲仁民爱物，以至赞天地之化育：即此内在的天人合一之性命之实现，而昭布于亲、民、万物之中者。则亲、民、万物皆吾推恩之地。求神之赐恩，要在信神之至善，知自己之罪孽而对神忏悔。推恩于外，要在信性之至善，知罪恶皆外在之习染，乃直接率性为道，以自诚其意自正其心。故中国人言道德修养不离一自字：所谓自求、自得、自诚、自明、自知、自觉、自作主宰。而中国儒者所言之道德生活，亦非如近人所论，止于一社会伦理生活。中国儒者言尽伦乃所以尽心知性，尽心知性即知天。中国儒者之道德生活，亦非止于是一个人之内心修养，其存心养性即所以事天。此与西洋人之由祈祷忏悔以接神恩，未尝不有相似之处。然西方人之祈祷忏悔以接神恩，必先自认自力不能脱罪。乃以放弃自己，为入德之门。中国圣贤之教则以反求于心，知性之端，而明伦察物，为入德之门。故特重礼敬之贯于待人接物之中。而即在此一切率性之行中，知天事天而与天合德。前者是以道德建基于宗教，后者是融宗教于道德。前者著重信历代传来之天启，后者贵戒慎乎不睹不闻之己所独知之地,此是二种精神之大界限。①

这里所揭示的基督教宗教精神和儒家宗教精神的基本差别,所谓"前者是以道德建基于宗教,后者是融宗教于道德。前者著重信历代传来之天启,后者贵戒慎乎不睹不闻之己所独知之地",也就是唐君毅所说的"二种精神之大界限"。

在《人类宗教意识之本性与其诸形态》一文中,唐君毅曾经对什么是真正的宗教精神提出过他自己的看法。仅就这篇文献来看,我们前文已经提到,"唐君毅对宗教精神的理解和界定基本是以佛教和基督教为背景的。而这种宗教精神,似乎和儒家尤其孟子一系尽心知性知天的宗教精神并不一致。因为前者强调人之有限和渺小,后者突显道德主体之无限性。但其实,这种冲突在唐君毅那里是可以化解的"。至于如何化解,其中的关键就在于,那种"超越的意志或精神力量",原本在人心人性中即有其内在的根源,并非完全超越的。换言之,对唐君毅来说,在"超越"和"内在"之间并无鸿沟,而是一体连续的。如果仅仅意识到人性的有限与罪恶,而将超越的意志或精神力量视为全然外在,在人心人性中并无内在的根源,也是唐君毅所不取的。在1949年7月刊于《民主评论》第一卷第二期的《理想的人文世界》一文中,唐君毅在充分肯定有神论的价值之后,紧接着指出:

> 人如果相信有神,以神为绝对至善之存在,而以人性之本原纯为罪恶,这种宗教观,虽可以使人更谦卑,更忘掉其自我,但是亦有其流弊。我想西洋中世纪之人生观,即不免过于强调人之罪恶使人太倾注于超越之神,这仍是人生之重心之外倾。或正由中世纪人之人生对神外倾,才产生近代西方人之人生之向物向自然外倾。我虽对西洋中世纪之宗教精神,甚为尊重,但是我仍主张人之精神之重心,应放在人自身之内。人如要上通神而外备

---

① 《全集》卷五,第99—101页。

物,此亦即为人之自性之所要求,故人当视人本身为一目的。①

对于这一点,前引《中西文化精神之比较》一文中,唐君毅讲得更明确,他说:

> 中国古代之天帝与西洋基督教中之神,自哲学上言之,可指同一之道体。然此中有一根本之差别,即此道体之超越性与内在性偏重之不同,与对此道体之态度之不同。西洋人以信仰祈求向往之态度对此道体,将此道体推之而上,使道体人格化。由重视其超越性,而视之为超越吾人之一绝对之精神人格,吾人之精神人格乃皆其所造而隶属于其下,以求其赐恩。此为宗教精神。中国人以存养实现之态度对此道体,彻之而下,则此道体,唯是天命。天命即人性。人之诚意正心、亲亲仁民爱物,以至赞天地之化育,即此内在的天人合一之性命之实现,而昭布于亲、民、万物之中者。则亲、民、万物皆吾推恩之地。求神之赐恩,要在信神之至善,知自己之罪孽而对神忏悔。推恩于外,要在信性之至善,知罪恶皆外在之习染,乃直接率性为道,以自诚其意自正其心。②

而在1953年出版的《中国文化之精神价值》中,唐君毅也曾经明确对比儒家宗教精神与基督教、佛教等其他宗教精神的基本差别,并对儒家宗教精神予以了最大的肯定。他说:

> 世界其他宗教之宗教精神,皆可谓只重消极的祓除苦痛与罪恶,而宗教中之一切道德修养,其作用皆为消极的去罪苦,以降神明。中国之宗教思想,则尤重积极的肯定保存一切有价值之事物。基督教思想,以人生而有罪,婆罗门思想与佛教思想,皆以人自始为业障或无明所缚。故诸宗教言道德修养,除去罪恶无明以外,若不能外有所事。人如不承认自己有罪或烦恼等,

---

① 《全集》卷五,第60—61页。
② 同上书,第100页。

即若无法使其觉有信上帝之必要。然依中国儒家宗教思想,则吾人对于形而上精神实在或绝对精神生命,能加以肯定与证实之根据,正在吾人之不自以为先有罪,而先能信其性之善而尽其性。其对天地君亲等之宗教性感情所自生,则主要赖吾人能伸展其精神,以遍致崇敬之情。故此种宗教精神,不特重在教人能承担罪苦,而尤重在能承担宇宙之善美、人生之福德。承担宇宙人生之善美福德,不私占之为我有,乃报以感谢之意,而又推让之天地君亲师,以致吾之崇敬,极为一崇敬客观宇宙人生之善美之宗教。此中之道德修养所重者,遂可不重在消极的去除罪恶与烦恼等,而重在积极的培养一崇敬而赞叹爱护宇宙人生之善美福德之情,并以求有所增益于宇宙善美、人生福德,使之日益趋于富有日新为己任。①

总之,唐君毅认为,作为一种宗教信仰的儒学,与其他宗教信仰有两个关键的差别。第一,是儒学侧重于人的能信的主体方面,而不重在人之所信的客体方面;第二,是儒家的信仰限于和人的道德实践必然直接相关者而言,对于那些非必然相关的因素,如一些禁忌和仪式,以及将信仰对象视为已经预定完成者,儒家并无必然的肯定。这两点,唐君毅在《儒家之学与教之树立及宗教纷争之根绝》一文中有详细的说明。②

3. "三祭"蕴涵的儒家宗教精神

以上,我们主要是征引相关文献,来看唐君毅如何从一个比较的视域、在一个人类各种不同宗教精神的整体脉络中来显示儒家宗教精神的。而除此之外,对于儒家宗教精神的特性,唐君毅还曾经专门从儒家的"三祭"之礼来加以讨论。

---

① 《全集》卷四,第479—480页。
② 《全集》卷八,第66—75页。

儒家传统中对于天地、祖宗和圣贤人物的祭祀，以往称为"三祭"。在唐君毅看来，"三祭"正是能够体现儒家宗教精神的实践。首先，唐君毅指出儒家"三祭"不同于一般的道德仪式，而是具有丰富的宗教性。对此，他说：

> 吾人不能谓祭祖宗与天地圣贤，只为一儒家哲学理论，因此为中国过去民族生活中之实事。亦不能谓其为一般之道德心理或道德行为。因一般之道德心理与行为，皆不以死人及天地为对象。吾人对死者，可有一歉疚之心理，然此不须表于祭祀之行为。吾人于死者，亦可有一未了之愿，而于人死后表示一还愿之行为，如延陵季子之不忘故，脱千金之剑兮带丘墓。然此还愿之行为，不相续生。而中国儒者所尚之祭祀，则为当祭祀以时，永无断绝者。又一般道德心理、道德行为，皆为实践自己之所命令于自己者。吾人亦唯剋就人实践自己所命令于自己者，乃得言其为道德心理或道德行为。然人之祭祀，则不只为实践此一当祭祀之命令之事，而同时复求与所祭祀者在精神上交相感通，而配之以一定之礼仪者。此中所祭祀者，为一超现实存在，与宗教之对象同。而此礼仪之意义，与一切宗教之礼仪，亦皆同为象征的，即不发生实际的效用价值者。祭祀时，吾所求者，乃吾之生命精神之伸展，以达于超现实之已逝世的祖宗圣贤，及整个之天地，而顺承、尊戴祖宗圣贤及天地之德。则此中明有一求价值之实现与生发之超越的圆满与悠久之要求之呈现，乃视死者亡而若存，如来格生者，以敬终如始，而致悠久，使天地与人，交感相通，而圆满天人之关系。则此三祭中，明含有今人所说宗教之意义。①

当然，唐君毅同时也意识到了儒家"三祭"中的宗教性与一般宗教如亚伯拉罕传统的差别，他说：

---

① 《全集》卷六，第374—375页。

而三祭中之宗教性之异于一般高级宗教者,则在此三祭中所祭之对象,似为多而非一。又所祭之对象,为祖宗圣贤,皆为可增加者。此即使其所祭之对象,似为变而非常。而各人之祖宗不同,各地之圣贤不同,则又使宗教对象,为因人因地而异者,此即使一普遍之教会成不可能,遂使祭祖宗圣贤之事,永为各个人之事,而不能为一贯相传、普遍存在的教会之共同事业。①

至于这种差别之间的得失如何,唐君毅虽说"未易言",但其实,他心目中还是认为儒家"三祭"的宗教性更为圆满。对此,唐君毅以下这段话足以为证:

关于最充实圆满之宗教精神,必须兼包涵对于我们之无限心量之具体内容之悟会,而有一无私求的对天之承祀,及对祖先圣贤之鬼神之承祀。……此皆依于人之至性至情之所必至,亦即人之求有最高的道德实践者之所必信,方谓人必须由呈现于其无限心量之生生化化之几,同时悟会一无尽深渊之生生化化之原之存在,而对之作一超越的感通;同时对于已由明入幽之鬼神,亦应求有此超越的感通,乃能极此感通之心量之无限。世间宗教之礼仪,所赖以成就此之超越的感通者,皆有所不足,乃或只限于对一天帝,或只限于对己教之圣贤,并与人之私求相夹杂,亦即皆不能表现出一最充实完满之宗教精神。而儒家之肯定三祭,则为在原则上能成就此各类之超越的感通,而绝弃一切私求者。②

而唐君毅的这种看法,又是具体通过两个驳论来建立的。所谓两个驳论,是对儒家"三祭"宗教性的两点质疑。第一个质疑,是认为"三祭"所祭祀的对象最初都是人而非神,如此祭祀时无限的人心是否会被祖宗、圣贤人物和有形有象的天地的意象所局限。较之崇

---

① 《全集》卷六,第376页。
② 《全集》卷八,第78—79页。

拜一无限的人格神的宗教,"三祭"的宗教性是否不够?对此,唐君毅的回答如下:

> 然在吾人之意,则以为一切宗教之仪式中皆有图像。在佛教中,固有佛像。基督教中亦有耶稣上十字架等之图像。此图像与其所信之神话、奇迹,同为宗教中所不可免,皆所以使吾人凭藉之以生一超现实对象之意象,而超越现实世界事物之想念者。故其价值本为消极的,而非积极的。如人积极的视此意象图像本身,为其所崇拜之对象,则为宗教精神之物化,而成偶像崇拜。但人毕竟视此意象图像之价值,为消极的或积极的,则看人自身之态度。人如只视其价值为消极的,则任何具体的意象图像,皆不致局限吾人之心灵。而吾人尚有理由以说,三祭中对父母圣贤之平生事迹之想念,较一般宗教中之图像,及神话所引起之意象,更不致局限吾人之心灵。因在一般宗教中所引起的意象,乃不关于现实世间之事实者,或只关于一与现实世间之事实脱节之超越事实者。以其脱节,故吾人想念之时,即不能由之以过渡至其他想念。此可促进人之宗教信仰之专诚,但亦可使人之宗教心灵,更局限陷溺于此所想念者之中。而在三祭中,人所想念之祖宗圣贤之事迹,与天地万物之形象等,则乃在现实世间曾存在,而在现实世间之自然秩序、历史秩序中者。因而吾人想念之,即同时置定之于自然秩序中,而成为客观存在者。而置定之为客观存在者,吾人即自诸具体之意象中超拔。由是而此具体的意象,便能一方使吾人超越当前之现实世界,又可使吾人之心灵,得不陷溺局限于其中者。而在中国之三祭中,在家庙与圣贤之庙宇中,祖宗圣贤之神位牌,皆至书名而不画像,像皆在其旁,或另一室。此即使人专诚致祭时,除以名字凝聚诚敬之心外,更无其他之具体的意象者。则谓三祭使人不易达于纯精神之境界,亦无是处。而此中关键,则要在吾人祭时之心灵本身,是否为一纯精神的心灵。如祭时之心灵,非纯精神的心灵,则一

般宗教中之图像、与神话,所引起之意象等,正更使人之心灵陷溺局限,而更远离其所信之具无限性之神佛等者也。①

第二个质疑,是认为"三祭"的对象是多数,但人的心灵与人格都是单一,且宗教的历史发展似皆由多趋一,因而往往人在唯一的神面前才容易凝聚宗教精神,如此则"三祭"是否不易凝聚人的宗教精神?对此,唐君毅的回答是这样的:

> 然在吾人之意,宗教精神故当有一凝聚之所,然亦当有一开展之地。而绝对只信神之"一"的宗教,亦事实所未有。如基督教之一体之神,仍有三位,佛有三身。佛之法身,上帝,为佛耶二教所崇信之宗教对象之自体。佛之报身为释迦一人,与上帝之化身为耶稣一人,为此自体之显于自然界。而佛之应身与圣灵,则对各个人各时代之人而显。此乃因超越而唯一之宗教上的崇信对象,仍必须连系于自然,且必以个人之为多,而分别对诸多个人显示也。此即"超越原则"与"现实原则","一"之原则与"多"之原则,终必须结合。而在中国之三祭中,则人各有其祖宗,代表"多"之原则。各地方与各职业之人,各有其所祭之圣贤人物或祖师,代表"多"之原则。同以孔子为圣,同以黄帝为祖,代表"一"之原则。总而论之,则祖宗与圣贤,皆代表"多"之原则。而宇宙之一切存在、生命、精神、价值之全之实体,总体之天地,代表"一"之原则。圣贤祖宗,曾生于现实世界,代表现实原则。天地先人而有,亦可后人而存,指宇宙之存在、生命、精神价值之全之实体或总体,为无限,为超思议所及,代表超越原则。而天与地分言,则天代表宇宙之存在、生命、精神、价值之实体之理念,超越于已成就之一切现实事物上之超越原则。"地"代表现实事物之已成就而保存者之总体,为现实原则。又以祖宗、圣贤人物分言,则祖宗为我之现实生命所自来,代表现实原则,祭

---

① 《全集》卷六,第379—380页。

时重亲其所祭。圣贤人物,为超越于我之一切人所共崇敬,代表超越原则,祭时重尊其所祭。而在此三祭中之现实者为真曾现实者,超越者为亦为贯于现实之超越者。多为真多,一为由多之自己超越所显之实体或总体之一。此即异于佛教基督教中之佛所化为应身之多,圣灵之遍感一切人之多,皆非真多。佛之法身之现为报身,上帝之化身为耶稣,人亦只能视之超自然现实者之表现于自然现实,亦不能真视之为自然现实中曾真实存在之人也。①

总之,在唐君毅看来,较之佛教基督教等其他宗教,儒家"三祭"所蕴涵的宗教精神不仅不差,反而有更为高明之处。唐君毅指出,如佛教和基督教的宗教精神,实有赖于人的苦罪意识,所谓"唯是面对人生之苦罪而成立"②。但如果人无罪无苦,或者人的苦罪意识不显,则宗教是否还有存在的必要呢? 据此,唐君毅进而特别指出,儒家三祭宗教精神的高明之处,正是不依赖于人的需要,所谓:

> 因人自觉有罪恶苦难,而信宗教。此只是因人有需要,故信宗教。此中之宗教似尊而似(国翔按:疑当为"实")卑,以其只为满足需要之手段故。而在儒家之三祭中,则要求全不依吾人对祖宗、圣贤、天地之有所需要而建立。③

那么,这种不是作为满足人的需要的手段的宗教精神又是怎样一种精神呢? 对此,唐君毅说得很明白:

> 吾人之祭,唯在使吾人之精神,超越吾人之自我,以伸展通达于祖宗、圣贤、天地,而别无所求者。而此即为一纯粹的表现吾人心灵之超越性、无限性之宗教活动。则吾人苦当祭,乐亦当祭。有罪当祭,无罪亦当祭。此方使吾人之祭的宗教活动,成为无待于我之具体的情形之为苦为乐,为有罪或无罪,而使宗教性

---

① 《全集》卷六,第380—381页。
② 同上书,第384页。
③ 同上书,第385页。

之活动,成无条件的正当者。由是而纵吾人之灵魂,皆至天堂,至极乐世界,另转他身,吾人仍当还祭曾生于此世界之祖宗、圣贤之一度存在之生命,此方是儒家之宗教精神之极致。①

当然,在论证儒家"三祭"的宗教性时,唐君毅也不是没有看到这种宗教精神的不足之处,所谓"如说中国之三祭之宗教精神,有何缺点,则我们只可说此乃在其不如回教精神之重绝对公平的正义,不如道教精神重不死以求长生,亦不如基督教精神之强调人类之共同罪恶,更不如佛教精神之重视世界之苦"②。不过,正是这些方面的不足,又恰恰使得儒家的宗教精神得以容纳和肯定世界各大宗教的地位与价值。所谓"此即使中国于儒教之外,必有道教之存在,使中国民间有阎王,能作公平之审判,亦使回教在中国宗教世界中显一特殊之价值,使佛教得盛于中国,并使基督教在今后之中国有存在之价值者。而此亦即吾人之承认各宗教之地位之一理由所在"③。

无论是通过与其他宗教精神的比较,还是通过对儒家"三祭"所蕴涵的宗教精神的阐发,对唐君毅来说,儒家的宗教精神或宗教性都有其最为核心的一点。对此,唐君毅如下的一段话堪称总结:

> 对于儒家之教与其他宗教之不同,我们在十多年来常讲的意思,即儒家之教中并非不包含信仰,而是其言信仰,乃重在能信者之主体之自觉一方面,而不只重在所信之客体之被自觉的一方面。儒家由重此中之能信之主体自觉,而重此主体之实践其所信,由行道而成德,以建立其为贤为圣之人格于天地间。此即儒家之特性。④

这一看法,如果要在儒家传统中寻其源头的话,显然可以上溯到孟子的"尽其心者,知其性也,知其性则知天矣"(《孟子·尽心上》)。孟

---

① 《全集》卷六,第384—385页。
② 同上书,第381—382页。
③ 同上书,第382页。
④ 《全集》卷八,第67页。

子虽然历来被视为儒家传统中"心学"一脉的始祖,其实却并没有失落价值根源客观性的一面,因为道德实践虽然始于主体的心性,但最后的归宿还是要回到客观的"天"这一价值的源头。同样,这里唐君毅虽然强调儒家的宗教精神"重在能信之主体之自觉一方面,而不只重在所信之客体之被自觉的一方面",但也并不只是单纯的"唯心"论。所谓"不只重在所信之客体之被自觉的一面"中的"只"字,说明它只是要扭转只重"客体所信"而忽略"主体能信"的偏失,而希望兼顾"客体所信"与"主体能信"或者说超越的"天"与内在的"心性"。唐君毅指出中国后代儒者中绝对反对天地之神也是宗教意识"未能充量发展"的表现,①其意正在于此。说到底,从儒家传统的根本立场来看,主体的心性与客观的天道之间,具有本体论上的连续性。这一点,也就是唐君毅所谓的"天人不二分全合一"的意思。而唐君毅所希望建立的"新的宗教精神",其实就是一种在主体的心性与客观的天道之间、主体的能信与客体的所信之间,或者说超越与内在之间保持动态的连续与平衡的精神。而这种精神,在唐君毅看来,也就是他所理解的真正的儒家的宗教精神。

七 建立新的宗教精神

既然认为必须肯定宗教精神,时代文化需要真正的宗教精神,并且充分肯定儒家的宗教精神,对唐君毅来说,作为题中应有之义,建立儒教就是顺理成章的了。事实上,和康有为、陈焕章等人的取径不

---

① 《人类宗教意识之本性与其诸形态》第六节最后一段话:"故吾人以为最高无上之宗教意识,应为一方有对超越之神之皈依崇拜,一方有对圣贤豪杰祖先之崇拜皈依者。只有其一而未自觉否认另一,皆不成罪过,而同为宗教精神未充量发展之证。只有其一而自觉否认另一,皆为宗教上之罪过。由此而言则基督教回教徒之反对崇拜人神,与中国后代儒者之绝对反对天地之神者,皆同未能充量发展其宗教意识,浸至犯宗教上之罪过者。而中国先秦儒者之一方崇拜圣贤祖先之人神,而一方亦信天地之神——至少未自觉的反对祭天地各神,乃真正具备最高之宗教意识者。"《全集》卷二十,第506页。

同,唐君毅在20世纪五六十年代就已经从上述宗教精神的角度,明确提出了建立儒教的主张,对于当时社会上已有的建立儒教的尝试,他也明确表示支持。不过,必须指出的是,与其以宗教精神来界定宗教相一致,唐君毅所提倡建立的儒教,主要并不是一种建制化的形态,而仍然是一种宗教精神。并且,更为重要的是,作为一种经由唐君毅所理解和诠释的宗教精神,儒家的宗教精神已经体现为一种"新的宗教精神"。这种"新的宗教精神"不是要和世界上既有的其他各种宗教精神并驾齐驱、一竞短长,而是要成为世界既有的各种宗教精神的基础,从而使之趋于广大圆满。如此,各种宗教之间的冲突也会趋于消解。

1. 建立儒教的主张

基于对儒家宗教精神的肯定,唐君毅首先认为应当承认儒家为宗教。他在《中华人文与当今世界》下册中说:

> 至于儒教之是否为宗教,则看如何说。但至少在其可安身立命之一义上看,应说与其他宗教,属同一性质。①

而明确主张当今之世应当建立儒家于世界各大宗教之列,也是唐君毅多次明确强调的重要内容之一。

1960年,一位美国女士朱丽叶·霍里斯特(Mrs. Juliet Hollister)到香港新亚书院拜访唐君毅和程兆熊,希望他们代表儒家签名发起美国华盛顿建立一个包括印度教、基督教、儒教、回教和犹太教这六大宗教在内的了解堂(A Temple of Understanding),意在增进世界上不同宗教传统之间的互相了解。对此,唐君毅积极支持,并在次年发表的《"世界六大宗教了解堂"之建立之感想》一文的最后,发出了如下的感慨和呼吁:

---

① 《全集》卷八,第99页。

> 人类真有一海晏河清,人人皆成圣成贤,与天合德之时代,则世间一切宗教之名何有?儒之一名,亦同与世相忘矣。然至今日,世界之不同宗教皆有声有色,而东方之儒教宏化之区,惟恃其广大宽容,顿尔与世相忘,竟默默无闻,不自树立,又安能以其广大宽容,通天下善良之心?今他人视儒为六大宗教信仰之一,而我乃唯自加践踏,又将何以报人?①

由这段话可见,唐君毅明确认同视儒学为世界性的宗教传统之一。对于建立儒教的态度,无疑也是十分积极的。

事实上,唐君毅对于建立儒教的主张,早在1954年8月14日《致牟宗三》的书信中已经有较为详细的说明。他说:

> 中国昔有儒教,今则无有,故人入基督教者日多。基督教义固有所偏,而其风俗亦多与中国文化不合,而信者亦罕能尽其诚。弟因觉今日讲学,不能只有儒家哲学,且需有儒教。哲学非人人所能,西方哲学尤易使人往而不返,而儒教则可直接人之日常生活。在儒为教处,确有宗教之性质与功能,故曾安顿华族之生命。而今欲成就其为教,必须由知成信,由信显行,聚多人以共行以成一社会中之客观存在——如社团或友会(友会之名较好),此客观存在,据弟所思,尚须有与人民日常生活发生关系之若干事业。此盖凡宗教皆有之。唯有此事业,而后教之精神乃可得民族生命之滋养,而不致只成为孤悬之学术团体,此诸事业即属于儒家所谓礼乐者。礼乐乃直接润泽成就人之自然生命。人之自然生命之生与婚姻及死,皆在礼乐中,即使人之生命不致漂泊无依。胡适之谓儒者以相礼为业,亦未必不可说。今之基督教徒,在社会存在之基础,即主婚礼与葬礼,佛教只能追荐,不能主婚礼。儒家之礼,则兼重生日诞辰与冠礼及葬后之祭礼,此是对人之自然生命自始至终与以一虔敬的护持,而成就其

---

① 《全集》卷八,第101页。

宗教之任务。弟以为此将为儒教徒之一社会事业。此外，则养老恤孤，救贫赈灾，亦为儒者过去在社会所指导，而力行之一事，今皆入佛教徒与基督教徒之手。亦当为今后儒教徒之一事。此诸事皆不只是学术理论，亦非属狭义之政治，而为流行遍及于社会人民生活之最现实的方面者，故可尽澈上澈下通无形与形（国翔按：似脱一"有"字，即"通无形与有形"）而极高明以道中庸之道。①

这里，唐君毅不仅明确指出应当建立儒教，所谓"今日讲学，不能只有儒家哲学，且需有儒教"，而且进一步指出了儒教之为"教"必须有其具体的组织形式以及所应当承担的社会功能。就组织形式来说，唐君毅认为，儒教必须成为社会中一种群体性的客观存在，所谓"必须由知成信，由信显行，聚多人以共行以成一社会中之客观存在——如社团或友会（友会之名较好）"②。就社会功能而言，唐君毅

---

① 《全集》卷二十六《书简》，第158—159页。
② 同上。牟宗三也主张建立儒教有必要成为一种群体性的社会存在。1954年8月14日在台北东坡山庄牟宗三寓所第一次人文友会的聚会讲中，牟宗三在论"友会之基本精神与愿望"时即说："孔子与中国文化不是外在的古董，乃是生命与智慧。只要你用真实生命和他相接，你便接上了智慧之路。我们这人文友会，还有一大愿望，即关心我们这一民族国家的立国之本。我们主张使儒家成为人文教，并主张于未来成立人文教会以护持国脉。"（《人文讲习录》，《全集》，第28册，第3页）事实上，除了在思想观念上有如此的自觉和主张之外，人文友会的活动本身，也具有宗教团体和实践的性质。在1954年9月25日第四次人文友会的活动中，牟宗三的开场白中有这样一段话："今天有好些新会友，这很难得。兹就这点，我说一点意思。凡参加此一聚会的，在这短短两小时内，我希望大家一方凝聚心思，一方提撕心思。不在给予知识，而在开启生命，启发智慧，大家须准备一个很恬静的心境，不急不躁，以此使心思凝聚，平时的紧张、放肆、恐怖、分歧，以及翻新奇、出花样，都是心思散乱的表现。现到此处，要将全体放下，感到很自然、极舒坦。如孔子所谓'君子坦荡荡'。……普通开会，都是紧张、疲劳，我们到这里来要愉快、要舒畅，并且要能保持下去，常常如此才好。"（《人文讲习录》，《全集》，第28册，第19—20页）这里颇有修行的意思，与明代阳明学者的讲会无论在内容还是形式上也都很有近似之处。而从参加者吴自甦自述自己与会的经验中，我们同样也能看到当时人文友会与晚明阳明学讲会类似的宗教聚会的性质。他说："在我们这个聚会里，实能有一种恬静坦曳的意味。我每次参与，虽未得到一定系统的知识，然总觉得愉快。其意义我也说不出，过后也就忘了，现在才略觉其意义。"（《人文讲习录》，《全集》，第28册，第22页）

认为,儒教一方面应当负责人们日常生活的礼乐,包括婚礼、葬礼、冠礼以及祭礼等等,另一方面也应当负责诸如养老恤孤、救贫赈灾等社会性的慈善事业。清末民初,康有为、陈焕章等人欲仿效基督教的组织形式而建立儒教。以往知识人对此多以闹剧视之,即便有若干实证性的研究,①亦多未能深究其意义。事实上,康、陈欲以基督教会的组织形式重建儒教,实有见于中国社会结构几千年未有的整体变化,并充分意识到了儒家传统在以往中国历史上发挥的类似基督教传统在西方世界所发挥的功能。但是,其创意终至未果,虽有时节因缘不成熟的社会原因,教会的组织形式背后所预设的基督教传统的精神方向毕竟与儒家传统的精神气质颇有不同,恐怕不能不是一个深层次的原因。唐君毅之所以不取康有为、陈焕章等人仿效基督教而欲以教会为儒教的组织形式,笔者以为当在于此。至少,对于教会的那种组织形式在人类历史上所产生的种种流弊,唐君毅恐怕是有所深知而自觉引以为戒的。

正是因为肯定儒学的宗教性并认同儒教的建立,当《新儒家》杂志将创刊号寄给唐君毅征询对于"新儒教"的意见时,唐君毅于1971年12月8日当即回函,而此信亦以"儒教之能立与当立"为题刊于1972年2月1日《新儒家》的第3卷第1期。这封信大概是唐君毅正面讨论宗教问题的最后一篇文字了。在此信中,唐君毅特别提到,在作于1951年而出版于1953年的《中国文化之精神价值》第17章"中国未来文化之创造"中,他即特别讨论了建立宗教的问题。他在其中第9部分"宗教精神之重建"开宗明义便说:

> 吾理想中未来之中国文化,亦复当有一宗教。宗教之创立,亦必俟宗教性之人格,不可由哲学以建立。然而宗教人格之出现,必先有社会宗教精神之氛围。宗教人格出,则此氛围环绕于其身,而宗教兴。耶稣之出者,因以前屡有先知预言耶稣当出是

---

① 最近的研究参见韩华:《民初孔教会与国教运动研究》(北京:北京图书馆出版社,2007)。

也。夫然,故哲学虽不可建立宗教,而可期望宗教。高级宗教必信一宇宙之绝对精神实在。……世之论者,咸谓中国无宗教,亦不须有宗教。然如宗教精神之特征,唯在信绝对之精神实在,则中国古代实信天为一绝对之精神生命实在。孔孟之精神在继天,又知天即在人中,故以尽心知性立人道为事也。孔孟不重信天,而偏重尽心知性立人道者,因当时之礼中,原有郊祀之礼,人民原信天也。宋明之际,人不信天神,故宋明儒必重立天道,濂溪立太极,横渠立太和,程、朱识天理,陆、王由本心良知以见天心,船山论天衷与天德;唯诸儒皆非如孔孟之承天道以开人道,而是由人道以立天道;故非承上以启下,而是启下以立上。在宋明儒思想中,天人交贯,宗教融于道德,宗教终不成独立之文化领域。而在今日,则吾人既当由吾人之精神之四面撑开,以客观化为各种之社会文化之客观精神;则同时亦即当将吾人精神自我之统一体,即天理天心之在吾人内者,亦推举而上以客观化为:统摄"分别发展之社会文化之各种客观精神"之一客观的"绝对精神实在"。是乃于天人合一中,再分开此天与人,亦即再分开道德与宗教,使宗教重成为社会文化之一领域。此乃理之所宜然,义上之所当然。①

显然,从这里的论述可见,唐君毅所冀望的"理想中未来之中国文化"所"亦复当有"的宗教,主要正是根据儒家传统的宗教精神。

前文已经指出,通过从与世界上其他宗教传统的比较以及对"三祭"的阐释,唐君毅讨论了儒家宗教精神的特质。但除此之外,从作为一种"新的宗教精神"的角度来看,儒家宗教精神又具有怎样的特点,也是唐君毅极为关注的方面。事实上,关于"建立新的宗教精神"的讨论,同样构成唐君毅有关宗教精神论说的十分重要的一环。

---

① 《全集》卷四,第541—543页。

2. 何谓新的宗教精神

在评论各大宗教传统的宗教精神之同异以及论证儒家宗教精神的基础上，唐君毅提出了重建宗教精神的课题。在《中国文化之精神价值》的第十七章"中国未来文化之创造"中，对于未来理想中的宗教精神应当是怎样一种宗教精神，唐君毅提出了他的看法。他说：

> 唯此中国未来宗教精神之性质，吾人将谓其异于一切往昔之宗教精神，又自人类往昔之宗教精神中升进而出，亦非只止于有一单纯的天心或神信仰之建立者。①

所谓"非只止于有一单纯的天心或神信仰之建立者"，其实是针对传统的西亚一神教而言，那么，不止于"单纯的天心或神信仰之建立者"，同时又是"自人类往昔之宗教精神中升进而出"的那种"新的宗教精神"，究竟是怎样一种宗教精神呢？

事实上，那种新的宗教精神，其实就是唐君毅所理解的儒家的宗教精神。在唐君毅看来，儒家的宗教精神有超越于一般宗教精神之上者，而这一点，可以构成一切宗教精神的基础。他说：

> 吾人不能否认人有一宗教精神、宗教思想，以求超越于现实之人生存在自己，而另有所思想祈求。而此所思想祈求者，如充极其量，亦必至如佛家之于一切众生，皆令入无余涅槃，而拔其苦厄，如基督教之拔除净尽人类深心之原罪，如回教之求一绝对的公平正义之实现，及道教之求长生不死而后已。此求各种价值之实现生发之超越的圆满，与永恒之理想要求，明为吾人所认为当发出而能发出者。由发出而信仰其为能必达，信仰有使其必达成可能之超越的存在，如宇宙真宰或神或彼界或其他超越境界等，亦为理所当然，为吾人可由形上等加以说明者。唯此信

---

① 《全集》卷四，第545页。

仰之如何实现,则可非人之所知,吾亦可不必亟亟于求知。在此诸点上,吾殊不愿与一切宗教家之思想有异。然吾以为依儒家义,于此吾人当有一言,进于一般宗教家之所言者,则为吾人尚须由此信仰本身之自觉,而生一自信。即自信吾人之能发出或承担此信仰之当下的本心本性,即具备、或同一于、或通于此信仰中所信之超越的存在或境界,此信仰中之一切庄严神圣之价值之根源所在者。即吾人于此,不能只是一往依其心灵之无限性超越性,以一往伸长,以形成种种宗教信仰。且必须有一心灵活动之大回头,以自觉此信仰,而再回头惊见此信仰中之一切庄严神圣之价值,皆根于吾人之本心本性之自身。吾人之此一自觉,可随吾人之信仰之一直向上超越、求无限而俱往,而一面涵盖之,一面凝摄此信仰中所表现之价值,而归其根源于吾人本心本性之自身。在此处,吾人即必须于信仰一超越的存在或境界之外,转而自信吾人之本心本性之自身,而有一超越的自我之主体之自信。由是而儒家之自信精神,即可顺承人之一切宗教精神,而不加以否认,而在一念之真正自觉处,即就此人之超越人自己之宗教精神,以怔悟此涵盖于宗教精神之上的人之自信之精神。此自信精神,乃即表现于宗教中之超越的无限的精神之自觉其自己,而自信其自己处。是即为不能再加以超越之一人类精神。如再超越之,便成堕落。而人类宗教精神之发展,最后实即亦向此自信之精神而趋。此在佛教为禅宗,在基督教为神秘主义,在道教为全真教。而儒者之自孔孟以降,即重求诸己的自省自知自信之精神。此精神终将为人类一切宗教之结局地。①

当然,严格而论,在唐君毅看来,这种新的宗教精神并不为儒家所独有,因为他明确指出这种精神在世界其他宗教传统中也都有所体现,如上引文最后一段话,所谓"此在佛教为禅宗,在基督教为神秘主

---

① 《全集》卷六,第367—369页。

义,在道教为全真教"。只不过儒家的宗教精神最能够充分体现这种宗教精神而已。

唐君毅虽然认为儒家的宗教精神最为圆满,但是,他对其他一切人类伟大宗教都能保持开放的态度,甚至不否定儒者信仰其他的宗教。在他看来,这也正是树立儒学的地位和扩大儒学的道路的途径。他说:

> 关于儒家之此种自知自信之精神,在孔子唯是于其生活中表现之。在孟子则由性善义以指明之,直至宋明儒乃真光大而发挥之。此所成之教义,乃"人之本心本性即天性天心"之天人合德之教。然在宋明儒,则偏在据此义以斥其他宗教。而吾人之言,则兼在据此义以涵容裁成一切宗教;而使人可于其一切宗教生活、宗教信仰中,只要一念真自觉,皆能见得此物事,以广开方便之门。而今后之儒家人物,亦未尝不可由去研究、欣赏、或姑信仰一宗教,藉以为觉悟吾人之本心本性之超越性、无限性之资粮,以扩大儒者成圣成贤之修养之方。宋明儒之以儒学与其他宗教相抗,固有树立儒学之壁垒之功。然使儒学与宗教为敌,则亦正不免使儒学之地位落于相对之中。而吾人今之不使儒学与宗教为敌对,则谓儒学之地位在一切宗教之上之下皆可。谓其在下,乃言其所表现之超越无限精神,不如其他宗教之明朗。谓其在上,则言其能使人由人之自觉其宗教精神,或自宗教精神之自觉,以建立一更高一层次之自知自信。而此正所以树立儒学之一独特之地位,而扩大儒学之道路也。①

我们之所以说唐君毅所谓的"新的宗教精神"是"他所理解的"儒家的宗教精神,是要指出那种儒家的宗教精神其实是唐君毅所界定的儒家宗教精神。这段话中唐君毅批评宋明儒者"与宗教为敌,则亦正不免使儒学之地位落于相对中",虽然更多地仅适用于朱子

---

① 《全集》卷六,第369—370页。

学的传统,未必能涵盖阳明学的传统,①但至少显示出唐君毅并非简单袭取以往儒家的旧说。事实上,唐君毅所谓的作为"新的宗教精神"的儒家的宗教精神,可以说是吸收了其他宗教传统的成分在内的。他在《中国文化之精神价值》第十七章"中国未来之文化创造"中指出:

> 至于吾人所向往之宗教,与基督教之不同,则在基督教之以神为人与人之精神之统一者,固可使人依神之意志以组织社会。然彼等恒只知上帝在人之先,而不知其后于人;天上人间,隔离之意味仍重,不能置人间于天上。而其只崇敬一上帝,亦非吾人所取。吾人必须于上帝之崇敬外,包括中国传统宗教精神中所有之对人格世界之人物,如祖宗、师与圣贤之崇敬,并须取中国古代之兼祭天地之意,以真表示一肯定神之先于人间,亦肯定其后于人间,对人间加以覆载,使人间天上化之精神。吾人所向往之新宗教精神,必须由吾人传统宗教精神以长出,而不能外袭。由此长出之宗教精神,且将正为一佛教、基督教精神之融合。②

初看这一段话,尤其开头部分,似乎容易让人误解唐君毅是在强调他所谓新的宗教精神与基督教的不同。但细观其意,尤其越往后面,唐君毅的意思越发明确。实际上,他的新宗教精神并不是将基督教的精神排斥在外,而毋宁说是将其包含在内,同时补充其所不足。这一点,在以下唐君毅论最高的宗教精神这段话中有明确的表示:

> 故吾人以为最高无上之宗教意识,应为一方有对超越之神之皈依崇拜,一方有对圣贤豪杰祖先之崇拜皈依者。只有其一而未自觉否认另一,皆不成罪过,而同为宗教精神未充量发展之

---

① 阳明学者很多具有和唐君毅一样的宗教兼容的立场,关于这一点,参见彭国翔:《良知学的展开——王龙溪与中晚明的阳明学》(台北:学生书局,2003;北京:生活·读书·新知三联书店,2005,2015),第五章、第七章。
② 《全集》卷四,第551—552页。

证。只有其一而自觉否认另一,皆为宗教上之罪过。由此而言则基督教回教徒之反对崇拜人神,与中国后代儒者之绝对反对天地之神者,皆同未能充量发展其宗教意识,浸至犯宗教上之罪过者。而中国先秦儒者之一方崇拜圣贤祖先之人神,而一方亦信天地之神——至少未自觉的反对祭天地各神,乃真正具备最高之宗教意识者。①

显然,唐君毅根据他所理解的儒家的宗教精神主张建立儒教,并不是要在已有的世界各大宗教之外另立一教,与之一竟短长,而是要在融通世界各大宗教传统的宗教精神并取长补短的意义上树立一种共通的宗教精神。在他看来,儒家宗教精神,正可以构成一切既有宗教的基础。

总之,正如我们前文已经提及的,这种新的宗教精神的根本特点,就是要兼顾主体的能信和客体的所信、兼顾超越与内在,或者说兼顾"天"与"人",在两者之间保持一种积极、动态的平衡。所谓"不止于有一单纯的天心或神信仰之建立者",就是强调不要偏于客体的所信和超越的一面。这也正是对他总结的儒家宗教精神的核心观念即"天人不二分全合一"的再次呼应。对此,唐君毅有一段极为精辟同时也非常感人的话,既可以反映他的这种用意,更可以作为他所提倡的"新的宗教精神"的概括,所谓:

> 完满之宗教,不仅当事神如有人格,必包含事人如有神格。亦唯由此而后吾人对异教中之人格,能加以尊礼崇祀,以成就一兼祀天与祀人,天人并祀之新宗教精神。
>
> 宗教的良知,望一切人得救,即不忍谓实有永恒的地狱之存在。
>
> 宗教的良知,知上帝之爱无所不及,即不忍谓上帝之启示只及于自己之教主。

---

① 《全集》卷二十,第506页。

宗教的良知,必须相信上帝之爱既无所不及,必广开天国之门,而愿启示其自己于各民族各时代之有宗教意识之人中。①

这种宗教精神,虽然是唐君毅在20个世纪中期提出的,但半个世纪以来,这一新的宗教精神并未建立起来。而如何真正建立这种新的宗教精神,恐怕仍将是中国文化将来至少二十年发展的一个重要课题。

八 一些问题的观察和分析

本章对于唐君毅宗教思想的专题研究,重在客观展示其相关论说的各个方面及其彼此关联。不过,对于其中所涉及的一些宗教学方面的若干问题,笔者最后也大略提出一些初步的观察和分析。需要说明的是,这一部分与其说是本章关于唐君毅宗教思想专题研究的结论,不如说是希望藉唐君毅的思想资源,作为进一步思考相关理论课题的基础和阶梯。

根据前文的考察可见,唐君毅关于宗教问题的思考以宗教精神这一核心观念为中心,而就宗教精神来说,唐君毅又特别提揭他所理解、认同的儒家宗教精神。不过,尽管如此,唐君毅对于宗教的思考,还是广泛触及许多现代宗教学界关注的理论问题。这里,我们着重观察和分析三个方面。其一,关于宗教认同与如何看待其他宗教传统的问题。该问题反映的是一种基本的宗教观。其二,关于宗教宽容的问题;其三,关于化解宗教冲突的问题。事实上,唐君毅在这三个问题上所持的观点,正是他所理解的儒家宗教精神的反映。换言之,正是由于唐君毅所持的儒家的宗教精神,决定了他在这三个问题上的主张。

---

① 《全集》卷五,第593—594页。

1. 关于宗教认同与如何看待其他宗教传统的问题

唐君毅既然对宗教有如此丰富的论说,我们不禁首先会想到,唐君毅自己的宗教信仰是什么?他算不算得上是一位宗教徒?对于这个问题,唐君毅自己在其《我与宗教徒》一文中有明确的表白。他说:

> 我只想自勉于希慕儒家的贤者,而非任何的宗教徒。但对于虔诚的宗教徒,我实深心喜欢,这中间常使我生无限的人生感触、人生体悟。我总与宗教徒,一直有缘。然而我亦总辜负他们对我的期望。①

由于唐君毅承认并充分肯定儒家的宗教精神,并明确主张应当在新的宗教精神的基础上建立"儒教",那么,我们理所当然地可以说唐君毅的宗教信仰是"儒学",他的宗教认同在"儒家"。或者说,我们完全可以说唐君毅是一位"儒教徒"。不过,唐君毅的这种宗教精神上的儒家认同,又完全不是狭隘的儒家本位。这一点,表现在他有关对待其他宗教传统的态度这一问题的讨论上。

唐君毅曾有一篇英文论文"Chinese Attitude toward World Religions"(《中国人对于世界各大宗教的态度》),专门讨论应当如何看待其他宗教传统的问题。在这篇文章中,他首先征引了孟子"先圣后圣,其揆一也"和陆象山"宇宙即是吾心,吾心即是宇宙"以及四海千百世圣人"心同理同"的典故,进而讨论了历史上中国人对于佛教、伊斯兰教、犹太教和基督教的态度,最后指出:"一个真正的儒者相信,对于所有真正的宗教来说,必有其共通之处;不同宗教之间的差异应当仅仅被视为达至一个目标的不同方式;吾人应当对所有宗教的所有圣人表示敬意。对于我们来说,判断哪一个宗教的圣人最伟大以及达到了最高的精神性,这是不必要的。对于我们来说,就这

---

① 《全集》卷十,第274页。

一问题存而不论、保持沉默,将我们的精神能量专注于钦佩各个宗教的伟大,专注于修养我们的人格,以向往达至那些圣贤人物所已经达至的境界,难道不是更为谦恭的做法吗?"①

唐君毅的儒家认同以及对于其他各大宗教传统的态度,我们不妨以他对"圣诞"和"圣经"两名的态度为例加以说明。事实上,在这个具体问题上他的态度恰恰是其自我宗教认同以及对其他宗教传统态度的充分反映。在1955年12月刊于《自由人》第504期的《耶稣圣诞正名》以及1958年1月刊于《自由人》第714期的《国人的信仰问题——从"圣诞"一词说起》两文中,他特意讨论了"圣经"和"圣诞"这两个名词的使用问题。在唐君毅看来,"圣诞"不应当专指耶稣基督的诞辰,"圣经"也不应当单指基督教的旧约和新约,而应当肯定世界上每一个宗教传统都有自己的"圣人",因而相应有自己的"圣诞",也都有自己的"圣经"。他说:

> 我不反对耶稣称圣,亦不反对定耶稣诞辰为耶稣圣诞。但是我亦反对迳用直译圣诞一名专指耶稣圣诞。②
>
> 以圣诞专指耶稣圣诞,本是基督教徒的称呼。在基督教徒如此称呼,本来是可以的。但是今竟大家习用,不管是否基督教徒,报章、杂志、贺年片,亦一律以圣诞指耶稣圣诞,以圣经指新旧约,却并不合理。因为很明显,佛教徒有佛教徒的圣诞,即释迦诞辰。回教徒有回教徒的圣诞,即穆罕默德诞辰。儒家的信徒,亦有其圣诞,即孔子诞辰。圣诞是一一般名词即类名。耶稣

---

① 《全集》卷十九,第333—334页。原文为"A genuine Confucian believes that there is something common to all genuine religions, that the differences among religions should be considered simply as different ways of attaining the same goal, and that one should pay reverence to all the sages of all religions. It is not necessary for us to judge which of the sages is the greatest and has attained the highest state of spirituality. Is it not more humble for us to suspend judgment and keep silent on this question, concentrating our spiritual energy on admiring their greatness and cultivating our personalities towards attaining the stature they have attained?"

② 《全集》卷十,第278页。

圣诞、孔子圣诞乃一特定名词,即专名。以类名为专名,是谓乱名。此与以人之一名专指西方人中国人,同为乱名。如果我们不能说中国人或西方人才是人,则我们亦不能以耶稣圣诞才是圣诞,亦不能以基督教新旧约,才是圣经。①

我个人并非任何宗教徒,亦不属于此地之孔教会。要论各宗教之高下,千言万语说不尽。更不须在此说。我现在的立场,只是一个人的立场。无论如何,人总应当尊重他人之所信。无论人信什么,他只要是真诚的信,我们便当尊重他之所信,并且肯定他的信仰,在人之自由信仰中有他的地位。他的宗教,他的圣人,与他的圣经,都是当存在的宗教之一,可能的圣人、可能的圣经之一。我们不当以一教之圣人独占圣人之名,一教之圣经独占圣经之名。②

表面上看,唐君毅这里似乎是在反对基督教独占"圣诞"和"圣经"的使用权,似乎只是一个名词的使用问题,其实背后反映的却是宗教观上"一元"还是"多元"的心态问题,也是能否有足够的意识平等对待其他宗教传统的问题,正是在这个意义上,唐君毅说"此事表面看来,关系极小,而实则关系极大"③。结合这段话以及唐君毅对于儒家宗教精神的认同,我们可以说,唐君毅的宗教认同中其实蕴涵一种儒家传统一贯的"理一分殊"的多元主义的宗教观。④ 这种"理一分殊"的多元主义既肯定"百虑",又信守"一致";既肯定"殊途",又信守"同归"。因此,它既避免了独断的排他主义(exclusivism),也不会流于相对主义。⑤ 当然,正如前文已经提到的,这种理一分殊的多元宗教观,唐君毅认为本身即是儒家宗教精神的反映。在这个意义上,

---

① 《全集》卷十,第278—279页。
② 同上书,第280—281页。
③ 同上书,第278页。
④ 唐君毅这种"理一分殊"的多元主义的宗教观,在其1962年10月9日给章力生的信中也有清楚的流露。参见《全集》卷二十六,第371—373页。
⑤ 关于儒家传统中的这种"理一分殊"的宗教观,参见本书第七章。

外在于儒家传统的立场来看,论者或许会将唐君毅划入包容主义(inclusivism)而非多元主义的范畴。不过,如果我们考虑到唐君毅甚至认为儒家的认同者不妨可以信仰其他的某种宗教,如前文曾提到的所谓"今后之儒家人物,亦未尝不可由去研究、欣赏、或姑信仰一宗教,藉以为觉悟吾人之本心本性之超越性、无限性之资粮,以扩大儒者成圣成贤之修养之方"①,那种包容主义的范畴恐怕就无法适用了。

2. 关于宗教宽容的问题

由肯定世界不同宗教传统各有其价值与地位,所谓"无论人信什么,他只要是真诚的信,我们便当尊重他之所信,并且肯定他的信仰,在人之自由信仰中有他的地位。他的宗教,他的圣人,与他的圣经,都是当存在的宗教之一,可能的圣人、可能的圣经之一",必然指向一种宗教宽容的精神。事实上,在唐君毅的宗教精神中,确实包含一种宽容的态度。在《中华文化之精神价值》中,唐君毅有以下两段文字:

> 盖一般人之信宗教,恒多出自为自己之动机。人恒由精神寄托于"神之必可与我以助力,及神必能赏善罚恶之信仰",及"天国来生之福之想念",方得一精神安息之所。此实常夹杂一自私心。则儒、道二家,不为自己而信神求不朽,而专以舍己救世为事,或当下洒落自在者,实可表现一更高之精神境界,此乃绝无可疑者。然人若由人可专以救世为事,当下洒落自在,或据其他自然主义之思想,而否定神之存在与不朽之可能,并谓中国无宗教,儒道思想中无宗教精神,及人不当有宗教要求,文化上不需有宗教,亦复为一错误之意见。②

---

① 《全集》卷六,第369页。
② 《全集》卷四,第457页。

> 唯吾人所向往之新宗教精神,虽异于人类过去之宗教与宗教精神,然吾人对一切人类过去之宗教圣人,皆不排斥,且当肯定其特殊之价值,而兼承认之。①

在由此可见,唐君毅并不因为立足儒家的宗教精神,即贬低其他宗教传统的价值,而是对所有宗教传统都予以充分的肯定。这既是他多元宗教观的反映,更是其宗教宽容精神的表现。

在《儒家之学与教之树立及宗教纷争之根绝》一文中,唐君毅曾经指出宗教宽容精神是整个东方宗教尤其儒家宗教精神的重要特点,②并且,他更指出了宗教宽容精神对于整个人类将来发展的重要意义。在《国人的信仰问题——从"圣诞"一词说起》一文中,唐君毅即明确声称:"将来人类文化的大问题之一,还是在如何成就人类之各种宗教之真正互相宽容与互相融通或互相尊敬。在此处我相信东方之文化宗教中之'道并行而不悖'之精神,将显其至高无上之价值。"③

3. 关于化解宗教冲突的问题

宗教宽容精神之所以重要,是因为宗教之间往往比人类其他的意识活动之间更容易产生冲突,这一点,唐君毅在《人类宗教意识之本性与其诸形态》中也已经有所说明。而对于协调不同宗教之间的冲突甚至根绝宗教纷争,唐君毅认为儒家的宗教精神有独特的贡献。对此,他曾经提出过三条理由加以论证:

> 儒家之学与教,注重人之能信之道德主体,注重看人之有所信后,其道德人格之是否堪敬爱,而不注重去看与人之道德实践不必然相关之所信者之异同;亦即儒家之学与教,能协调一切注

---

① 《全集》卷四,第552页。
② 《全集》卷八,第61—63页。
③ 《全集》卷十,第320页。

重所信者异同之宗教之冲突之第一理由所在。①

> 儒家所以能协调世间一切宗教之冲突之第二理由,则在上文所说儒家之道德实践,乃依于一无限之心量,而非如一般之道德教训,只直接教人如何应一事、一物,或一类事、一类物。而人之应一事、一物、一类事、一类物之道德实践,乃在事实上恒与人之应他事、他物、他类事、他类物之道德实践,不能免于冲突者。此冲突之裁决,唯有赖于此在上之无限心量之呈现,而作一通观,以为裁决之所据。……人唯有此超越的道德,而自一般固著黏缚于世间之一事、一物、一类事、一类物之道德,解放出来,方能裁决协调诸世间之人皆自谓出自道德的良心,而有之实践之相冲突,而逐渐安和天下。②

> 儒家之学与教,所以能协调世间一切宗教之第三理由,是因为儒家之三祭中原有祭天,则可相对的肯定一切拜上帝梵天之回教、印度教与犹太教,及基督教天主教之拜上帝、道教拜玉皇之一面之价值。三祭中原有祭圣贤,则可相对的肯定佛教之拜释迦,基督教之拜耶稣,回教之拜穆罕默德,犹太教之拜摩西,与印度教之拜其教之圣者,道教之拜老子之一面之价值。儒家于一切其他之有德者,有功者,亦为之建祠堂与庙宇,祭天、亦祭地、兼祭祖宗,则为其祭祀之精神,更广大于其他宗教之证。故依儒家之学与教,一切宗教之礼仪祭祀之价值,皆可相对地被肯定。③

对于第一条理由,唐君毅还曾举例说明:

> 儒家之所信,岂非亦与佛道二教不同?然儒家与佛道之徒相接时,则可将此所信者之不同,暂时弃置在一旁,而只看佛道之徒之道德人格是否可敬爱,而即缘此以形成彼此间之精神上

---

① 《全集》卷八,第80页。
② 同上书,第82—83页。
③ 同上书,第83页。

之交通与共契。如昔日之韩愈辟佛,而有过激之论,欲人其人,火其书,庐其居。然其贬谪潮州,乃与大颠为友。人疑其已舍其所信,而韩愈则说其所以与大颠往还,乃因其人可喜。而周濂溪之与妙喜禅师,朱子与道士游,此岂皆弃儒而学佛道哉?抑亦因其人之可喜,即与之同游也。①

事实上,唐君毅认为真正的宗教精神必然包含宽容与和谐的精神,而宽容与和谐的精神乃是消融宗教冲突最为宝贵的资源。他说:

> 真正之宗教精神者,自饱满充实于其所托之形式,而相应如如不动者也。此即可使一室之内,信不同之宗教者,其所信仰之具体内容,千殊万异,而仍可相容不碍,共立于无诤之地。在中国之家庭,父信儒,而母信佛,子女信基督,而不失一家之亲者,其故在此。是可以销融世界之一切宗教之冲突,而为大心之士所不可不察者也。此之谓宗教信仰内容之复位于宗教之精神。各宗教复位于各人之宗教精神,而诤论斯绝。即有诤,而专诚于诤,唯以自求心安理得为事,则此诤中亦不动刀兵,亦可视同无诤。识此可以言宗教中之事事无碍慧矣。②

在唐君毅的时代,宗教之间的冲突似乎尚未成为世界范围内的当务之急。当今之世,宗教之间的冲突显然已经成为文明冲突最为深层的内核。孔汉思所谓"没有宗教之间的和平,就没有国家之间的和平"③,业已日益得到现实层面的论证,以至于史威德勒(Leonard Swidler)发出了"对话还是死亡"的警报。④ 因此,如何发扬宗教

---

① 《全集》卷八,第81页。
② 《全集》卷六,第362页。
③ 这句话是孔汉思1989年2月巴黎"世界宗教与人权"会议上宣读论文的题目,代表了孔汉思的一个基本观点,如今得到了全球伦理与宗教对话参与者们的普遍认同。
④ 参见 Leonard Swidler, *Death or Dialogue: From the Age of Monologue to the Age of Dialogue*, Philadelphia: Trinity Press International, 1990。

宽容精神,通过"对话"而非"对抗"来谋求世界不同宗教传统之间的和睦相处,①通过"求同存异"来实现"化干戈为玉帛"的理想,就成为各界人士都必须认真面对的重大课题。唐君毅认为各大宗教有互相融合的共同基础,他说:

> 自宗教性的道德实践、及精神修养的方法上说,则我一向认为各宗教之相通相同处实多。即不相同,亦未必相矛盾。因而这些终必成为人类文化之共同遗产,而非任何宗教之所得而私。在此处即有人类之一切宗教之自然的融合。②

当然,世界各大宗教是否会由于彼此之间存在一定的共性而最终走向"自然的融合",或许更多的是唐君毅的一种良好的愿望。这种反对宗教之间相互排斥的愿望,唐君毅在其《中国未来之文化创造(下)》中有如下一段更为真挚的表达:

> 吾人所向往之宗教精神,包涵对人文世界人格世界之崇敬,即包涵对人文世界中已成一切宗教精神之崇敬,即包含对一切宗教圣哲之崇敬。吾人正当聚孔子释迦耶稣穆罕默德,与无数圣贤,于一堂以相揖让,而供之于中国之新庙宇。吾人又知一切涵宗教精神之训示,皆可以促进吾人所向往之宗教精神之树立。奈何其可排斥之哉。③

这里所谓"吾人正当聚孔子释迦耶稣穆罕默德,与无数圣贤,于一堂以相揖让,而供之于中国之新庙宇",正是唐君毅那种深厚博大的宗教精神的真情流露。这种情怀,既令人肃然起敬,更令人深受感动。

---

① 关于当今世界范围内宗教对话的面貌,可参考刘述先:《全球伦理与宗教对话》(台北:立绪文化出版社,2001;石家庄:河北人民出版社,2006)。关于宗教对话问题的理论反省,参见 Paul F. Knitter, *Introducing Theologies of Religions*, Orbis Books, 2002(中译有王志成:《宗教对话模式》,北京:人民大学出版社,2004);Raimon Panikkar, *The Intrareligious Dialogue*, Paulist Press,1999(中译有王志成、思竹:《宗教内对话》,北京:宗教文化出版社,2001)以及王志成:《和平的渴望——当代宗教对话理论》(北京:宗教文化出版社,2003)。
② 《全集》卷六,第344—345页。
③ 《全集》卷四,第553页。

但是,正如在超越与内在之间、主体的能信与客体的所信之间、"天"与"人"之间似乎永远存在着不可消解的紧张一样,在各种不同宗教传统的"理一"和"分殊"之间或者说宗教真理的"一"和"多"之间,似乎也永远存在着难以弥合的缝隙。对此,唐君毅其实有着深刻的体察。在《我与宗教徒》这篇文章的结束部分,他有这样一番情真意切的话:

> 但是实际上各种宗教徒之彼此间,及他们与我们之间,是不同的。如要谈道理,一直追溯上去,是总有不能相喻之处,而说不下去的地方的。则大家虽相聚于一堂,而同时是天渊悬隔,这当是一永远的悲哀。但是我知道在真正虔诚的佛教徒心中,他总会相信我最后会成佛,因为一切众生皆可成佛;在真正虔诚的基督教徒心中,亦会祈祷我与他同上天堂的。而我则相信一切上了天堂成佛的人,亦还要化身为儒者,而出现于世。这些不同处,仍不是可以口舌争的。在遥远的地方,一切虔诚终当相遇。①

尽管在理想的层面,唐君毅坚信"天人不二分全合一",坚信超越的精神实在与人们内在的心性具有本质上的同一性,坚信儒家的宗教精神可以将一切不同的宗教精神最终融化于"太和"之中,在现实的层面,唐君毅却也不得不承认宗教之间的差异根深蒂固,彼此之间甚至难以沟通,并且,这种情况似乎永远无法彻底解决。所谓"大家虽相聚于一堂,而同时是天渊悬隔,这当是一永远的悲哀",不能不说道出了唐君毅沉痛的心声。这种心声,正是充分自觉现实之残酷的产物。不过,唐君毅既没有自我陶醉于"天人合一"的理想境界中,也没有因现实的残酷无情而麻木不仁。在他的心中,始终禀承着以理想来转化和净化现实的坚贞信念,所谓"世界无尽愿无穷,海天

---

① 《全集》卷十,第 277 页。

寥廓立多时"①,正是唐君毅这种宗教精神的写照。而"在遥远的地方,一切虔诚终当相遇",更应当成为每一位具有真正宗教精神和情操的人士的不渝信守,而不论他们具体信仰什么宗教。

---

① 该诗句出自梁启超(1873—1929),而为唐君毅奉为理想人格的归宿。在《人生之体验》一书自序中,唐君毅自己设问说:"何谓理想之人格之归宿?今藉近人梁任公诗二句答曰:'世界无穷愿无尽,海天寥廓立多时'。"但其中的意涵,牟宗三认为"世界有穷愿无穷"更能表达。他说:"我也常听人说'世界有穷愿无穷'。此与白乐天《长恨歌》:'天长地久有时尽,此恨绵绵无绝期'同其语意,然比'世界有穷愿无尽',尤其凸显。其意为:纵使世界有穷,而我心愿无穷也。"

第十一章

德福一致

——康德与牟宗三的圆善论

康德之圆善论的撮要
牟宗三圆善论的展示
康、牟圆善论的比较
康、牟圆善论的检讨
笔者对圆善论的回应

"das höchste Gute"是康德道德哲学中的一个重要观念,对此,有的译为"至善",有的译为"至高福善"。① 就其所对应的拉丁文"*Summum bonum*"而言,"*bonum*"这个字实兼含"善"(goodness)与"福"(happiness)二者。而康德对"das höchste Gute"所作的规定,其本质内容就是使幸福(福)配称于道德(德)而统一二者。对于幸福能够配称、统一于道德,或者说有德者必能享福,中文中恐怕再没有比"圆满"这个词更适合形容这种状态了。因此,用"圆善"一词来翻译"das höchste Gute"或许最佳。事实上,牟宗三先生用的正是"圆

---

① 关文运译为"至善"(《实践理性批判》,北京:商务印书馆,1960,下称关译本)。谢扶雅译为"至高福善"(《康德的道德哲学》,基督教历代名著集成,台北:基督教文艺出版社,1960)。

善"一词。而其所著《圆善论》,正是针对康德在其《实践理性批判》第二卷"辩证论"中所具体提出的"das höchste Gute"而发。不同时代的中西二位哲人针对同一问题所作的思考,颇值得我们随之进行相应的理解、比较、分析与进一步的探索。本章的讨论,正是这样一种尝试。

一 康德之圆善论的撮要

在康德对圆善的论述中,圆善就意味着道德与幸福的统一。具体而言,就是在拥有德性的同时,幸福作为一种必然的结果将被配称、统一到此德性之上。对一个有限的理性存有而言,当其意志完全符合道德法则(moral law)时,幸福便会作为一必然的结果而为其所享有。这便是最圆满的善。①

然而,在现实世界中,这种圆善是难以出现的。纵使偶尔有之,也不是必然的。因为道德与幸福不是一种分析关系,由幸福而有道德自然是荒谬不可能的,由道德而有幸福也并无保障。② 道德与幸福二者是异质异层的关系。在康德看来,对人来说,其道德的本质规定就是善良意志(good will),而所谓善良意志,就是意志依据先天的道德法则去决定行为。在这种善良意志支配下达成所需的物理的、自然的力量,则不被加以考虑。换言之,行为的实际达成与否并无碍于善良意志之为善。③ 道德法则先天地存在于我们人类心中,这是一个不可理解的理性的事实(fact of reason)。由于人类具有自由意志,人们可以依道德法则去决定自己的行为,也可以反是。前者便是善,后者则为恶。道德法则是根本而首出的,善恶的概念由之决定而

---

① 参见牟宗三译注:《康德的道德哲学》(台北:学生书局,1983,下称牟译本),第350—351页,关译本第113—114页。
② 参见牟译本第354页,关译本第116—117页。
③ 参见苗力田译:《道德形而上学原理》(上海:上海人民出版社,1986),第43页,牟译本第16页。

非相反。① 由此可见,就其本性而言,道德是仅受自由法则支配而毫不涉及经验内容的。道德与否,是完全系于自己的决意而可以"操之在我"的。那么,幸福则又当如何呢?康德对幸福的规定是指人的种种感性意欲均得到满足时所产生的感受状态。② 所谓"事事如意""心满意足"。可是,感性意欲的对象均属于现象世界,而支配现象世界的是自然法则(natural law)。在自然法则支配的现象世界之中,作为一感性的存在,人不过是诸多因果锁链中的一个环节,往往是身不由己的,要满足自己感性意欲所需的种种物理自然力量也不能为人所皆有。因此,幸福对人而言,其获得与否,是不以人的意志为转移而操纵在自然法则之下的。一个人的道德修养可以达到很高的境界,但幸福却未必随之而至。相反,在现实世界中,有德者命运多舛,无德者尽享人间富贵的情况却触目可见。其所以如此,就在于道德与幸福二者异质异层。道德为自由法则支配,可以操之在我;幸福为自然法则支配,非我力所能及。

德福无法统一,圆善不能达成,这当然是一大缺憾。而在康德看来,圆善的观念实为人类实践理性的一个先验的必然对象与最高目标。换言之,德福之统一、圆善的实现,是人类最根本的要求与愿望。如果圆善不可能,则必将导致道德法则本身成为虚妄不实的。③ 因此,作为人类意志、实践理性的必然对象与目的,圆善必然是可欲的。然而,虽然与单纯道德意义上的善均为实践理性的对象,但由于圆善中包含有幸福的因素,其实现便不是能够"操之在我"而"求则得之"的了。如此,圆善如何可能,德福之统一如何达成,便是康德圆善论所必须解决的重要问题。

康德对圆善观念所作的规定,其内容意义(intentional meaning)是幸福之必然地配称、统一于道德。康德认为,就道德与幸福这两个

---

① 参见牟译本第215页,关译本第64页。
② 参见牟译本第372页,关译本第127页。
③ 参见牟译本第355—356页,关译本第117—118页。

因素而言,前者构成圆善的首要条件,后者构成圆善的第二成素,并且,只有在为前者制约并作为前者的结果时,后者才构成圆善的第二成素。① 由此可见,圆善的实现有两个环节或两个步骤:首先,是道德性的成就;其次,在道德成就之后,幸福再作为一种必然的结果配称、统一到道德之上。那么,这两步是如何得以实现的呢?

道德性或者善的概念,是指意志符合于道德法则。但是,圆善意义下的道德性,却非一般意义上的意志之符合于道德法则,而是指意志完全且始终地无违于道德法则,与之"恒"合"尽"合。这种意义下的道德,才是圆善的最高条件。这种"德"是"纯德","善"是"极善",此时也就达至了"神圣意志"(holy will)。然而,在康德看来,对作为有限理性存有的人而言,心灵与道德法则的完全合一是不可能在一个人的有生之日达到的。这是由于人的生命存在的时间性及理性与感性之间的张力使然。因此,要达到纯粹的道德性或者说意志的神圣性,人的生命便须被无限拉长。如此,就需要对"灵魂不灭"做出肯定。只有肯定了"灵魂不灭",人的生命存在之时间性方可被超越。心灵与道德法则的完全符合作为一个无限的进程也才能够得以保证。而所谓"灵魂不灭",康德对其所作的规定,正是指同一理性存有的存在与人格性的无限延续。② 由此可见,要保证圆善的首要条件或者第一个环节得以可能,必须将"灵魂不灭"作为纯粹实践理性的一个设准(postulate)。

在达到圆善所需要的两个条件中,纯粹道德性这一方面由灵魂不灭而使之成为可能。可是,圆善中的另一个重要方面,即幸福之配称、统一于道德,又将如何实现呢?前已说明,康德认为,道德与幸福是异质异层的,因此二者间不能是同一性的分析关系。由道德本身并不能保证幸福必然地与之相系属。道德与幸福二者间只能是因果性的综合关系。不过,既然是综合关系,就需要一个第三者作为中介

---

① 参见牟译本第363页,关译本第122页。
② 康德关于"灵魂不灭"的论述,参见牟译本第368—370页,关译本第125—126页。

来实现这一联结。但是,实现这一综合关系的依据,却不能到道德法则中去寻找。因为主导自由意志世界的道德法则并不能决定属于受经验自然世界中的幸福。就人而言,由于人本身是属于受自然法则支配下的世界的一部分,当有所涉及时,人们也不能依靠其自身的意志使自然彻头彻尾与其实践原则(即道德法则)相谐和。然而,如果确定一个作为一切自然之总原因的最高存有,并且,这个存有自身便包含使自然谐和于道德性的原则,那么,问题便可迎刃而解。因此,只有肯定这样一个最高存有,幸福必然地配称、统一于道德方为可能。而这样一个既创造了自然,又能使自然与自由相谐和的最高存有,即是上帝。只有上帝通过其本质规定,即无限而神圣的意志,圆善的最终实现才能得到保证。其实,就康德而言,当圆善被认为是实践理性的一个必然对象时,上帝存在的必要性就同时被预认了。因为既然实现圆善是人类的义务,而圆善只有在上帝存在的条件下方可实现,所以,和肯定灵魂不灭一样,肯定上帝乃是道德上必然的。[1]

通过"灵魂不灭"和"上帝"这两个实践理性的设准,康德解决了圆善如何可能的问题。灵魂不灭确保了主观上的道德这一面;上帝确保了客观上幸福之系属于道德这一面。而依康德,所谓实践理性的设准,应被理解为实践意义上的主观肯定,而非认知意义上的客观证实。[2] 因此,肯定"灵魂不灭"与"上帝"实则为信仰上的需要,而这正是所谓"道德的神学"(moral theology)。

二 牟宗三圆善论的展示

康德将圆善视为人类实践理性的终极对象与最高目标。牟宗三

---

[1] 康德关于"上帝存在"的论述第二段,参见牟译本第372—374页,关译本第127—128页。

[2] 康德自己对Postulate一词在其《实践理性批判》序言中曾加注予以说明,参见牟译本第138页,关译本第9页。

更认为,圆善问题的解决是"哲学系统的究极完成"①。牟宗三所著《圆善论》,正是要处理康德所曾处理的这一所谓人类的根本问题。而之所以要重新对之进行思考,依牟宗三之见,是康德对此问题并未给予妥善的解决。

康德圆善论中的一个基本架构或肯认,就是道德与幸福的异质异层。而对道德与幸福之间的这种关系,中国的先哲素有极为深刻的体认。牟宗三建立其圆善论之所以藉诠释孟子的基本义理入手,从而提出"所欲、所乐"与"所性"的观念,正在于指出"所欲、所乐"是属于幸福者,而"所性"是属于道德者。② 前者是"求之有道,得之有命,是求无益于得也,求在外者也",后者则是"求则得之,舍则失之,是求有益于得也,求在我者也"。道德方面,是"操之在我"而"我欲仁,斯仁至矣"的;幸福方面,则"有命""在天",作为"事之变""命之行",是"日夜相代乎前,而知不能规乎其始者也"③。这种"义命分立""性命对扬"而对道德与幸福所作的区别,显然同于康德且较之更为亲切。依牟宗三之见,中国儒释道三家作为一种"教"④,其目的与智慧本在"成德"(虽然儒释道三家对德之内容规定不同),即生命的净化与心灵的提升,并无涉于幸福。但是,这种智慧若非偏枯而是圆盈,则必然要求存在状况的改善,"所欲"并不是被一味排斥而不顾⑤,所谓"大德必得其位,必得其禄,必得其名,必得其寿"⑥。由此可见,在道德与幸福为异质异层的关系以及幸福必应统一于道德这两方面,或者说在何为圆善这个问题上,牟宗三和康德看法是一致的。

---

① 参见牟宗三:《圆善论》(台北:学生书局,1985),序言第 ii 页。
② 同上书,第三章"所欲、所乐与所性"。
③ 此语出自《庄子·德充符》。
④ 牟宗三对"教"的定义,参见《圆善论》,第 267 页。另外,对于儒学作为一种宗教,牟宗三也有他的看法,参见牟宗三:《中国哲学的特质》(台北:学生书局,1984),第 12 章。
⑤ 参见牟宗三:《圆善论》,第 270 页。
⑥ 此语出自《中庸》第十七章。

然而,圆善中最为关键的是如何保证幸福之统一于道德。在康德看来,这是靠灵魂不灭与上帝来实现的。而依牟宗三,圆善却是在儒家圆教模式下,通过道德实践,以"无限智心"("仁心""本心""良知")的觉润、创造而使"存在随心转""物随心转"来达成的。

由于道德与幸福分别系属于自由法则与自然法则,因而需要肯定一个负责自然的最高存有来使幸福与道德彼此相谐和,这一点未尝不对。但是,这个最高存有如果被对象化、实体化、人格化而成为一个无限性的个体存有——上帝,在牟宗三看来,这便是一种"情识作用"。依牟宗三之见,上帝创造自然是因为无限的"智"与"意",而上帝的本质规定就是其无限的"智"与"意",即"无限智心"。因此,牟宗三指出,实际上不过是"无限智心"创造自然、负责存在,而无限智心却不必对象化、实体化、人格化而成为一个外在的上帝。①

在点明康德上帝观念的本质规定就是无限智心之后,牟宗三进而指出,这种无限智心是人所可具有的。牟宗三认为,儒释道三家虽然教路不同,但对此均有肯定。"依儒家言,是本心或良知;依道家言,是道心或玄智;依佛家言,是般若智或如来藏自性清净心。"②那么,对儒家来说,仁心、本心、良知如何便是无限智心呢?依牟宗三之见,通过操存践履,儒家的仁者或大人能够与天地万物为一体者。而在那种操存践履的道德实践中所呈现的仁心的觉润与感通,原则上是没有封限的。换言之,仁心的觉润与感通必然要以天地万物为一体而后止。由此,正显示出仁心的无限性与绝对性。作为无限智心的仁心既然遍润一切、创造一切③,因而可以作为天地万物存在的依据。同时,此仁心又无疑是使德行纯净至善的道德本心。因此,它既能确立道德的必然,又能够觉润且创生万物使之获得价值意义上的

---

① 参见《圆善论》,第243—244页。
② 同上书,第255页。
③ 此种意义上的创造应理解为价值意义的赋予,而非经验事实上的"无中生有"。这一点与基督教传统的"*creatio ex nihilo*"不同。

存在。如此一来,既保证了道德的纯净性,又保证了万物的存在及其谐和于道德,德福一致便有了可能。①

无限智心的确立,是牟宗三建立其圆善论的首要保证,不过,依牟宗三,要明彻德福一致之真实可能,尚需在无限智心的基础上讲"圆教"。②"圆教"即是圆满之教。牟宗三指出,"圆者满义,无虚歉谓之满。圆满之教即是如理而实说之教,凡所说者皆无一毫虚歉处。故圆满之教亦曰圆实之教"③。只有达到圆满的境地,所说方为究竟了义,如此讲圆善方为真正的圆满。

在牟宗三看来,一如对于无限智心的肯定,儒释道三家均有圆教的观念模式。约略而言,在儒家是"极高明而道中庸",在道家是"和光同尘",在佛家是"烦恼即菩提,生死即涅槃"④,儒释道三家均是体用不二,迹本圆融。其中,对于圆教观念的确立,尤以佛教天台宗论说最详、贡献最大。但是,归根结底,牟宗三认为,只有依儒家义理而说儒家意义上的圆教,圆善之可能方可真正得以解决。所谓"圆教种种说,尼父得其实"⑤。其所以如此,是因为无论佛家"解心无染"的佛智或道家"无为无执"的玄智,虽然均为无限智心,但却没有儒家的道德创生的涵义。因此,在牟宗三看来,释道二家中所谓的德福一致,其德并非道德意义上的德。只有讲"正物""润物""生物"之道德创造,才是真正积极意义上的道德。⑥ 正是通过仁者道德实践所彰显的遍润性与创生性,儒家的圆教方才得以建立的。牟宗三认为,

> 若就道德意识而论,儒圣之教则当如此言:那能启发人之理

---

① 参见《圆善论》第六章第二节。
② 同上书,第270—271页。
③ 同上书,第267页。
④ 同上书,第294页。
⑤ 同上书,第334页。
⑥ 同上书,第327页。

性,使人依照理性之所命而行动以达至最高理想之境者为教。依理性之所命(定然命令)而行为即曰道德的实践。行为使人之存在状态合于理性。因此,道德实践必涉及存在。此涉及存在或是改善存在,或是创生一新存在。因此,革故生新即是道德的实践。革故即是改善,生新即是创生。革故生新即是德行之"纯亦不已"。我之个体生命存在是既成的,虽是既成的,但可改善。因此,兹并无定性的存在,此如佛家说无定性众生。推之,凡天地万物者是既成的存在,但亦都非定性的存在。一切存在都可涵泳在理性底润泽中。①

道德性的无限智心是以天地万物为一体的,而在此无限智心之作用、即道德实践之下,一切存在均可被转化为天理流行下的存在。由此可见,儒家道德性的无限智心本身,即要求通过道德实践去赋予一切既成的自然存在以价值,并在此意义上改善一切自然存在。牟宗三认为,儒家圆教在孔子践仁知天处已约略隐涵,中经孟子、《中庸》《易传》及宋明诸儒而至王龙溪之"四无"方为彰显。而"四无"亦尚未能完全摆脱与"四有"的对待而为有诤。究竟的圆教,应当根据胡五峰之"天理人欲同体而异用,同行而异情"而建立。② 牟宗三指出:

> 同一世间一切事,概括之亦可说同一心意知物之事,若念念执著,即是人欲……若能通化,即是天理……饮食男女之事不变,视听言动之事不变,然"形色天性(生)也,唯圣人为能践形"。能践形,则统是天理;不能践形,则统是人欲。法体不变,"世间相常住"(维摩经语),无一法可废,只争顺理不顺理耳,……理顺则迹本圆,不顺理则迹本交丧。顺理则"体用显微只是一机,心意知物只是一事"之四无妙义通体透出而无余蕴

---

① 参见《圆善论》,第306—307页。
② 参见《圆善论》第六章第五节中的有关论述(第306—324页)。

矣。如此方为真圆实教。①

无限智心与圆教模式既然已经以这种方式得到确立,那么,德福一致又如何可能呢？依牟宗三之见,无限智心在圆教下的作用,可以同时产生两方面的效果。一方面,无限智心的流行发用当然就是依良知天理自律而行,这是道德的一面。另一方面,无限智心的作用同时又是神感神应、明觉感应。在这种感应中的一切存在必然随无限智心而转。如此来说,一切存在状态随心所转,事事如意而无所谓不如意。这便是幸福的一面。道德所属之目的王国与幸福所属之自然王国"同体相即",这就是圆善。② 用牟宗三自己的话来说,所谓"德即存在,存在即德,德与福通过这样的诡谲的相即便形成德福浑是一事。在此情形下,静态地说,便在'主观面德行之纯亦不已与客观面润生一切存在而使之随心转'这两面同时浑一呈现这层次上便有福德诡谲的相即之回应(此亦可说是德极)"③。由此可见,在儒家圆教之下,道德与幸福是无限智心(道德本心)同时创发而出,并且,在无限智心的创造性的保证之下,道德为幸福之因,幸福之统一于道德或者说德福一致由之而为必然。如此,则圆善得以实现。这也就是牟宗三的圆善论。

三　康、牟圆善论的比较

在对东西方两位哲人的圆善论分别作了撮要展示之后,我们再从一个比较的视域(comparative horizon)出发,对二者的异同略加提示。

事实上,康德的圆善论由两个基本问题构成,即:何为圆善与圆

---

① 参见《圆善论》,第324页。
② 同上书,第333页。
③ 同上书,第325页。

善如何可能。在何为圆善这一问题中,又包含两个部分:第一,德福异质异层;第二,幸福之统一于道德,这是人类实践理性的必然要求。对此,牟宗三可以说与康德是一致的。但是,在圆善何以可能的问题上,两人却提供了不同的答案。牟宗三关于圆善的论说始于康德的架构,但至其圆善论的完整建立,最终却打破了康德的整体架构,圆善的涵义实则也相应产生了变化。

使幸福必然统一于道德,在康德是靠上帝来保证的。上帝承担此任务当然是通过其意志,即无限智心。对于这一点,牟宗三认为也是必须加以肯定的。不过,对康德而言,无限智心是一个超越而外在的人格化实体,是异在于人的一种力量。而牟宗三却认为,将无限智心对象化、实体化、人格化,不过是人的"情识作用",因此,上帝的观念是虚幻不实的。在牟宗三看来,无限智心是超越的,同时却也内在于人,就是人的道德本心。而正是这一肯定,使得牟宗三对康德的圆善论做出了根本的扭转。既然无限智心即为人的道德本心,那么,人格化的上帝便不必要,而灵魂不灭的设准亦随之而消解,因为无限智心呈现之时自然便是"神圣意志",而人在道德实践中是可以当下即是地呈现其本心的。由此,康德为保证圆善得以可能的两个设准,也就同时被消融于人的道德本心之中了。当然,由于牟宗三对无限智心所作的规定,在康德处同样作为设准的意志自由,自然也被视为"人之性"而消融于无限智心中去了。于是,在康德处散列的"自由""上帝"和"灵魂不灭"这三个设准,在牟宗三处便凝结为一无限智心,从而成为人的根源本体。无限智心也被称为"自由无限心",可以说是牟宗三哲学中的一个核心观念。①

由于无限智心的确立,康德圆善论中幸福的涵义以及德福之间的关系,在牟宗三处便相应产生了变化。幸福当然是指事事如意、心满意足的感受状态,但在康德,产生这种感受状态显然是由于人的感

---

① 在其哲学思想的系统表述《现象与物自身》(台北:学生书局,1975)中,牟宗三使用的便是"自由无限心"这一概念。

性意欲的满足。也就是说,康德所言的福是就感性经验层面紧扣人之"所欲"来说的。对此,牟宗三起初是认同的,这由其诠释孟子而以"所欲、所乐"为幸福事,以"所性"为道德事即可知。然而,在牟宗三的圆善论建立之后,所谓"一切存在状态随心转""物随心转"而"事事如意",此时幸福的涵义无形中已经发生了根本的改变。如前所述,在牟宗三处,由于圆善的实现是靠无限智心在圆教中的道德实践而达成,而一切存在对无限智心而言只能是物自身意义的存在,不能是现象意义的存在,物也如牟宗三所说是"明觉之感应为物"而非"意之所在为物"。① 如是"物随心转"便自然是"明觉之感应为物"随"无限智心"而转,这时所产生的"心满意足",其"心"当然是无限智心,其"意"也只能是神圣意志。于是,这种心满意足,便显然不能是感性经验世界中的感受状态。由此可见,当牟宗三在其圆善的意义上谈幸福时,幸福实际上已经不同于康德所言之幸福,而是被牟宗三超度到了与感性经验世界异质的物自身世界、自由世界中去了。② 由于幸福涵义的这种变化,与此相应,德福之间的关系也随之产生了变化。在康德那里,道德属于自由世界,受自由法则支配;幸福属于自然世界,受自然法则支配。因此,德福之间是一种超感性的综合关系,其统一当然要依赖一个第三者(上帝)来实现。这一点是很清楚的。而在牟宗三处,由于幸福实已成为无限智心的满足状态而升至自由世界,与道德处在同一层面,如此一来,则德福之间的关系也就当然不能再同于康德的综合关系了。可是,这时二者又是怎样一种关系呢?对此,牟宗三自己也很清楚,他将这时道德与幸福二者的关系名之为"诡谲的相即"。这种关系既非分析又非综合,而是所谓"同体依而复即"。道德与幸福是在圆教之下由无限智心所同时创发,这是"同体"。虽为同体,道德与幸福又各有其独立的意义,虽有

---

① 参见《圆善论》,第318—319页。
② 用牟宗三自己的概念,可以说是幸福由"执的存有层"被超度到了"无执的存有层"。关于"执的存有层"与"无执的存有层",参见牟宗三的《现象与物自身》。

独立的意义,二者却又相依相即。这便是牟宗三所谓的"诡谲的相即"①。总之,在牟宗三的圆善论中,幸福之涵义与德福关系相对于康德所产生的变化,其根源在于无限智心这一概念。

康德的圆善论,可以说有两个基本预设:(1)无限智心只是上帝的本质规定,人不能具有;(2)人不可能现实地达到意志的神圣性,只能无止境地向之而趋。这两条,实则又可归为根本的一条,即人的有限性。在康德那里,有限性可以作为人最本质的规定。康德的圆善论之所以呈现出那样的一个形态,实可说是由此一根本预设引申而出。而牟宗三与康德之所以最终分途异立,正在于此根本预设不同。就无限智心而言,牟宗三认为它即是人的本心。由于无限智心为人所有,因而对于意志的神圣性,人亦可当下达到。用牟宗三的话来说,即所谓"要说圆满,永远不圆满,无人敢以圣自居。然而要说圆满,圣亦随时可至"②。由此可见,牟宗三的圆善论恰恰建立在人的无限性这一根本预设之上。其圆善论之所以呈现出那样的形态,亦可说是由此引申而出。事实上,"人虽有限而可无限",可以说是牟宗三整个哲学思想的一个根本预设或浓缩表达。③

在圆善何以可能的问题上,尽管康德与牟宗三展现出不同的理路,二人其实还是禀持着一个共同的信念,即"善有善报,恶有恶报""宇宙秩序即是道德秩序,道德秩序即是宇宙秩序"。二人坚持视圆善为人类理性的必然要求与终极目的而分别建立的圆善论,也可以说是对此基本信念所作的理论注脚。此外,二人在德福一致问题上所强调的侧重点,其实均在修德一面,并不在于对幸福的谋求,所谓"但行好事,莫问前程"。德之所至,福自然会与之相属。不修德而一意去谋福,反而会"聪明反被聪明误",最终不免"竹篮打水一场空"。这一点,在牟宗三的圆善论中甚为显明。因为只要依良知天

---

① 参见《圆善论》,第 273—274 页、第 279 页。
② 参见牟宗三:《心体与性体》(一)(台北:正中书局,1968),第 6 页。
③ 这一思想在牟宗三的《现象与物自身》一书中得到了系统的展开。

理去进行道德实践,其明觉感应所在之物自然随心而转,福自然便会产生,所谓"修其天爵而人爵从之"。在此,幸福只是伴随道德实践而产生的一个结果,并非是有心去求得的。这种关系正如郭象(252—312)在注《庄子·德充符》篇时所谓:"夫非常之名乃常之所生。故学者非为幻怪也,幻怪之生必由于学;礼者非为华藻也,而华藻之兴必由于礼。……顾自然之理,行则影从,言则音随。夫顺物则名迹斯立,而顺物者非为名也。"康德也强调,道德学的本义是教人怎样才配享幸福而非怎样谋求幸福;人们应当关心如何培养自己的德性而不应过多考虑如何去获得幸福。① 康德指出:"一个人要想去知道在其得救上上帝所做的是什么或已做的是什么,这对于任何人而言皆不是本质的。但一个人要想值得有上帝之协助,去知道自己所必须去做的是什么,这才是本质的。"②

四 康、牟圆善论的检讨

由上所述可见,相对于康德,牟宗三的圆善论并非同质的修正,而是异质的建立。以下,对两种不同形态的圆善论及其各自的理论效果,我们将尝试进行一番检讨。

圆善的本质内容是德福一致。在康德的圆善论中,上帝是实现这种一致的保证。但是,作为人格化的精神实体,上帝这一观念本身却是带有虚幻性的。对于这种虚幻性如何形成,在《纯粹理性批判》辩证部第三章第二节论超越的理念(transcendental ideal)时,康德自己其实已经做出了说明。③ 上帝原只是一个轨约性的超越理念,即

---

① 参见牟译本第380—381页,关译本第132—133页。
② 这句话是康德《单在理性范围内的宗教》一书第一部的最后一句话。牟宗三曾经将此部分译出,作为《圆善论》第一章"基本的义理"之附录。参见《圆善论》,第129—130页。
③ 参见康德著、蓝公武译:《纯粹理性批判》(北京:商务印书馆,1960),第419—421页;牟宗三:《纯粹理性批判译注》(台北:学生书局,1983),下册,第340—344页;Norman Kemp 的英译本,第493—495页。

作为一切实在的综集(the sum of all reality)。只是在人们主观表象的作用下,上帝才从理念滑转为一个体性的根源存有(primordial being)。这是一个根本的滑转。在此基础上,上帝的观念首先被对象化、真实化,即被视为一客观的对象。然后再被实体化,即被作为独一无二的、纯粹的、一切充足的、永恒的等等。最后则被人格化,即被视为一个最高并且具有意志的睿智体(最高的知性)。在这一过程中,作为根本的滑转,即由理念而被表象为个体性的根源存有,其原因在于以经验全体的集合统一(the collective unity of experience as a whole)代替了知性的经验使用之分布统一(the distributive unity of the empirical employment of the understanding)。由此,全部现象领域便被思为一独一无二的东西,即一个包含一切经验实在于其自身的东西。这是被对象化、真实化的根源。在此之后,又由于一种超越的非法臆断(transcendental subreption),即把关于现象事物的可能性(possibility of things viewed as appearance)之经验原则视为关于事物一般的可能性(possibility of things in general)之超越原则。以"居于一切事物的可能性之根源地位并作为一切事物完整决定的真实条件者"(a thing which stands at the source of the possibility of all things and supplies the real conditions of their complete determination)这样一个概念来代替那个独一无二的东西。这是被实体化的根源。实体化之后再以拟人的方式加以表述,最终即达至人格化。如此一来,人格神的上帝观念便经由这种滑转虚构而成。由此可见,上帝实在只是人们的一种主观构造(subjective construction)。牟宗三称之为"情识决定""情识作用",是不无道理的。上帝既被对象化、客观化成为一个人格化的个体存有,则必然产生这一对象的存在问题。而对此问题的思考与证明实非人们理智力所能及,其结果便只能产生所谓"先验幻相"(transcendental illusion)。这也是康德自己加以阐明的。但是,康德却认为,尽管思辨理性不能证明,但实践理性却有此需要,即作为一种信仰而必须存在。可是,既然经由种种滑转而源于人的主观构造,则自然有虚幻性。而既有虚幻性,那么,即便作为需要与信仰,这个上帝能否足以保证圆善的可能,并且为人所坚信不疑,便不能不是一个问题。

在道德与宗教的关系问题上,康德主张的是"道德的神学"而非"神学的道德学"。换言之,康德是以道德来规定上帝而不是以上帝来规定道德。具体而言,康德主张,在人们德性圆满之后,必然应当享受幸福,这时上帝方才将幸福施于那有德者。这里关键在于:人之配享幸福,其原因并不在于上帝,而在于其自身的德性。有德之人上帝自然会施福,无德之人无论如何祈祷礼拜,也不会得到上帝的恩宠。因此,康德将宗教分为两类:

> 一类是"求眷顾的宗教"(只是祈祷做礼拜),另一类是道德的宗教,即一"善的生命"之宗教。依前一类宗教而言,一个人或是阿谀其自己说上帝能使他永远快乐(因赦免其过失而使他永远快乐),而用不着他须去成为一个较好的人,或是奉承其自己说如若这一点对于他似乎不可能,则上帝能使他成为一较好的人,用不着他须去做其自己身上的任何事,除他所要求的事以外。①

康德明确反对"求眷顾的宗教"而主张"道德的宗教"。但是,既然幸福的分配非道德本身所可掌握,而是必须依赖于一个人格化的上帝,那么,人们很容易会忽略自身的修德而只希望通过对异己的人格神之顶礼膜拜来谋求幸福的获取。在古今中外人类的历史上,这种情形实在太普遍了。而如此一来,便会使"道德的宗教"落空,"求眷顾的宗教"泛滥。这便违背了道德法则的要求,从而使道德本身受到戕害。对康德而言,其圆善论的整体意义亦不免随之丧失。只要将一种异在于人的人格神作为幸福的分配者,求神祈福而不考虑有德者方配享福的情况,或许终不可免。这实在是康德圆善论中以人格

---

① 参见《圆善论》,第129页。

化的上帝来保证德福一致所不得不面临的一个难题。

前已指出,人的有限性是康德整个圆善论的基本预设。其重要体现就是人的意志无法完全符合道德法则,即无法达至神圣意志。在康德看来,这也是人之有别于神的一个关键所在。也正因此,人们通过道德修养以求完全契合于道德法则,才是一个永无止境的过程。康德指出:

> 若是缺了这个原理,则人们不是把道德法则看得可以随心所欲,迎合人的方便,因而损蔑了它的神圣性,便是强己所难,夸大任务,期望达到那个可望不可即的使命,妄冀求得意志的彻底神圣性,因而陷在完全无自知之明的通神家的热狂幻梦中。这两种偏差都只有妨害人的不断努力进步。①

可见,康德强调人的有限性,其直接理论效果就是使人得以保持一种敬畏与谦退的态度去勉力修德,充分自觉到人性与神圣性之间的差距。由此方不致产生一种道德狂热,即自己为达到了意志的神圣性,以至于"满以为自己心地不待勉强,自然良善,无需鞭策,无需命令,因而忘却了自己应尽的责任"②。康德之所以将其圆善论建基于人的有限性之上,或许正由于他看到了道德狂热所可能导致的种种危害。

相对于康德的圆善论,牟宗三的圆善论之所以是异质的建立,关键在于幸福之涵义的转化与由之而来的德福关系的变化。我们当然不必以康德的圆善论为标准,但就学理客观而言,这种变化实不免引生一些理论问题。

首先,幸福既然已成为"明觉之感应为物"随"无限智心"所转而产生的满足状态,成为发生在自由世界而非自然世界之中的事,那

---

① 参见关译本《实践理性批判》,第125页。
② 同上书,第87页。

么,这和牟宗三自己在诠释孟子时以"所欲"界定幸福而认同康德就是显然相悖的。即便是所谓"自慊",即伴随道德实践而产生的一种愉悦感,虽然康德不认为其属于幸福。① 可它也仍然是一种感性的主观感受,不能是牟宗三圆善意义下的幸福。尽管牟宗三亦自知此种幸福已非是就现象意义而言②,但是,这种相对于无限智心的超感性的满足状态究竟是何感受,则是颇难索解的,或许只能归入神秘体验(mysterious experience)而"如鱼饮水,冷暖自知"了。

其次,在牟宗三的圆善论中,道德与幸福之间的关系被称为"诡谲的相即"。这种关系其实也包含两个要素:(1)道德与幸福为同一道德本心所创发,二者为同体;(2)道德与幸福虽为同体,但二者又各有其独立的地位与意义,是在各自独立之下的相依相即。这两点前文已述及。然而,当牟宗三在"诡谲的相即"中称道德与幸福虽同体却又各具独立地位与意义时,所包含的意思无非是要说明二者的异质异层,可是,由于幸福实已被升至自由世界而与道德为同质同层,这时再谈德福同体、二者为同一道德本心创发,并且幸福是在行德时物随心转所产生的如意状态,那么,幸福实由行德而产生。如此一来,德福关系似乎又成了分析关系。因而,虽然牟宗三强调德福间"诡谲的相即"既非分析又非综合,但在实质上是否又回到了斯多葛呢?这是颇值得思考的。事实上,牟宗三亦曾一度将德福之间的关系界定为分析关系。③ 大概是有见于康德对斯多葛的批评,为了保住幸福的地位而不致"销福归德",牟宗三才在《圆善论》中将德福关系重新界说为"诡谲的相即"。然而,一方面欲保住德福异质异层的各自定位,一方面又无形中转化了"所欲"之福的涵义,如此便不能不产生理论上的缠绕。

---

① 参阅牟译本《康德的道德哲学》,第362页,关译本第120页。但德文 Selbstzufriedenheit 一词,牟宗三译为"自慊",关文运译为"自足"。"自慊"为中国传统中一专用名词,较"自足"为佳。

② 参见《圆善论》,第333页。

③ 参见牟宗三:《中国哲学十九讲》(台北:学生书局,1983),第382—383页。

此外,即便"诡谲的相即"有必然性而能够成立,其后果实不涉及感性经验世界的改变。只是由于主体身份的改变,即由无限智心的呈现,使现象意义的自我变为物自身意义的自我,而使经验世界的存在相对于此时的自我发生意义的转换。这当然是一种极高而彻底的主观境界形态,足以使人们的心灵超拔于凡尘俗世的种种因果锁链之上而怡然自得,甚至在横逆之际亦能安然处之。但有时又往往是无力改变现实状况时退而求其次的一种自我安慰之道。这不免令人联想到笛卡尔(1596—1650)的名言:"我始终只求克服自己,不求克服命运,只求改变自己的欲望,不求改变世界秩序。"

以人的无限性为基本预设且将无限智心委之于人,会引发何种理论后果,这更是牟宗三的圆善论所应认真对待的。牟宗三虽然极力反对将无限智心人格化,但将无限智心植入人心的结果,虽然取消了一个外在超越的人格神,却同时又建立了一个内在超越的人格神,这个神便是人本身,如此人即神,神即人。当然,这并非说牟宗三不明人神之分界,而是说其理论效果不免将人提高到了神的地位。事实上,人虽有道德的本然状态,但同时人又无疑是一个感性的存在,抹杀或忽略这二重身份的任何一个方面,均是有所偏失的。道德心灵的感通是没有封限的,通过生命境界的不断提升,人的精神性可获得无限的拓展,所谓"人虽有限而可无限",是就此意义而言的。但同时,只要人有一个感性存在的面向(dimension),就意味着人不可能是像神一样的存在。其有限性体现在诸如生命、知识、道德等诸多方面。所以,人一旦自以为神,则难免不自认为能够"从心所欲不逾矩",如此极易导致荡越和妄为。历史上因王学末流"情炽而肆,玄虚而荡"所导致"尧舜满街走,圣人不如狗"的局面,足令我们怵然而深思。因此,对人具有无限性的理论决定,固然会对人们希圣希贤产生极大的鼓舞,但却不具普遍的有效性。如果不加以限定,势必导致康德所谓的道德狂热。相比之下,康德对人的有限性的认定,也许会给人们成圣成贤的道德自信打上一些折扣,但却较为切实。①

五 笔者对圆善论的回应

在对康德与牟宗三的圆善论进行了展示、比较与分析之后,在此,就圆善问题本身,我们尝试提出一些初步的看法。

由前面分析可知,无论是康德的人格化上帝还是牟宗三的无限智心,在负责分配幸福于道德以保证圆善之可能上,均不免会产生一些理论问题。那么,究竟如何解决这个问题呢?其实,无论是康德还是牟宗三,在思考圆善问题时,所遵循的均是一种个人宗教(private religion)式的思路。对此,有学者提出,或许可以从一种社会生活(social life)的角度加以批评。从这个角度来看,每个人都是社会公共生活的一员,其幸福问题不免与他人发生交涉。因此,个人的福祉如何统一于自身的德性,便需要将个人纳入一个社会生活的社群(community)之中加以考察。由此,似乎可以从罗尔斯(John Rawls)有关社会正义(social justice)的理论中发掘一种反省的资源,并找出一个基本的方向。② 依罗尔斯之见,只有在一个正义社会(just society)中,在种种较为完善的制度的制约与保障下,人们的基本利益(primary goods)包括责任、权利、义务等在正义原则之下方可得到合理分配。在这种情况下,人们的幸福与其自身道德的统一才最有可能。显然,这种思考的视角是极具批判性与建设性的。但必须指出的是,如果我们考虑圆善的整全涵义,即圆善并不仅仅是"正当"之下个人利益的配享,也不仅仅是承担一份义务与享受一项权利的搭配。我们就必须承认,圆善本质上是一个终极关怀(ultimate con-

---

① 在《五年来的学思》一文中,刘述先先生对人的有限性有一段真挚的论述。参阅刘述先:《儒家思想与现代化》(北京:中国广播电视出版社,1992),第594—595页。

② 参见 John Rawls, *A Theory of Justice*, Cambridge, Mass.: Harvard University Press, 1971。中译本有何怀宏等译:《正义论》(北京:中国社会科学出版社,1983)。

cern)的问题,"社会生活"毕竟不能取代"个人宗教",任何现实生活中的"正义社会"均难以承担这一问题的根本解决。因此,社会生活的思路,尽管可以起到补充的作用而增加一个理解的层面,但并不等于原来个人宗教式取径上的推进。而在康德与牟宗三的基础上争取作进一步的探索,则是我们应当考虑的。

圆善的本质内容是德福如何统一的问题。而我们必须给道德与幸福以各自分别的定位,既不能"销德归福",亦不能"销福归德"。对于道德与幸福之间的异质异层,是不容混漫的。尤其是幸福,它固然是一种主观的感受状态,但这种感受状态并非是超感性的,它必然与现象实在相关联,由现象实在所引起。同一现象实在对不同的人可以引生不同的感受,对同一人在不同的时空条件下也可以引生不同的感受,因而作为一种感受状态,幸福当然不能直接等同于现象实在本身。物质条件丰厚而生活未必快乐,就是这个道理。但同时,我们也应当看到,如果割裂了与现象实在(物质因素)的关联,不涉及现象实在对人的作用,那么,人的感受状态亦无从谈起。因此,就圆善而言,幸福必须是感性"所欲"的满足。圆善只能是这种感性的幸福之统一于道德。这才符合人们最基本的道德信念。将圆善的涵义加以转化而进行的理论建构,实际只是变换了问题,而不等于原来问题的解决。

在德福异质异层的情况下,圆善可能的关键就是如何保证"所欲"之福统一于德。其实,康德认为只有一个作为自然创造者的根源性存有(最高存有)才可承担分配福于德的任务,这一点并不错。牟宗三对此也是认同的。只是康德将此根源性存有人格化而为上帝,便引发一些问题,而牟宗三将此根源性存有收摄于人心,将人提高到神的地位,亦最终转化了圆善的应有之义。这个根源性存有既不能人格化为一超绝异在的神,也不能归结为人本身,那么,究竟如何界定它方为妥当呢?我们认为,中国传统哲学中"天"的观念对此可以提供丰富的资源。当然,这要经过我们的诠释。天有多种涵义,但作为"天命""天道"的天,却始终被理解为一种终极性的创造根源。自然、人事的整个大化之流,无不处于天道、天命的支配之下,但天道、天命又不是一个与自然、人事相隔离的超绝的实体化人格,而是内在于宇宙、人生之中来发挥其功能与作用的创造力。并且,作为终极性的创造力,天是有道德属性与指向的,所谓"天道无亲,常与善人"(借用老子语)。在流行发用时,天道、天命有一种内在的道德合目的性。同时,天的观念又意味着对人的限定。人在天之下时常会感到天无穷的力量与自己的内在限制性。人们需要"敬天""畏天"。人固然可以通过其道德本心的发用以践仁知天,直至达到"天人合一"的境界,但是,"天人合一"只是说人通过道德实践可以体悟天道的创造性与人的道德行为在根源上的同一性,并不是说人由此便可同于天,成为"齐天大圣"。天人之间始终存在着一定的距离与张力。① 由此可见,正是由于天的这种特殊规定性,它便既不会成为人们祈祷求福的异在人格神,导致"求眷顾的宗教",又能够在与人息息相通的同时,对人性所可能产生的无限膨胀构成一种制约。由天来负责德福一致,实在是很适当的。

幸福有了适当的分配者,还应有适当的配享者。人的生命是有限的,如果一个人一生修德,但在其足以配享幸福时,自然生命却即将终结,那么,圆善仍然无法实现。康德之所以设定灵魂不灭,一方面是使人的心灵完全符合道德法则成为可能,另一方面也是为人的生命得以无限延续提供保证。但这其中却隐含一个问题。灵魂是一个物自身意义的概念,对灵魂其实不能谈感性所欲之福。当人的自然生命结束后,即便有灵魂的存在,灵魂本身亦不能配享幸福。感性所欲之福只能由感性存在的人来配享。这时德福一致亦无从谈起。因此,只讲到灵魂不灭并不足够。由于幸福只能对自然生命而言,因

---

① 牟宗三在其60年代初出版的《中国哲学的特质》(台北:学生书局,1963)一书中尚较为强调天人之间的距离。但后来却专注于即人即天,天人间的距离似乎消失了。从《心体与性体》《现象与物自身》到《圆善论》均如此。当然,后来的侧重,亦不表示对先前观点的完全抛弃。

而对同一人格来说,配享幸福成为可能,就必须要求其自然生命在一个阶段完结之后能够再现。灵魂只是在保证同一人格自然生命的阶段性继起上方有意义,这样才能使幸福之配享于道德得到落实。而这一点,显然需确立来世与轮回的观念。因此,其实并不是灵魂配享幸福,而是灵魂在轮回之下能够使同一人格的自然生命得以延续。这种由阶段性构成的无限延续的自然生命体,才是幸福的配享者。当然,由丧德而导致祸的配享,也应当是同样的情况。由此可见,以天取代人格化的上帝,由灵魂不灭进而肯定来世与轮回,才能够真正解决圆善何以可能的问题。

本来,圆善问题实源自人们最基本的道德信念,为道德法则本身所蕴涵,由之引申而出。因此,正如康德所指出的,先天内在于人心的道德法则,其无条件的实践必然性是不可理解的。[①] 与之相类,圆善问题其实也是同样,其如何可能实非人类理智所可思议。因为它本是主观践履之事("信"的事)而非客观认知之事("知"的事)。坚信之而只管为人之所当为,所谓"修身以俟之"即可,实不必对此以人类有限的理智强探力索。当然,正如人具有多方面的二重性一样,人的同一理性同时具有实践的运用与思辨的运用这两个方面。既要"行",也要求"知"。因此,人们总是希望对许多不可言说的东西通过言说而获得某种解释。这种言说与解释,或许正如禅家指月的手指一样,也是一种必要的接引手段吧。

[①] 参见牟译本《康德的道德哲学》,第119页,康德著、苗力田译:《道德形而上学原理》,第121页。

第十二章

儒学与基督教的人生极致之辨

——以齐克果人生境界说为中心的考察

齐克果的三层境界论
儒学境界观的基本模式
相通的说明
差异的分析

齐克果(Soren Kierkegaard,1813—1855,又译克尔凯郭尔、基尔凯郭尔等)的思想是存在主义的源头活水。其著述甚丰,而审美、伦理、宗教人生三境界的思想,则可谓其"立言宗旨"。面对"如何成为一个真正的基督徒"这一问题,提供一条由审美到伦理再到宗教的超越之路,齐氏的种种观念,都可以在这条道路上得以定位。而较之以整个西方传统,中国传统思想的基本特征之一就是体现为一种境界形态。那么,从中国哲学尤其儒家传统的境界观出发,如何看待齐氏的人生三境界说呢?

必须说明的是,本章并非是要以中国哲学尤其儒学的人生境界观为准绳去衡量齐氏之说,而是希望以中国哲学尤其儒家的人生境界观为一基本的背景,在一个比较的视域中去照察齐氏的境界说,从而使齐氏思想的性格,能在一个参照系下更加得以突显,在加深把握齐氏思想的同时,亦使我们对自己的传统思想,能有进一步的体会。

存在主义与中国传统思想在某些方面的"家族相似性"(family resemblance,借用维特根斯坦的用语),早已为研究者所注意①,希望这里对齐氏思想的简要考察,可作为一个具体的个案。

一 齐克果的三层境界论

存在主义不管内部多么纷繁复杂,但以人的生存状态作为考察中心,则是一个最基本的特征。人的现实存在是怎样一种状态?人应当怎样生存才更有意义与价值?这是存在主义最为关心的问题,也是存在主义不同于思辨理性主义的一个基本方面。正是在这一点上,存在主义比较接近中国传统思想。这一特征在齐克果处表现得尤为明显。齐氏人生三境界的提出,就是他对于人之生存问题的回答。依齐氏之见,人的生存方式虽似乎各不相同,但却可以三种类型加以概括:审美的、伦理的、宗教的。并且,这三种生存方式有着价值上的高低,依次代表了由低到高的三个阶段。② 虽然人生三境界的集中论述在《非此即彼》(Either/Or,1842,台湾有译为《鱼或熊

---

① 如以阳明学与存在主义的比较而言。20世纪60年代韩国学者郑和烈(Hwa Yol Jung)就撰有"Wang Yang-ming and Existential Phenomenology"一文(见 International Philosophy Quarterly,1965)。70年代冈田武彦(Takehiko okada)与倪德卫(David Nivison)亦分别撰写了"Wang Chi and the Rise of Existentialism"(收入 Wm. Theodor de Bary 主编的 Self and Society in Ming Thought,Columbia University Press,1970)及"Moral Decision in Wang Yang-ming:The Problem of Chinese Existentialism"(见 Philosophy East and West,XX11,1-2,1973)。90年代,陈来先生又以理性主义到存在主义的转向为线索,撰写了王阳明研究的专著《有无之境——王阳明哲学的精神》(北京:人民出版社,1991),对阳明哲学的生存论向度,作了深入发掘。

② 国际齐克果研究界有一种看法,认为齐氏并不以为生活道路上存在着由低到高的阶段。审美、伦理、宗教只是三种不同类型而已,选择何种生活只是个人之事而无高下之分。但是,尽管从齐氏的写作方式(如变化多端的署名,强调笔名与真名的不同等)而言,未尝不可以得出这种结论,我们仍必须看到齐氏实有其价值上的排序,现象上不作褒贬的描述,只是齐氏让读者"选择你自己行为准则"的一种策略。齐氏对于如何才算一个真正基督徒的种种论说,无不显示了这一点。因此,本章不取以上的看法,该看法不免受到价值相对主义的影响。

掌》的)、《恐惧与颤栗》(*Fear and Trembling*, 1843)、《人生道路的诸阶段》(*Stages on Life's Way*, 1845)和《哲学片断的最后非科学附言》(*Concluding Unscientific Postscript to Philosophical Fragments*, 1846)这几部书,但几乎齐氏的每部著作,都无不渗透了这一思想。①

当齐克果以"审美"作为一种生存方式加以提示时,"审美"不同于一般美学意义上的审美。在齐氏看来,审美的生存方式有两种:一是生活的感觉主义、享乐主义;一是抽象的唯理智主义。前者的特征在生活于欲望的瞬间满足状态中。"今朝有酒今朝醉""跟着感觉走",是这种生活方式的写照。齐氏《诱惑者日记》中年轻的情人、唐璜式的人物、古罗马皇帝尼禄,都是这种生存方式的代表。后者的特征在于生活在思辨的瞬间。在抽象的思辨中生活,实际上则脱离了自己具体的生活情境,忘却或故意逃避自身作为生活世界中的存在者所应有的种种涉入活动。歌德笔下的浮士德、黑格尔式的理性主义者、齐克果笔下的"职业教授们"(尼采对大学教授的嘲讽,也正是在这个意义上而言的),就是这种存在方式的代表。享乐主义者和唯理智主义者虽然一个生活在欲望的瞬间满足状态中,一个生活在思想的逻辑展开过程中,但在齐氏看来,二者却有着一个根本的共同之处,即均摇摆于可能性的领域,不向实际的存在跨越。享乐主义者通过沉溺于瞬间快乐而躲避将来和责任;思辨理性主义者以扮演超然的观察者来回避实际生活中的选择,为超然的观察牺牲了自我的介入,以对抽象普遍性的反思代替了具体的、个人承担责任的决定。因此,放弃现实的抉择,沦落于非本真的生存状态,以种种烦忙活动来填充自己的生活,就构成了审美存在方式的基本特征。

与审美的生存方式相对,伦理的生活方式意味着正视生活世界,做出个人具体的人生决定并勇敢地承担责任。选择的行动突显了伦理状态下的个人,将自我从直接的感性欢乐和纯粹思想的反思中解

---

① 齐氏著作的英译有 Howard Hong 和 Edna Hong 夫妇主编的《齐克果全集》,由普林斯顿大学出版社出版。

脱出来,使发现真正的自我成为可能。于是,通过做出决定和承担责任,自我便得以成为具备统一性的连续性存在。无论对享乐主义者抑或唯理智主义者,审美存在均无法获取其自身的统一性,而伦理存在则不然。浪漫的情爱与深厚的婚姻之爱二者之间的区别,可以体现审美存在与伦理存在各自的特征。浪漫的情爱是感性的、缺乏恒常性,深厚的婚姻之爱则与之相反。齐克果笔下的威廉法官(见《或此或彼》第二卷),就是伦理存在的代表。当然,在齐氏看来,伦理的自我统一并非固定于某种一成不变的先验本体之上。自我不能被抽象界定为某种具备永恒本质的客体。统一是获得的(acquired),不是既定的(determined)。人总是其所将是。自我通过做出决定而得到自身的统一和完善。

就审美与伦理二种境界而言,齐克果明显赞同后者。他对伦理境界也给予了极大的肯定。但是,对齐氏来说,最高的境界却是宗教境界。宗教境界是斩断一切现世的执着,包括人伦、爱情、家庭、财富、名誉等等,以一个孤独个体直面上帝的境界。在此境界中,天启优于理性,信仰高过人伦。最能体现这个境界的例子是齐氏在《恐惧与颤栗》中所引《旧约·创世纪》中亚伯拉罕杀子献祭的故事。上帝为了验证亚伯拉罕的虔诚,谕令其杀掉爱子以撒作为祭品。在亚伯拉罕领会神意而正欲为之时,上帝又终止了这一命令。从人伦的观点看,亚伯拉罕杀子奉神当然是有罪的,但神圣的真理是超越于普遍理性之上的一种吊诡(paradox)。只有像亚伯拉罕那样的"信仰骑士"(the knight of faith,这是齐克果对亚伯拉罕的誉称),才能领悟这种吊诡性的真理。而除非达至齐氏所谓的宗教境界,则这种真理确实是令普通人匪夷所思的。亚伯拉罕能够超越普遍的人伦法则,领会上帝神意,正表明他达到了宗教的境界。

以上简略介绍了齐克果人生三境界说的内容,其中的一些细节问题,出于论述方便的考虑,我们将在后面涉及。以下,我们就对中国哲学尤其儒家关于人生境界的基本看法,作一个简单的勾画。

二 儒学境界观的基本模式

在中国哲学中,"境界"一词最早出自佛教,其原初的涵义反而不像后来通行的那样泛指人们精神修养的价值层序。尽管如此,在佛教东来之前,不能说中国的儒道两家没有关于人生境界的思想。孔子所谓"十有五而志于学,三十而立,四十而不惑,五十而知天命,六十而耳顺,七十而从心所欲不逾矩"(《论语·为政》),其实就是形象地揭示出了人的精神发展过程,而老庄关于"至人、神人、真人"和"众人、常人、俗人"的区分,也可视为对处于不同境界之人的区别。当然,佛教中诸如"十地菩萨"之类的划分,同样可以看作区分不同境界之人的象征性手法。

中国传统思想中关于人生境界的思想丰富多彩,但并非异说纷纭而互不相干。"殊途同归,百虑一致",既是中国传统思想的主张,又是中国传统思想发展的实际特征。到了魏晋时期,儒道两家的交融,已使关于人生境界的说法达到了一个相当圆熟的程度,郭象的圣人观便是代表。而后世佛教发展到禅宗,儒家发展到理学,各家思想的融汇更是"我中有你,你中有我",所谓"三教合流"。因此,尽管儒释道三家作为三种不同的"教",在义理的深层和基本立场上自然蕴涵着深刻的差异,但在人生境界形态的意义上,我们大致可以撮要提炼出一个儒释道三家共许的人生境界模式。所谓"教本相通不相违,语可相济难相非"(明儒周海门语)。

针对中国哲学中关于人生境界的讨论有很多。冯友兰先生曾提出过"自然、功利、道德、天地"四重境界说。唐君毅先生更在其大著《生命存在与心灵境界》中详细讨论了东西方关于人生境界的思想,并分别予以定位,而细划出了人生的九重境界。不过,无论在细部做出如何的分疏,中国哲学中关于人生境界的基本模式,或许可以用青原惟信的一段话来概括。惟信曾道:"老僧三十年来未参禅时,见山是山,见水是水。及至后来亲见知识,有个入处,见山不是山,见水不是水。而今得个休歇处,依前见山只是山,见水只是水。"(见瞿汝稷:《指月录》卷二十八)。这段话有点儿像黑格尔的正、反、合。只是黑格尔的正、反、合由于太形式化而解释范围过于宽泛。惟信的话却以比喻的方式指点出了中国传统境界模式的基本特征。

这三句话可以说也揭示了人生的三境界。"未参禅时,见山是山,见水是水",是说人沉沦在俗世的生活,在一种平均状态下,过一种"常人"(Das man)的生活。"亲见知识,有个入处,见山不是山,见水不是水",则表明对日常沉沦状态有所醒悟,看到了种种俗世生活的非本真性,同时自我主体性确立,超越了俗世生活的牵缠。"得个休歇处,依前见山只是山,见水只是水",则是最高的境界。是说生活的真谛、存在的本然状态,固然不在于日常平均状态及常人身份,而希望摆脱日常的俗世生活,谋求彼岸的逍遥与清净,也并不切实与究竟。最高境界是在对俗世生活的非本真性有所省察之后,不是试图逃避到"无何有之乡、广漠之野"(语见《庄子·逍遥游》)去,而是返回到"人间世"中来。因为生存的本真性并不能脱离生存本身而落于生活之外,它恰恰寓于日常生活之中。非本真性与本真性其实只不过是一体之两面。①

当然,藉惟信的话所作的这种勾画是非常粗线条的,但本章的目的并不在于专门探讨中国传统境界思想本身。因此,尽管粗略,但就提供一个背景和比较的视域而言,或许已经足够了。必须指出的是,中国哲学所祈向的最高境界,即"山还是山,水还是水"之境,尤值得我们重视。儒释道三家关于人生最高境界的论说,更是殊途同归。道家的"挫其锐、解其纷、和其光、同其尘""不遣是非,以与世俗处";佛家的"烦恼即菩提,生死即涅槃";儒家的"极高明而道中庸",最终

---

① 这一段的诠释采用了海德格尔的一些用语,但不必是在其整体思路下的意义。海氏对人的生存论分析,精义迭出,与中国哲学颇多相互发明之处。但他着重现象学的描述,不作价值判断,因而只能建立一种"现象的存在论"(phenomenological ontology),缺乏超越的气息。这和中国传统哲学尤其儒家有着根本的不同。牟宗三、刘述先先生均曾指出此点。

都归宗于这种究极的境界。而这一思想,更代表了中国哲学的特色,较之齐克果对于人生最高境界的向往,显示了极大的不同。从中,亦可透视中西文化差异的一个重要方面。下面,我们就将根据以上对中国哲学基本境界观的理解,以之为背景与参照,对齐克果的人生境界说略作一番解析。

三　相通的说明

当我们从中国传统的境界观回过头来看齐克果的思想时,相信立刻可以发现二者有许多可以相互发明之处。

中国传统思想认为人生处于何种精神境界,是"操之在我"的,人生中虽有"气命"(自然生命)之限,受制于种种条件系列,但人在精神境界上则是自由无碍的。孟子"义命分立""性命对扬"的观点,正显示了这一点。而庄子和禅宗也均强调人生的超脱首在于自己的觉悟。依齐克果之见,人生境界的不断超升,达到何种境界,成为什么样的人,也是一个自我选择的结果。人并非一个完全被决定的存在,将来何所是总是取决于自己的行为,由自己的生存行为所造就。因此,在齐氏看来,人生的超越根本就是一个自我的超越。

中国哲学的基本特征之一就是较少一任思辨的驰骋去构造一些观念的体系,自己却不居于其中;而是往往认为思想只有在作为行为指南的意义上才更有价值。人生境界的提升,绝非只是一种思想观念的运动,而是要靠自己的"践履"。在这一点上,齐克果可以说与中国传统哲学站在了同一条线上。齐氏对以黑格尔为代表的思辨理性主义者的批评强烈显示了这一点。而其人生三境界说,也并不意在构造一套理论,而是要为人们提供一种生存方式。齐氏著作之所以署名变化多端,其用意之一或许正在于不使自己被视为一"造论立说"者,而是让人们自己去斟酌取舍并实地做工夫。人达到何种境界取决于实际生活中自己的选择与决断。对齐克果和中国哲学而言,人总是一个行动中的人。

中国哲学以纯化人的生命,提高人的精神境界为旨归,但这并不意味着截然排斥人生的感性内容。以儒家为例,儒家当然反对人欲横流,但儒家也绝非禁欲主义。儒家只是主张人的情感宣泄与欲望满足,要纳入一个合理的轨道。"存天理,灭人欲"似乎成了儒家尤其宋明儒者的标签,也往往成为不明就里者讥讽理学家压制人性的口实。事实上,"天理"与"人欲"在理学处也并非势同水火,合理正当的人欲就是天理。① 如被人视为提倡"存天理、灭人欲"最大代表的朱熹,在回答门人问"饮食之间,孰为天理,孰为人欲"时,就曾明确指出:"饮食者,天理也;要求美味,人欲也"(《朱子语类》卷十三《学七》)。而在齐克果的人生三境界中,不同的阶段并非不相关属,高一级的人生境界也并不截然排斥低一级的人生阶段。相反,高一级人生境界在一定意义上还包含有低一级境界的内容,只是此时的这些内容较之在低级境界中呈现出不同的特征、具备了不同的内涵而已,如伦理境界相对于审美境界。其中,属于伦理境界的婚姻之爱就包含了属于审美境界的浪漫情爱的内容。只是,在婚姻之爱中,经过义务、责任的点化,浪漫情爱获得了连续性与稳定性。

由于齐克果那部叫作《人生道路的诸阶段》的著作,三境界也被称为人生的三阶段。但是,这并非意味着三境界是人生历程中相续继起的三阶段。不同的境界并不是人一生中不同时间阶段的分配。由于处于何种境界是由生存活动中的实际抉择而决定的,那么不同的行为取向就有可能使人经常处在不同境界的摆动与沉浮状态中。而对于这种情况,中国哲学更是有着深刻的体察。明憨山大师(德清,1546—1623)有语曰:"迷之则生死始,悟之则轮回息"(见《梦游集》)。意思是说迷悟就在人的一念之间,而这一念之差就会将人导入不同的存在境界。人达到一种较高的境界后并非就永驻不退了。

---

① 陈来先生在其《宋明理学》(沈阳:辽宁教育出版社,1991)引言"宋明理学的正名"部分对该问题有所澄清,可以作为一个指引。当然,真正有所体会而能"深造自得",自需对儒家尤其宋明理学有深入的钻研。

而处于较低境界的人也并非不能超升。境界的高低与升降,往往就在于人的一念之间以及由此一念而产生的不同行为抉择。明儒王龙溪(名畿,字汝中,1498—1583)晚年反复强调要从"一念入微"处做工夫,实是有见于此。同样,正在于看到了人生境界的进退升降不是一成不变的,齐克果才感到超越是一个不断的过程,需要人的不断努力。这也如同《大学》所谓,只有"苟日新,日日新,又日新",方能"止于至善"。

如果我们将"本真"与"非本真"普遍化为一对揭示人之不同存在样态的基本范畴,那么尽管不同的理解与观察视角可能会给这一对形式化的范畴注入不同的内涵。但只要这对范畴所揭示的对象是人,则不论其指涉有多少歧义性,都会指示出一些基本的共同的东西。显然,仅仅生活于欲望的瞬间与退缩到观念的领域,而不在实际的生活中有所抉择,无论对齐克果还是中国哲学家而言,均是人的"非本真"样态。而改变这种存在样态,以一种更高价值的生存方式存在,则是人不可回避的超越之路。人可以自甘选择种种"非本真"的生存方式,譬如孟子所谓"自暴者""自弃者"。但这绝不意味着其自身意识不到更高价值生存方式的存在。正是那种"知及之,仁不能守之"(《论语·卫灵公》),给人带来心灵的扭曲,即使是这种扭曲长久地封存于麻木的无知觉状态中。因此,只有向着更高的价值不断自我超越,才能求得心灵的祥和,人才能立身天地间而"俯仰无愧怍",坦然释然,心安理得。人生所谓超越的必然性,是在这个意义上而言的。而这,也是齐克果与中国哲人均有深刻体察的。

以上,对齐克果境界说与中国哲学的相通之处作了些简要的提示。而通过分析与比较,揭示其间的差异,或许更能深化我们的了解。

四 差异的分析

尽管中国传统哲学具有某种存在主义的性格,但就人生境界说而言,作为西方文化、尤其是基督教思想产物的齐克果,较之中国哲学来说,毕竟提供了不同的人生超越之路。

显然,从前面的展示可见,对于人生最高境界的理解,齐氏便与中国哲学显示了极大的不同。在齐氏,从审美到伦理再到宗教境界,是一个不断向上超升的过程。最高的宗教境界相对于最低的审美境界,简直如同天渊。此岸与彼岸,是如此的相隔遥遥,彼此间几乎没有任何共同之处,真可谓"绝地天通"(语见《尚书·吕刑》)。而那高耸入云的哥特式教堂,或许正是齐氏超越之路的形象体现。与之相异,中国哲学的最高人生境界,却"山还是山,水还是水",并未一味超升、往而不返,也并非是舍离此世的另一个彼岸、天国,最终还是落在了平常的人伦日用之中。所谓"不离日用常行内,直造先天未画前"(王阳明《别诸生》诗)。"极高明"者必然"道中庸",最高的心灵却恰恰是一颗看似平常的心。所谓"平常心是道"。这种境界依齐氏看来,或许仍不免停留于伦理的阶段。的确,这种境界中的人并不舍弃人伦义务,而是理所当然地承受着人生的种种责任与负荷,如孔子所云"鸟兽不可与同群,吾非斯人之徒与而谁与"(《论语·微子》)。不过,与此同时,人的心灵却能丝毫不感到任何牵累,"应物而无累于物",保持一种洒脱自在的状态。当然,这种状态下的感受不同于齐克果的宗教阶段,但就超越这一点而言,或许并无二致,只是超越的方式不同而已。中国传统思想虽不同于西方宗教,但却容纳了一个宗教的向度。因而中国思想中尤其儒家的宗教性(Religiosity)或精神性(Spirituality)问题,是颇值得注意的。[①]

[①] 该问题在国际学术界已引起相当的注意。Rodney L. Taylor 的 *The Religious Dimensions of Confucianism* (State University of New York Press, 1990)以及 John H. Berthrong 的 *All Under Heaven: Transforming Paradigms in Confucian-Christian Dialogue* (State University of New York Press, 1994)对此均有具体而专门的讨论,杜维明先生亦在 Arvind Sharma 所编的 *Our Religions* (Harper San Francisco, 1995)一书中专门从宗教性的角度撰写了"Confucianism"一章。最近由杜维明和 Mary Evelyn Tucker 合编的两大册 *Confucian Spirituality* (New York: Crossroad Press, 2003, 2004)更是英语世界中老中青三代相关学者对该问题的集中探讨。

事实上,齐克果对宗教境界做出了进一步的区分,即宗教 A 与宗教 B。前者亦可称为"人间宗教阶段",坚信人性本善,无有原罪,神性即内含于人性之中。后者即基督教所特有的那种强调神人间的绝对距离以及天启高于人伦的绝对至上性。① 显然,严格地说,齐氏的宗教境界实是仅指宗教 B,宗教 A 只是伦理阶段至宗教 B 的过渡而已。齐氏之所以要区分宗教 A 与宗教 B,一方面在于齐氏看到了伦理与宗教的某种内在关联性。伦理阶段的人会具有一种宗教的属性。比如齐氏笔下伦理阶段的代表威廉法官便是一个具有宗教气质并自觉到这一点的人。另一方面,更在于齐氏要借此以突显宗教与伦理的差异性以及前者对后者的优先性。在齐氏看来,尽管伦理的人可以具备某种宗教意味,但那并非真正意义上的宗教。首先,伦理的人要在社会人际关系网络中通过承担各种角色的责任与义务来确定自我,这必然会淹没于芸芸众生之中而丧失自己的内在性。其次,当各种伦理价值彼此冲突时,伦理本身无法进行最后的裁决。② 我们可以看到,中国哲学所向往的那种最高人生境界,似乎颇类似齐氏的宗教 A,但实际上,齐氏对宗教 A 的理解与中国先哲对"山还是山,水还是水"的体悟,是蕴涵着深刻差异的。从中国哲学的视角而言,个人在社会关系中的"尽伦尽制",不仅不必然导致自我内在性的丧失,反而伦常规范等外在性的确立,需以人的内在性为基础,此犹"礼"之于"仁"。此外,在消解各种伦理价值的冲突时,上帝在功能上恐怕也无异于儒家的天理、良知。并且,上帝也只有通过人心才能获得相应的效果。因此,在齐克果处,宗教 A 不具有超越性(tran-

---

① 齐氏对宗教 A 与宗教 B 的具体讨论见其《哲学片断的最后非科学附言》。宗教 A 亦称为"内在宗教性"(immanence religiosity);宗教 B 亦称为"超越宗教性"(transcendent religiosity)。

② 齐氏将伦理阶段与宗教阶段的对比及对前者的批评和对后者的推崇,集中体现于《恐惧与颤栗》一书(此书已有中译本。刘继译,贵阳:贵州人民出版社,1994)。Anthony Rudd 在其研究齐氏思想的专著 *Kierkegaard and the Limits of the Ethical*(Clarendon Press, Oxford,1993)一节第四部分"From Ethics to Religion"中,对该问题有详细的讨论,可参考。

scendence），作为最高境界的宗教 B 以超越性为特征，同时也将内在性（immanence）排除在外。齐氏所引神谕亚伯拉罕杀子的吊诡性，正突显了这一点。齐氏本人与未婚妻雷其娜（Regina Olsen）解除婚约而后终身未娶，亦为其所理解的宗教与伦理之不相容性作了一个注脚。而中国哲学的最高境界，却是体现了一种"即内在即超越"的圆融，这种"内在超越"的形态，从西方思想尤其经典基督教传统的角度是不易理解的，但目前已渐渐引起重视，当然，其间牵扯到一个对"超越"与"内在"意义的理解问题。①

齐氏与中国哲学对人生最高境界的不同理解，至少取决于以下两个因素。首先，中西传统世界观的基本差异，是导致齐氏境界观之不同于中国的一个背景。作为西方文化传统的两个基本要素，无论是希腊的理性传统抑或希伯来的信仰传统，都存在着一个基本的二元架构。"理型"与"摹本"（柏拉图）、"上帝之城"与"俗世之城"（奥古斯丁），均显示出这种二元对立。人生的最高目标正是追求从人间超升到天堂。而在中国，天人是不隔的，体用是不二的，不存在一个脱离此岸的彼岸，世间与出世间是打成一片的。齐克果是西方文化的产儿，是一名真正的基督徒，因此，他的境界说受制于其文化母体而呈现出如此的样态，是不足为怪的。其次，齐克果的最高境界

---

① 从西方传统的视角看，"超越"与"内在"似乎互不相容。因而所谓"内在超越"似乎根本是一矛盾。David L. Hall 和 Roger T. Ames 较早便对此提出质疑，近期冯耀明等人又承其说，对儒家的"内在超越"说提出批评。儒家学者方面李明辉、刘述先、杜维明等对此均有或详或略的回应。参阅李明辉：《当代儒学之自我转化》（台北："中研院"中国文哲研究所，1994）中《儒家思想中的内在性与超越性》一文，刘述先：《关于"超越内在"问题的省思》（台北：《当代》第 96 期，1994 年 4 月，第 146—149 页），以及周勤：《儒学的超越性及其宗教向度——杜维明教授访谈》（北京：《中国文化》第 12 期，1995 年 5 月）。另外更值得注意的是，作为美国学者且具有基督教神学背景的 John Berthrong 教授，从比较宗教和比较神学的角度，亦不同意 David L. Hall 和 Roger T. Ames 等人认为儒家缺乏超越性的看法，认为 David L. Hall 和 Roger T. Ames 过分夸大了"超越性"的中西差异（*All Under Heaven: Transforming Paradigms in Confucian-Christian Dialogue*, p.138）。李明辉则在 2000 年 6 月 28 日至 7 月 1 日台北"中研院"举办的第三届国际汉学研讨会上提交了《再论儒家思想中的"内在超越性"问题》的论文，对该问题做出了具有结论性的哲学性解析。该文载《中国儒学》（北京：商务印书馆，2006），第一辑，第 48—62 页。

之所以是自我直面上帝,亦是由齐氏思想自身的特征所规定的。人并非单子化的个体,而是整个人伦关系网上的一个节点,这是中国哲学尤其儒家对人的基本看法之一。借用海德格尔、萨特的概念来说,即人是一个"在世存有""共他的存在"。但齐克果却以单子化的"孤独个体"来规定人,在这个意义上,似乎未始不可说齐氏亦赋予了人某种本质(这与萨特掏空了人性的"存在先于本质"似有不同,但萨特的"他人即地狱",亦不免使每一个人最终难逃"孤独个体"的必然)。就齐氏而言,人生超越的极致就是"孤独自我"与上帝的单独交往。当然,这种交往基本上是"聆听"而非"对话",即单独个体对上帝旨意的无条件接受。仍以亚伯拉罕为例,当亚伯拉罕接受神谕要杀子祭神时,他只能独自领会这种吊诡的道理,无法让妻子撒拉与之共同接受,因为撒拉虽然也很虔诚,却仍未达至真正的宗教阶段,无法接受这种由人伦的观点看根本就是犯罪的道理。齐克果要求死后墓碑上刻上 That Individual,可见其"孤独个体"的观念是何等的根深蒂固。①

人只有在不断超越的过程中,生命的时间性才能真正得以展开、获得意义。但对于超越所需要的动力,齐克果与中国哲学也显示出各自的不同。在中国哲学,超越在某种意义上也就意味着复归,超越的极致也就是回归于最真实的自我。而这个最真实的自我作为人最内在的真实本性,正是超越的动力根源。儒释道三家对"真我"的内容规定有所差异,但却均认为此"真我"乃是人生超越之路的始点与终点,由始而终不过为一由潜能而现实的扩充、转化过程而已。中国哲学中常有一个比喻,即人本来是一面明亮的镜子,但自被抛入世间后便镜已蒙尘,而人生境界的提升就是拂去尘土,使其重放光明。只是人要能自觉地进行这种净化的工作,便需觉悟到其本然的光明性。

---

① 当代基督教神学家尼布尔(H. R. Niebuhr)就曾批评齐氏将自我从社会脉络中抽象出为孤独个体,一如思辨哲学家脱离具体的生存情境。参见尼氏所著 *Christ and Culture*, New York: Harper & Row, 1951, p.243。

正是这种本然的光明性,为人生的超升提供了源源不断的动力。与此不同,对齐克果来说,人之所以会要求从审美到伦理再到宗教的不断提升,似乎取决于情绪力量的推动。① 在齐氏的论述中,审美的生活由于是瞬时的满足而缺乏历史的统一性,便伴随着焦虑与虚无感,这种情绪发展到极端便导致绝望。人由绝望而意识到生存需要内在自我的统一性,于是便要求进入伦理阶段。但由于根源性的罪感(Sin)使人无法在伦理境界中把握终极实在、认识终极自我,故而只有进入宗教的领域,在上帝的光照下,才能领会自我的真实意义。然而,正如一些齐克果的研究者(如丹麦的 Hoffding 等)所指出的,齐氏对超越的动力何在,或者说超越何以可能,其实并未给出一个明确而充分的理由,由情绪所推动的人生发展为何要呈现为齐氏所描绘的状态,情绪本身的发展变化又为何如此而不如彼,这是齐氏所当面对的。较之以中国哲学,其间所关涉的问题,也值得我们作进一步的思考。

---

① Dew Bradly 在其研究中曾指出对齐克果而言,痛苦是推动人生境界提高的动力。见其论文 Kierkegaard on Suffering: Promise and Lack of Fulfillment in Life's Stages, *Humanities*, IX 1973, pp. 21-46。

第十三章

儒家传统的身心修炼及其治疗意义

——以古希腊罗马哲学传统为参照

引　言
理解古希腊罗马哲学的另一种角度
儒家修身传统的身体向度
以日常生活为身心修炼
儒家身心修炼的治疗意义

一　引　言

对于许多西方学者(一般人更是如此)来说,儒学只是一种伦理的、社会的和政治的传统。在积极意义上儒学的宗教性或宗教向度,直到20世纪70年代以后才受到海外一批专家学者的关注。① 而中国内地学界由于长期以来受到教条主义的熏染,对"宗教"基本持负面的态度,因而即使主张儒学是一种宗教传统,也大都是在消极意义上作为批判对象来界定的。90年代后尽管对宗教的认识有所开放,

---

① 参见本书第十六章。

一些主要高等院校也纷纷成立宗教系和研究所,但由于对西方宗教学的相关理论所知尚少,专治西方宗教学者于儒学又不能深入,故如何以"他山之石"来诠释和建构儒家传统的宗教向度,还处在起步的阶段。从宗教学的角度研究儒学尽管在西方整个宗教学和比较宗教学的领域中仍然较为边缘,但一部分西方学者毕竟已经开始欣赏儒学的宗教性,也在一些相关的研究方面着了先鞭。[1] 这可以说是长期以来不同形式的文明对话在西方宗教学领域所导致的成果之一。而在西方哲学界,能否充分欣赏儒学的"哲学性",将儒学视为一种"哲学传统",却似乎迄今仍是一个问题。从美国大大小小的高等院校中哲学系中的专业设置就可以看到,对大部分当今的西方哲学家来说,儒学仍然只能被视为一种"思想"而不能算是一种"哲学"。

关于"中国哲学"的所谓"合法性"问题,最近国内曾有广泛的讨论,笔者也曾提出自己的意见。[2] 在此,笔者不打算枝蔓,与本章相关而需要指出的只是,不论中西方,目前许多学者对于作为"哲学"标准的西方哲学的理解,其实主要是基于一种较为狭义的"哲学"理解。大体上,只是以近代以来西方哲学传统尤其是其中理性主义和分析传统的特征作为"哲学"的标准。事实上,即使在西方哲学世界,从古至今,我们几乎无法找到一个可以为所有哲学家一致接受的哲学概念。可以说,世界上有多少哲学家,就有多少关于哲学的定义。而如果我们认为古希腊罗马的哲学是西方哲学的起源,那么,根据当今西方一些最为出色的哲学家的研究,作为古希腊罗马时代尤其是其中的希腊化(Hellenistic)时期哲学家们的自我理解,哲学的原初意义(original meaning)恰恰是作为一种"生活方式"(way of life)

---

[1] 这一方面最新的研究成果参见杜维明和 Mary Evelyn Tucker 主编:*Confucian Spirituality*, Vol. 1, 2003 and Vol. 2, 2004, Crossroad Press.
[2] 参见笔者的三篇论文:1.《合法性、视域与主体性:当前中国哲学研究的反省与前瞻》;2.《中国哲学研究的三个自觉》;3.《中国哲学研究方法论的再反思:"援西入中"及其两种模式》,收入彭国翔:《儒家传统与中国哲学:新世纪的回顾与前瞻》(石家庄:河北人民出版社,2009),第73—125页。

的"精神修炼"(spiritual exercise)和"欲望治疗"(therapy of desire)。如此看来,中国哲学尤其儒家作为一种"哲学",又本来不成问题。

不过,需要说明的是,在本章中,笔者介绍最近西方一些一流的哲学家从生活方式、精神修炼和欲望治疗的角度来理解古希腊罗马哲学,并不意在为儒学作为一种"哲学"的合法性提供论据。基于笔者自己对于哲学的理解,儒学乃至整个中国哲学作为人类哲学的一种,理所当然,因而其实并无所谓"合法性"的问题。因此,本章所要讨论的,恰恰主要不在于要论证儒学作为一种身心修炼传统如何与古希腊罗马的哲学相契合,反倒是要在理解作为一种生活方式、精神修炼和欲望治疗的古希腊罗哲学的基础上,以之为背景,进一步反思儒家传统与此相关而又不限于此的一些基本特征。笔者要论证的内容如下:首先,儒家的修身(self-cultivation)传统不只是一种单纯精神性的修养,而是一种身心交关的(psychosomatic)工夫实践。这种身心修炼在积极的意义上充分肯定身体的向度。其次,儒家的身心修炼不是一种"隔离"世事的智能和实践,不但不以平淡琐碎的日常生活为障碍,反而注重将日常生活中的每时每刻都视为身心修炼的契机。这种身心修炼在终极的意义上肯定日常世界的真实性与价值,身心修炼的终极境界和目标并不在平常的人伦日用之外,而恰恰就在其中。最后,儒家的身心修炼不仅具有欲望治疗的意义,即具备心理—精神的效果,同时还具有身体治疗的意义,是一种延年益寿的养生之道。

当笔者具体讨论儒家身心修炼传统的这些基本特质及其治疗意义时,并不介意这些内容可以被纳入到现代西方学术意义上的哪一种或哪些种学科之中。在中国哲学自身的话语和范畴系统中,身心修炼属于工夫论的问题。从近代以来西方学科分类的主流来看,这一类问题或许更多地属于宗教而非哲学的领域。在这个意义上,从生活方式、精神修炼以及欲望治疗的角度来界定古希腊罗马"哲学"传统的当代西方哲学家及其观念,就是颇值得注意的一种视角。

工夫论既是传统儒释道三家思想的重要内容,也是现代人汲取思考与实践智慧的宝贵资源。在现代西方的学术分类下,佛道两家的工夫论可以在宗教学中得到研究,相对较容易为现代人所知。而儒家传统的工夫论由于至今在西方不论宗教还是哲学学科中都还难以获得足够的容身之处,不仅历来难以为西方学者所了解,鉴于西式教育在整个东亚实行已有百年且日益深化,包括中国在内整个东亚的现代人士对其也同样日渐隔膜。因此,发掘彰显儒家传统工夫论的丰富内涵,不仅贡献给曾经从中受益的亚洲人士,同时也贡献给有可能从中受益的西方人士,就是十分必要的。不过,儒家传统工夫论的发掘和彰显,不能由于现代西方学术分类的限制而幻想在与西方现代学术绝缘的情况下以回到"旧学"的方式实现,只能积极主动地在与西方现代学术深度互动与交融的过程中达成。

二 理解古希腊罗马哲学的另一种角度

至少在中国学界,对于古希腊罗马哲学的了解,以往我们基本上认为那是一种脱离生活实践的抽象思辨的传统。但是,根据晚近一些西方哲学界中一流学者基于第一手原始文献对于古希腊罗马传统的深入细致的考察和诠释,古希腊罗马哲学自苏格拉底、柏拉图和亚里士多德以降包括斯多亚学派(Stoicism)、怀疑论学派(Skeptics)和伊壁鸠鲁学派(Epicureanism),其基本特征恰恰是将哲学活动作为一种精神修炼和欲望治疗的生活方式。对此,笔者以下主要以法国的阿道(Pierre Hadot)和美国的纽思浜(Martha Nussbaum,又译努斯鲍姆)为代表来加以介绍。

阿道曾长期担任法兰西学院希腊和罗马思想的讲座教授,他既是一位古希腊罗马哲学的专家[①],也是一位在当今西方哲学界具有相当影响的哲学家。其著作被译为多种文字在世界上流传。纽思浜是芝加哥大学哲学系、法学院和神学院合聘的弗洛伊德杰出伦理学

---

① 阿道曾经将古希腊罗马时期许多重要思想家诸如 Marius, Victorinus, Porphyry, Amrose, Plotinus 以及 Marcus Aurelius 等人的著作由希腊文和拉丁文翻译为法文。

和法学讲座教授(Ernst Freund Distinguished Service Professor of Law and Ethics)。她不但也对古希腊罗马哲学有精深的研究,同时在许多其他领域如政治哲学、社会理论、文学理论和女性主义等方面都卓有建树,可谓著作等身,是一位目前在西方学界非常活跃的女性哲学家。前者中文学界少数学者刚开始有所了解,后者则几乎不为中文学界尤其治中国学的学者所知。

对于哲学是什么这一基本问题,基于古希腊罗马哲学传统的深厚学养,阿道首先指出,我们应当重新回到斯多亚学派有关"哲学本身"(philosophy itself)和"关于哲学的论说"(discourse about philosophy)这一区分。① 西方中世纪以来,大多数的西方哲学逐渐被化约为一种"关于哲学的论说",最后沦为观念的游戏,无法使从事哲学活动的人自身获得一种存在性的转化,丧失了古希腊罗马哲学原本的精神气质。哲学史家也大都将古希腊罗马的哲学首先视为一种论说。② 如今许多人一提到"哲学"这个词,往往想到的是"无用的论证""空洞的术语"以及其他各种负面的特征,恰恰是近代以来对于哲学的狭隘理解尤其是将"哲学本身"无形中转化为"关于哲学的论说"所致。而真正的"哲学"活动或者说"哲学本身",首先是一种"生活方式"(way of life)、"存在方式"(a way of being)、"生活艺术"(an art of living)。纽思浜也指出,在古希腊罗马哲学传统中,斯多亚学派、怀疑论学派和伊壁鸠鲁学派这三个重要思想流派也都将哲学首先视为一种"人类生活的艺术"(the art of human life)③、"一种关注人生最痛苦问题的方式"④。而将哲学作为一种"生活方式""存在方式"和"生活艺术",需要"精神修炼"(spiritual exercise)。在这

---

① Pierre Hadot, *Philosophy as a Way of Life: Spiritual Exercises from Socrates to Foucault*, Translated by Michael Chase, Blackwell Publishers Ltd. 1995, p.266.

② Ibid, p.269.

③ Martha Nussbaum, *The Therapy of Desire: Theory and Practice in Hellenistic Ethics*, Princeton: Princeton University Press, 1994, p.15.

④ Ibid, p.3.

个意义上,哲学活动本身就是一种不断的精神修炼的过程。

在阿道看来,作为一种精神修炼的哲学活动,其目标是使得个体的生活获得整体的转化。"这种修炼不是被理解为脱离生活的单纯思想的、理论的和形式的练习","其目标不在于单纯抽象知识的获得,而在于实现一个人世界观的转化以及人格的蜕变。哲学家需要训练的不仅是如何去言说和论辩,更是如何去生活"。"哲学教育和训练不在于只是发展学生的智力,而是要去转化学生的各个方面,包括理智、想象力、感受性和意志。其目标无非是一种生活的艺术,因此,精神修炼就是学习如何过一种哲学生活的修炼。"① 作为一种不断的过程,精神修炼要求一个人的存在方式的彻底转化。它所带来的将是"心灵的安宁"(peace of mind)、"内在的自由"(inner freedom)以及一种整全的"宇宙意识"(cosmic consciousness)。② 在这个意义上,作为一种精神修炼的哲学活动同时又"使自身呈现为一种治疗(a therapeutic),其目的在于医治人类的痛苦"③,"精神修炼需要心灵的治疗"④。阿道指出,古希腊罗马哲学传统中尽管有不同的学派,"每一个学派都有其自身治疗的方法,但所有这些学派都将其治疗与一种个体存在的深刻转化相联,而精神修炼的目的恰恰就在于这种转化"⑤。即使是哲学论说,其目的也是人格的塑造而非知识的告知(to form more than inform)。⑥

将古希腊罗马哲学的基本功能视为一种治疗,这一点在纽思浜处得到了更为详细的论述。她的一个基本看法就是,对于古希腊罗马传统中三个主要思想流派包括斯多亚学派、怀疑论学派和伊壁鸠

---

① Pierre Hadot, *Philosophy as a Way of Life: Spiritual Exercises from Socrates to Foucault*, p.21.
② Ibid, p.265.
③ Ibid, pp.265-266.
④ Ibid, p.87.
⑤ Ibid, p.83.
⑥ Ibid, p.20.

鲁学派来说,哲学活动的基本功能或者目标就是"欲望治疗"。

纽思浜曾经对古希腊罗马传统中所谓"Hellenistic tradition"进行过深入细致的考察。① 在其长达500余页的大作《欲望的治疗》一书中,她以亚里士多德为背景,对古希腊罗马时期斯多亚学派、怀疑论学派和伊壁鸠鲁学派的伦理思想和实践详加检讨。纽思浜征引三个学派主要代表人物的言论指出,这三个学派都一致认为,如果说人们身体的疾病需要医生运用药物来治疗,那么,人们心灵的疾病就需要哲学家通过哲学论证(argument)来治疗。"所有这三个学派都对哲学和药物之间这种类比的恰当性表示接受。"②随着不同学派之间论辩的发展,哲学和治疗的类比益发复杂和具体。医生的各种特定的策略被用来和特定的各种哲学技巧相比较。"对于古希腊罗马的所有三个主要思想流派来说,药物的类比不仅仅是一种装饰性的隐喻,它还同时是发现和理解的重要工具。一旦某人以一种通常的方式理解了哲学的工作就像是医生的工作,那么,这个人就能够依靠那种通常的理解,去更为具体地发现哲学家应当如何因应各种不同的情况。"③在纽思浜看来,无论是斯多亚、怀疑论还是伊壁鸠鲁学派,都认为心灵的疾病源于人们欲望的无节和情绪的不调。因此,作为心灵治疗的哲学活动,根本就是欲望的治疗。事实上,认为哲学更多地应当深入反思人们欲望、情感的维度而不仅仅局限于狭隘的理性,一直是纽思浜关注的重点,也是她能够娴熟地运用包括文学作品在内的许多材料来进行深刻的哲学思考,从而在美国占据主流的分析哲学传统之外别开生面的重要原因。④ 同样,阿道也曾指出,对于古

---

① 主要包括斯多亚学派、怀疑论学派和伊壁鸠鲁学派的所谓Hellenistic传统,开始于公元前4世纪希腊的爱琴海地区,一直延续到公元1世纪的罗马时代。
② Martha Nussbaum, *The Therapy of Desire: Theory and Practice in Hellenistic Ethics*, p. 14.
③ Ibid, p. 14.
④ 参见 Martha Nussbaum, *Upheavals of Thought: The Intelligence of Emotions* (Cambridge; New York: Cambridge University Press, 2001);以及她和 Juha Sihvola 合编的 *The Sleep of Reason: Erotic Experience and Sexual Ethics in Ancient Greece and Rome* (Chicago: University of Chicago Press, 2002)。

希腊罗马所有不同的哲学流派来说,有一个共享的观念,那就是:人们之所以不幸福,是因为他们是自身激情的奴隶,他们欲求那些他们无法获得的东西。①

基于以上对哲学是什么以及哲学功能的理解,在阿道和纽思浜看来,至少在古希腊罗马哲学传统中,哲学家决不只像我们如今大多数人所以为的那样只是抽象的理论思辨者,用纽思浜的话来说,严格而论,哲学家的身份其实应当说是"teacher/doctor(教师/医生)"。

在理性主义和分析哲学仍然居于主流的欧美哲学界,阿道和纽思浜对于古希腊罗马哲学传统的这样一种诠释是别开生面的。由于二人对于古希腊罗马哲学文献的深厚素养②,这种诠释自然不可与那种缺乏学植的过度诠释甚至异想天开相提并论。也正是由于这一点,这样一种理解古希腊罗马哲学传统的角度,开始受到甚至来自于分析哲学阵营的一流学者的关注。譬如,帕特南(Hilary Putnam)是哈佛大学分析哲学出身的大学教授(university professor),可谓当今美国哲学界中执牛耳的人物之一。对于阿道关于古希腊罗马哲学的诠释,帕特南就赞誉有加。而帕特南与纽思浜更是有直接的密切交流与合作,这绝不仅仅是由于二人都同时身在美国哲学界,更为重要的原因是双方功力旗鼓相当,彼此都视对方为当今哲学领域的一流人物。③ 因此,这种对于古希腊罗马哲学的诠释,是否会在整个西方哲学界引发对于"什么是哲学"以及"哲学的功能是什么"的全面反思,由此将来是否会产生新的哲学典范的变革(paradigm shift),都是

---

① Pierre Hadot, *Philosophy as a Way of Life: Spiritual Exercises from Socrates to Foucault*, p. 102.

② 阿道翻译希腊文、拉丁文哲学文献的情况我们前面已经提及,在纽思浜的 *The Therapy of Desire* 一书中,所引用的许多古希腊罗马的哲学文献,也都是纽思浜本人直接由希腊文、拉丁文译为英文。从书中我们可以看到,她对于这些文献的细致解读和诠释充分体现了一流专业学者的学术性。

③ 纽思浜与当今许多顶尖的思想家都有密切的交往与合作。譬如,她曾经与 Amartya Sen 合编过《生活的质量》(*The Quality of Life*, Oxford: Clarendon Press; New York: Oxford University Press, 1993)。

值得思考和拭目以待的。以上对于阿道和纽思浜诠释古希腊罗马哲学传统的介绍非常简略,无法充分反映二人对于古希腊罗马哲学诠释的广度和深度。至于古希腊罗马哲学传统内部的丰富性和复杂性,就更不是本章所能和所要触及的问题了。① 不过,本章所要关注的,不在于对阿道和纽思浜的古希腊罗马哲学研究本身细究精察②,而在于这种诠释古希腊罗马哲学传统的新角度对于我们进一步检讨中国哲学尤其儒家传统中相关面向的意义。自我的建立总是在与他者的对照中获得的,而我们了解参照对象的深度和角度的恰当性,往往又构成自我觉解得以深化的资源和动力。

通过以上基本的介绍,根据阿道和纽思浜的诠释,如果古希腊罗马哲学传统的精神实质是作为"精神修炼"和"欲望治疗"的生活方式,那么,任何熟悉中国哲学的学者都会感到如此理解的古希腊罗马哲学与中国哲学之间的相似性。阿道和纽思浜都曾指出,古希腊罗马哲学家精神修炼和欲望治疗的一项基本内容就是日常进行严格的自我检讨(self-scrutiny)。这一点与儒家的修身实践尤为接近。对此,我们不妨再举例略加说明。

阿道曾经指出古希腊罗马哲学传统作为精神修炼的四个方面的内容,包括:学习生活、学习对话、学习死亡以及学习如何阅读。在有关学习生活的部分,阿道介绍了斯多亚学派的种种精神修炼的具体方式。冥想(meditation)是精神修炼的方法之一,有一种练习冥想的方式是这样的:

> 早上起来第一件事,我们应当预先练习一遍一天所要做的事,决定那些将会指导和启发我们行为的原则。到了晚上,我们

---

① 不要说古希腊罗马哲学传统的全部,仅就其中的 Hellenistic 传统而言,研究所面临的复杂性就足以让人殚精竭虑。对此,纽思浜在其 *The Therapy of Desire* 的导论部分有充分的说明。

② 当然,有兴趣的读者可以根据本章提供的线索去仔细研读阿道和纽思浜的著作。

应当再次自我检讨,为的是对我们一日之中所犯的错误和所取得的进步有所自觉。我们还应当检讨我们的梦境。①

对于像奥勒留(Marcus Aurelius)、塞内卡(Seneca)以及其他许多哲学家来说,这是他们的日常功课。对此,我们立刻会想到曾子的话,所谓:"吾日三省吾身,为人谋而不忠乎?与朋友交而不信乎?传不习乎?"(《论语·学而》)。到了宋明时代,儒家的这种自我反省和检讨工夫更是日趋严密。刘宗周(1578—1645)的《人谱》对于人心隐微过恶的追究不过是其中尤为人所知者。对比宋明儒家的修身工夫与古希腊罗马的这种精神修炼,其间的一致之处是毋庸赘言的。如果阿道和纽思浜能够阅读儒家的文献,相信他们对于精神修炼和欲望治疗的诠释资源会更加丰硕。② 而如果我们承认修身(Self-cultivation)是儒家传统最为核心的一项内容,那么,儒家修身传统的实践,即"变化气质"、学习成为君子并最终达到圣贤境界,就恰恰可以说是一种精神修炼和欲望治疗。这种实践最终所带来的同样是一种全面的存在性和终极性的自我转化。

事实上,精神修炼和欲望治疗可以说是儒家传统尤其宋明理学的基本特征。从这一角度,现代西方的听众会认为儒家传统可以被视为一种宗教或具有宗教的向度。西方晚近出现从宗教学角度研究儒学的趋势,也正是由于这一点。不过,如果我们对宗教的理解不能超越包括基督教、犹太教和伊斯兰在内的亚伯拉罕传统(Abrahamic tradition)所树立的西亚一神教的典范,儒学同样摆脱不了被理解为

---

① Pierre Hadot, *Philosophy as a Way of Life: Spiritual Exercises from Socrates to Foucault*, p.85.

② 事实上,阿道感到了在他所理解的古希腊罗马哲学传统与中国哲学之间可能产生富有成果的可比性。虽然没有涉及儒家传统,但他曾经根据译文引用过《庄子》之中的一段话和冯友兰对中国哲学特点的一段说明。参见 Pierre Hadot, *What is Ancient Philosophy*, Translated by Michael Chase, Cambridge, Mass.: Harvard University Press, 2002, p.279.纽思浜也意识到中国哲学特别是儒家传统与她所理解的古希腊罗马哲学尤其 Hellenistic tradition 之间的内在亲和性。这与她和美国研究儒家传统的学者如杜维明教授等人的交流有关。

一种西方建制(institution)的困境,正如儒学在现代中国学术建立以来被理解为仅仅是一种"哲学"一样。① 因此,既然在一种狭义的西方意义上,儒学传统既非"哲学"(知识论中心、分析哲学)亦非"宗教"(以亚伯拉罕传统为标准的宗教),但却同时既有深厚的宗教性和理论思辨性,那么,将儒学视为一种精神修炼和欲望治疗的传统,而不仅仅是一种"哲学"或"宗教",或许就会更为恰当。②

阿道和纽思浜将哲学视为一种精神修炼和欲望治疗的生活方式,其观念是颇具启发性的。但是,如果我们只是简单地借用这一对观念来表达儒学传统在一般意义上的特征,那就不免意味着我们只是在"哲学"和"宗教"之外选择了另一个替代性的范畴。因此,除了在一般意义上指出儒家修身传统与古希腊罗马精神修炼和欲望治疗之间的相似和相通之外,我们更需要进行全面和细致的比较研究,从而显示儒家传统自身的特质。这一工作在本章有限的篇幅内自然无法完成,但是,我们下面将力求在一个比较的视域中着重指出儒家修身传统不同于古希腊罗马精神修炼和欲望治疗的一些主要特征。

对于比较研究来说,尽管概括(generalization)甚至化约(reductionism)在一定程度上几乎是不可避免的,但是就儒家传统和古希腊

---

① 尽管儒学作为一种"哲学"的"合法性"其实不成问题,但在一种近代西方狭隘哲学观的意义上研究儒学,或者说以近代西方狭隘哲学观为基础,寻找儒学传统中的直接对应部分而建构一种儒家的哲学,是否能够涵盖并充分反映儒学的各个方面和内涵,则的确是从冯友兰先生撰写《中国哲学史》以来中文世界甚至整个东亚儒家研究者所面对的问题。不过,认为从冯友兰以来迄今一直没有摆脱这种范式,则有欠分疏。以牟宗三先生为例,他对儒学甚至整个中国哲学的研究虽然也是以西方哲学为参照,但并不是简单地将儒学的相关材料纳入西方哲学的某种框架。认为牟宗三是用康德哲学来解释中国哲学尤其儒学的说法,其实多是对牟宗三的中国哲学研究以及牟本人的思想缺乏深入了解的道听途说。事实上,西方哲学特别是康德哲学对于牟宗三的中国哲学诠释究竟具有怎样的意义,是值得我们再加深思的。而从反省现代以来中国哲学研究的范式尤其如何确立中国哲学的主体性这一问题出发,牟宗三的中国哲学研究和诠释所具有的范式意义,更是我们进一步思考和建立的重要资源。

② 杜维明先生使用"religiophilosophy"这个人造的词来描述儒学,其用意正是力图要在西方学科分类的体制和语境中来兼顾儒学的宗教性和哲学性。

罗马哲学传统的主要方面而言，笔者认为以下的观察应当是站得住脚的。

三　儒家修身传统的身体向度

对古希腊罗马许多哲学家包括苏格拉底、柏拉图、奥勒留、伊壁鸠鲁等人来说，精神修炼的一项基本训练之一就是学习如何面对死亡。在他们看来，如果我们每天都将死亡视为一种眼下的事情，让我们的所思所为就像是一个即将离开人世的人的所思所为，那么，我们就决不会有卑下的思想和过度的欲望。① 而古希腊罗马的这些哲学家们认为，死亡就是一个灵魂脱离肉体的过程。柏拉图在其《斐多》篇中将肉体视为灵魂的枷锁，而死亡就是灵魂摆脱肉体的束缚，可谓这种看法的典型和代表。② 在这种看法中，如果说死亡具有正面的价值，身体则是我们应当摆脱的负面的东西。③ 对大部分古希腊罗马的哲学家来说，哲学实践就是一个将灵魂从肉体中解脱出来的过程。在这个意义上，精神修炼的确是一种纯粹"精神的"修炼，其中并无身体的位置。④

但是，对于中国哲学尤其儒家传统来说，两个至关重要的特点之一就是"身心合一"或"身心交关"（另一个是"天人合一"）。在诸如"身心""阴阳"这一类的观念中，我们所能够发现的是一种"两极相

---

① 参见 Marcus Aurelius, *Meditations*, 2, 11; Epictetus, *Manual*, chapter. 21。
② 参见 Plato, *Phaedo*, 67c。
③ 参见 Pierre Hadot, *Philosophy as a Way of Life: Spiritual Exercises from Socrates to Foucault*, p. 94。
④ 当然，在整个西方哲学史中是有例外的。在当代西方哲学中，不少对于"身体"的处理具有克服"身心二元论"的明显意图。不论在梅洛-庞蒂（Merleau-Ponty）及其后学有关知觉现象的说明中，还是在和杜威（John Dewey）和米德（George Herbert Mead）有关的社会心理的说明中，我们都可以看到这一点。众所周知，庞蒂提出的"身体—主体"（body-subject）的概念，参见其 *Phénoménologie de la perception* (*Phenomenology of Perception*), Paris: Gallimard, 1945。

关论"(polarism)而非"二元对立论"(dualism)。① 身心之间并无截然两分(dichotomy)。人被视为一种身心交关的存在过程。身体在中国古代哲学中所扮演的积极和重要的角色,海内外的一些学者已经有敏锐的观察和深入的讨论。② 不过,如果说以往学者对身体角色重要性的讨论主要限于道家和先秦儒家的话,笔者这里特别要关注的则在于整个儒家修身传统的身体向度,不但是古典儒家的修身传统,更以宋明儒学的修身传统为取材。并且,在讨论先秦儒家修身传统的身体向度时,笔者将运用以往学者未能获致的最新出土文献中的相关材料,使讨论更趋充实有力。

一般较为学者所知的是,道家道教传统对身体颇为重视,尤其是道教传统中具有复杂精微的滋养身体的各种方法。不过,身体的滋养在儒家传统中同样受到重视。这一向度常常为人所忽略。事实上,儒家的道德修养工夫历来恰恰是用"修身"这一用语来指称的。正是由于身体所扮演的重要和积极角色,严格而论,儒家的修身工夫

---

① 这是郝大维在解释早期中国思想中非宇宙起源论(non-cosmognic)的特性时所提出的一对观念,参见其 *Eros and Irony*(Albany: State University of New York Press, 1982),第118—119 页。但其涵义的充分扩展和说明则是由安乐哲(Roger T. Ames)来完成的,参见安乐哲:"The Meaning of Body in Classical Chinese Philosophy",载 Thomas P. Kasulis, Roger T. Ames and Wimal Dissanayake 主编:*Self as Body in Asian Theory and Practice*, Albany: State of University of New York Press, 1993, pp.157-178。

② 参见安乐哲:"The Meaning of Body in Classical Chinese Philosophy",载 Thomas P. Kasulis, Roger T. Ames and Wimal Dissanayake 主编:*Self as Body in Asian Theory and Practice*. Albany: State of University of New York Press, 1993, pp.157-178;施舟人(Kristopher Schipper):*The Taoist Body*, tr. By Koren C. Duval. Berkeley: University of California Press, 1993;杨儒宾主编:《中国古代思想中的气论与身体观》(台北:巨流图书公司,1993);杨儒宾:《儒家身体观》(台北:"中研院"中国文哲研究所筹备处,1996 年 11 月初版,1999 年 4 月修订一版)。其中,除杨儒宾的文章和专书讨论身体在儒家修身传统中的重要性与意义之外,其他文章和著作的讨论均以道家道教为对象和取材。而杨儒宾的研究也主要以先秦儒学为取材,除此之外,还有从中医文献探讨中国古代思想传统中的身体观,如蔡璧名:《身体与自然——以〈黄帝内经素问〉为中心论古代思想传统中的身体观》(台北:台湾大学文学院,1997);从政治思想角度探讨儒家的身体观,如黄俊杰:《中国古代思想史中的"身体政治论"》和《古代儒家政治论中的"身体隐喻思维"》,载黄俊杰:《东亚儒学史的新视野》(台北:喜玛拉雅基金会,2001)。

不只是一种单纯精神性的心性修炼,同时也是一种身体的修炼。换言之,儒家的修身传统是一种身心修炼(a spiritual and bodily exercise),这是与古希腊罗马哲学传统的精神修炼有所不同的。

在先秦古典儒家的教育中,学习成为君子的修身过程不仅包括心智和伦理的成熟,还包括身体的发展。每一个希望成为儒家君子的人都要修习"礼""乐""射""御""书""数"这"六艺"。而构成古典儒家教育核心的"六艺"中,每一种都涉及身体的全面参与。例如,在"礼""乐"的活动中,需要举手投足等每一个身体动作的整体和谐。甚至在"书"和"数"的练习中,注重的也不只是精神的集中,同样还有包括恰当的姿势和动作等身体的参与。孔子本人正是一位精通"六艺"的大师。而直至今日,许多书法练习者都能够告诉我们他们在练习书法过程中身体状况得到改善的经验。有一个例子很能说明问题。对于一个人在家庭生活、社会交往活动中的言行举止,我们至今仍用"得体"与否加以评价,无形中恰恰透露了修养所包含的身体向度,尽管"得体"一词中的"体"除了包括体态(如举手投足、行驻坐卧等)的恰当性,当然还包括言行举止在伦理道德意义上的规范性。

众所周知,孟子自称善养其"浩然之气"。这种"养气"的工夫使得孟子达到坚强、勇敢和"不动心"的境界。尽管我们目前限于文献而无法了解孟子养气工夫的细节,但它必定包含身体的向度则是毋庸置疑的。对孟子而言,"养气"不仅仅是一种身体的修炼,同时应当是一种具有道德意义的行为,因为"浩然之气"必须"配义与道"才能产生。同样,当一个君子能够依照其本"性"——植根于其本心的"仁""义""礼""智"——而行为时,"仁""义""礼""智"所有这些德性也必定都会在其身体上获得体现(embodiment),所谓"见于面,盎于背,施于四体,不言而喻"(《孟子·尽心上》)。如果"志"和"气"可以分别指代我们精神("心")和身体("身")的向度,那么,孟子的基本看法是:"夫志,气之帅也;气,体之充也。夫志至焉,气次焉。故曰:持其志,无暴其气。"当其弟子公孙丑追问"既曰志至焉气次焉,又曰持其志无暴其气者,何也?"孟子进一步回答说:"志壹,则动气;气壹,则动志也。今夫蹶者、趋者,是气也,而反动其心。"(《孟子·公孙丑上》)显然,孟子对"志"与"气"二者关系的看法蕴涵着身心交关论的看法。

以往学者探讨身体在先秦儒家中的角色时,最常引用的就是以上孟子的表述。① 这当然是由于孟子的上述表达最为明确。另外一个原因则是除此之外并无多少其他相同的文献证据,尤其在孔子处缺乏类似的文献作为有力的支持。不过,晚近新出土的先秦儒家文献却使我们获得了前所未有的崭新的第一手文献。正是由于这一点,围绕这些新出土文献从不同学科角度进行的各种学术研究,已经成为当前国际中国学研究的一个热点。就儒学研究而言,如果说我们以前对孔子到孟子之间百余年儒学的流传几乎一无所知的话,1993 年发现的郭店竹简的儒家文献则恰恰记录了这一环节,尤其是作为孔子嫡传和孟子亲承的子思学派的思想。如果说我们以往对孔子思想的了解限于真伪难辨而只敢以《论语》为据的话,1994 年发现的源于楚地而如今保存于上海博物馆的竹简中的儒家文献则直接向我们提供了《论语》之外的孔子的言论。而正是在上博和郭店竹简的儒家文献中,丰富和有力的材料进一步使我们看到,作为身心修炼而非单纯精神修炼的儒家修身观念构成先秦儒家思想的核心之一。譬如,"仁"这个从孔子开始整个儒家传统的核心观念,在郭店竹简中就恰恰是写作"息"。这一象形文字本身,无疑是儒家身心交关思想的直接体现。

如果上述构成孟子"践形"说理论基础的关于"志""气"关系的表述最能突显儒家修身观念所蕴涵的身体向度,那么,这种"志""气"关系的看法其实并非孟子孤明先发,而是本来出自孔子。《上博藏简(二)》中的《民之父母》篇中明确记录了孔子在讨论"五至"

---

① 对孟子所代表的先秦儒家身体观的探讨,以往的研究中当以杨儒宾教授的《儒家身体观》一书最为集中和详细。

"三无""五起"时提到的"志气"说:

> 孔子曰:五至乎,志之所至者,诗亦至焉;诗之所至者,礼亦至焉;礼之所至者,乐亦至焉;乐之所至者,哀亦至焉。哀乐相生,君子以正。此之谓五至。(3—5 简)
>
> 孔子曰:三无乎,无声之乐,无体之礼,无服之丧。君子以此皇于天下,倾耳而听之,不可得而闻也;明目而视之,不可得而见也;而得(志?)气塞于四海矣。(5—7 简)
>
> 犹有五起焉……孔子曰:无声之乐,气志不违(10 简)……无声之乐,塞于四方(11 简)……无体之礼,塞于四海……无声之乐,气志既得(12 简)……无声之乐,气志既从。(13 简)

另外,不仅孟子上述的"践形"说和"志气"观,郭店竹简中被认为是子思及其后学的《性自命出》篇,更是为修身活动中身体的向度提供了细致和生动的描述:

> 君子执志必有夫广广之心;出言必有夫柬柬之心;宾客之礼必有夫齐齐之容;祭祀之礼必有夫脐脐之敬;居丧必有夫恋恋之哀。君子身以为主心。
>
> 君子美其情,贵其义,善其节,好其容,乐其道,悦其教,是以敬焉。

从中,我们显而易见,在人们以君子为目标的性情修养活动中,不同的性情心态始终要求身体相应的容止表征作为恰当的体现。进一步而言,身心之间被认为应当始终存在着一种彼此息息相关的感通和共鸣。

正是由于身体的参与被视为儒家道德精神修养的有机组成部分,儒家的修身传统被后来的宋明理学家定义为"身心之学"。与此相关,"气象"也成为整个理学修身传统中最为核心的观念之一。譬如,朱子与吕祖谦(1127—1181)合编的理学经典《近思录》最后即专论"圣贤气象"以为全书终结。① 在宋明理学家看来,不但心性的修养自然会在身体容貌上有所表现,而且从身体容貌的修养入手,甚至是初学的必由之路。如朱熹曾说:"九容九思,便是涵养。"周汝登(1547—1629)也说:"容貌辞气,德之符。一切容仪皆能淑慎,使之望而知为我辈人,方见实学。"吕希哲(字原明,1039—1116)说得更直接:"后生初学,且需理会气象。气象好时,百事自当。气象者,辞令、容止、轻重、急徐,足以见之矣。"② 而通过与佛道二教的深度互动,宋明理学家在理论和实践两方面进一步发展了这种身心之学。

尽管新的出土文献更为充分地显示了先秦儒家修身传统的身体向度,但是,先秦儒家身体修炼的具体内容,比如孟子的"养气",我们仍然是不清楚的。而在宋明理学的传统中,关于身体修炼的具体方法则非常引人注目。具有儒家特色的"静坐"和"调息"是其中最为主要的两种。通常情况下,静坐和调息在实践中难以截然分开。调息常常需要在静坐的状态下进行,静坐的修炼也往往自然导致气息的调和。

北宋程颐所提倡的"半日读书,半日静坐",是颇为人知的儒家修身方法。在宋元明清近千年的中国社会以及12世纪之后日本、朝鲜的传统社会中,这种方法曾经广为儒家人士所实践。据说程颐见其弟子静坐,便叹其善学。前面提及,阿道指出,学习读书是古希腊罗马哲学传统中精神修炼的方法之一。不过,对于古希腊罗马的哲学家来说,在作为一种精神修炼的读书活动中,似乎并无身体的行为参与其中。而对于宋明理学家来说,读书与静坐并非两个彼此脱离

---

① 现通行本《近思录》目录不一,有最后一卷作《圣贤》而非《圣贤气象》者,为经后人改动所致。原始目录现存《朱子语类》卷一百〇五"论自著书·近思录"条,最后一卷题为"圣贤气象"。

② 此三条刘宗周具引于其《人谱类记》卷上。

的环节。朱子虽然并未像明末清初如刘宗周和颜元(1635—1740)等人所认为的那样极为推崇"半日读书,半日静坐"①,而是主张以"敬"代"静",但对于读书活动中静坐的必要性,朱子也讲过这样的话:

> 大抵人要读书,须是先收拾身心。令稍安静,然后开卷,方有所益。若只如此驰骛纷扰,则方寸之间,自与道理全不相近,如何看得文字?今亦不必多言,但且闭门端坐半月十日,却来观书,自当信此言之不妄也。(《朱子大全》卷六十三《答周深父》)②

整个宋明理学传统包括朱子学和阳明学这两大典范。日本和朝鲜的理学传统也同样如此。王阳明个人以及后来阳明学的主流尽管在终极的意义上并不把静坐视为儒家修身实践的根本方法,但在相当程度上,也依然肯定静坐构成儒家修身功夫的有机组成部分。事实上,不但王阳明个人具有深厚的静坐经验。并且,明代尤其中晚明儒学一个格外突出的特征正是众多儒家学者的静坐实践。③

调息与静坐密切相关,也是理学传统中许多儒者修身实践的一种方法。譬如,朱子这位理学传统中大概最为理性的哲学家就曾写过一篇《调息箴》。王阳明的静坐实践中也包含调息的内容。而王

---

① 参见钱穆:《朱子新学案》(台北:三民书局,1980),第二册,第293页。
② 此段文字亦曾为真德秀(字景元,更字希元,号西山,1178—1235)收入其《西山读书记》卷二十五。
③ Rodney Taylor 曾经详细检讨过高攀龙(1562—1626)的静坐经验,参见其 The Cultivation of Sagehood as a Religious Goal in Neo-Confucianism: A Study of Selected Writings of Gao P'an-lung(Missoula, Montana: Scholars Press/ American Academy of Religion, 1978)。另外,在其 The Confucian Way of Contemplation: Okada Takehilo and the Tradition of Quiet-sitting(Columbia, S. C.: University of South Carolina Press, 1988)和 The Religious Dimensions of Confucianism(Albany: State University of New York Press, 1990)这两本书的相关章节中,他也对理学传统中的静坐问题进行了较为专门的探讨。

阳明身后整个中晚明阳明学中最富思考力、并主动自觉对佛道两家进行判摄与融通而又不失其儒家基本认同的王畿,更是写过一篇融合儒释道三家的《调息说》,站在儒家的立场对调息的问题进行了系统的阐释。①

一般来说,静坐和调息这两种修身的方法被认为是来自于佛道两家。但先秦儒家比如孟子的"养气"工夫未必不可能包含这两项内容。只是由于"文献不足征",我们对此无法深探。无论如何,即便静坐和调息源于佛道两家,理学家所阐释和践行的静坐与调息则展示了其儒学的特色。其不同于佛道两家之处在于:对于理学家而言,无论是静坐还是调息,道德意识都应当是其中的主导因素。正如孟子指出的,没有"义"与"道","气"就会"馁"。究极而言,从儒家的观点来看,只要能够充分实现自身的道德意识,我们就能够在任何情况下保持身心的灵敏和睿智。而静坐和调息只不过是通达那种境界的两个方便与权宜而已。反之,如果一个人只能在静坐或调息的状态下把握到自身道德意识的真实不虚,一旦离开那种人为营造的宁静和安详,卷入纷繁复杂的大千世界,又如何保持身心的主宰与凝定呢? 这就涉及儒家身心修炼传统的第二个特征,即以日常生活的每时每刻作为身心修炼的机会。事实上,相对于佛道两家,儒家身心修炼的胜场恰恰是在人情世事的风云变幻中始终保有内心的祥和与自由。

四 以日常生活为身心修炼

如果说学习如何使灵魂脱离肉体构成古希腊罗马精神修炼的一个特征,另一个特征则可以说是学习如何使自我摆脱日常的社会生活。之所以要使自我摆脱日常社会生活,是因为两个密切相关的预

---

① 对于《调息说》的细致解读和分析,参见彭国翔:《良知学的展开——王龙溪与中晚明的阳明学》,繁体字版(台北:学生书局,2003),第306—315页;简体字版(北京:生活·读书·新知三联书店,2005),第290—299页。

设：其一，是将各种社会关系尤其人际关系视为精神修炼的束缚；其二，是将日常生活视为精神修炼的障碍。在这个意义上，对大多数古希腊罗马的哲学家们来说，精神修炼也就是学习如何获得一种"隔离"(detachment)的智慧，过一种与俗世相对隔绝的生活，尽管这未必能涵盖每一位哲学家及其所有方面。① 在广泛征引古希腊罗马哲学家相关文献材料的基础上，阿道指出，古希腊罗马精神修炼的基调之一就是要从日常生活中脱离出去。② 纽思浜也指出，斯多亚、伊壁鸠鲁和怀疑论这三个学派的思想基调之一就是要摆脱日常生活的干扰。③

与这种取向颇为不同，对儒家的身心修炼来说，日常生活不仅不是需要摆脱的障碍，反而是极为必要的条件。从儒家的观点来看，修身绝非一种"自我"的行为。正如鱼离不开水一样，只有首先（但不只是，说详后）在人与人之间关系的脉络之中，一种真正儒家意义上的身心修炼才能得以实践。对儒家来说，一种成功的身心修炼所导向的是终极性的自我转化，而这一定要内在于一个广泛的关系性的脉络。虽然我们不能说儒家的"自我"是一种完全被建构的东西，那是一种极端的存在主义的看法，但"自我"即使具有孟子所说的"善

---

① 譬如，纽思浜就曾审慎地指出，相对于希腊化传统中斯多亚、伊壁鸠鲁和怀疑论这三个主要学派，亚里士多德就较为强调友谊、亲情、政治纽带等的重要性。参见 Martha Nussbaum, *The Therapy of Desire: Theory and Practice in Hellenistic Ethics*, pp. 41-42。

② 参见 Pierre Hadot, *Philosophy as a Way of Life: Spiritual Exercises from Socrates to Foucault*, pp. 98-103。

③ 参见 Martha Nussbaum, *The Therapy of Desire: Theory and Practice in Hellenistic Ethics*, p. 41。对此，阿道和纽思浜都有详细的讨论。虽然他们同时也指出，在一定意义上，古希腊罗马的哲学家们并未放弃他们影响城邦、转化社会和服务公民的责任，参见 Pierre Hadot, *Philosophy as a Way of Life: Spiritual Exercises from Socrates to Foucault*, p. 274 和 Martha Nussbaum, *The Therapy of Desire: Theory and Practice in Hellenistic Ethics*, p. 4。不过，就总体趋势而言，"隔离"(detachment)的取向仍然可以说是古希腊罗马哲学传统基本的精神方向。希腊化时代的哲学家们是整个古希腊罗马哲学传统中最为关注日常生活的，但纽思浜指出，尽管如此，提倡各种从日常生活的干扰中脱离出来的方式，仍然是其信守(commitment)的一个基本方面。参见 Martha Nussbaum, *The Therapy of Desire: Theory and Practice in Hellenistic Ethics*, p. 9。

端",其充分的"成熟",却委实应当是一个与世界上其他所有存在彼此互动的结果,并且,这个互动的过程几乎是无尽的。人性的"善端"可以为修身的可能性提供基础,但身心修炼的圆满成就,却是一个"自我"与几乎所有的"你"而非"它"共生共成的结果。①

在传统中国,父子、君臣、长幼、夫妇和朋友这所谓"五伦"构成儒家身心修炼的基本实践脉络。每一种关系中都要求履行不同的准则。父子之间要有"亲",君臣之间要有"义",长幼之间要有"序",夫妇之间要有"别",朋友之间要有"信"。而贯穿"亲""义""序""别""信"之中的一条更为普遍性的准则是"恕"道或者说一种相互性。儒家的身心修炼就是指身体力行这种一般意义上的"恕道"或相互性以及特定意义上的"亲""义""序""别""信"。

基于传统社会组织结构的"五伦"或许已经过时了。其中,父子关系和夫妇关系尤其被视为似乎反映了植根于父权社会的男性中心主义,君臣关系更是被视为仅仅适用于特定的历史时期。而当今社会认可的某些关系,譬如同性恋,则无法为"五伦"所涵盖。当然,我们可以说,当父子关系转化为父母和子女的关系,君臣关系转化为政府和公民的关系等等之后,我们仍然可以从"五伦"的思想中有所取益而服务于当今社会。但是,笔者在此却不打算从这个角度进行论证。我所要着重指出的,是儒家高度重视人与人之间关系本身这样一种睿识洞见。从儒家的观点来看,随着时代的变迁,各种具体的人际关系以及贯彻其中的那些准则可以改变,但是,作为我们基本的存在脉络和结构(existential setting),人与人之间的关系本身却是无法被消解的。自我认同的获得以及自我人格的成就,都不是通过与他人、社会绝缘来实现的,反而恰恰需要通过沉浸在"人间世"方可达

---

① 在儒家的修身传统中,自我所面对的都应当是和"我"一样的"你",而非作为客体对象的"它"。只有在"我—你"关系而非"我—它"关系中,真实的身心修炼才能够得以展开。"我—你"关系和"我—它"关系的涵义,笔者取自马丁·布伯(Martin Bubber)。参见氏著,陈维纲译:《我与你》(北京:生活·读书·新知三联书店,1986)。

成。在现实生活中,自我与他人的关系往往随着血缘关系的深浅、有无而由亲和到疏离。在现代社会,除了直系亲属,甚至一般的血缘关系也难以维系彼此之间的亲情。人与人之间不但无法待人如己,甚至视他人如地狱。西方存在主义思想家如海德格尔、萨特等人曾经对这种疏离间隔的关系以及这种关系之下人们的生存状态有过生动的描写和分析,但他们也都以不同的方式指示了一个基本事实,那就是,彼此疏离和异化的生活并不意味着人们是互不相关的"孤独个体",那种"老死不相往来""相忘于江湖"的前提,反而恰恰是彼此相关的"共在"关系。每一个人都是"在世存有"(being-in-the-world)、"共他的存在"。并且,自人被抛入世间之日起,人与人之间这种难以斩截的相关性,就构成人们存在的基础。自有人类历史以来,人与人之间彼此的相关性,便似乎成为每个现实生活中的人的先验存在结构。从亚里士多德将人理解为"政治动物"到马克思以"社会关系的总和"界定人性,也都可以说是指出了自我与他人之间的关系具有"无所逃于天地间"的客观实在性,不是"逃父出家"或"遁迹山林"便可以抹煞的。

在《庄子》一书中,许多归于孔子名下的言论通常都被认为是伪托的。但是,以下这段话笔者却以为颇能够反映儒家的特点,即使它是庄子或其后学假托的。

> 仲尼曰:"天下有大戒二:其一,命也;其一,义也。子之爱亲,命也,不可解于心;臣之事君,义也,无适而非君也。无所逃于天地之间,是之谓大戒。"(《人间世》)

初看起来,孔子在这段话中似乎强调的是"命"和"义"。但同时,我们更应当注意其深层结构中的某种东西。事实上,不论是"命"还是"义",二者都是贯彻于两种基本人际关系中的准则。没有这些人际关系,任何准则都是抽象的教条。对儒家的身心修炼而言,不能脱离于各种各样的人际关系之外。如何实现"心灵的安宁""内在的自由"以及一种整全的"宇宙意识",如何在任何情况下保持身心的平衡,不仅在孤立隔绝(如"闭关""静坐")的状态下,更要在纷繁多变的日常生活中,正是儒家身心修炼追求的目标。

在《定性书》这篇理学传统的名作之中,程颢(1032—1085)描述了追求这一目标的理由以及实现了这一目标之后人们所达到的那种"定性"的存在状态:

> 所谓定者,动亦定,静亦定,无将迎,无内外。苟以外物为外,牵己而从之,是以己性为有内外也。且以性为随物于外,则当其在外时,何者为在内?是有意于绝外诱,而不知性之无内外也。既以内外为二本,则又乌可遽语定哉!
>
> 夫天地之常,以其心普万物而无心;圣人之常,以其情顺万物而无情。故君子之学,莫若廓然而大公,物来而顺应。……苟规规于外诱之除,将见灭于东而生于西也。……与其非外而是内,不若内外之两忘也。两忘,则澄然无事矣。无事则定,定则明,明则尚何应物之为累哉!①

程颢讲得很清楚,只有通过"内外两忘",即取消自我与外界的区隔,达到"澄然无事"的"明""定"状态,我们才能"变化气质",最终获得儒家圣人境界所蕴涵的那种彻底的身心修炼和终极转化。

有一点很重要,笔者希望特别指出。表面上看,儒家身心修炼对于人与人之间关系和日常生活事务的关注似乎源于儒家现世(this-world)的价值取向。这一点常常被认为是儒家与佛道两家的重要区别。但是,在更深的层面上,如果我们可以说"定性"以及在任何情况下保持身心的平衡是儒释道三家修身传统共同的追求,那么,为何儒家的身心修炼对于人与人之间关系和日常生活事务投入了更多的关注呢?从儒家的观点来看,理由之一当然是那些人与人之间关系

---

① 《二程集》,北京:中华书局,1981,第460—461页。

被视为是某种在存在论上"给定"的东西（something ontologically given），所谓"无所逃于天地间"。不过，在我们的日常生活中，那些复杂多变的事务往往使我们喜怒哀乐失常，那么，如何就在日常生活中、在面对复杂多变的事物时，而不是在通过诸如静坐、调息等特殊的人为安排所获得的孤立隔离的状态下始终保持身心的平衡，就是更为困难但同时却又更为根本的东西。对于儒家的身心修炼来说，前者而非后者才是一位儒者应当追求的最后和最高的成就。这是儒家格外关注人际关系和日常生活事务的另一个重要的原因。

前文提及，中晚明立足阳明学基本立场而又融会儒释道三教的儒学大师王畿曾经写过一篇《调息法》，无论在理论还是在实践上都对静坐和调息予以了充分的肯定。不过，王畿还有另一篇重要的文字《悟说》，对于儒家身心修炼的工夫做了进一步的阐明。其中，他通过十分贴切的比喻，不但形象地对比了在两种不同境况下所获得的"悟"，即在与外界隔离绝缘状态下获得的"悟"和在积极参与日常活动状态下获得的"悟"，而且指出了前者的权宜性（expediency）和后者的终极性（ultimateness）。他说：

> 君子之学，贵于得悟，悟门不开，无以征学。入悟有三：有从言而入者，有从静坐而入者，有从人情事变炼习而入者。得于言诠者，谓之解悟，触发印证，未离言诠。譬之门外之宝，非己家珍。得于静坐者，谓之证悟，收摄保聚，犹有待于境。譬之浊水初澄，浊根尚在，才遇风波，易于淆动。得于炼习者，谓之彻悟，磨砻锻炼，左右逢源。譬之湛体冷然，本来晶莹，愈震荡愈凝寂，不可得而澄淆也。根有大小，故蔽有浅深，而学有难易，及其成功一也。（《王龙溪先生全集》卷十七）

这里，尽管王畿最后肯定不同方法对于不同的学者都有其适用性，且最后可以"殊途同归"，都获得成功，所谓"根有大小，故蔽有浅深，而学有难易，及其成功一也"。但是，其中哪一种"悟"最为彻底，则是显而易见的。我们可以设想或者经验,在静坐的状态下相对较容易保持身心的平衡。可是,当我们从一种暂时的、人为营造的"静"的状态中走出来,回到复杂多变的日常生活中时,我们往往会重新失去身心的平衡,我们的情绪也会相应地随着日常生活中各种事件的纷纭变幻而起伏不定。显然,王畿《悟说》中所谓的"才遇风波,易于淆动",指的就是后一种情况。正是由于这一点,即便那些实践"静坐"和"调息"的儒家学者,也并不将"静坐"和"调息"本身视为儒家身心修炼最终和根本的方法,尽管他们在一定程度上承认"静坐"和"调息"对于身心修炼的效果。无论从阳明临终前不久致聂豹(字文蔚,号双江,1487—1563)的信还是阳明去世后王畿与聂豹的论辩,我们都可以看到阳明学主流对于"事上磨练"的强调。而在朱子学中,静坐同样只是权法而并非究竟。如当有人问"初学精神易散,静坐如何"时,朱熹的回答是:"此亦好,但不专在静处做工夫,动作亦当体验。圣贤教人,岂专在打坐上?要是随处著力,如读书、如待人处事、若动若静、若语若默,皆当存此。"(《朱子语类》卷一百十五《训门人三》)。

还有一点需要说明的是,尽管注重人际关系和日常生活事务可以说是儒家传统的一项定义性的特征,但是,这并不蕴涵一种人类中心主义(anthropocentrism)。事实上,除了人际关系之外,还有另外一种关系,同样受到儒家传统尤其宋明理学传统的重视。那就是作为类的人与天地、万物之间的关系。离开了这种关系,儒家的身心修炼就无法在其完整与充分的意义上得以实践。在本书第三章中,笔者即仔细分析了张载《西铭》的整篇文本,发掘其间所蕴涵的儒家万物一体观以及这种万物一体观所体现的一种宗教性的人文主义。其中,笔者特别指出,儒家万物一体的观念表现在三种关系脉络之中,即横向的自我与他人之间的一体关系、人类与自然之间的一体关系以及纵向的天地人之间一体的关系。

有一个关于理学开山周敦颐的小故事,其中所蕴涵的意义其实非常深远。据说周敦颐窗前杂草丛生,既有碍观瞻,也影响光线,但他却并不剪除。有人问他何以如此,他回答说"与自家生意一般"。事实上,周敦颐的回答代表了一个在整个儒家传统尤其宋明理学传统中反复出现的基调,即"与天地万物为一体"。这一思想基调源于孟子所谓的"万物皆备于我"(《孟子·尽心上》),但其涵义最为充分与明确的诠释和表达,则在于宋明理学家的阐发。尤其是张载的《西铭》和王阳明的《大学问》,可谓阐发这一思想的经典文献。张载在《西铭》中开头便说:

> 乾称父,坤称母,予兹藐焉,乃浑然中处。故天地之塞吾其体,天地之帅吾其性。民吾同胞,物吾与也。

王阳明的《大学问》对此发挥得同样淋漓尽致而尤具情感的打动力:

> 大人者,以天地万物为一体者也。其视天下犹一家,中国犹一人焉。若夫间形骸而分尔我者,小人矣。大人之能以天地万物为一体也,非意之也,其心之仁本若是,其与天地万物而为一也,岂惟大人,虽小人之心亦莫不然,彼顾自小之耳。是故见孺子之入井,而必有怵惕恻隐之心焉,是其仁之与孺子而为一体也。孺子犹同类者也,见鸟兽之哀鸣觳觫,而必有不忍之心焉,是其仁之与鸟兽而为一体也。鸟兽犹有知觉者也,见草木之摧折而必有悯恤之心焉,是其仁之与草木而为一体也。草木犹有生意者也,见瓦石之毁坏而必有顾惜之心焉,是其仁之与瓦石而为一体也。

这两篇文献影响深远,以至于后来的儒者几乎每个人都可以很容易地引用甚至背诵它们。从中我们可以看到,儒家身心修炼的实践脉络显然不仅仅限于人与人之间的关系。从儒家的观点来看,如果一个人不能将其内在仁心的感受力拓展到天地、草木、河流、山川以及万事万物,将所有这些事物视为其自身内在的有机组成部分,所谓"一体之物",那么,这个人就会变得"麻木不仁",其自我也将仅仅局限于血肉之躯的"小我""私我",无法成就其"大我",无法与天地万物息息相通。程颢如下的比喻形象地说明了这一点:

> 医书言手足痿痹为不仁,此言最善名状。仁者以天地万物为一体,莫非己也。认得为己,何所不至? 若不有诸己,自不与己相干,如手足不仁,气已不贯,皆不属己。(《遗书》卷二上)

通常情况下,儒学往往被认为是一种世俗性的人文主义。但是,人与天地万物之间的关系既然构成儒家身心修炼不可或缺的实践脉络,那么,其中不可避免地涉及一种宗教性。简言之,"与天地万物为一体"的儒家终极关怀内在地蕴涵着一种对于神圣意义的信守(a commitment to a sacred meaning)。在儒家看来,神圣意义并不在于远离人世的"天国",也不只在于那些特定的"神圣空间"①,而是渗透于整个无限的天地万物的场域之中,作为天地万物这一无限场域之中的一种存在,人则是这种神圣意义得以突显的焦点。在这个意义上,整个儒家传统尤其是宋明理学的传统就不只是一种单纯世俗性的人文主义,而是一种宗教性的人文主义。这种人文主义的特点在于将神圣性寓于世俗性之中,或者说善于从世俗生活中发掘、感受到神圣的意义与价值。儒者生活于现世并关注现世的每时每刻,但却又不为现世所限。王阳明"不离日用常行内,直造先天未画前"(《别诸生》)的诗句,鲜明地反映了这一点。借用芬格莱特(Herbert Fingarette)的话来说,作为历代儒家人物所追求的人格典范,圣人孔子恰

---

① "神圣空间"的概念参见 Mircea Eliade, *The Sacred and the Profane: the Nature of Religion*. Trans. By Willard R. Trask. New York: Harper & Row, 1961。对于儒家传统而言,虽然也有类似 Eliade "神圣空间"的处所,譬如孔庙,但儒家的"神圣空间"或许更多地不在于有形的空间。

恰是体现了神性光辉的凡夫,所谓"即凡俗而神圣"(secular as sacred)。①

五 儒家身心修炼的治疗意义

阿道指出,作为一种精神修炼的古希腊罗马哲学并不只是为了确保行为符合正确的道德法则,精神修炼不仅具有道德的价值,还具有一种存在的价值(existential value),它涉及一个人的存在的各个方面。② 而通过细致地分析对比斯多亚、伊壁鸠鲁和怀疑论这三个学派所代表的希腊化传统与柏拉图主义和亚里士多德的不同,纽思浜更是反复指出,希腊化传统的哲学论证可以说是一种治疗论证(therapeutic arguments)或药物论证(medical arguments),其欲望治疗的功能在于促进个体的健康。③ 但是,正如身体对于古希腊罗马精神修炼仅有负面的意义一样,纽思浜所谓"治疗""药物"和"健康"这些说法其实不过是一种比喻,与之切实相关的仅仅是人的心理—精神的方面。"治疗"和"药物"的对象并不指向人的身体,"健康"也只是指心理—精神的"健康"而已。换言之,精神修炼和欲望治疗并不会带来身体状况的改善。无论根据阿道还是纽思浜对于古希腊罗马哲学传统的研究,我们都看不到这一点。

与此相对照,如果说儒家的身心修炼作为一种"治疗"和"药物"的话,其所带来的"健康"就不仅是心理—精神的,同时还是身体的。

---

① 笔者这里借用芬格莱特诠释孔子的名著的书名。参见 *Confucius*: *The Secular as Sacred*(Harper Collins Publishers, Inc. 1972)。中译本参见彭国翔、张华译:《孔子:即凡而圣》(南京:江苏人民出版社,2001)。

② 参见 Pierre Hadot, *Philosophy as a Way of Life*: *Spiritual Exercises from Socrates to Foucault* 一书中 "Spiritual Exercises"和"Ancient Spiritual Exercises and 'Christian Philosophy'"这两节开头的几页。

③ 这是纽思浜在其 *The Therapy of Desire*: *Theory and Practice in Hellenistic Ethics* 一书第一章"Therapeutic Arguments"中后半部分主要讨论的内容。不仅 therapeutic arguments 直接就是第一章的标题,medical arguments 更是一个出现频率极高的专用术语。

换言之,儒家身心修炼既导致精神的升华,同时还具有显著的身体治疗的效果。笔者在此特意要加以说明的,正是后者。这是儒家传统长期以来一直受到忽略的一个方面。

我相信,那些对中国哲学和文化具有一定知识的人会马上提出质疑。他们或许会问:"不错,身心交关论可以说是包括儒释道三家在内的整个中国哲学传统的一个特点,但是,就身体的锻炼和滋养而言,我们能够从中汲取资源的或许应当是佛道尤其道家道教,而不是儒家传统。几乎所有的养生方法譬如各种气功都与佛道两家而非儒家传统有密切的关系。"

确实,以往和现在人们所练习的各种流行的气功等都与佛道两家有关。但是,儒家身心修炼的传统中其实也不乏类似的功法。除了"道家功""佛家功"之外,其实也还有"儒家功"。正如我们前文提及的,宋明理学传统中有具有儒家特色的静坐和调息的方法。对于静坐和调息的养生功效,宋明儒者也从来予以肯定。明代儒家学者中实践静坐和调息以卫生者比比皆是,如罗洪先(字达夫,号念庵,1504—1564)、高攀龙(1562—1626)、袁黄(1533—1606)等。① 即便是朱熹,亦曾教病人通过静坐来帮助恢复身体的健康,所谓"病中不宜思虑,凡百可且一切放下,专以存心养气为务。但跏趺静坐,目视鼻端,注心脐腹之下,久自温暖,即渐见功效矣"(《朱子大全》卷五十一《答黄子耕》)。至于被视为正统儒家之外的人士如苏轼(字子瞻,号东坡居士,1037—1101)等,既有静坐调息的实践,又有静坐调息的理论,则更是不乏人知了。②

不过,笔者这里并不打算特别介绍一些"儒家功"。关键在于,

---

① 这些儒者不仅具有丰富的静坐调息经验,还有关于静坐调息的著作,如罗洪先的《卫生真诀》、袁黄的《静坐要诀》和《摄生三要》以及高攀龙的《静坐说》。

② 苏轼关于养生的著作甚丰,有《养生诀》《问养生》《续养生论》《广心斋铭》《静常斋记》《养生偈》《养老篇》《日喻》《采日月精华赞》等,涉及养生的方方面面。后来清初学者王如锡将其汇编为《东坡养生集》,全书十二卷,一千零四十余条。而所谓"东坡静坐法"更是广为流传,为后世许多养生著作收录。

正如我们上一节所论,对于儒家的身心修炼传统而言,其重点和优先性恰恰在于:它有意识地不把身心修炼作为外在于我们日常生活的某种特殊的东西。恰如孔子所谓"居处恭,执事敬,与人忠"(《论语·子路》),在生活中无时无处不加以锻炼,这才是儒家的身心修炼。如果我们可以在特定的时空条件下以某种特定的方式来实践我们的身心修炼,比如说练习某种气功,但却无法将这种身心修炼延伸到我们日常生活的每时每地,换言之,无法使日常生活中的任何境况都成为我们实践身心修炼的机会,那么,任何只能在特定时空条件下采取特定形式的身心修炼所能够取得的养生疗效,都将会是非常有限的,最终也会丧失掉。因为在这种情况下,任何身心修炼都只不过是日常生活中的一个小火花,而远没有成为一种生活方式或生活本身。在前文所引《悟说》中,王畿指出,相对于"从静坐而入"所获得的"犹有待于境""才遇风波,易于涌动"的"证悟",那种"从人情事变炼习"所获得的"左右逢源""愈震荡愈凝寂"的"彻悟"有其彻底性,也正是这一点的说明。

养生的气功有很多种,笔者相信,对气功有或多或少经验的人都会同意这一点,即几乎所有气功的关键均在于"入静"。一旦真正进入到心"静"的状态,散布于我们身体之中的"气"就会自然而然地流通贯注,顺畅、均衡而有力,渗透到身体的每一个部分,冲击身体中不应有的凝结固化(如血栓、肿瘤等)并使之最终消散。如果我们可以始终使体内之"气"顺畅、均衡、有力地流通贯注,我们的身体就会充满能量,就像深山中奔流不息的泉水一样,灵动、鲜活而有力。中医理论中有一句名言,所谓"通则不痛,痛则不通"。这句话的意思是说,某些非正常或无名的症状,比如没有外部原因的疼痛,常常是体内之"气"流通不畅受到阻碍而产生凝结的结果,而一旦"气"打通了那些凝滞,那些症状如疼痛等就会自然消失。事实上,基于中医理论对人体的理解与中国传统哲学"气"的宇宙论是一脉相承的。

此外,散布于我们身体的"气"并不只在我们身体内部流通。它也与我们身体之外的整个宇宙的"气"进行沟通和交换,将各种不良之"气"甚至虚弱之"气"转化为孟子意义上"至大至刚"的"浩然之气"。当这种沟通和交换始终进行时,我们的身体就会成为宇宙"太和"的有机组成部分。① 事实上,正是宇宙论意义上"气"的理论以及本体论意义上"性"的理论使得中国传统哲学中存有连续性(the continuity of being)的观念得以可能②,而存有连续性的观念则为"与天地万物为一体"的思想提供了理论基础。

身心交关论既是儒家身心修炼传统的基础,也是中医理论的一个基本主张。从身心交关论的观点来看,我们的精神—心理状态会对我们的身体产生微妙和深远的影响。对于某些我们至今不明原因的严重疾病如癌症等的形成,精神—心理长期的不平衡和失调很可能是重要的原因之一。这一点业已为现代西方医学的发展所证实。自私、狭隘、固执、患得患失以及无节制的情绪等等,所有这些我们日常生活中几乎时时刻刻都会涌现的因素,作为"心火",都会成为身体疾病的肇因。由于儒家尤其理学话语的主要内容之一就是围绕身心修炼的功夫,以身心的协调和平衡为目标,在这个意义上,明末清初的儒者陆世仪(字道威,号桴亭,1611—1672)甚至认为读理学书可以疗疾。他说:

> 凡人遇有微疾,却将闲书、小说观看消遣,以之却病者。虽圣贤往往有此举动,此实非也。闲书、小说,最动心火,不能养心。乃以之养身,可乎? 愚谓人有微疾,最当观看理学书,能平心火。心火平,则疾自退矣。(《思辨录辑要》卷九《修养类》)

当然,"观看理学书"是为了从中汲取身心修炼的道理并付诸实践而

---

① "太和"是张载思想中的一个重要观念。张载将"气"视为宇宙原初和基本的构成性要素。对张载而言,正是由于"气",存有的连续性方得以可能。
② 关于存有连续性的观念,杜维明先生曾有较为详细与深入的讨论,参见其"The Continuity of Being: Chinese Visions of Nature",载 Tu Wei-ming, *Confucian Thought: Selfhood as Creative Transformation*, Albany: SUNY Press, 1985, pp.35-50。

"平心火"。随着"心火平"所退之"疾",自然也是由于精神—心理失衡不调所致的疾患。进一步而言,我们如果能够在日常生活的每时每刻都实践儒家的身心修炼,使日常生活的每一个细节都成为身心修炼功夫的契机,我们就会时时刻刻处在真正"静""定"的状态,那些能够导致"心火"产生的不良因素相应地就会得以化解。真正的"静""定"不是指我们身体的静止不动和与世隔绝,而是指我们日常生活中每时每刻心态的平衡与安宁,正如我们前引程颢《定性书》所谓那种超越了自我与外界隔绝的"内外两忘"的"定性"(真正的涵义应当是"定心")状态。而这种真正的"静""定"状态的实现,必然且自然地会消除我们精神—心理的各种不平衡和失调,或将其降低至最低程度。如此,延年益寿也就是顺理成章的了。对于这种看法,王畿曾有一段很好的说明:

> 医家以喜怒过纵为内伤,忧思过郁为内伤。纵则神驰,郁则神滞,皆足以致疾。眼看色,不知节,神便着在色上;耳听声,不知节,神便着在声上。久久皆足以损神致疾,但人不自觉耳。惟戒慎不睹,恐惧不闻,聪明内守,不着于外,始有未发之中。有未发之中,始有发而中节之和。神凝气裕,冲衍欣合,天地万物且不能违,宿疾普消,特其余事耳。(《王龙溪先生全集》卷四《留都会记》)

简言之,即所谓"虽曰养德,而养生亦在其中"(同上)。① 这也是大多数宋明理学家的共识。

必须承认,这种真正的"静""定"之境是儒释道三家修身传统共同的追求。但是,除了平衡与安宁之外,对于儒家的身心修炼而言,真正的"静""定"还有另外一层涵义。那就是,"静""定"之心固然

---

① 关于阳明学传统中"养德"与"养生"的关系,参见彭国翔:《良知学的展开——王龙溪与中晚明的阳明学》,繁体字版(2003),第301—306页;简体字版(2005),第285—290页。

如明镜,但却不是空无内容,而是必须以德性为其蕴涵。换言之,"静""定"之心同时也就是道德之心。这是儒家身心修炼传统的重点。佛道两家的身心修炼也同样会达致平衡与安宁的心境,但是,从儒家的观点来看,如果没有德性作为"静""定"之心的内容,任何平衡与安宁的心境都不能够是根本和持久的。这就是为什么孟子充满自信地指出:尽管告子可以率先达到"不动心"的境界,但由于告子不能够理解仁义并以仁义为外物,所谓"未尝知义,以其外之",所以他的"不动心"难以持久,不免以"气馁"告终。与之相对,孟子自己之所以始终能够保持"不动心",就在于他的"不动心"及其作为"浩然之气"的表现是"集义所生",即不动之心以及作为其表现的"浩然之气"是以"义"为其底里的。直至今日,我们的日常语言中仍然讲"理直气壮""心安理得""平生不作亏心事,不怕半夜鬼叫门"。现实生活的经验告诉我们,往往只有在道德上无亏欠时,我们才能真正内心踏实、坦然自若,不会失去内在的平衡而产生作为疾病隐患的种种心理纠结与夹杂。事实上,是否以德性作为"静""定"之心的内涵,正是区分儒家身心修炼和佛道两家身心修炼的关键之一。

最后,我愿意指出一个非常有趣和富有启发性的现象,以之作为儒家身心修炼治疗和养生意义的一个经验支持。在现代中国,有好几位长寿的儒家学者,比如梁漱溟(1893—1988)、钱穆(1895—1990)和冯友兰(1895—1990)。最近去世不久的张岱年先生(1909—2004)在严格意义上是否可以说是以儒家为自我认同的学者,或许有不同意见,但张先生的价值观、人生观、世界观至少受儒家影响甚深,则恐怕是没有问题的。这几位先生不约而同都是以95岁高龄辞世的。为什么他们能够得享高年?据我所知,所有这些儒家学者并没有练习什么特殊的气功之类的方法。他们的长寿可以说正是他们长年不懈地修身实践的结果。并且,他们长期不懈的身心修炼并不是练习某种外在于他们日常生活的特殊方法,比如每天挤出两小时去静坐、调息、打太极拳之类,而恰恰是在日常生活中的每时每刻力求体认自身的价值根源,以日常生活本身作为身心修炼,在

"不离日用常行内"的情况下追求达到"直造先天未画前"的"静""定"之境。由于他们能够在日常生活中的各种情况下经常保持身心的平衡与安宁,他们身体之"气"的流通贯注以及与宇宙之"气"的沟通交换便可以经常保持顺畅。如此一来,他们的身体也相应地可以经常保持健康的状态。事实上,儒家身心修炼对于延年益寿的普遍意义,历史上的儒家颇有自觉。譬如,王艮(字汝止,号心斋,1483—1540)有一位门人周魁,幼年体弱多病,甚至在投身师门时尚是抱病之躯,但长年不断的儒家身心修炼居然使其享年九十有一。对此,王艮次子王襞(字宗顺,号东崖,1511—1587)在给周魁的挽联中就曾指出,所谓"应知此学能康寿,不独先生善保躯"①。当然,我们或许不能说儒家的身心修炼是这些儒者得以长寿的唯一原因,但我们可以说,这种以日常生活为身心修炼的儒家修养方法对于其长寿确实发挥了相当的作用。根据他们自己著作中的一些自我表达,我们可以看到这一点。②

事实上,对古往今来的儒者而言,日常生活中的任何境况都应当是实践身心修炼的好机会,而身心修炼的真正机会也是不能在日常生活之外去觅取的。阳明学功夫论所最为讲究的"事上磨练",其要旨正在于此。③ 对于这种身心修炼来说,初学者或许一开始需要自觉地练习,有意识地在日常生活中的各种情况下去实践身心修炼。而随着功夫实践的不断深入,这种身心修炼就会逐渐成为一种自发

---

① 此事例与所引王襞诗见《重镌心斋王先生全集》卷五《门弟子配享列传》。本章所用为哈佛燕京图书馆藏万历年间刻本。

② 笔者2004年10月18日在哈佛由杜维明教授处得悉日本的冈田武彦先生前一日刚刚辞世。冈田先生逝世时的确切年龄笔者不知,但不少于95岁则无疑。冈田先生也是一位认同儒家核心价值的学者,尽管他提倡静坐,但其静坐并不主张与日常生活脱节,乃是阳明学传统中的静坐方法。关于其静坐的思想和实践,参见 Rodney Taylor, *The Confucian Way of Contemplation: Okada Takehilo and the Tradition of Quiet-sitting* (Columbia, S.C.: University of South Carolina Press, 1988)。

③ 关于阳明学功夫论所涉及问题的讨论,参见彭国翔:《良知学的展开——王龙溪与中晚明的阳明学》,第六章。

的(spontaneous)行为,它会自然而然地体现在日常生活的每时每刻,最终达致孔子所谓"从心所欲不逾矩"的境界。到了那种境地,举手投足、动容周旋无不自然合乎法则人情,在任何境况下都会对周遭的事物做出最为恰当得体的回应,与其所在的环境水乳交融、和谐无间。用罗汝芳(1515—1588)的话来说即是:"抬头举目,浑全只是知体著见;启口容声,纤悉尽是知体发挥。"(《近溪子明道录》卷六《会语》)所谓圣贤境界,大概莫过于此。

第十四章

宗教对话
——儒学第三期开展的核心课题

儒学第三期开展的再诠释
儒学是否是一种宗教传统
儒家传统的对话性
儒学传统对于宗教对话的应有贡献

作为一个不断累积的传统,儒学在不同的历史阶段都有其所面对的时代课题。如果清末民初以来儒学的发展可以被视为所谓儒家传统第三期开展的话,那么,尽管我们可以说与西方文明的互动交融一直构成儒学第三期开展一个基本而且未竟的主题,但在这近百年以来的发展过程中,儒学与西方文化互动交融也与时俱进,在不同的时段其重点也有相应的转移。依笔者之见,就当下以及将来的发展具体而言,宗教对话的问题将构成儒学第三期开展核心课题的主要内容之一,而儒家传统作为一种宗教传统,在全球的宗教对话中也将会有其特有的贡献。

一 儒学第三期开展的再诠释

儒学第三期开展的说法,当以杜维明一度倡言最为有力,因而一提及此说,一般人士大概往往立刻会联想到杜维明。实则杜维明此说最早承自牟宗三,尽管其涵义后来有所变化。而进一步溯源,作为一个说法,儒学第三期的提出,最早或许尚非源于牟宗三,而是来自于沈有鼎。

在刊于1937年3月《哲学评论》的《中国哲学今后的开展》一文中①,沈有鼎正式提出了"第三期文化"的说法,认为"过去的中国文化可以分作两大时期。尧舜三代秦汉的文化,是刚动的,思想的,社会性的,政治的,道德的,唯心的文化。魏晋六朝隋唐以至宋元明清的文化,是静观的,玄悟的,唯物的,非社会性的,艺术的,出世的文化"②。"第一期文化,是以儒家的穷理尽性的哲学为主脉的。""第二期文化,是以道家的归真返朴的玄学为主脉的。"③此后中国哲学当进入"第三期",而第三期的发展"是要以儒家哲学的自觉为动因的"。④ 严格而论,沈有鼎的所谓"三期"说其实并非仅仅针对儒家传统,而是就整个中国文化和哲学的发展来说的。只不过儒学既然构成中国哲学的主流,他又特别提出儒学当构成中国哲学和文化在今后发展的主角,因此,将儒学三期说的起源归于沈有鼎,或许并不为过。

正式就儒家传统而言三期发展的,则是牟宗三。牟宗三与沈有鼎相知⑤,其说受沈有鼎启发,亦属自然。牟宗三儒学三期说的提出,最早在其1948年撰写的《江西铅山鹅湖书院缘起暨章则》一文的"缘起"部分,但稍嫌语焉未详。其明确而系统的表述,则在后来的《儒家学术之发展及其使命》和《从儒家的当前使命说中国文化的现代意义》两篇文字。⑥ 与沈有鼎不同者,一方面牟宗三明确就儒学

---

① 该文沈有鼎1937年1月首先宣读于南京的中国哲学会第三届年会。
② 沈有鼎:《沈有鼎文集》(北京:人民出版社,1992),第103页。
③ 同上书,第104页。
④ 同上书,第108页。
⑤ 牟宗三1935年出版《从周易方面研究中国之玄学与道德哲学》一书,当时沈有鼎即称赞该书为"化腐朽为神奇",参见蔡仁厚:《牟宗三先生学思年谱》(台北:学生书局,1996),第6页。
⑥ 《儒家学术之发展及其使命》一文刊于1949年,其中前半部分的文字几乎与《江西铅山鹅湖书院缘起暨章则》一文的"缘起"部分完全重合,《缘起》部分未刊,或许原因在此。

传统而非整个中国哲学立言;另一方面更为重要的是,牟宗三认为儒学第一期的发展并非先秦,而是从先秦一直到两汉,第二期则是由宋以至于明清,主要以宋明新儒学为代表。至于民国以后儒学应当有第三期的开展,牟宗三虽然与沈有鼎有同样的看法,但是第三期儒学开展所面对的课题或者说内容,沈有鼎并未有明确的交代。而牟宗三则指出发展民主政治和科学这所谓"新外王"构成儒学第三期开展的核心课题。

杜维明曾经专门以"儒学第三期"为题出版过著作①,因而"儒学第三期开展"更多地成为杜维明而非牟宗三的话语的一个重要方面而为人所知,并非偶然。事实上,杜维明对于儒学第三期开展所面对的时代课题或者说具体内容,也的确在牟宗三的基础上有进一步的发展。对于第一和第二期儒学的划分,杜维明继承了牟宗三的说法,二者并无不同,"所谓三期,是以先秦两汉儒学为第一期,以宋元明清儒学为第二期"②。而对于第三期发展的内容,如果说牟宗三基本上还是着眼于中国范围内儒学自我更新的问题,那么,杜维明则进一步将其置入一种全球性的视野中来加以考察。因此,随着全球化过程中一些普遍性的思想课题的重点转换,杜维明关于儒学三期开展所面临的课题,在表述上也相应有所调整。起先,杜维明基本上还是顺着牟宗三的思路,只不过在牟宗三的"民主"和"科学"之外,又给儒学三期发展的内容增加了"宗教情操"和"心理学方面对人性的理解"两个方面。他指出:"科学精神、民主运动、宗教情操、乃至弗洛伊德心理学所讲的深层意识的问题,都是儒学传统所缺乏的,而又都是现代西方文明所体现的价值。这是中国现代化所必须发展的、必须要掌握的价值。"③尽管他同时也意识到了儒学在中国、东亚和欧

---

① 参见杜维明:《儒学第三期发展的前景问题——大陆讲学、问难和讨论》(台北:联经出版公司,1989)。该书后来收入《杜维明文集》(武汉:武汉出版社,2002),第一卷。
② 杜维明:《儒学第三期发展的前景问题——大陆讲学、问难和讨论》,《杜维明文集》,第一卷,第420页。
③ 杜维明:《现代精神与儒家传统》,《杜维明文集》,第二卷,第615页。

美三种不同的处境中各有自身存在的方式和面临的课题①,但当时尚未将儒家传统在全球发展所面对的问题过多地纳入三期说的论域。后来,随着全球化过程中文明对话问题的突显,以及其他一些学者对于以往儒学三期说的质疑,杜维明越来越强调儒学三期发展的全球性课题,在他看来,第三期儒学发展的核心课题已经不是儒学传统自身在中国这一范围内如何进行转化和更新的问题,而是如何进入中文世界以外的整个世界而与以西方文明为代表的其他文明进行对话沟通的问题了。譬如,他在同样专门讨论儒学第二期的文字中明确指出:"第二期儒学的显著特征就是儒学传入朝鲜、日本、越南。正如岛田虔次暗示的那样,将儒学描述成'中国的',不免狭隘;儒学同样也是朝鲜的、日本的、越南的。儒学不同于佛教、基督教、伊斯兰教,它不是世界性的宗教,未延伸到东亚以外,至今也未超越语言的边界。虽然儒家经典现在有了英译本,但是,儒学的信念似乎仍然和中国文字缠绕在一起。然而,至少可以看到,如果儒学还可能有第三期发展,那么,儒学的信念就应该可以用中文以外的语言交流。"②"无法预言唐(君毅)、徐(复观)、牟(宗三)所展望的儒学的未来走向。不过,考虑到眼下诸多卓有成效的迹象,我们可以指出这项事业进一步发展的步骤。如果人类的福祉乃是中心关怀,则第三期儒学绝不能局限于东亚。需要一种全球眼光使其关怀普世化。"③由此可见,可以说杜维明最为晚近的儒学三期说包含了两个基本要点:首先,儒学三期发展如今面临的问题是要使儒学走向世界,不再仅仅是中国、甚至东亚文明的主要组成部分;其次,就儒学的世界化来说,儒学三期发展所蕴涵的课题必然是文明的对话。尤其在"9·11"事件发生之后,以儒学走向世界和文明对话来界定儒学三期发展的任务,

---

① 杜维明:《儒学第三期发展的前景问题——大陆讲学、问难,和讨论》,《杜维明文集》,第一卷,第425—427页。
② 杜维明:《论儒学第三期》,《杜维明文集》,第三卷,第640—641页。
③ 同上书,第650页。

在杜维明的一系列话语中就格外突出。

不过,对于杜维明如此意义的儒学第三期开展,笔者认为仍有进一步诠释的必要。如此才能减少一些不必要的争议,使儒学三期开展目前和将来所面临的核心课题更为明确。有学者曾经在杜维明的三期说之外提出"四期"说、"五期"说。① 事实上,无论是"四期"说还是"五期"说,其实都不应当构成三期说的挑战。关键在于究竟应当如何理解"儒学三期说"。

在笔者看来,"儒学三期说"的真正意义,与其说是描述了一种传统在其内部自身的时间意义上的绵延,不如说是指出了一种传统在与其他文明对话从而丰富自身的空间意义上的拓展。具体来说,第一期是从鲁国的地方性知识扩展为整个中国的国家意识形态,这一期的发展是在从春秋到汉代完成的。第二期是从中国的价值系统扩展为整个东亚意识和心理结构的重要组成部分,这一期的发展是在11世纪到17世纪逐渐形成的。而第三期儒学发展所面临的课题,则是从东亚的文化心理结构扩展到全球,成为世界人士价值系统和生活方式的一种可能的选择。如果我们在这个意义上来界定儒学的所谓三期发展,就既可以避免从时间角度分期所可能引起的各执一段,更可以突显儒学第三期开展如今全球化过程中从东亚走向世界的趋势。

此外,文明对话当然毫无疑问构成儒学第三期开展当前和今后的主要内容。但是,从文明对话的角度来规定儒学第三期开展的课题,似乎还稍嫌宽泛。"文明"是一个内涵极其丰富的范畴,无论政治、经济、文化等均可视为文明的组成部分。但自"儒教中国"全面解体以来,我们已经很难说儒家还能够作为一种"全面安排人间秩序"(余英时先生语)的文明来和西方文明以及其他文明进行整体

---

① 所谓"儒学四期"说是李泽厚提出的,参见其《说儒学四期》,见《己卯五说》(北京:中国电影出版社,1999)。所谓"儒学五期"说,参见成中英:《第五阶段儒学的发展与新新儒学的定位》,《文史哲》,2002年第5期。

性、全方位的对话了。余英时先生曾经将儒学的现代形态称之为"游魂",一方面固然指出儒学已经不能够再像以往那样在社会的政治、经济等方面发挥影响,所谓"全面安排人间秩序";另一方面也同时表示儒学具有超越任何特定社会政治、经济形态的方面,可以作为一种价值信仰系统而存活在人们的心中,不为时空所限。① 因此,就目前而言,无论在中国内地还是其他任何地区,儒学只能是作为一种宗教性的价值系统和信仰方式发挥作用,并非作为一种"全面安排人间秩序"的整体性的"文明"而存在和表现自身。在这个意义上,依笔者之见,用"宗教对话"而非"文明对话",或许更能够准确地反映和界定儒学第三期开展的时代课题。事实上,如果说宗教传统是某一个文明最为内核的部分,那么,文明对话最关键和最根本的部分就是宗教传统之间的对话。

二 儒学是否是一种宗教传统

如果儒学第三期开展如今和将来的时代课题即是儒学随着全球化而不可避免地在走向世界的过程中与其他文明传统进行对话和交融,而宗教对话又构成文明对话的核心,那么,我们或许首先需要回答"儒学是否是一种宗教传统"的问题。

儒学是否可以被称为一种宗教,首先取决于我们对于"宗教"的理解。毫无疑问,"宗教"是一个西方现代的概念。20世纪以往西方传统的宗教观基本上是基于西亚一神教的亚伯拉罕传统(Abrahamic tradition),包括(广义的)基督教(Christianity)、犹太教(Judaism)和伊斯兰教(Islam)。因此,一个超越并外在于人类经验世界的人格神、组织化的教会和专门的神职人员以及确定的经典,便构成了"宗教"不可或缺的部分。然而,随着西方宗教人士对于其他文明的接触和了解,他们逐渐认识到,除了西亚一神教这种宗教的模式之外,

---

① 参见余英时:《现代儒学论》(上海:上海人民出版社,1998),"序言"。

在人类的其他文明形态中还有另外一些不同的模式,在这些模式中,未必有一个超越并外在于人类经验世界的人格神,未必有组织化的教会和专门的神职人员,其经典也未必是单一的,但这些模式在其所在的文明中发挥的作用,却几乎完全等同于基督教、犹太教和伊斯兰教在各自的社群中所发挥的功能。譬如南亚的佛教和印度教、东亚的儒教和道教等。如此一来,具有全球意识和眼光的西方宗教研究者便自然修正了以往传统的宗教定义,对宗教采取了一种更具包容性同时也更切近宗教之所以为宗教本质的理解。譬如,蒂利希(Paul Tillich,港台译为"田立克")将宗教定义为一种"终极关怀"(ultimate concern),他指出:"在人类精神生活所有机能的深层,宗教都可以找到自己的家园。宗教是人类精神生活所有机能的基础,它居于人类精神整体中的深层。'深层'一词是什么意思呢?它的意思是,宗教精神指向人类精神生活中终极的、无限的、无条件的一面。宗教,就这个词的最广泛和最根本的意义而言,是指一种终极关怀。"① 而从蒂利希的"终极关怀"到希克(John Hick)的"人类对于超越的回应方式"(human responses to the transcendent)以及斯狷恩(Frederick Streng)的"终极性的转化之道"(means of ultimate transformation)等等②,都是修正以往基于西亚一神教的宗教观的表现。而史密斯(W. C. Smith)之所以要在"宗教"(religion)之外再提出"宗教性"(religiousness)的观念,就是要强调人类所具有的普遍的"宗教性"是特殊的"宗教"的核心部分。③ 其实,"宗教性"是"理一","宗教"只是"分殊"。因此,即便"宗教"一词已经约定俗成地为西亚一神教的

---

① Paul Tillich, *Theology of Culture*. Edited by Robert C. Kimball, New York: Oxford University Press, 1959. 中译本《文化神学》,《蒂利希选集》(上)(上海:上海三联书店,1999),第382页。

② 参见 John Hick, *An Interpretation of Religion: Human Responses to the Transcendent*, New Haven: Yale University Press, 1989; Frederick Streng, *Understanding Religious Life*, Third edition. Belmont, Calif.: Wadsworth, 1985。

③ 参见 W. C. Smith, *The Meaning and End of Religion*, New York: Harper & Row Publishers, 1978。

基督教、犹太教和伊斯兰教所独占,也不能否认其他文明中不同于西亚一神教的精神传统在不是那种狭义的"宗教"的同时具有很强的"宗教性",从而在自身的传统中发挥着基督教、犹太教和伊斯兰教在各自传统中所发挥的提升精神和净化心灵的作用。

因此,儒家传统当然并非西亚一神教意义上的建制化宗教(institutional religion),但是,如果我们认识到宗教的本质在于"宗教性",其目的在于"变化气质",使人的现实存在获得一种终极性、创造性的自我转化,而不在于组织化的教会和专门的神职人员、超越外在的一神信仰等仅仅属于亚伯拉罕信仰传统的那些特征,并且充分顾及各种非西方的宗教传统,那么,"宗教"(religion)不再局限于亚伯拉罕传统的模式,自然是顺理成章的。如果我们对于佛教传统有基本的了解,知道释迦牟尼开创的佛教就其本源而言根本是一种无神论的主张,如果我们知道道教根本否认凡人世界与神仙世界之间存在着异质性(heterogeneity)亦即本质的差别与鸿沟,而同时又承认不论佛教还是道教都可以为人们提供一种终极性的转化之道,都是一种宗教①,那么,以"修身"为根本内容,为追求"变化气质"并最终成为"大人""君子""圣贤"提供一整套思想学说和实践方式("工夫")的儒家传统,显然具有极强的宗教性而完全具有宗教的功能。只不过较之西亚一神教的亚伯拉罕传统,儒家"大人""君子"以及"圣贤"境界的达成不是从人性到神性的异质跳跃,而是人性本身充分与完美的实现。在这个意义上,我们当然没有理由否认儒学可以说是一种宗教传统。事实上,作为宗教的佛教和道教只是两个起源于东方的例子,而世界上也还存在着大大小小、许许多多不同于西方宗教形态而同样被视为宗教的精神性传统(spiritual traditions)。

除了宗教观的定义问题之外,我们还可以根据两个判断的标准,

---

① 如今,没有人会质疑佛教是一种世界性的宗教。而道教虽然一直被视为中国本土的一种地方性宗教,其实目前在包括西方世界在内的海外都有流传。法国著名的道教研究专家施舟人(Kristofer M. Schipper)教授自己即是一位道教信徒和修炼者,于此即可为一证。

来将儒学理解为一种宗教传统。首先,在文明对话的过程中,其他文明中的宗教传统在很大程度上是将儒家传统作为一种功能对等物来看待的。关于儒学是否可以称之为一种宗教,在中文世界尤其中国内地学界目前似乎还聚讼不已,有的人是在对"宗教"持完全负面的意义上(譬如说认为宗教是人们精神的鸦片)来论证儒家传统是一种宗教,有的人则是在对"宗教"持完全正面的意义上(譬如说认为宗教是人类终极性自我转化的方式)来论证儒家传统是一种宗教。初观之下都是赞同儒学是一种宗教传统,而其实立论的根据尤其是对儒学精神的基本理解实则几乎完全背道而驰。之所以出现这种现象,在相当程度上是由于持论者对于各自的宗教观和宗教定义缺乏明确的澄清所致。这与中国内地真正学术意义上的宗教学研究起步较晚,人们对于宗教的理解长期以来受到意识形态的影响而持完全负面的印象有很大关系。然而,在国际范围内,不仅在学术界,即使在许多一般人的印象中,儒学作为一种宗教传统和精神性传统早已不再是一个值得争议的问题,而成为讨论许多相关问题的前提和出发点了。西方学术界20世纪70年代以来出现了相当一批从宗教学角度来研究儒家传统的著作,正是这一点的反映。[①] 并且,在当今全球性的宗教对话中,儒家也早已被其他的宗教传统主动接纳为一个不可或缺的对话伙伴。迄今为止,在香港、波士顿和伯克利(Berkeley)等地已经先后召开过多次儒学和基督教对话的国际会议。[②] 并且,随着全球化尤其是移民的浪潮,具有不同宗教背景的人士直接接

[①] 参见本书第十六章。

[②] 第一次儒耶对话国际会议于1988年在香港中文大学举行。第二次儒耶对话国际会议于1991年在美国加州伯克利举行。第三次儒耶对话国际会议于1994年在波士顿大学(Boston University)举行。第四次儒耶对话国际会议于1998年又回到香港举行。第一次儒耶对话的论文集,参见 Peter K. H. Lee, ed., *Confucian-Christian Encounters in Historical and Contemporary Perspective*, Lewiston/Queenstown: The Edwin Mellen Press, 1991。第二次会议的论文收入 *Pacific Theological Review*, Vol. 24-25, 1993。第四次会议的论文集中文版参见赖品超、李景雄(Peter K. H. Lee)编:《儒耶对话新里程》(香港:香港中文大学崇基学院宗教与文化研究中心,2001)。

触所产生的实际的宗教对话,早已远远超出了学术界的范围,在纽约、巴黎、罗马、东京的大街小巷甚至美国中西部的沙漠地区和夏威夷群岛的某个小岛,正在切实地影响和改变着人们的生活。这一点绝非偶然,而是由于在许多其他宗教传统的代表人物和具有其他宗教背景的人士的眼中,在一个相当突出的层面上,儒学在中国以及东亚地区历史上发挥的作用,恰恰相当于他们的宗教传统在他们所在地区所发挥的作用。

其次,某一种传统内部的人士具有界定该传统特性的优先权,这是一般大家都接受的。而在儒家传统发展的当代阶段,被人们视为当代儒学主要代表人物的牟宗三、唐君毅、杜维明、刘述先等人,恰恰是将"宗教性"作为儒家传统的一个突出特征来加以阐发的。譬如,牟宗三1959年曾经在台南神学院做过一场题为"作为宗教的儒教"的演讲,后来该篇讲辞被作为第12讲收入其《中国哲学的特质》一书中。① 其中,牟宗三特别指出儒家完全可以说是一种宗教传统,只不过这种宗教传统在表现形态上不同于以基督教为代表的西方宗教。在他看来,"一个文化不能没有它的最基本的内在心灵。这是创造文化的动力,也是使文化有独特性的所在。依我们的看法,这动力即是宗教,不管它是什么形态。依此,我们可说:文化生命之基本动力当在宗教。了解西方文化不能只通过科学与民主政治来了解,还要通过西方文化之基本动力——基督教来了解。了解中国文化也是同样,即要通过作为中国文化之动力之儒教来了解"②。而杜维明思想的一个重要方面,更在于在一个比较宗教学的全球视野中对于儒学宗教性的发挥。由于他身在西方学术思想的中心,对于西方宗教学领域的发展有近水楼台之便,因而诸如蒂利希的"终极关怀"、史密斯的"宗教性"以及斯狷恩的"终极转化之道",都构成他阐发儒

---

① 该篇讲词最早刊于1960年5月16日的《人生杂志》第20卷第1期。
② 牟宗三:《中国哲学的特质》,《牟宗三先生全集》(台北:联合报系文化基金会、联经出版公司,2003),第28册,第97页。

家宗教性的理论资源。他将儒家的宗教性定义为"一种终极性的自我转化之道"(a way of ultimate self-transformation),就直接来源于斯猊恩,而其中给"转化"添加的前缀"自我"(self),则显然是儒家传统一贯重视主体性的反映。杜维明指出:"儒家的宗教性是儒家人文精神的本质特色,也是儒家人文精神和启蒙心态所显示的人类中心大异其趣的基本理由。正因为儒家的价值取向是既入世又需要根据道德理想而转世,它确有和世俗伦理泾渭分明的终极关怀。"①他还说:"在比较文明的格局中,强调儒家人文精神的宗教性,无非是要阐明儒家的人生哲学虽然入世,但却有向往天道的维度。严格地说,儒家在人伦日用之间体现终极关怀的价值取向,正显示'尽心知性'可以'知天'乃至'赞天地之化育'的信念。"②事实上,如果说1958年唐君毅、徐复观、牟宗三、张君劢联名发表的《为中国文化敬告世界人士宣言》是当代新儒学的纲领,那么,这篇宣言所特别强调的一点,可以说就是儒家传统的宗教性。正是由于这种宗教性,儒学才能作为一种活生生的传统而超越于特定的政治、经济结构,成为中国文化的精神价值。当然,儒家可以称之为一种宗教绝不只是儒学内部人士的私见,而的确有其坚强的理据。也正是因为这一点,西方许多具有宗教背景的人士才会不约而同地将儒家传统作为西方宗教在中国文化中的一种功能对等物。

事实上,无论形态如何,宗教在任何一个文化系统中都是不可或缺的。我们不妨将文化或文明比作一座房子。一座完整的房子必须至少具备卧室、客厅、厨房、卫生间这些基本单元,否则就不是一个完整意义上的房子。房子内部可以有各种各样的格局,但无论这些基本单元的结构、样式怎样不同,这些基本单元都是彼此不能相互替代、一个也不能缺少的。无论客厅、卧室、卫生间再大,没有厨房的房子也很难算是一座完整的房子。而宗教就是任何一个文化或文明中

---

① 杜维明:《儒家人文精神与宗教研究》,《杜维明文集》,第四卷,第580页。
② 杜维明:《论儒学的宗教性》"前言",《杜维明文集》,第三卷,第374页。

的基本单元之一。从另一个角度来看,由于宗教面对的是人生、宇宙最为终极的问题,因而在文化或文明的系统中甚至是最为重要的一个单元。尽管梁漱溟的宗教观或许更多地来源于佛教,但他以下所说,尤其显示了宗教对于人类文化的永恒性。所谓:"宗教是有他的必要,并且还是永有他的必要,因为我们指出的问题是个永远的问题,不是一时的问题。该无常是永远的,除非不生活,除非没有宇宙,才能没有无常;如果生活一天,宇宙还有一天,无常就有,这问题也就永远存在,所以我们可说宗教的必要是永远的。"①进一步而言,世界上各种文化之间的区别,不在于外在的器物层面,如日本的汽车,美国的微软电脑系统,如今已经是世界上不同文化共享的东西了,甚至也不在于制度的层面,因为有些制度也是可以为不同的文化共同采用的,而只能在于作为文化最为内核的宗教和价值的层面。正是宗教传统的不同,使得世界上各个不同的文化或文明显示出各自的特性。

三　儒家传统的对话性

如果根据本章第一部分所论,我们将儒家传统迄今为止的三期发展更多地理解为一种空间意义的拓展而非一种时间意义上的绵延,那么,我们就会更为明确地看到,儒家传统三期发展的历史,恰恰就既是一个内部不同分支和流派相互对话的过程,又是一个与其他思想系统不断对话的过程。正是这种对话性的过程,使得儒家传统自身日益丰富。

在先秦时期,儒学产生之初,不过是当时众多思想流派所谓"诸子百家"之一种。而从先秦到汉代,儒学第一期的发展,就是通过与诸子百家的对话,从鲁国曲阜一带的一种地方性的文化,最终成为整个华夏文明的主流意识形态和价值系统。甚至孔子本人的思想,也

---

① 梁漱溟:《东西文化及其哲学》(北京:商务印书馆,1935),第104页。

是在与其众多弟子门人的对话中来得以表现的。譬如,无论是反映孔子思想最为核心的文本《论语》,还是20世纪90年代以后新发现的不见于《论语》而保留在一些竹简上的孔子言论,都主要是以孔子与门人弟子之间的对话为形式的。

从唐宋以迄明清,儒学第二期的发展,则更是表现为一个文明对话的过程。在中国内部,儒学不仅经过与佛教、道教长期与充分的对话从而产生了理学(Neo-Confucianism)这种充分消化和吸收佛教思想的新的儒学的表现形式。同时,儒学还通过与韩国、日本和越南等不同文明形式的对话与交流,在这些国家和地区形成了具有其民族特色的儒学传统,如日本、韩国的朱子学和阳明学等,并且在整个东亚意识的形成中扮演了重要甚至是主导性的角色。作为一种区域文明,如果说东亚文明构成有别于以亚伯拉罕传统为核心宗教的西亚文明和以印度教、佛教为核心宗教的南亚文明的另一种文明形态,那么,东亚文明的核心宗教无疑可以说是儒教。我们可以看到,在儒学从中国的意识形态和价值系统扩展为整个东亚文明的精神内核这一过程中,儒家传统同样体现了鲜明的对话性。

清末民初迄今,儒家传统的发展进入了一个更新的阶段。而现代新儒学运动到目前为止,最为鲜明的特征之一就是其对话性。并且,较之以往儒学内部的对话以及与佛、道、伊斯兰教和基督教的对话,儒学目前与整个西方文明的对话更是全方位、多层次的。与以往历史上的儒家学者相比,现代儒家学者需要了解和应对的文化传统更为多样和复杂。在这个意义上,其担负无疑也更加沉重。譬如说,牟宗三、唐君毅一生和西方哲学对话,对西方哲学的了解不仅其师熊十力先生望尘莫及,甚至远远超过一些专治西方哲学的学者。至于余英时先生在深植中国历史文化传统的同时,对于整个西方文化尤其历史传统的了解之精深,亦非其师钱穆先生所能望其项背。

目前,宗教对话理论中有所谓宗教之间对话(inter-religious dialogue)和宗教内部对话(intra-religious dialogue)的两种区分。简言之,宗教之间对话是指不同类型的宗教传统之间的对话,譬如基督教与儒家传统之间的对话,基督教与佛教之间的对话,伊斯兰教与基督教之间的对话,等等。宗教内部对话则是指某一类宗教传统内部不同分支(ramifications)、流派(schools)之间进行的对话。譬如基督教内部浸信会(Baptism)、卫理公会(Methodism)、福音派(Evangelicalism)等各种分支教派之间的对话,等等。而无论从宗教之间对话还是从宗教内部对话的角度来看,儒家传统发展的历史都是对话性的。

先就宗教内部的对话来看,儒学传统始终都是高度对话性的。孔子本人思想的对话性以上已经有所交代。孔子以后,先秦儒学错综复杂,一直处于彼此的对话之中,孟子与荀子所形成的两条不同的思路,更是在后来的儒学发展史上形成长期的对话。汉代儒学虽号称一统,但其实也是异彩纷呈,诸家解经之别以及所谓今古文经学之辩,同样是当时儒学内部不同分支对话的表现。至于宋明理学数百年的发展,更是一种对话性的充分体现。不同思想系统之间的辩难,譬如朱熹和陆九渊鹅湖之会所反映的所谓"千古不可合之同异"(章学诚语),固然是对话性的高度体现;某一种思想流派内部,同样是以对话性为其特色。阳明学内部"异见"多多,其良知学理论与实践的充分展开,就是通过王阳明身后众多弟子后学彼此论辩而实现的。① 二程及其门人之学和朱熹及其门人之学,也无一不是通过对话而形成的。仅就他们思想的载体大部分是语录和彼此之间的通信这一点来看,即可为证。

再就宗教之间的对话来看,儒释道的三教融合自唐宋以来绵绵不绝,至晚明达于高峰,而宋明理学的形成即是与佛教、道教长期对话的结果。这一点已是不刊之论。在儒学第二期的发展中,儒家传统与日本、韩国和越南等地原有的宗教传统对话从而最终铸造了东

---

① 参见彭国翔:《良知学的展开——王龙溪与中晚明的阳明学》(台北:学生书局,2003;北京:生活・读书・新知三联书店,2005,2015);吕妙芬:《阳明学士人社群——历史、思想与实践》(台北:"中研院"近代史研究所,2003)。

亚意识的形成,这一点前面也已经提到。笔者在此要补充的是,除了儒释道的三教融合之外,其实基督教和伊斯兰教大规模传入中国以来,儒学就一直与其保持对话,并产生了丰硕的成果。儒学与基督教对话所产生的成果,如杨廷筠(1557—1627)、徐光启(1562—1633)、李之藻(1565—1630)、利玛窦(Matteo Ricci,1552—1610)等人的思想与实践,学界已有不少研究。① 而 16、17 世纪儒学与伊斯兰教对话产生的重要成果,如王岱舆(约 1570—1660)、刘智(约 1655—1745)的思想,如今也开始在全球范围内受到关注。②

所谓宗教内部的对话与宗教之间的对话这两种区分并不是绝对的。尤其对于儒家传统的发展来说,儒释道三教之间的对话既可以说是宗教之间的,又可以说是宗教内部的。内在于中国历史文化的发展,我们似乎可以说儒家传统与佛教、道教的对话是宗教之间的。但是,在佛教和道教的许多方面被儒家充分消化吸收而成为自身内在有机组成部分从而产生了宋明时期的新儒学(Neo-Confucianism)之后,当这种新儒学所代表的儒家传统与中国之外的宗教传统再进行对话时,相对于中国之外的那些宗教传统,儒释道之间的对话又无疑可以说是宗教内部的了。儒学传统的第二期发展固然已经如此,如今就与西方各种宗教传统的对话而言,中国传统的儒释道三教对话恐怕就更多地具有宗教内部对话的涵义了。

儒家传统的这种似乎与始俱来的对话性,并不需要笔者刻意的强调。西方学者对此其实早有意识。狄培理(W. T. de Bary)曾经认为,作为东亚文明主要组成部分的儒家传统中体现着一种对话律

---

① 如钟鸣旦(Nicolas Standaert)对杨廷筠的研究,参见其 *Yang Tingyun, Confucian and Christianity in Late Ming China*, Leiden: E. J. Brill:1988。中译本见《杨廷筠——明末天主教儒者》(北京:社会科学文献出版,2002)。对于利玛窦的研究则更是汗牛充栋。

② 如村田幸子对王岱舆《清真大学》和刘智《真经昭微》的英文翻译和研究。参见 Sachiko Murata, *Chinese Gleams of Sufi Light: Wang Tai-yu's Great Learning of the Pure and Real and Liu Chih's Displaying the Concealment of the Real Realm*, Albany, N.Y.: State University of New York Press, 2000。

令(dialogical imperative)。① 而马丁森(Paul Martinson)更是指出:中国人迄今为止经历了对所有世界性宗教谱系的接受。其中,除了儒释道三教和中国的各种民间宗教之外,还包括诸如西方的犹太教、基督教以及伊斯兰教。② 也正是由于这种对话性以及如今全球化时代的到来,恰如笔者在本章所要特别指出的,宗教对话的问题构成儒家传统第三期发展或者说当代儒学发展的核心课题。事实上,当代儒学的发展从牟宗三到杜维明、刘述先,也鲜明地显示了这一方向。譬如,牟宗三虽然归宗儒学,但对佛教哲学、道家哲学都有极为深入和系统的研究,对于西方文明核心之一的基督教,在一些关键问题上也有透彻的把握。③ 杜维明身在西方学术的中心,与世界主要宗教传统的对话可以说是其一生的轨迹之一。刘述先很早就注意到宗教对话的问题,近年来更是作为儒家传统的代表人物全程参与了联合国举办的全球伦理与宗教对话。④

四 儒学传统对于宗教对话的应有贡献

如今,随着全球化的浪潮,宗教对话的问题格外引人注目,成为全球意识的焦点之一。如果说全球化其实是世界上各种不同文化传统之间"趋同"与"求异"的一体两面,那么,"求异"的根源在很大程度上在于不同宗教传统之间的差别。而如何对待宗教传统的差异,通过"对话"而非"对抗"来化解愈演愈烈的宗教冲突所导致的文明

---

① 参见 W. T. de Bary, *East Asian Civilizations: A Dialogue in Five Stages*, Cambridge Harvard University Press, 1988。该书有何兆武、何冰中译本《东亚文明——五个阶段的对话》(南京:江苏人民出版社,1996)。

② 参见 Paul Martinson, *A Theology of World Religions: Interpreting God, Self, and World in Semitic, Indian, and Chinese Thought*, Minneapolis, Minn: Augsburg Publishing House, 1987。

③ 牟宗三对佛教哲学和道家哲学的研究参见其《佛性与般若》和《才性与玄理》,对于基督教的一些判断则散见于《中国哲学的特质》《中国哲学十九讲》等著作。

④ 参见刘述先:《全球伦理与宗教对话》(台北:立绪文化出版社,2001;石家庄:河北人民出版社,2006)。

冲突,在"9·11"之后尤其成为全人类共同面对的一个尤为迫切的时代课题。亨廷顿(Samuel P. Huntington)所谓"文明的冲突"(the clash of civilization),固然包括政治与经济利益的内容,但本质上可以归结为不同宗教信仰的冲突。事实上,亨廷顿本人正是将宗教视为文化的最主要因素之一。① 孔汉思(Hans Kung)所谓"没有宗教之间的和平就没有国家之间的和平"②,也已经不断得到事实层面的论证而成为广大有识之士的普遍共识。笔者以为,对于构成文明对话核心的宗教对话问题,以对话性为其显著特色的儒家传统至少可以有三点值得借鉴的思想和实践的资源。

其一,是"和而不同"的对话原则。宗教对话的理论和实践发展到今天,参与者已经越来越明确意识到一点,那就是,对话的目的不能是为了转化对方,使之放弃其自身原来的宗教立场而皈依我门。如果对话的每一方都是持这种立场的话,对话必将是自说自话、劳而无功甚至激发冲突。对话的最低目标是要加深彼此之间的理解。尽管理解未必意味着欣赏,但至少可以降低由于宗教冲突所引发的大规模文明冲突的可能。在儒家传统中,孔子提倡的"和而不同",历来被视为一种不同个体之间的相处之道。不论在个体的人与人之间还是群体性的各个国家、民族与社群之间,都应当"和而不同"。所谓"和而不同",简言之,就是指不同个体在彼此密切相关、连为一体的同时又不丧失自身的规定性。在全球化"趋同"与"求异"一体两面的背景下,对于当今与将来全球范围的宗教对话来说,"和而不同"显然是一种最基本的原则,大概也是对话所能够达至的现实可期的理想状态。认为对话无济于事,不同的宗教传统只能"鸡犬之声相闻,老死不相往来",彼此处于孤立的状态,这是一种特殊主义

---

① 塞缪尔·亨廷顿:《文明的冲突与世界秩序的重建》(北京:新华出版社,1999),第47页。

② 这句话是孔汉思1989年2月巴黎"世界宗教与人权"会议上宣读论文的题目,代表了孔汉思的一个基本观点,如今得到了全球伦理与宗教对话参与者们的普遍认同。

(particularism)的立场,未免过于悲观;认为对话可以消解不同宗教传统之间的差异,最终出现一种全人类共同信奉的世界宗教或全球宗教,达到"天下大同",则是一种普遍主义(universalism)的立场,又未免过于乐观。作为一种对话原则和合理期许,"和而不同"则可以超越普遍主义和特殊主义的极端立场,在两者之间取得一条切实可行的中庸之道。

其二,是"理一分殊"的多元主义宗教观。在宗教对话的问题上,从类型学的角度来看,一种宗教传统对于其他宗教传统的态度基本可以有三种,一种是排他主义(exclusivism),即根本否认别的宗教传统的合法性,认为只有自己的一套主张才具有唯一的真理性。[1]另一种是包容主义(inclusivism)[2],这种立场是承认别的宗教传统的合法性,但认为别的宗教传统的主张都可以在自己的教义中找到,并且,那些主张都并非终极性的真理,终极的真理只存在于自己的教义之中。或者,即使别的宗教传统中能够发现终极真理的体现,那也是与自己的教义不谋而合,其实践者也可以说是自己这一宗教传统的匿名者而已。拉纳(Karl Rahner,1904—1984)所谓"匿名的基督徒"(anonymous Christians)一说[3],正是这一立场的体现。借用佛教的说法,这种立场认为别的宗教传统不过是"权法"而非"究竟法"。因此,这种立场也恰似佛教中的"判教"。第三种是多元主义(pluralism)[4],这种立场既能够肯定其他宗教传统的合法性,同时还能够意识到包括自身在内的每一种宗教传统的特殊性,并不预设不同宗教传统之间的高下。在此基础上,多元主义的宗教观认为不同的宗教

---

[1] 代表人物有 Karl Barth, G. Lindbeck, H. Kraemer, W. Pannenberg, H. A. Netland 等。

[2] 代表人物有 Karl Rahner, G. D'Costa 等。

[3] 参见 Karl Rahner, "Anonymous Christians", in *Theological Investigations*, Vol. VI, Baltimore: Helicon, 1969, pp. 390ff。

[4] 代表人物有 John Hick, P. Knitter 和 Raimon Panikkar 等。当然多元主义内部还可以再做进一步的细分,如前举三人便并不完全相同,这里的多元主义以希克为代表。事实上,宗教多元主义在全球最有影响的代表人物正是希克。

传统都可以为人类存在的终极性转化提供一条道路,尽管超越的方式不同,但都是对于超越者的一种回应。① 用希克著名的比喻来说,不同的宗教传统恰如信仰的彩虹,是对同一种神性之光的不同折射。② 这三种宗教观既是一种类型学的划分③,也大体反映了西方神学界宗教对话理论演变的历史。④ 当然,每一种宗教传统都未必可以简单、绝对地归于三种中的某一种,每一种宗教传统内部也可能或多或少地同时包含这三种成分,并且,在全球众多的宗教传统中也可能存在着这三种类型的某种变种。我们可以看到,多元主义是一种开放的立场,也似乎越来越为具有全球视野的宗教界人士所接受。不过,一般意义上的多元主义却存在着流于相对主义的问题。而流于相对主义的多元主义表面对各种宗教传统都能肯定,其实否认宇宙间存在统一性的终极真理,不愿且无法正视各个不同的宗教传统在对终极真理的反映上可以存在侧面的不同、侧重的差异以及程度

---

① 在希克看来,在不同的宗教传统中,超越者可以有不同的名称,如在基督教中为上帝,在伊斯兰教中为安拉,在印度教中为梵,在佛教中为法身,在道教中为道,在儒学中为天理、良知等等。

② 参见 John Hick, *The Rainbow of Faiths*. SCM, 1995。中译本有王志成、思竹译:《信仰的彩虹:与宗教多元主义批评者的对话》(南京:江苏人民出版社,1999)。

③ 这种三分法最早见于 Alan Race, *Christians and Religious Pluralism: Patterns in the Christian Theology of Religions*. London: SCM, 1983。后来也有一些学者提出了不同的划分类型。但就其实际而言,这些不同大体只是形式上的。如尼特(Paul Knitter)曾经提出置换模式、成全模式、互益模式、接受模式这四种对话模式,参见其 *Introducing Theologies of Religions*. Maryknoll: Orbis Books, 2002,中译本有王志成译:《宗教对话模式》(北京:中国人民大学出版社,2004)。事实上,置换模式即相当于排他主义,成全模式即相当于包容主义,互益模式和接受模式也并未超出多元主义。再如潘尼卡(R. Panikkar)在排他主义、包容主义和多元主义之外又提出所谓"平行主义"(parallelism)和"相互渗透"(interpenetration),参见其 *The Intrareligious Dialogue*. New York: Paulist Press, 1999, pp. 3-22。中译本见王志成、思竹译:《宗教内对话》(北京:宗教文化出版社,2001),第 23—281 页。但其实多元主义即可包含平行主义,而相互渗透也不外是包容主义和多元主义的交集而已。

④ 从 15 世纪一直到宗教改革期间,严格的排他主义一直是被普遍接受的。16 世纪中天主教的天特会议(Council of Trent, 1545—1563)开始向包容主义转变,但正式讨论包容主义的主张,则要到 20 世纪初 John Farquahr 出版 *The Crown of Hinduism* 一书。而多元主义立场的出现,大概最早在 Ernst Troeltsch 1923 年发表的"The Place of Christianity among the World Religions"一文和 William Hocking 1932 年出版的 *Re-thinking Missions* 一书中。

的深浅,无形中消解了不同宗教之间比较与对话的必要性,反而不利于宗教之间的彼此沟通与相互取益,不利于宗教冲突的化解。由于本身即是一种对话性的传统,儒学长期以来发展出一套"理一分殊"的多元主义宗教观,并在中晚明的阳明学中达到高峰并趋于完善。关于这一点的详细考察,参见本书第七章。此处需要指出的是,这种"理一分殊"的多元主义既肯定"百虑",又信守"一致";既肯定"殊途",又信守"同归"。既肯定不同的宗教传统都是"道"的体现,同时又指出各家所宣称的绝对真理都不过是"相对的绝对"(relative absolute)①,根源性的统一的"道"才是"绝对的绝对",无论我们是否能够对于"道"有明确和一致的言说。显然,对于正确对待全球不同的宗教传统,化解彼此之间的冲突,这种"理一分殊"的多元主义是一个值得汲取的宝贵资源。

其三,是多元宗教参与和多元宗教认同的理论与实践资源。所谓多元宗教参与(multiple religious participation)和多元宗教认同(multiple religious identity),是指具有某一种宗教信仰的人士进入到别的宗教传统之中,成为一个内在的参与者而非仅仅是一个外在于该宗教传统的观察者。借用文化人类学的说法,即是"emic"的参与方式而非"etic"的参与方式。② 而如果一位本来具有某种宗教信仰的人士由于深入另外一种甚或几种宗教传统,成为内在的参与者而非外在的旁观者,最后竟然在不放弃自己原来信仰的同时在相当程度上接受了另外一种甚或几种宗教传统的核心价值和信仰,那么这位信仰人士便可以说具有了多元宗教认同。多元宗教参与和多元宗

---

① 关于"相对的绝对"这一观念的说明,参见 1. John Hick, *An Interpretation of Religion*: *Human Responses to the Transcendent*, New Haven: Yale University Press, 1989; 2. Leonard Swidler, *After the Absolute*: *The Dialogical Future of Religious Reflection*, Minneapolis: Fortress Press, 1990。

② "emic"的参与方式是内在于某一文化传统并用该传统自身的观念去理解这一文化传统。而"etic"的参与方式则是用一种外在、客观和实证性的标准去观察该文化传统。不过,需要指出的是,这两个词其实最早起源于美国语言学家 Pike 对于"phonetics"和"phonemics"的区分。

教认同的问题,都是在当代全球宗教对话的背景下由当代具有神学和宗教背景的西方学者提出来的。① 对于西方的宗教传统尤其亚伯拉罕信仰来说,如果说多元宗教参与是近乎不可能的话,多元宗教认同就更是难以想象的了。然而,全球化所导致的宗教对话,尤其是实际生活中发生的宗教对话,却使得这一问题不得不构成西方宗教人士的焦点意识之一。有趣的是,如果说多元宗教参与和多元宗教认同是一个令西方人士倍感困惑的难题,中国甚至整个东亚却早就具有多元宗教参与和多元宗教认同的漫长历史了。无论在理论上还是在实践上,正如前文提到,在儒学发展的对话性历史中,已经为多元宗教参与和多元宗教认同的问题积累了丰富的经验。换言之,多元宗教参与和多元宗教认同对于儒家传统来说已经不是一个问题,而足以构成进一步思考的前提了。譬如,晚明时期出现了一大批往来于儒释道三教之间的儒家学者,如王畿(1498—1583)、周汝登(1547—1629)、管志道(1536—1608)、焦竑(1541—1620)、陶望龄(1562—1609)等人,他们一方面与佛道人物密切交往,注解、刊刻佛道两家的经典,修炼道教的内丹功法,深入佛道两家的精神世界,甚至直接就以居士、道人自居,另一方面又并未放弃自己的儒家认同。② 而当时林兆恩(1517—1598)创立并在南方民间盛行的三一教,就是将儒释道三教熔为一炉,同时尊奉三教的圣人。③ 并且,这种三教融合并不只是南方的一种地方

---

① 多元宗教参与是白诗朗(John Berthrong)提出的一个观念,参见 John Berthrong, "Syncretism Revisited: Multiple Religious Participation," *Pacific Theological Review*, Vols. 25-26 (1992-1993), pp.57-59。多元宗教认同也是 John Berthrong 提出的一个观念,参见其 *All Under Heaven: Transforming Paradigms in Confucian-Christian Dialogue*. Albany: SUNY Press, 1994, chapter 6。南乐山(Robert Neville)则对其问题性(problematic)和意义(significance)进行了进一步的发挥,参见其 *Boston Confucianism*, Albany, New York: State University of New York Press, 2000, pp.206-209。

② 参见彭国翔:《良知学的展开》,第五章"王龙溪与佛道二教",第七章"中晚明的阳明学与三教融合"第一节"三教融合"。

③ 参见 Judith Berling, *The Syncretic Religion of Lin Chao-en*, New York: Columbia University Press, 1980。郑志明:《明代三一教主研究》(台北:学生书局,1988);林国平:《林兆恩与三一教》(福州:福建人民出版社,1992)。

现象,北方同样如此。直至今日,山西高平县的万寿宫(元代)、山西大同的悬空寺(北魏)、河北张家口鸡鸣山的永宁寺(辽代)等许多地方都有同时供奉着孔子、老子和释迦牟尼的"三教殿"。悬空寺的三教殿甚至在其最高处。这些都是多元宗教参与和多元宗教认同在理论与实践上的充分体现。西方学者同样看到了这一点,柏林(Judith Berling)在研究林兆恩的三一教时便意识到了多元宗教参与的问题。① 马丁森(Paul Martinson)更是明确指出,贯穿其历史经验的各个主要时代,中国人的生活一直伴随着宗教差异性,并且在某些情况下,甚至发展出了诠释这种精神性差异的积极态度。② 华裔学者何炳棣也曾经有力地指出,正是民族的多样性和文化的多重性构成了"汉化"和中华文明的精髓。③ 我们完全可以说,由于儒家传统中很早就发展出了那种"理一分殊"的多元主义宗教观,具有极强的兼容性,现代由于宗教对话问题而在神学界、宗教学界提出和讨论的多元宗教参与和多元宗教认同的问题,其实在相当程度上已经在儒家传统中获得了理论和实践上的双重回答。因此,我们能够而且应当从儒家传统中发掘出丰富的资源,在当今走向世界的第三期开展中为文明对话中核心的宗教对话做出贡献。而波士顿儒学(Boston Confucianism)的出现,无疑是多元宗教参与和多元宗教认同扩展到儒家和基督教之间的一个最新的当代范例。这个例子本身也说明,儒学的走向世界首先是一个宗教之间对话与融合的问题。④

---

① 参见上引 Judith Berling 书。
② 参见 Paul Martinson, *A Theology of World Religions: Interpreting God, Self, and World in Semitic, Indian, and Chinese Thought*, Minneapolis, Minn: Augsburg Publishing House, 1987。
③ 参见何炳棣:"In Defense of Sinicization: A Rebuttal of Evelyn Rawski's 'Reenvisioning the Qing'", *Journal of Asian Studies* 57, 1: 123-155, 1998。
④ 关于波士顿儒学的有关情况参见彭国翔:《全球视野中当代儒学的建构》,北京大学和哈佛大学哈佛—燕京学社联合主办的"全球化进程中的东方文明"国际学术研讨会论文,刊于《中国哲学史》2006 年第 2 期,第 35—44 页。

第十五章

化解全球化过程中宗教冲突的儒学资源

问题:全球化与宗教冲突
理解:儒家传统的宗教性
资源:儒家多元主义的宗教观与实践

全球化似乎已是世人公认的一个潮流,但所谓"全球化"这一观念究竟包含怎样的具体内容,具有怎样的现实所指,恐怕是我们在使用这一用语来描述当今世界范围内所发生的巨大变化时需要有所自觉的。本章无法也不打算对"全球化"的具体内涵进行全面与细致的分析,而是要指出全球范围内的"西方化"趋势与不同文化传统自我认同的强化以及彼此之间的冲突构成"全球化"过程的一体两面,而宗教传统之间的冲突更是文化差异与文明冲突的核心所在。在此基础上,本章着重以阳明学者三教关系的思想和多元宗教参与的实践为据,并结合当今宗教学领域的相关论说,说明儒学对于化解当今世界宗教冲突所可能提供的有益资源。

一　问题：全球化与宗教冲突

全球化可以从不同学科的角度加以定义①，可以不局限于全球化的现代理解，而上溯其历史，甚至将古罗马帝国的军事扩张、中世纪的十字军东征以及成吉思汗拓展疆域的征服都算作全球化的不同形式；还可以侧重从人类文明活动的某一个方面，如经济、政治、文化等来界定全球化。② 但无论如何，有一点必须明确，即目前我们所谓的"全球化"，主要指的是二战以后随着科技、经济的发展所带来的全球性的一体化的趋势。这种全球化所涉及的范围之广，对全世界人类生活方方面面的影响之深，都是史无前例的。进一步来说，当我们使用全球化这一概念时，我们主要是想指出当今世界不同国家、地区、民族和各类共同体之间交往互动的日益密切以及不断趋同的现象。无论对全球化的具体理解可以怎样的"见仁见智"，但这一点恐怕是大多数人的一个基本共识，也是全球化这一用语所指的核心内容所在。事实上，如果从语言分析的角度来考察当今东西方各种媒体对于"全球化"这一概念的使用，我们看到的几乎都是对这种趋同现象的描述。

就全球化所导致的"趋同"而言，我们要进一步深入反省的是这种趋同是趋向怎样一种"同"。事实上，全球化带来的趋同并非世界不同文化互动的"合力"现象，所趋向的"同一性"并非包含世界不同文化传统的要素而又根本不同于某一种文化形态的综合性的新生事物和新文化。而毋宁更多的是全世界范围内非西方的各种文化形态

---

① 社会学从人类互动意义增强的角度来定义全球化，即人类集团之间的联系，随着社会发展而逐渐加强，最后形成全球性的联系，这个过程叫全球化。政治经济学将全球化定义为英国资本中心出现之后，资本中心和资本外围的关系，这个过程不仅是经济过程，也是政治过程。

② 如曾获美国经济学杰出著作奖的威廉姆森和欧饶克的《全球化与历史》一书，就主要是从经济的角度来谈全球化。

逐渐趋同于以美国为代表的西方文化。尽管西方文化内部也并非铁板一块,但相对于全球范围内非西方的各种文化传统来说,我们确实可以以美国为例总结出一些西方世界共同分享的东西,譬如市场经济、民主政治和个人主义等等,正是这些东西构成了我们所谓的西方文化。而如今的全球化也正是在向着这个方向趋同。此外,尽管如今非西方的各个国家、社会、民族也在力求发展出不同于西方文化的文明模式,但我们必须看到,这种"求异"恰恰是在"趋同"于西方文化的过程中产生的,并且,只有自身在相当程度上已经变得非常西方化了之后才会产生。譬如,中国、日本、韩国、印度等国家晚近对于民族文化传统认同的强调,都是在这种情况下发生的。因此,认为全球化不过是西方价值的延伸和对非西方社会的侵略,虽然不无偏颇,却也委实抓住了问题的要害。正是在这个意义上,以至于有学者认为全球化其实是西方文化在"化全球"。①

指出当今世界范围内各个文化形态正在或多或少、或快或慢地趋同于西方文化,确实揭示了全球化的主要特征和基调。但是,正如早有学者观察美国社会时敏锐指出的,与融合、趋同相伴而生、互为表里的,是族群意识、寻根意识的抬头和强化。进一步而言,在全世界的范围内,我们可以说全球化和本土化其实是彼此相伴的同一过程的两个方面。英文中全球化是 globalization,本土化是 localization,而晚近英语世界中出现的 glocal 这一新词(neologism),则正是全球化与本土化如影随形、水乳交融现象的反映。因此,当我们过于关注全球化所带来的"趋同""一体"的同时,也不应当忽视这种以"同一化"为原则的全球化所导致的不同国家、地区、民族和各类共同体之间差异的日渐强化与冲突的与日俱增。如果说当前"亚洲化""印度化""斯拉夫化""伊斯兰化"反映了非西方社会对于西方文化"同化作用"的抵制与反激,诸如加拿大和法国对本国电影业所采取的保

---

① 参见庞朴:《全球化与化全球》,《二十一世纪》双月刊,2000年10月号(香港:中文大学中国文化研究所),第76—77页。

护政策(限制美国影片的输入)这类情况,则反映了西方世界内部其他国家对于美国价值的抵制。如今,反全球化的示威活动几乎成为每一场重大国际会议的必备场景,而这更是全球化过程中差异与冲突日益增强的一个表现。恰恰是由于非西方社会的许多人已经感到全球化并不是在将他们引向一个全球一家、天下一体的"大同"世界,而是在将他们纳入到西方的运行机制当中,使他们为西方文化所"化";甚至美国等主要西方国家以外的其他西方国家也感到全球化正在迫使他们接受不同于他们自身传统的一套东西,因而,不同程度和形式的反全球化才越来越似乎已经成为当前全球化过程本身的一项重要内容。

正如不同族群和社会的人们都可以穿西装,使用美国的微软电脑系统和日本的小汽车,享受市场经济的实惠那样,如果说全球化可以仅仅局限于经济领域和物质层面,大概在不同的族群和社会之间不太容易出现差异和冲突的问题。正因为全球化是文化意义上的全球化,涉及生活世界的方方面面、里里外外,问题才不那么简单。在全球化的过程中,愈是触及不同文化形态的深层结构,愈容易形成差异的对照从而引发冲突。对于文化的定义,至今已不下百余种,但认为文化包括从器物到制度再到观念这由表及里的三个层面,则基本上是中外学者们的共识。而差异与冲突的表现和发生,往往集中在观念的层面。如果说价值系统和宗教信仰是文化最为核心和底里的东西,那么,我们如今历历在目的世界上的主要冲突,几乎无一例外地具有宗教信仰差异的根源。世界上各大宗教传统无不以惩恶扬善、净化人性为基本宗旨,但宗教在古今中外人类的历史上又常常是规模巨大、难以消解的族群冲突的渊薮。恰如卡西尔(Ernst Cassirer)所说:"它(宗教)鼓励我们与自然交往,与人交往,与超自然的力量和诸神本身交往,然而它的结果却恰恰相反:在它的具体表现中,它成了人们之间最深的纠纷和激烈斗争之源泉。"①从中东地区的连

---

① 卡西尔著,甘阳译:《人论》(上海:上海译文出版社,1985),第92—93页。

绵战火到"9·11"的极端恐怖,都可以说是宗教冲突的表现形式。亨廷顿所谓"文明的冲突"(the clash of civilization),固然包括政治与经济利益的内容,但本质上可以归结为不同宗教信仰的冲突。事实上,亨廷顿本人也正是将宗教视为文化的最主要因素之一。① 因此,假如我们要关注全球化过程中差异与冲突的一面,那么,如何化解宗教冲突,谋求不同宗教传统之间的和谐相处、共同繁荣,恐怕就不能不是一个首先需要考虑的问题。著名天主教神学家、《世界伦理宣言》的起草人孔汉思所谓"没有宗教之间的和平就没有世界的和平"②,如今在世界范围内已经越来越不断得到了现实层面的论证,也成为全球众多有识之士的基本共识。

二 理解:儒家传统的宗教性

不论以全球化为人类的福音,还是视全球化为人类的陷阱,反映的都还只是我们对全球化侧重不同的理解以及在此基础上的情感态度③,而在全球化这一难以逆转的潮流之下,如何解决其中的问题,使之发展朝向一个繁荣昌盛的人类社群,而不致因为冲突的激化导

---

① 塞缪尔·亨廷顿:《文明的冲突与世界秩序的重建》(北京:新华出版社,1999),第47页。

② 这句话是孔汉思1989年2月巴黎"世界宗教与人权"会议上宣读论文的题目,代表了孔汉思的一个基本观点,如今得到了全球伦理与宗教对话参与者们的普遍认同。

③ 戴维·赫尔德(David Herd)等人曾经以对全球化的存在和前途的态度为标准,将目前西方全球化的理论划分为三大类:极端全球主义者(hyperglobalizers)、怀疑论者和变革论者(transformationalists)。极端全球主义者的代表如《历史的终结与最后的人》的作者福山,他们认为全球化已经带来了新的历史时期,各种传统的制度和体制在经济全球化面前或者已经过时,或者正在失去其存在的基础,而市场则成为决定和解决一切问题的力量。变革论者如吉登斯、贝克等人,多来自社会学领域,他们把全球化作为一个源于西方的社会变革过程,该过程同时是一个不可抗拒的自然过程。怀疑论者的代表有汤普森、赫斯特、韦斯等人,他们力图通过历史比较的方法来证明全球主义对全球化的判断犯了夸大事实和有意误导公众的错误。具体说明参见戴维·赫尔德等著:《全球大变革:全球化时代的政治、经济与文化》(Global Transformations: Politics, Economics and Culture, London: Polity Press, 1999),中译本有社会科学文献出版社2001年版。

致人类的悲剧和文明的毁灭,则是我们首先需要深思熟虑和赋予更多关注的。正因为宗教的因素构成全球范围内文化冲突的根源之一,如何通过对话而不是对抗来寻求宗教冲突的化解之道,业已成为宗教界人士和广大知识分子共同参与进行的一项事业。① 世界各个宗教传统的信奉者以及认同或至少对这些宗教传统有同情了解的研究者们,如今更是正在分别从不同的宗教传统中发掘各种相关的资源,以求能对宗教冲突的化解有所贡献。例如,在 2002 年美国纽约举办的第 32 届世界经济论坛年会(WEF)上,宗教冲突的问题就纳入了会议的议程,显示出经济与宗教两个似乎不相干的领域其实具有紧密的内在关联,而受邀参加论坛年会的台湾法鼓山圣严法师一方面建议论坛成立宗教委员会,一方面也呼吁信奉或认同佛教传统的人士开发佛教传统的智慧,谋求化解宗教冲突的良策,表示了佛教方面对于全球宗教冲突的回应。

儒家传统当然并非西方意义上的建制化宗教(institutional religion),但是,如果我们认识到宗教的本质在于"变化气质",使人的现实存在获得一种终极性、创造性的自我转化,而不在于组织化的教会、超越外在的一神信仰等仅仅属于亚伯拉罕信仰传统的那些特征②,并且充分顾及非西方的宗教传统,我们就不应该将"宗教"这一概念的专属权自觉不自觉地拱手让给"religion"。如果我们对于佛教传统有基本的了解,知道释迦牟尼开创的佛教就其本源而

---

① 譬如,1970 年,在日本京都召开过"宗教与和平的世界"会议;1989 年,在巴黎举办了联合国支持召开的"世界宗教与人权"会议;1993 年,在芝加哥召开了纪念 1893 年"世界宗教会议"的纪念大会;1997 年 3 月和 12 月,分别在巴黎和意大利的拿波里举办过联合国教科文组织主办的两次"世界伦理会议"。1997 年欧洲出现了一份以对话为目标的新学报,名字就叫《全球对话》(Global Dialogue),而该学报第 3 期(2000)以"信仰的新宇宙"(the new universe of faiths)为题,就是一个宗教比较与对话的专辑。如今,世界范围内大大小小各种形式的宗教对话活动已是不胜枚举。

② 需要指出的是,基督教、犹太教、伊斯兰教其实都属于亚伯拉罕信仰传统,属于同一根源的启示宗教。公元 622 年伊斯兰教将圣地由耶路撒冷迁往麦加并改向供奉黑石的神庙卡巴(Ka'ba)祈祷,其实并不意味放弃亚伯拉罕信仰传统。自始至终,《古兰经》都是真主的启示而绝非穆罕默德的意旨。

言根本是一种无神论的主张,如果我们知道道教根本否认凡人世界与神仙世界之间存在着异质性(heterogeneity)亦即本质的差别与鸿沟,而同时又承认不论佛教还是道教都可以为人们提供一种终极性的转化之道,都是一种宗教,那么,以"修身"为根本内容,为追求"变化气质"并最终成为"大人""君子""圣贤"提供一整套思想学说和实践方式的儒家传统,显然具有极强的宗教性而完全具有宗教的功能。只不过"大人""君子"以及"圣贤"境界的达成不是从人性到神性的异质跳跃,而是人性本身充分与完美的实现。事实上,作为宗教的佛教和道教只是两个起源于东方的例子,而世界上也还存在着大大小小、许许多多不同于西方宗教形态而同样被视为宗教的精神传统。儒学作为一种宗教性的精神传统,至少在国际学术界也早已不再是一个值得争议的问题,而成为讨论许多相关问题的前提和出发点了。并且,在当今全球性的宗教对话中,儒家也早已被其他的宗教传统主动接纳为一个不可或缺的对话伙伴。① 这绝非偶然,而是由于在许多其他宗教传统的代表人物的眼中,在一个相当突出的层面上,儒学在中国以及东亚地区历史上发挥的作用,恰恰相当于他们的宗教传统在他们所在地区所发挥的作用。

有一点顺带指出,在西方近代尤其启蒙运动以来的话语脉络中,如果说宗教与人文主义是一对彼此对立的概念的话,那么,当我们用人文主义的概念来形容儒家传统时,就切不可不自觉地承袭了这种两分的思考方式和言说脉络,将儒学仅仅作为一种拒斥超越与神圣的世俗的人文主义(secular humanism)。就整体而言,儒学的一个基本特征的确是将关注的焦点放在世俗世界的人伦日用,但其实却并非缺乏超越的向度,而是认为超越性、神圣性以及无限的意义就寓于世俗世界之中,王阳明《别诸生》诗中所谓"不

---

① 迄今为止,在香港、伯克利和波士顿已经分别召开过多次儒学和基督教对话的国际学术会议,可证明这一点。

离日用常行内,直造先天未画前"一句,正体现了儒学传统"即凡俗而神圣"这种独特的精神与价值取向。因此,鉴于当今知识话语中难以完全摆脱的现代西方背景,以及用"人文主义""人文精神"来指称儒学已经到了近乎泛滥的地步,我们不妨将儒学称为一种宗教性的人文主义(religious humanism),这样或许可以避免在人文主义这一名词未经检讨的使用中忽视了儒家传统本来所有的极其丰富的宗教属性和向度。

由于儒家传统本身具有极强的宗教性,对于人类如何使有限的自我连同其所存在的整体脉络(包括家、国、天下以及整个宇宙)一道最终实现创造性的转化,其"修身""成人"之学有着丰富的理论和实践可资参照,在全球的视域中也已经被广泛地认为是一种宗教传统,在当前全球的宗教对话中正在逐渐发挥其作用①,因此,我们不仅要充分重视儒家传统中宗教性的资源,以求为推动并深化全球范围的宗教对话做出贡献,还应当在此基础上针对当今全球范围的宗教冲突问题,为谋求"化干戈为玉帛"的因应之道尽可能提供儒家方面的资源。事实上,这还并非只是因为作为一种精神性、宗教性的传统,儒家和世界上其他精神性、宗教性的传统一样需要承担这样的义务,更是因为对于化解宗教冲突来说,无论在观念还是实践的层面,儒家传统都的确具有格外宝贵的历史资源,值得我们发掘探讨,以利世人。

三 资源:儒家多元主义的宗教观与实践

在冲突日增的时代,儒家对和谐的特别重视尤其受到了其他文化传统的欣赏。儒家"和而不同"的主张更是被屡屡言及,成为在保持不同文化传统各自独立性前提下化解冲突、和平共处的指导原则。不过,对于化解宗教冲突而言,除了"和而不同"的一般原则之外,儒

---

① 参见本书第十六章。

家关于不同宗教传统之间关系的理论以及儒者参与不同宗教传统的实践,尤其可以提供更为具体的智慧借鉴。

由于佛教汉代传入,道教后起,基督教的大规模传入更在明代后期①,因此,儒家传统对于其他宗教传统的态度以及关于宗教之间关系的看法主要表现在宋明儒学之中。在宋明儒学的两大典范中,朱子学虽然对佛道二教批评较多,但也非全然排斥②,阳明学则更是持开放的态度。而阳明学者有关儒释道三教关系的论说,正是我们如今从儒学传统中寻求宗教冲突化解之道具体的一个理论资源所在。对于阳明学者有关三教关系的主张,我们不妨以王阳明、王龙溪(名畿,字汝中,号龙溪,1498—1583)和焦弱侯(名竑,字弱侯,号澹园,又号漪园,1541—1620)为代表来加以说明。③

王阳明对于儒释道三教的关系曾有"三间屋舍"的比喻,认为佛道两家修养身心、不染世累的精神境界本来为儒学所具备,后儒将那种超越的精神境界失落,视之为佛道两家的专属,恰如原本有厅堂三间共为一厅,却将左右两间割舍,其实是自小门户。所谓"二氏之用,皆我之用。即吾尽性至命中完养此身谓之仙;即吾尽性至命中不染世累谓之佛。但后世儒者不见圣学之全,故与二氏成二见耳。譬之厅堂三间共为一厅,儒者不知皆吾所用,见佛氏,则割左边一间与之;见老氏,则割右边一间与之;而己则自处中间,皆举一而废百也。

---

① 本章所言的基督教取其广义,包括天主教和新教(狭义的基督教)。基督教在唐代已传入中国,称为景教,但未成气候。有关景教的情况,参见朱谦之:《中国景教》(北京:东方出版社,1993)。

② 朱子本人对佛道二教超越世俗的精神境界也表示欣赏。甚至连被作为宋明儒学先声、排佛甚严的韩愈,也为佛教人士不染世累的精神气象所折服。

③ 这样的选择并不是任意的。王阳明的活动主要在正德年间与嘉靖初年,王龙溪的活动主要在嘉靖、隆庆年间以及万历初年,焦弱侯的活动则主要在万历中后期。如果说从正德年间到嘉靖初年是阳明学的兴起时期,从嘉靖经隆庆到万历初年是阳明学的全盛期,万历中后期至明末是阳明学衰落期的话,那么,这三人的活动时间恰好覆盖了阳明学从兴起到全盛再到衰落的整个时段。另外,作为阳明学的创始人,王阳明对于阳明学兴起的重要性自不必言,而对于阳明学的全盛期和衰落期来说,王龙溪与焦弱侯又分别可以作为这两个阶段的代表人物。

圣人与天地民物同体,儒、佛、老、庄皆吾之用,是之谓大道"(《王阳明年谱》"嘉靖二年十一月"条下),阳明的这种立场在佛道两家的人士看来虽然仍不免居高临下,但却显然以对佛道两家超越精神境界的肯定为前提,显示了对于其他宗教传统的包容。

王龙溪是阳明高弟,与佛道二教的关系更为密切,在当时甚至被称为"三教宗盟"。他虽然并没有丧失儒者的身份和自我认同,而是试图站在儒家的基本立场上将佛道两家的思想观念融摄到儒学内部①,但他有关三教起源的观点已经开启了超越儒家本位的契机。在他看来,儒释道三教之名均属后起,而人所具有的"恒性"则是儒释道三教共同的基础和根源。所谓"人受天地之中以生,均有恒性,初未尝以某为儒、某为老、某为佛而分授也。良知者,性之灵,以天地万物为一体,范围三教之枢。不徇典要,不涉思为。虚实相生而非无也;寂感相乘而非灭也。与百姓同其好恶,不离伦物感应,而圣功征焉。学佛老者,苟能以复性为宗,不沦于幻妄,是即道释之儒也;为吾儒者,自私用智,不能普物而明宗,则亦儒之异端而已"(《王龙溪先生全集》卷十七《三教堂记》),这句话的后半段表明王龙溪没有完全放弃儒家的本位,因为他认为儒家能够完整体现人的"恒性",佛道两家不免仍有所偏,但前半段话则显然包含了超越儒家本位的因子。事实上,王龙溪之后,晚明阳明学者在三教关系问题上的一个重要发展方向,就是表现为进一步淡化并超越儒家的本位,将儒释道三教平等地视为宇宙间一个更为根本的本源的不同体现。这在焦竑处有明

---

① 有关王龙溪与佛道二教关系的专题研究,参见彭国翔:1.《王畿与佛教》,《台大历史学报》(台北)第二十九期,2002 年 6 月,第 29—61 页;2.《王畿与道教——阳明学者对道教内丹学的融摄》,《中国文哲研究集刊》(台北),第 21 期,2002 年 9 月,第 255—292 页。亦可参见笔者《良知学的展开——王龙溪与中晚明阳明学的展开》第五章"王龙溪与佛道二教"。

确的表现。①

如果说王龙溪有关不同宗教都是"恒性"不同表现的看法还只限于儒释道三教的话,焦竑则将视野放得更宽。在焦竑看来,古今中外不同的人物及其思想都可以成为一个"道"的表现形式,不能明了于此,难免破裂大道,株守一隅。所谓"道一也,达者契之,众人宗之。在中国曰孔、孟、老、庄,其至自西域者为释氏。由此推之,八荒之表,万古之上,莫不有先达者为师,非止此数人而已。昧者见迹而不见道,往往瓜分之,而又株守之。"(《澹园集》卷十七《赠吴礼部序》)对于这种看法,焦竑曾有"天无二月"的形象比喻来加以说明,所谓"道是吾自有之物,只烦宣尼与瞿昙道破耳。非圣人一道、佛又一道也。大抵为儒佛辨者,如童子与邻人之子,各诧其家之月曰:'尔之月不如我之月也。'不知家有尔我,天无二月"(《澹园集》卷四十九《明德堂答问》)。由于将儒释道三家平等地视为"一道"的表现,焦竑甚至反对"三教合一"的说法。对焦竑而言,许多三教合一的持论者们之所以主张三教合一,其背后的预设并非三教本于一道,而是将三教视为三种各自独立的思想系统或者说三种各自不同的"道"。但既然"道"本来是一非三,也就无所谓合一。焦竑站在"道无三"的立场上不接受三教合一说,无疑表明焦竑认为最后的道是

---

① 焦竑师从耿定向(字在伦,号楚侗,称天台先生,1524—1596),并曾在南京亲聆过王龙溪、罗汝芳(字惟德,号近溪,1515—1588)的讲席,在晚明不仅是一位阳明学的中坚,还是一位学识渊博的鸿儒,所谓"博极群书,自经史至稗官、杂说,无不淹贯"(《明史》卷二八八)。作为一位百科全书式的人物,在当时享有崇高的学术地位与社会声望,被誉为"钜儒宿学,北面人宗"(徐光启:《尊师澹园焦先生续集序》)。四方学者,士人无不以得见焦竑为荣,所谓"天下人无问识不识,被先生容接,如登龙门。而官留都者自六官以下,有大议大疑,无不俯躬而奉教焉"(黄汝亨:《祭焦弱侯先生文》)。并且,焦竑曾著《老子翼》《庄子翼》《楞严经精解评林》《楞伽经精解评林》《圆觉经精解评林》以及《法华经精解评林》等,更是当时会通三教的思想领袖。焦竑当时三教领袖的地位,甚至利玛窦在其回忆录中也曾提到。利氏这样写道:"当时,在南京城里住着一位显贵的公民,他原来得过学位中的最高级别(按:焦竑曾中状元),中国人认为这本身就是很高的荣誉。后来,他被罢官免职,闲居在家,养尊处优,但人们还是非常尊敬他。这个人素有我们已经提到过的中国三教领袖的声誉。他在教中威信很高。"参见利玛窦、金尼阁著,何高济等译:《利玛窦中国札记》(北京:中华书局,1983),第358—359页。

超越于儒释道之上的更为源初的东西。而就焦竑不限于三教的宽阔视野而言,我们可以说,在焦竑的眼中,经过人类经验和理性检验的各种宗教传统,都可以视为宇宙间根源性的"道"的表现。

在当今的宗教学研究中,一种宗教传统对于其他宗教传统的态度,可以划分为三种类型,即排他主义(exclusivism)、包容主义(inclusivism)和多元主义(pluralism)。① 排他主义是指自认为独占绝对宗教真理的专属权,否认其他的宗教传统可以为人的存在的终极转化提供真正可行的道路。包容主义是指虽然在一定程度上承认其他宗教传统拥有部分的真理性,但同时认为其他的宗教传统所拥有的真理已经包含在自己的宗教传统之中,其他宗教只是真理的初级阶段,而真理的最后与最高阶段仍然不为其他宗教传统所有,只能通过自己的宗教传统得到揭示和指明。这颇类似于佛教的所谓"判教"。多元主义则能够正视包括自身在内的各个宗教传统的特殊性,认为不同的宗教传统都可以为人类存在的终极性转化提供一条道路,尽管超越的方式不同,但都是对于超越者的一种回应。② 用约翰·希克著名的比喻来说,不同的宗教传统恰如信仰的彩虹,是对同一种神性之光的不同折射。③

当然,排他主义、包容主义和多元主义只是一种类型学(typology)的划分,每一种宗教传统都未必可以简单、绝对地归于三种中的某一种,每一种宗教传统内部也可能或多或少地同时包含这三种成分,并且,在全球众多的宗教传统中也可能存在着这三种类型的某种变种。但是,从提示一个宗教传统对其他宗教传统基本与总体的态

---

① 这三种类型的区分最早见于 Alan Race 的 *Christians and Religious Pluralism*(London: SCM Press and Maryknoll, New York, 1994, second edition),而为约翰·希克所大力发挥,如今在宗教研究和对话领域已经受到广泛的接受和使用。

② 在不同的宗教传统中,超越者可以有不同的名称,如在基督教中为上帝,在伊斯兰教中为安拉,在印度教中为梵,在佛教中为法身,在道教中为道,在儒学中为天理、良知等等。

③ 参见约翰·希克著,王志成译:《信仰的彩虹:与宗教多元主义批评者的对话》(南京:江苏人民出版社,1999)。

度倾向来看,这三种类型显然具有较强的涵盖性,能够作为理论分析的有效架构。正是由于这一点,这三种区分目前在国际上的宗教研究和对话领域被广泛采纳和运用。

如果借用这种三分法作为一种分析的方便,根据以上对阳明学者有关三教关系思想的考察,我们可以看到,从王阳明到王龙溪再到焦竑,阳明学者对于宗教关系的看法日益开放,不仅业已从排他主义的立场转化,并且恰恰表现出从包容主义到多元主义的演变。不过,我们需要指出的是,阳明学发展到焦竑所体现的多元宗教观,并非一般意义上的多元主义,而有其特殊的涵义和价值。

一般意义上的宗教多元主义,虽然能够正视并肯定其他宗教传统的意义,但有时不免会流于相对主义。而流于相对主义的多元主义表面对各种宗教传统都能肯定,其实否认宇宙间存在统一性的终极真理,不愿且无法正视各个不同的宗教传统在对终极真理的反映上可以存在侧面的不同、侧重的差异以及程度的深浅,无形中消解了不同宗教之间比较与对话的必要性,反而不利于宗教之间的彼此沟通与相互取益,不利于宗教冲突的化解。而阳明学所代表的儒家多元主义,在平等对待不同宗教传统的同时,又是以充分肯定宇宙间存在着一个根源性的"道"为前提的,这就为肯定宇宙间终极真理的统一性提供了保证,不致流于相对主义的随波逐流。借用宋明儒学中"理一分殊"的概念来说,以阳明学为代表的儒学对不同宗教传统关系的看法,最后可以发展出来的可以说是一种"理一分殊"的多元主义。它既肯定"百虑",又信守"一致";既肯定"殊途",又信守"同归"。就像焦竑那样,肯定儒释道等宗教传统都是"道"的体现,但同时指出各家所宣称的绝对真理都不过是"相对的绝对",根源性的统一的"道"才是"绝对的绝对"。由于本书第七章已经以阳明学为中心对于这种"理一分殊"的宗教多元主义进行了较为详细的讨论,此处不赘。这里需要指出的是,对于正确对待全球不同的宗教传统,化解彼此之间的冲突,这种"理一分殊"的多元主义显然是一个值得汲取的宝贵资源。而当代新儒家学者刘述先、杜维明、蔡仁厚等人在如今直接参与不同宗教传统的对话活动时,所发挥与诠释的也可以说正是儒家这种"理一分殊"的多元主义宗教观。①

事实上,就整体而言,较之世界上其他的宗教传统,儒学的一个最大的特征就是其兼容性。尽管中国历史上不无诸如"灭佛""法难""教案"等排斥其他宗教传统的事件,但且不论这些事件远不能和宗教裁判所、十字军东征以及伊斯兰教的圣战相提并论,关键更在于这些事件的发生主要是出于政治、经济和社会的原因,而并非出自儒家思想的内在要求②,如"三武一宗"的灭佛事件主要是由于寺院经济对整个国家经济的损害以及僧侣阶层生活腐化所造成的不良社会影响。因此,我们不应当以这样的个别事件为据而否认儒家对待其他宗教传统的兼容特征。并且,这绝非认同儒家传统人士的私见,而是世界范围内比较宗教学研究领域一个较大的共识。许多具有其他宗教身份的学者都承认儒学相对于世界上其他的宗教传统具有较强的兼容性。

此外,正是由于儒学具有"理一分殊"的多元主义的内在资源,具有兼容性的特征,在这种思想基础上,儒者往往能够在不丧失儒家身份的情况下充分参与到其他的宗教传统之中。这一点,同样在明代的阳明学者那里有充分的体现。如周汝登(字继元,号海门,1547—1629)、杨起元(字贞复,号复所,1547—1599)、管志道(字登之,号东溟,1536—1608)、李贽等人,都是往来于儒释道三教之中的佼佼者。而当时居士佛教的盛行,道教养生术的广泛流传,在相当程

---

① 刘述先、杜维明是如今全球宗教对话中儒家方面的代表人物。在文明对话、全球伦理以及宗教对话三个相互交涉的领域,两位先生都代表儒家传统做出了极大的贡献。蔡仁厚先生早年亦曾与台湾著名的基督教学者周联华有过屡次的对话,一度成为当时学界的焦点。而在当代新儒家人物之中,刘述先先生更是直接对"理一分殊"所蕴涵的睿识卓见进行了现代的阐释,并将其作为原则运用到了当今的全球伦理与宗教对话之中。参见刘述先:《全球伦理与宗教对话》(台北:立绪文化出版社,2001;石家庄:河北人民出版社,2006)。

② 圣严法师自己就曾指出:"中国历史上虽曾有过禁止佛教与摧毁佛教的政治行为,但在漫长的历史过程中,那是几次极其短暂的事件而已,儒家虽站在反对佛教的一边,却未以政治手段压制佛教。"见释圣严:《明末的居士佛教》,《华冈佛学学报》第五期,第9页。

度上都包含着许多儒者多元宗教参与的成分。在如今全球化的过程中,由于不同宗教传统之间交往互动的日益密切,多元宗教参与(multiple religions participation)的问题也越来越突出,如何看待多元宗教参与的现象,探讨其中所关涉的理论课题,成为当今宗教学界关注的焦点之一。而阳明学者参与不同宗教传统的丰富经验,既然早已使多元宗教参与成为历史的现实,自然可以为当今全球范围内多元宗教参与的问题提供实践上的借鉴。杜维明先生晚近在代表儒家传统与基督教传统对话时提出的"儒家式的基督徒"如何可能的问题,其实不妨可以视为阳明学者多元宗教观与多元宗教参与经验在当代的进一步扩展。而随着全球各种宗教交往互动的日益紧密,现代儒者的多元宗教参与也将会更加丰富多彩。

最后需要指出的是,面对全球化过程中的宗教冲突,我们从儒家传统中发掘出"理一分殊"的多元宗教观和多元宗教参与的实践经验做出回应,并不意味着世界上其他的宗教传统缺乏相应的资源。在一定意义上,其他宗教传统中都多少可以发现"差异中的统一"(unity in diversity)这种观念。① 但是,对于化解当今全球范围的宗教冲突而言,如果说需要以既肯定差异又肯定统一并且鼓励不同宗教间的交往互动方不失为上策的话,那么,我们可以说,儒家"理一分殊"的多元宗教观和多元宗教参与的实践的确对此有较为深入与广泛的探讨,有较为丰厚的历史经验可资借鉴。这种资源值得我们重视,而经过进一步创造性的阐发,相信可以为全球宗教冲突的化解做出应有的贡献。

---

① 在2000年初出版的《全球对话》第3期"信仰的新宇宙"专辑中,代表世界各个宗教传统的专家学者分别探讨了自己宗教传统的基本意旨以及对于全球宗教对话的回应。从中可以看到,当今中西方代表不同宗教传统的学者都在极力发掘自身传统中"差异中的统一"这种观念。对此,刘述先先生曾经作过精要的评介,参见刘述先:1.《从比较的视域看世界伦理与宗教对话——以亚伯拉罕信仰为重点》;2.《从比较的视域看世界伦理与宗教对话——以东方传统智慧为重点》,二文俱收于《全球伦理与宗教对话》(台北:立绪文化出版社,2001;石家庄:河北人民出版社,2006)。

第十六章

儒学宗教性的世界意义

——从西方儒学研究的新趋向前瞻21世纪的儒学

> 北美儒学宗教性研究的趋向
> 现当代新儒学的影响和意义
> 宗教性儒学全球发展的前景

中国学者在讨论儒学时,有时难免不自觉地仅以之为一种中国的本土文化。但事实上,至少自宋明以来,儒学便已扩展成为东亚经验的一种了。在韩国、日本、越南等东亚地区,儒学早已与当地原本的文化传统相结合,形成了具有该地区民族特色的儒学传统。如今,随着科技发展所带来的全球一体化,儒学更是开始进入西方的直接经验领域。① 因此,在了解西方儒学研究的基础上前瞻21世纪的儒学,是一个很有意义的问题。

---

① 全球化固然以西方化为主要内容,但毕竟不等同于西方化。在西方文化广泛深入地影响非西方地区文化的同时,非西方的文化其实也绝不是只有被动地受影响,而是也进入了西方社会,在西方社会的多元文化发展中扮演了积极的角色。如今,我们在北美一些大城市处处可见非西方文化的影响。就此而言,相对于以往那种"west and the rest"(西方及非西方)的两分思维模式,我们可以说"the rest is just in the west"(非西方即在西方之中)了。

一 北美儒学宗教性研究的趋向

西方对儒学的正式研究,最早属于汉学(Sinology)的范畴。但这种 Sinology 的范围相当广泛,决不仅限于儒学,与中国有关的各种文化现象,几乎均是其研究领域。并且,和埃及学(Egyptology)相似,Sinology 一个最重要的特点就是将研究对象视为已死的文化。该文化已然静态地被封存于历史之中,不再作为一种鲜活的传统可被经验。汉学研究或许可以称之为"古董研究",汉学家也类似于古董收藏或鉴赏家。尽管不乏对中国文化情有独钟者,但许多汉学家对中国文化的兴趣只是出于一种对"异类"(the other)的猎奇心理,他们并不关心中国文化当下的现实生命。

西方传统的汉学研究,显然与殖民主义有关。因此,随着全球反殖民主义的兴起、世界格局的变化,战后西方汉学研究的重心不仅从欧洲移到了美国,其性质与内容也随之而变。目前,Sinology 一词至少在美国已渐呈被弃不用之势,取而代之的是 Chinese Studies。而 Chinese Studies 从 20 世纪 50 年代至今,其内容也在不断丰富。约略而言,五六十年代,Chinese Studies 主要以费正清(John King Fairbank)和芮沃寿(Arthur Wright)所主持的研究为代表。较之传统的汉学研究,这种研究有两个特点:一、对儒学研究在时段上的侧重由古代转换到近现代;二、不再将儒学视为一种已逝的历史遗迹,而是将其看作一种仍在运作的意识形态和观念系统。60 年代以后,在陈荣捷(Wing-Tsit Chan)和狄培理(Wm. T. de Bary)等人的推动下,以哥伦比亚大学新儒学研讨班(Neo-Confucian Seminar)为代表,儒学研究开始重视儒学内部的哲学性课题以及儒者的人格世界。而七八十年代迄今,又出现了一种新的趋向,即不仅视儒学为一种仍在支配人们行为的观念系统,而且将其理解为一种宗教性的传统。在此趋向内部,又可分为两种类型:一是从宗教性传统的角度对儒学本身所作的专门研究;一是在视儒学为一种宗教传统的前提下,对儒学和基督教等其他宗教传统所作的比较研究。当然,这两种类型有时又并非泾渭分明,而是常常交织在一起。

　　对于这种新趋向,有一系列的著作可以作为代表。如 1972 年芬格莱特(Herbert Fingarette)的《孔子:即凡俗而神圣》(*Confucius*: *The Secular as Sacred*. New York: Harper Torchbooks),1977 年秦家懿(Julia Ching)的《儒与耶:一个比较研究》(*Confucianism and Christianity*: *A Comparative Study*, Tokyo Kodansha International, and the Institute of Oriental Religions, Sophia University)①,1982 年南乐山(Robert C. Neville)的《道与魔》(*Tao and Daimon*. Albany: State University of New York),1983 年杨意龙(John D. Young)的《儒学与基督教:初次相遇》(*Confucianism and Christianity*: *The First Encounter*. Hong Kong: Hong Kong University Press),1984 年史景迁(Jonathan D. Spence)的《利玛窦的记忆之殿》(*The Memory Palace of Matteo Ricci*. New York: Viking),1989 年杜维明的《论中庸》(*Centrality and Commonality*: *An Essay on Chung-yung*. Albany: State University of New York),1990 年泰勒(Rodney Taylor)的《儒家思想的宗教向度》(*The Religious of Confucianism*. Albany: State University of New York),1994 年白诗朗(John Berthrong)的《普天之下》(*All Under Heaven*: *Transforming Paradigms in Confucian-Christian Dialogue*. Albany: State University of New York)以及 1998 年白诗朗的《关于创造性:朱熹、南乐山和怀特海的比较研究》(*Concerning Creativity*: *A Comparison of Chu Hsi*, *Neville and Whitehead*. Albany: State University of New York Press),最近的则有杜维明和 Mary Evelyn Tucker 合编的两卷本《儒家精神性》(*Confucian Spirituality*. New York: The

---

① 当然,秦家懿是在加拿大的多伦多,但鉴于美加的密切联系,此书亦可作为这一系列著作的其中之一。

Crossroad Publishing Company, 2002, 2004);等等。① 其他譬如狄培理(W. T. de Bary)1983年的《中国的自由传统》(*The Liberal Tradition in China*. Hong Kong and New York: The Chinese University Press and Columbia University Press)、1988年的《东亚文明:五个阶段的对话》(*East Asian Civilizations: A Dialogue in Five Stages*. Cambridge Mass.: Harvard University Press)、1991年的《为己之学》(*Learning For One's Self: Essays on the Individual in Neo-Confucian Thought*. New York: Columbia University Press)和《儒学的困境》(*The Trouble with Confucianism*. Cambridge, Mass.: Harvard University Press)以及史华慈(Benjamin Schwartz)1985年的《古代中国的思想世界》(*The World of Thought in Ancient China*. Cambridge, Mass.: The Balknap Press of Harvard University)等,虽然不是专门讨论儒家宗教性的著作,但其中的相关部分对于儒学传统宗教性的问题也多有涉及。此外,欧洲也有一些同类的著作和研究成果,如1985年法国学者谢和耐(Jacques Gernet)的《中国与基督教的影响》(*China and the Christian Impact*. Trans. By Janet Lioyd. Cambridge and Paris: Cambridge University Press and Editions de la Maison de Sciences de L'Homme)等,但不如美国的集中,这里就不一一列举了。

当然,这一新趋向的出现,并不意味着对以往研究范式的取代,而毋宁说是在整个Chinese Studies领域内又一种研究范式和类型的开拓。甚至在Chinese Studies取代了Sinology的用法之后,传统Sinology的研究也未尝绝迹,而仍有其自身发展的空间。以上从Sinology到Chinese Studies的转变,以及Chinese Studies内部儒学宗教性研究新趋向的出现,也只是对西方儒学研究变化极为粗略的概括,自

---

① 白诗朗曾经对北美儒学宗教性研究的这一新趋向进行过介绍,参见其 *All Under Heaven: Transforming Paradigms in Confucian-Christian Dialogue*. Appendix, Albany: State University of New York, pp. 189-207。但因白书出版于1994年,其后的著作包括其本人的 *Concerning Creativity: A Comparison of Chu Hsi, Neville and Whitehead* 等则没有包括在内。

不足以把握整个西方儒学研究的全貌。需要指出的是,从宗教性的角度理解儒学成为晚近西方儒学研究的一个新趋向,并非偶然。儒学自身在现代的经验,在经历了被全面解构之后的综合创新,无疑是背后最为根本的决定因素。尽管当代儒学的经验仍在继续,创造性的转化尚未完成,但已有的成果或许已可以让我们对儒学在将来的发展方向略窥一斑。

二 现当代新儒学的影响和意义

就像作为一种东亚意识的儒学仍得以中国本土的儒学为基源和母体一样,上述西方儒学研究的新趋向,在相当程度上更是以儒学在中国的本土经验为背景。而现当代儒学的本土经验,又显然和新儒学运动密切相关。

对于现当代新儒学[1],有人认为不过是宋明理学在现代的回响。诚然,前者的确以后者为自己主要的思想资源,在精神方向上与之一脉相承。但前者所面临的变局,却远非昔日宋明时代可比。较之后者之消化和吸收佛教,前者对西方的回应和融汇,也实在因问题意识的极大丰富,而涉及了经验领域的方方面面。况且,即便从梁漱溟、熊十力那一代算起,现代新儒学发展到目前也已有四代。如果根据希尔斯(Edward Shils)传承三代即形成传统的说法[2],现代新儒学甚至已形成自己的传统。然而,无论现代新儒学与宋明理学的关联如何,现代新儒学兴起至今,却是一个在解构之中重建的过程。这和宋明理学的发展过程有着极为重要的区别。

现代新儒学的兴起,以传统儒学被全面解构为背景。并且,不仅

---

[1] 港台地区习惯称当代新儒学,大陆地区习惯称现代新儒学,结合两种说法并考虑这一运动20世纪初即已产生且如今正方兴未艾,故我们这里称之为"现当代儒学"。

[2] 参见希尔斯(Edward Shils)著,傅铿、吕乐译:《论传统》(上海:上海人民出版社,1991)。

与顽固守旧的国粹派难以相提并论,现代新儒学本身便是解构传统儒学的一支力量。只不过与激进的全盘性反传统思潮相较,现代新儒学对儒学的解构可谓一种积极的解构,因为解构中有建构,而并非对传统只破不立,流于民族虚无主义。在对儒学解构与重建的过程中,现代新儒学所作的一项重要工作,就是厘清传统儒学不同的层面和形态。尽管用语可能不同,但目前较为一致的看法是认为儒学大致有三个层面和形态:(一)精神性的儒学,即可以超越特定社会历史情境的作为一种价值信仰系统的儒学;(二)政治化的儒学,即传统社会中被统治集团意识形态化的那套观念系统。它虽然和儒家的政治思想不无关联,但显然绝非孔孟以来儒家政治理念的纯正和直接表达;(三)大众或民间化的儒学,即在民间大众的实际生活中发挥指导作用的儒学价值观念。尽管这种儒学很可能混杂了其他的东西而有世俗化的倾向,但它始终以精神性的儒学为自身的源头活水。历史上民间的蒙学读物和相关的各种善书,均可对此提供经验的支持。这种对儒学不同层面的厘清和解析,西方学者亦有类似的结论。①

在此基础上,现代新儒学认为,尽管儒学传统在不同的时空条件下有各种现实形态,但儒学之为儒学,或者说儒学之所以能在历史的因革损益中保持其连续性,关键在于儒学的内核是一套精神性的价值信仰系统,可以为人们提供一种安身立命的一贯之道。如果我们能自觉地不以西方一神论和组织化的形态来理解宗教的涵义,则儒

---

① 如普林斯顿大学的罗兹曼(Gilbert Rozman)便认为有五种不同的儒学:皇权儒学(Imperial Confucianism)、改良儒学(Reform Confucianism)、知识分子儒学(Intellectual Confucianism)、商人儒学(Merchant House Confucianism)以及大众儒学(Folk Confucianism)。参见 Gilbert Rozman, ed., *The East Asian Region: Confucian Heritage and Its Modern Adaptation*, Princeton, N. J.: Princeton University Press, 1991, p.161. 而在《儒家精神性》的导论中,除了宗教性的儒学(Religious Confucianism)之外,Mary Evelyn Tucker 则认为儒学传统还可以包括政治儒学(Political Confucianism)、社会儒学(Social Confucianism)、教育儒学(Educational Confucianism)以及经济儒学(Economic Confucianism)这几个不同的层面。参见 Tu Wei-ming and Mary Evelyn Tucker, ed., *Confucian Spirituality II*, New York: Crossroad Publishing Company, pp.18-20。

学未尝不可以说是一种宗教传统。以往对儒学是否宗教的讨论之所以莫衷一是,相当程度上由于持论者们在判定儒学是否宗教之前对何为宗教往往并无明确的反省,缺乏进一步讨论的共同基础。显然,如果我们以一神论和组织化为背景来理解宗教,则儒学自不同于基督教、犹太教和伊斯兰教的形态而可被称为宗教。但如果宗教确如蒂利希所言,是一种终极关怀(ultimate concern),或者如希克所言,可以被理解为一种对超越者的回应方式(response to the transcendent)(不论超越者在不同的文化背景中被冠以何种名称)①,且这种回应方式塑造了人们的日常生活并使人们的存在意义获得一种终极性的转化,则儒学又足以称得上是一种宗教。事实上,随着我们对东西方文化了解的深入,我们越来越可以看到,虽然作为宗教的儒学和基督教、犹太教、伊斯兰教等具有完全不同的模式,但儒学在传统中国社会所发挥的"正人心、齐风俗"的作用,在西方正是基督教等宗教传统而非其他观念系统所承担的功能。说各大世界性宗教传统在中国文化中的对应物是儒学,或许并不为过。

将儒学作为一种精神性或宗教性传统,并非只是一种理论建构的结果,它既有历史经验的坚强支持,是整个儒学本土经验的如实反映,又在战后整个东亚范围的意识领域中获得了再次突显。儒学的价值观念仍然深深植根于"文化中国"范围内许多人的心中,对他们的现代生活继续发挥影响。对于儒学与东亚经济增长之间关系的复杂性,如今的研究已渐能超越非此即彼的简单认识。② 本章在此无意介入这一课题的讨论,只是须指出,儒学价值观念在东亚仍广泛存在并发挥作用,与东亚经济的增长并行不悖,至少说明儒学如今的命运并未像列文森(Joseph Levenson)当初担心的那样。而儒学能在世

---

① 参见希克著,王志成译:《宗教之解释——人类对超越者的回应》(成都:四川人民出版社,1998)。

② 这方面最近的讨论可参阅 Tu Wei-ming, eds, *Confucian Traditions in East Asian Modernity: Moral Education and Economic Culture in Japan and the Four Mini-Dragons*, Harvard University Press, 1996。

易时移的过程中"随缘不变",迄今作为一种有生命力的传统影响人们的生活,恰恰由于精神性、宗教性的儒学传统有其能够超越特定意识形态、政治社会结构和经济模式的品格。

西方从宗教角度理解儒学的新趋向,既与其宗教多元论和宗教对话理论的兴起密切相关,又无疑受到了诸如陈荣捷、唐君毅、牟宗三、余英时[1]、杜维明、刘述先、成中英、蔡仁厚等现代儒家学者的巨大影响。在这一新趋向中,许多人对儒学的理解,相当程度上来自这些儒家学者。而在与作为一种宗教传统的儒学的对话中,西方学者也往往以这些儒家学者作为儒学传统的现代代言人。正如白诗朗所言:"儒学在其漫长的历史发展中,是由那些自觉的儒者们自己对儒学的言说来规定的。虽然儒学传统之外的学者们均有权说现代的定义与过去的有所偏差,而我却相信,那些内在于儒学传统的人具有界定儒家传统当前轮廓的优先权。"[2]显然,西方儒学研究这种新趋向的出现,最终根源在于作为一种价值信仰系统的儒学在当今所显示的顽强生命力。而现代新儒学运动,则是这种生命力在学界的一个重要表现。

三 宗教性儒学全球发展的前景

儒学在现代所经历的解构,使得当代儒学至少在目前已无法像传统儒学那样全面安排人间的各种秩序。[3] 但恰恰是这种看似对儒

---

[1] 余英时先生虽然既不接受"新儒家"的称号,同时也将其师钱穆先生划出"新儒家"的阵营,但其道德文章,无疑是儒家传统核心价值的现代体现。如果说"新儒家"是指在现当代能够体现传统儒家士君子精神气质的知识人,而非某一特定的门派,笔者相信余先生会欣然接受。事实上,依笔者之见,余英时先生正是当代真正能够体现传统儒家士君子精神气质的为数不多的儒家知识人之一。

[2] John Berthrong, *All under Heaven: Transforming Paradigms in Confucian-Christian Dialogue*, Albany, N. Y.: State University of New York Press, 1994, p.190.

[3] 认为儒学在传统中国社会发挥的作用是"全面安排人间秩序",是余英时先生的看法,参见余英时:《现代儒学论》(上海:上海人民出版社,1998),"序"。

学不利的解构过程,反而使儒学作为一种价值信仰系统的超越向度得以突显。现代新儒学对儒学的重建,正是主要集中在这一向度。对于现代儒学,余英时先生曾有"游魂"的比喻,误解者认为"游魂"说的前提是把儒学和历史上儒学发生与成长的政治结构、社会组织及经济制度等看作是不可分割的必然关系,以致余先生不得不澄清说,将现代儒学比作"游魂",恰恰是首先要承认它可以离开传统的历史情境而独立存在。① 而这种不必然附着于某种特定历史形态的儒学之"魂",只能是作为一种价值信仰系统或宗教性传统的儒学。

由此可见,现代儒学在解构中的重建,使得儒学越来越显明地将自身界定为一种具有超越品格的宗教性传统。前文所述西方儒学研究的新趋向,也说明儒学正以一种宗教传统的身份开始被西方重新认识,并加入了全球范围内的多元宗教对话。尽管这还只是个开端,我们却已可以想见,在21世纪,儒学虽然未必不会有多方面的展开,但作为一种宗教性传统发挥作用,无疑将是一个基本的主题。并且,其他方面的发展,也无法不与此密切相关。

需要说明的是,儒学作为一种宗教传统发挥作用,不必意味着只能退居于个人修养的"私领域"。不满现代儒学拙于事功而谋求所谓"政治儒学"的开拓,既未能体察孔子"施于有政,是亦为政"(《论语·为政》)的深意,也没有充分顾及儒学被专制主义利用的历史前鉴。其济世情怀虽亦是儒学精神的体现,但恐难免"气魄承当",不能为深长久远之计。事实上,"公""私"领域虽各有所属,"外王"亦不必由"内圣"开出,但"公""私""内""外"却非毫无关涉,在"私领域"中不同的信守,以及在"内圣"方面不同的寄托,毕竟会使人们在"公领域"和"外王"方面有颇为不同的表现,进而对"公领域"和"外王"本身产生不同的影响。正如高度理性化的政治体制虽不会产生"人存政举,人亡政息"的局面,但不同品质的政治领导人仍然会在同样的政治组织结构下导致不同的政治结果。所谓"徒法不足以自

---

① 参见余英时:《现代儒学论》(上海:上海人民出版社,1998),"序",第5页。

行",任何制度均离不开人的运作。而作为价值信仰或宗教传统的儒学,其功能恰恰在于德性与智慧的培养。虽然德性与智慧的培养并不仅仅有赖于儒学传统。由此我们应当看到,即便儒学在将来主要体现为一种价值信仰系统或宗教性传统,儒学同样可以曲折地在政治、社会和经济等公共生活中做出贡献。并且,经由心灵的间接方式,较之以往直接进入政治等公共领域,儒学或许能避免异化而更好地发挥作用。

对于儒学的将来,一种较有代表性的关注是:儒学是否只能作为一种专业学院化的东西存在于少数知识分子群体之中。诚然,现代儒学在回应西学的情势下,对儒学传统的重建采取了更为学院化的表达方式。但在这种形式之下,跃动的仍然是儒学一贯的精神气质,无视于此,不免误荃蹄为鱼兔。现代儒学近百年的发展,绝非仅仅意味着一种知识产品的传承,服膺儒学的现代学者,对此皆可谓"莫逆于心""不言而喻"。并且,所谓"四民异业而同道",儒学作为一种安身立命之道,从来都不是知识分子的专利,它可以为各类人士接受而奉为人生准则。尤其当儒学作为一种宗教性传统发生作用时,这一点表现得尤为鲜明。儒学走向生活世界,在人伦日用的实际生活中发挥影响,恰恰需要以确立儒学的宗教性或超越品格为前提。王阳明"不离日用常行内,直造先天未画前"的诗句,正是儒学超越性与内在性(人间性)相融无碍的表达。而中晚明以泰州学派为代表的儒学发展的重要特征之一,就是宗教性与民间化、生活化的统一。因此,儒学作为一种宗教性传统在将来的发展方向愈明显,儒学融入生活世界,成为各行各业人士行为准则的可能性就越大。对此,晚明以来的儒商现象早已提供了经验支持,而随着社会分工的日趋多样化,出现以儒学为自己人生信守的各类从业人士,即"儒×""儒×",也是顺理成章的。

此外,由西方儒学研究的新趋向可见,儒学作为价值信仰的一种类型,已进入全球意识。它不仅可以为中国、东亚地区的人士提供安身立命之道,亦有可能成为西方人士信仰方式的一种选择。曾任波士顿大学神学院院长的南乐山便曾批评那种认为西方学者"只能研究儒学,不能成为儒家"的看法。他自己不仅以儒家自许,而且对当代儒学发展的一系列重要课题进行了发人深省的理论探讨。① 起先,南乐山"波士顿儒学"之说还只是被视为一个善意的玩笑,但如今,随着南乐山《波士顿儒学》一书的出版,儒学在北美的传播和发展已经成为现实。正如白诗朗所言:"儒学实际上已成为国际性的运动",它"将在太平洋和北大西洋世界找到新的听众",也"将变成欧洲思想自我意识的一个方面"。②

当然,这更多的只是白诗朗、南乐山等西方学者对未来远景的勾画与希望,我们则不应过于乐观。儒学研究目前在西方还远未成为显学,作为宗教传统的儒学要真正成为西方自我意识的组成部分,成为一种西方人可能选择的信仰方式,还有漫长的路程要走。并且,其结果如何,仍然首先有赖于她在中国和东亚的本土经验。我们一定要看到以儒学为代表的中国文化对西方文化确有补偏救弊之益,但如果认为西方文明已完全丧失了自我更新的机制和能力,身处绝境而有待儒学的拯救,则不免将极为复杂的问题简单化了。在 21 世纪,我们或许可见的是:儒学作为一种价值信仰系统或宗教性传统的自我界定将益发明确。在此基础上,儒学将逐渐参与全球范围内伦理—宗教传统的对话和互动,有可能成为世界各个民族而不仅仅是中国、东亚人士可以践行的生存方式之一。至少,较之世界其他各大宗教传统,儒学最为突出的兼容性特征,能够对不同宗教之间的和平共处以及多元宗教参与(multiple religious participation)的问题提供一笔丰厚的资源。在宗教之间的和平已经成为国家之间和平必要条件之一的今天,这一点尤有意义。

---

① 参见 Robert Neville, *Boston Confucianism: Portable Tradition in the Late-Modern World*, Albany: State University of New York, 2000。

② 参见其"Transmitting the Tao: The Case of Boston Confucianism"一文。Third International Conference on New Confucianism, Chinese University of Hong Kong, 28-30 December 1994。

附 录

略说"儒学与宗教"研究的目标与视野

儒学与宗教的关系,在国内学界可谓讨论有年。前两年出版的《"儒教"问题争鸣集》(北京:宗教文化出版社,2000),是对以往相关讨论的汇总。李申教授最近出版上下两卷的巨著《中国儒教史》(上海:上海人民出版社,1999—2000),则再次使讨论趋于热烈。而我们现在开的这个会,我想既是相关讨论的继续,更应当是进一步深化整个讨论的环节和尝试。

以往国内有关儒学与宗教的讨论,基本上以"儒学是否宗教"为焦点。1998年第3期《文史哲》刊登过一组笔谈,题目就是"儒学是否宗教",而在最近围绕《中国儒教史》的讨论中,这一点表现得更为明确。整个讨论在相当程度上甚至变成一场赞成或反对儒学是宗教的争辩。就"儒学与宗教"这一论域而言,"儒学是否宗教"自然是其题中之义。但我们从事"儒学与宗教"研究的主要目标是什么,如今应当引起充分自觉的反省和检讨。

在一定意义上,儒学是否宗教几乎是一个无法获得共识的问题。因为不同论者对宗教的理解可能千差万别。同样说儒学是一种宗教,却很可能立足于完全相反的意义。如晚近以美国为代表的西方学界、海外新儒家说儒学是一种宗教传统,大多是肯定的意义,国内尤其大陆一些学者讲儒学是宗教,则可能是批判的意义。所以就此而言,正如余敦康先生所说,这个讨论是没有结果的。但是,较之"儒学是否宗教","儒学与宗教"毕竟是一个远为广阔的论域。如果"儒学与宗教"研究的目标不仅仅是要去达成儒学是否宗教这么一个简单的结论,而是希望透过这一论说,或者说从宗教学研究的视角和取径来研究儒学,为的是既加深我们对以往儒学中某些缺乏反省的层面、向度的认识,又将这种对于儒学传统的深度理解作为一种丰厚的资源,投入到现在和将来儒学的建设之中,那么,这个讨论就是非常有意义的,其开展将具有非常广阔的前景。

如果我们如此界定"儒学与宗教"研究的主要目标,大概不会有异议。事实上,围绕儒学是否宗教的讨论,恐怕最终也是为了深化对儒学的了解以及将来的文化建设。但究竟如何达成这一目标,如何使"儒学与宗教"这一课题的研究能够在既有成果的基础上获得切实的深化与推进,则更是目前的研究者应当深思熟虑的。回顾新中国成立以来国内学界有关儒学与宗教的讨论,我们会发现一个明显的问题:即视野的相对狭窄。具体来说,就是缺乏一种世界性的眼光,没有尽可能立足于国际学术界的整体,在一个比较宗教学的架构下来探讨儒学与宗教的问题。有一个事实我们必须有清醒的意识,那就是,现代关于儒学的讨论已经不仅仅是一个专属于中国本土的问题。儒学早已不再是一种 local knowledge(本土知识)。关于儒学方方面面的讨论,实际上早已成为国际学界的一项共业。而从宗教学的取径来探讨儒学,在西方也已经有相当一段时间。但是,我们目前还没有把西方相关的讨论纳入到我们的视野之中。一些相关的研究成果还不为我们所知。这种情况,正是限制我们研究和讨论的一个重要因素。

目前,在海外不遗余力阐扬儒学宗教性的一些学者,像杜维明先生、刘述先先生等,是在一种扩展了的宗教观念基础上来看儒学这个传统的。20世纪七八十年代以后,以美国为主,这一取径在西方比较盛行。有许多学者及其著作可以为证,像 Herbert Fingarette 的《孔子:即凡俗而神圣》(*Confucius*:*The Secular as Sacred*,New York:Harper Torchbooks,1972)、Julia Ching 的《儒与耶:一个比较研究》(*Confucianism and Christianity*:*A Comparative Study*,Tokyo Kodansha International,and the Institute of Oriental Religions,Sophia University,1977)、Lee Yearly 的《孟子与阿奎那》(*Mencius and Aquinas*,Albany:State University of New York)、Wm. Theodorede Bary 的《为己之学》(*Learning for One's Self*:*Essays on the Individual in Neo-Confucian Thought*,New York:Columbia University Press,1991)和《儒学的困境》(*The Trouble with Confucianism*. Cambridge,Mass.:Harvard University Press,1991)、Rodney Taylor 的《儒家思想的宗教向度》(*The Religious of Confucianism*,Albany:State University of New York,1990)、Robert Neville 的《道与魔》(*Tao and Daimon*,Albany:State University of New York,1982)、John Berthrong 的《普天之下》(*All under Heaven*:*Transforming Paradigms in Confucian-Christian Dialogue*,Albany:State University of New York,1994)和《关于创造性:朱熹、南乐山和怀特海的比较研究》(*Concerning Creativity*:*A Comparison of Chu Hsi*,*Neville and Whitehead*,Albany:State University of New York Press,1998)等。据笔者不完全统计,大概至少有 20 部相关的著作是从这个角度来谈儒学的。① 此外,还有大量的文章。整个这一类研究建立在一种扩展了的宗教观念的基础上,而不再是以西方亚伯拉罕传统即西亚一神教(包括基督教、犹太教和伊斯兰教)为背景的那种相对狭窄的宗教观念为基础。这种扩展了的宗教观,是全球范围内文明对话和多元主义兴起的产物,它淡化了超越一神论、组织化的教会、单一圣典等过于浓厚的西亚一神教的因素,而是更多地从终极关怀(ultimate concern)、终极性的转化之道(means of ultimate transformation)等来谈宗教。从这个角度来看,一套思想学说及其实

---

① 关于这些西方学者及其相关的著作,笔者在本书第十六章中有所介绍,此处不赘。

践方式,只要能够为人们的安身立命以及自我的创造性转化提供一条切实可行的道路,那么它便具有强烈的宗教性。如著名的宗教学者斯狷恩(Frederick Streng)便以"终极性的转化之道"(the way of ultimate transformation)来定义宗教。杜维明先生在诠释《中庸》所蕴涵的儒家宗教性时提出"终极性的自我转化之道"(the way of ultimate self-transformation),给"transformation"加上了"self",借此强调转化过程中的主体性,所谓"自我转化",可以说是给斯狷恩的宗教定义注入了儒学的因素。此外,著名的宗教哲学家、多元主义者约翰·希克也不取传统基于西亚一神教的宗教观,而是将宗教界定为一种人类对于超越者的回应方式(human response to the transcendence)。并且,他还指出,如果说轴心期之后宗教的一般特征是追求拯救或者解脱的话,那么,不同的文明类型和文化传统完全可以提供各不相同的拯救或解脱的方式。而如果对拯救或解脱不作过于狭隘的理解,而是将其理解为一种自我存在的终极性转化,那么,儒家一整套追求成为"大人""君子""圣贤"的思想学说和实践方式(工夫),显然为自我存在的终极性转化提供了一条道路。

但是,还有一个问题需要特别指出,即这种建立在扩展了的宗教观基础上的研究取径还是比较后起的,20世纪七八十年代以来在美国才比较流行。而在西方,以比较传统、狭隘的宗教观为基础,也就是从与人格神及其崇拜等要素有关的角度研究儒学,也已经有它的历史了,比如鲁惟一(Michael Loewe)先生研究汉代生死观的著作《汉代中国人的生死观》(Chinese Ideas of Life and Death: Faith, Myth and Reason in the Han Period, 202BC-AD 220, London: Allen and Unwin, 1982),其背后预设的那个宗教,就是一个比较传统、狭义的宗教观。还有一位美国的女学者Sarah Queen,博士论文研究董仲舒和《春秋繁露》,后来在英国《剑桥中华文史丛刊》出版了《从年表到圣典:董仲舒的〈春秋〉诠释学》(From Chronicle to Canon: The Hermeneutics of the Spring and Autumn, According to Tung Chung-shu, London and New York: Cambridge University Press, 1996),她那个神学的视野、宗教的观点尽管吸收了西方宗教学理论的一些新的成果,对宗教的理解有所扩展,但大体仍是比较传统、狭义的。再早譬如许多耶稣会士如利玛窦、艾儒略等人,就更是如此了。就此而言,李申教授的那个理路,在西方其实不无同调,在大陆之外的汉语文化圈里也有同调,如台湾"中研院"史语所的黄进兴先生,最近写了几篇资料丰富、论证有力的文章,如《作为宗教的儒教》《圣贤与圣徒》等,后来都收录在以《圣贤与圣徒》(台北:允晨文化实业有限公司,2001;北京:北京大学出版社,2006)为名的文集中。他视传统儒学为宗教的角度便与李申先生非常接近。因此,这一现象表明,儒学是一个非常复杂的研究对象。无论是在一个比较宽泛的宗教观念基础上研究儒学,还是在一个比较传统的、狭义的宗教观基础上研究儒学,不仅在西方和大陆之外的中文世界都有相当的成果,更为关键的是,这两种不同的取径在历史材料与理论论证两方面都可以找到坚强的根据。打个比方,这两种取径好比是长在同一个身体上的两只手,应当彼此协调、互相合作,共同去完成身体所需的复杂动作,而不应当左右互搏、执此废彼。

必须说明的是,拓宽我们的视野,充分留意并吸收海外从宗教学角度研究儒学的各种成果,立足于国际学术界的整体来从事儒学研究,决不意味着唯西方马首是瞻。首先,鉴于现代汉语中流行的宗教一词在"Religion"的意义上本来就是一个来自西方的观念,因而研究儒学与宗教,就势必需要对西方有关宗教的各种观念和理论有相应的了解。其次,既然许多西方学者在该领域已经取得了相当的成果,从学术研究的基本规范和要求来说,我们要想在同样的领域获得真正的推进和深入,也不可能闭门造车,对那些研究成果视而不见。在学术研究的领域内,切不可让狭隘的民族主义禁锢了我们健康与清明的理性。事实上,树立开阔的胸襟和高远的眼光,是从事各种学术研究所普遍需要的,非独儒学研究为然。而真正能够进入国际学术社群,也恰恰要以不卑不亢的平和心态为前提。当然,正如在中国哲学研究中充分吸收西方哲学的相关资源不是削中国哲学之足以适西方哲学之履,而是为了尽可能发掘自家的"无尽藏"一样,充分汲取西方宗教学取径儒学研究的成果,主要还是为了深化儒学所赋予我们的群体意识,而不是要轻视甚至放弃我们文化价值上的认同,"沿门托钵效贫儿"(王阳明诗),导致自我意识的迷失。总之,我们仍然可以作个比喻,借鉴西方正如照镜子一样,镜子擦得越干净,看自己就看得越清楚。

最后,何光沪教授谈到宗教兼容与政教关系的问题,我也顺带提一下自己的看法。何先生质疑儒学宗教兼容性较强的常见,并举了一些例子,如历史上一些灭佛、排道、教案的事件等。但是,且不论这种找个别反例的论证方式在方法论上值得斟酌,即使把历史上的排佛事件等作为儒家缺乏宗教宽容的一个例子,那么排佛事件和十字军东征、伊斯兰圣战相比,在程度上也相距甚远。其实,关键还不在于程度上的差别,更为重要的是,历史上那些排斥佛道的事件,究竟是儒家人物出于儒教本身的理论,还是统治者出于社会政治经济的考虑?以基督教为代表的西方宗教对其他宗教的排斥,可能更多的(不是完全)有其教义本身的原因。汤一介先生讲儒学具有比较大的兼容性,应当不只是汤先生个人的私见,而是海内外许多专家学者很大的一个共识。包括西方很多神学家,他们自己就有这个看法。西方神学界目前有一个多元宗教参与(multiple religions participation)的观念,对此,许多西方神学家都认为儒学具有非常丰富的资源。至于政教关系的问题,我觉得,简单地说西方是政教合一,中国是政教分离,或者西方是政教分离,中国是政教合一,恐怕都不太合适。如果说中国是政教合一,我们可以看到,从孔子开始,越是大儒越是不得其位,处在政权的边缘,像程颐、朱熹、王阳明甚至都被打成过伪学。整个中国历史上,在代表宗教情操、道德理想的道统与代表现实政权的政统之间,始终存在着紧张。以往以西方为政教合一、中国为政教分离的说法固然失之片面,但我们不能采取矫枉过正的办法,那只会导向另一个极端。对于儒家传统与政权来说,关键应当深究精察两者之间复杂的互动关系,而不是简单地讲西方是政教合一,中国是政教分离,或者反之。一句话,就传统儒学而言,说她完全是历代统治者、政权的同谋、帮凶,或者说她与中国传统的政治文化、结构毫无关系,对传统专制统治不必负任何责任,两者同样把极为复杂的问题简单化了。

初版后记

本书正文十三章和附录一篇,或曾以单篇的形式发表于海内外的学术出版物,或曾作为论文提交给海内外一些相关的学术会议,或兼而有之。其中,从写作最早的一篇到最近的一篇,时间跨度正好十年。因此,本书可以说是笔者思考儒家传统宗教性问题的一个阶段性成果。

"孟子'万物皆备于我'章释义"一章,作于1996年,曾以同样的标题发表于1997年北京的《中国哲学史》第3期。这是本书中笔者最早的一篇文字,当时笔者还是北京大学哲学系中国哲学专业的硕士研究生。第二章"'万物一体'的宗教性人文主义——以《西铭》为中心的考察",最初的题目为《西铭》的万物一体观发微——兼论儒家人文主义的基本特征",是2001年8月提交给"第二届张载与关学国际学术研讨会"的论文,2003年发表于《清华哲学年鉴2002》。第三章"身心修炼——朱子经典诠释的宗教学意涵",完成于2005年年底,曾作为会议论文提交给台湾"中研院"中国文哲研究所于2006年1月举办的"理解、诠释与儒家传统"学术研讨会,后来也曾提交给2006年5月香港中文大学哲学系中国哲学与文化研究中心主办的"注释、诠释与建构——朱子与四书"国际学术研讨会。这是本书中笔者最近的一篇文字。第四章"王畿的良知信仰论与晚明儒学的宗教化——一个比较宗教学的视野",曾经以"王畿的良知信仰论与晚明阳明学的宗教化"为题,发表于2002年《中国哲学史》第3期。第五章"儒家的生死关切——以阳明学者为例",曾经以"阳明学者的生死关切"为题,发表于2006年5月武汉大学哲学学院编辑出版的《哲学评论》第4辑。第六章"多元宗教参与中的儒家认同——以王龙溪的三教观与自我认同为例",则曾经以"多元宗教参与中的儒家认同:以王龙溪的三教观和自我认同为例",发表于中国人民大学孔子研究院编辑、河北大学出版社2005年11月出版的《儒学评论》第1辑,后来不久也以"Confucian Identity in Multiple Religious Participations: An Example of Wang Ji(1498—1583)"为题,提交并以英文宣读于2006年2月在美国威斯里安大学(Wesleyan University)弗里曼东亚研究中心(Mansfield Freeman Center for East Asian Studies)举办的"Neo-Confucianism and Global Philosophy"国际研讨会。第七章"儒家'理一分殊'的多元主义宗教观——以阳明学者的三教观为例",最初以"儒家'理一分殊'的多元主义宗教观——以阳明学为中心的考察"为题,提交给2004年6月23—25日台湾东吴大学哲学系、"中研院"文哲研究所、香港中文大学哲学系为刘述先先生七十寿庆联合举办的"儒学、文化、宗教与比较哲学的探索——贺刘述先教授七秩寿庆"学术研讨会,后来亦曾单独刊于2004年12月《新哲学》第三辑。第八章"德福一致——康德与牟宗三的圆善论",曾以"康德与牟宗三之圆善论试说"为题,发表于1997年台湾的《鹅湖》月刊第8期。该文和"孟子'万物皆备于我'章释义"几乎同时,也是作于1996年笔者硕士研究生时期。因此,也可以说是本书中笔者最早的一篇文字。第九章"儒学与基督教的人生极致之辨——以齐克果人生境界说为中心的考察",曾经以"齐克果的人生境界说略论——从中国哲学的观点看"为题,发表于《鹅湖》月刊2002年第7期。不过,该文发表时间虽然在2002年,其实却是笔者1997年的作品。第十章"儒家传统的身心修炼及其治疗意义——以古希腊罗马哲学传统为参照",最初是一篇英文稿,题为"Confucian Self-cultivation: A Therapy for Body and Spirit",乃笔者2003—2004年由安乐哲

(Roger T. Ames)教授提名担任夏威夷大学中国研究中心、哲学系 Andrews Chair 客座教授期间的一篇英文演讲报告。Andrews Chair 是为了纪念夏威夷大学文理学院(Arts and Science College)的首任院长 Arthur Lynn Andrews 所设,因此,每一位担任 Andrews Chair 的客座教授都要求在任职期间必须做一场公开的演讲。这篇报告,其实是当时笔者给亚洲研究项目研究生开设的一门 3 个学分的课程"ASAN 620 *Spiritual and Bodily Exercises in Confucian Tradition and Their Therapeutic Significance*"的一个概要。并且,在笔者 2004 年 8—11 月担任哈佛大学哈佛燕京学社合作研究员期间,应宾州库兹城大学(Kutztown University)哲学系黄勇教授以及哈佛燕京学社副主任 Peter Kelley 先生之邀,也曾经分别以"Confucian Self-cultivation: A Therapy for Body and Spirit"和"Confucian Self-cultivation: A Spiritual and Bodily Exercise"为题,在 2004 年 10 月 21 日和 2004 年 11 月 3 日,演讲于库兹城大学哲学系和哈佛燕京学社访问学者讲座系列(Harvard-Yenching Visiting Scholar Lecture Series)。2004 年 11 月 27—28 日笔者参加台湾大学东亚文明研究中心主办的"儒学的'气论'与'工夫论'国际学术研讨会"时,则将该篇英文稿改写成中文,以本章的题目提交给会议。2005 年 9 月,中文稿正式收录于台湾大学出版的杨儒宾、祝平次两位教授主编的会议论文集《儒学的气论与工夫论》一书之中。山东大学儒学研究中心 2006 年 5 月出版的《儒林》第二辑也发表了该文的简体字版,但遗漏了所有的注释,不利于大陆读者获得相关参考文献,未免遗憾。第十一章"宗教对话——儒学第三期开展的核心课题",最早曾经提交并宣读于中国人民大学与韩国高等教育财团 2005 年 12 月 9—11 日在北京举办的"国际儒学论坛(2005):儒学与亚洲人文价值",2006 年 6 月刊于《孔子研究》第 3 期时,也有不少注释也被略去了,且编辑在省略的过程中造成了一些错误。第十二章"化解全球化过程中宗教冲突的儒学资源",2002 年 8 月提交并宣读于国际儒学联合会、中国孔子基金会和山东社会科学院联合举办的"儒学与全球化国际学术研讨会"，除收入后来出版的会议论文集之外，也曾应江苏人民出版社的周文彬先生之约，发表于《江苏行政学院学报》2003年第2期。第十三章"儒学宗教性的世界意义——从西方儒学研究的新趋向前瞻21世纪的儒学"，最初曾以"从西方儒学研究的新趋向前瞻21世纪的儒学"为题，提交并宣读于1999年8月甘肃省中国传统文化研究会与兰州大学哲学系主办的"21世纪的儒学、儒教与儒商学术研讨会"，后来发表于2000年第3期的《孔子研究》，并全文收入2001年10月出版的《中国儒学年鉴》"创刊号"。附录"略说儒学与宗教研究的目标与视野"，则是2002年2月7日中国社科院哲学所、《中国哲学史》编辑部与新加坡东西方文化中心联合举办的"儒学与宗教学术研讨会"的即席发言录音稿，曾发表于《中国哲学史》2002年第2期。

以上交代了本书各章以往曾经单独发表的情况，这里借便向以往举办会议的单位和发表论文的出版物表示感谢。此次本书得以完整出版之际，不唯原来的文字都恢复了全貌，如遗漏的注释、省略的若干文字等，笔者更对各章文字进行了全面的修订。由于各章文字撰写时间跨度较大，个别地方难免不无重复之处。不过，笔者刻意保留了那些重复之处。或许，那也恰恰正是笔者着意强调而希望读者三致意焉的所在吧。

需要特别说明的是，本书各章的文字，虽然陆续撰写于十年之间，却仍只能说是笔者思考儒家传统宗教性问题的一个初步的成果。事实上，多年积累至今，在完成本书文字的同时，笔者已经在酝酿以一种更为系统化的方式来诠释和建构儒家传统的宗教性问题。希望在不久的将来，笔者能将自己的思考所得以另一部专著的形式贡献给读者。

最后，对业师陈来先生、北京大学出版社张凤珠女士以及本书责任编辑田炜女士为本书出版所做的一切，笔者表示由衷的感谢！

彭国翔
2006年8月于清华园新斋

征引与参考文献

一　中文论著

（一）古　籍

张载:《张载集》,北京:中华书局,1978。
程颢、程颐:《二程集》,北京:中华书局,1981。
朱熹:《朱文公文集》,四部丛刊初编本。
陆九渊:《陆九渊集》,北京:中华书局,1980。
王守仁:《王阳明全集》,上海:上海古籍出版社,1992。
王畿:《王龙溪先生全集》,清道光二年莫晋刊本。
王艮:《重镌王心斋先生全集》,四库全书存目丛书,济南:齐鲁书社,1997。
周汝登:《东越证学录》,四库全书存目丛书,集部165册,济南:齐鲁书社,1997。
罗汝芳:《近溪子集》,四库全书存目丛书,济南:齐鲁书社,1997。
颜钧著、黄宣民点校:《颜钧集》,北京:中国社会科学出版社,1996。
管志道:《觉迷蠡测》,四库全书存目丛书补编本。
管志道:《惕若斋集》,北京大学图书馆藏明万历刻本。
管志道:《宪章余集》,北京图书馆藏万历刻本。
管志道:《续问辨牍》,北京图书馆古籍珍本丛刊68,1998。

邓以赞:《邓文洁佚稿》,明万历间万尚烈、何三畏等刻本。
杨起元:《太史杨复所先生证学编》,续修四库全书丛书,子部1129册。
邹元标:《愿学集》,文渊阁四库全书,集部1294册,台北:商务印书馆,1986。
焦竑:《澹园集》,北京:中华书局,1999。
查铎:《毅斋查先生阐道集》,清光绪十六年泾川查氏刻本。
徐珂:《清稗类钞》,北京:中华书局,1981。
容肇祖整理:《何心隐集》,北京:中华书局,1960。
耿定向:《耿天台先生文集》,四库全书存目丛书,集部131册,济南:齐鲁书社,1997。
高攀龙:《高子遗书》,文渊阁四库全书,集部1292册,台北:商务印书馆,1986。
释德清:《憨山大师梦游全集》,北京:北京图书馆出版社,2005。
黄宗羲:《明儒学案》,北京:中华书局,1985。
黄宗羲、全祖望:《宋元学案》,北京:中华书局,1986。

(二) 研究著作

A

阿伦·布洛克著,董乐山译:《西方人文主义传统》,北京:生活·读书·新知三联书店,1997。

C

蔡璧名:《身体与自然——以〈黄帝内经素问〉为中心论古代思想传统中的身体观》,台北:台湾大学文学院,1997。
蔡仁厚:《新儒家的精神方向》,台北:学生书局,1987。
蔡仁厚:《牟宗三先生学思年谱》,台北:学生书局,1996。
陈来:《朱子书信编年考证》,上海:上海人民出版社,1989。
陈来:《宋明理学》,沈阳:辽宁教育出版社,1991。
陈来:《有无之境——王阳明哲学的精神》,北京:人民出版社,1991。
陈来:《古代宗教与伦理——儒家思想的根源》,北京:生活·读书·新知三联书店,1996。

陈来:《朱子哲学研究》,上海:华东师范大学出版社,2000。
陈来:《传统与现代——人文主义的视界》,北京:北京大学出版社,2006。
陈俊民:《张载哲学思想及关学学派》,北京:人民出版社,1986。
陈荣捷:《王阳明传习录详注集评》,台北:学生书局,1992。
陈荣捷:《朱子之宗教实践》,载陈荣捷:《朱学论集》,台北:学生书局,1982,第181—204页。
陈熙远:《"宗教"——一个中国近代文化史上的关键词》,《新史学》十三卷四期,2002年12月,第37—65页。
程宜山:《张载哲学的系统分析》,上海:学林出版社,1989。

D

丁为祥:《虚气相即——张载哲学体系及其定位》,北京:人民出版社,2000。
杜维明:《生存的连续性:中国人的自然观》,载杜维明著,曹幼华、单丁译:《儒家思想新论——创造性转换的自我》,南京:江苏人民出版社,1991。
杜维明:《儒学第三期发展的前景问题——大陆讲学、问难和讨论》,台北:联经出版公司,1989;《杜维明文集》,武汉:武汉出版社,2002。
杜维明:《现代精神与儒家传统》,《杜维明文集》第二卷,武汉:武汉出版社,2002。
杜维明:《论儒学的宗教性》,《杜维明文集》第三卷,武汉:武汉出版社,2002。
段德智:《死亡哲学》,武汉:湖北人民出版社,1996。

F

傅伟勋:《从西方哲学到禅佛教》,北京:生活·读书·新知三联书店,1989。
傅伟勋:《生命的尊严与死亡的尊严》,台北:正中书局,1994。

H

海德格尔著,陈嘉映、王庆节译:《存在与时间》,台北:台湾久大、桂冠,1990。
洪汉鼎:《诠释学——它的历史和当代发展》,北京:人民出版社,2001。
黄进兴:《圣贤与圣徒》,台北:允晨文化实业有限公司,2001;北京:北京大学出版社,2006。
黄俊杰:《试论儒家的宗教性内涵》,见黄俊杰:《东亚儒学史的新视野》,台北:喜玛拉雅研究发展基金会,2001,第105—124页。

黄秀玑:《张载》,台北:东大图书公司,1987。

J

姜国柱:《张载的哲学思想》,沈阳:辽宁人民出版社,1982。

K

卡西尔著,甘阳译:《人论》,上海:上海译文出版社,1985。
康韵梅:《中国古代死亡观之探究》,台北:台湾大学文史丛刊,1994。

L

赖品超、李景雄编:《儒耶对话新里程》,香港:香港中文大学崇基学院宗教与文化研究中心,2001。
李明辉:《儒家与康德》,台北:联经出版公司,1990。
李明辉:《当代儒学之自我转化》,台北:"中研院"中国文哲研究所,1994。
李明辉:《从康德的"道德宗教"论儒家的宗教性》,哈佛燕京学社编:《儒家传统与启蒙心态》,南京:江苏教育出版社,2005。
李明辉主编:《儒家经典诠释方法》,台北:喜玛拉雅研究发展基金会,2003。
李申:《中国儒教史》(上、下),上海:上海人民出版社,1999—2000。
李泽厚:《己卯五说》,北京:中国电影出版社,1999。
利玛窦、金尼阁著,何高济等译:《利玛窦中国札记》,北京:中华书局,1983。
梁漱溟:《东西文化及其哲学》,北京:商务印书馆,1935。
林国平:《林兆恩与三一教》,福州:福建人民出版社,1992。
铃木大拙、弗洛姆著,孟祥森译:《禅与心理分析》,北京:中国民间文艺出版社,1986。
刘述先:《"理一分殊"的现代解释》,见氏著:《理想与现实的纠结》,台北:学生书局,1993,第157—188页。
刘述先:《关于"超越内在"问题的省思》,《当代》(台北),第96期,1994年4月,第146—149页。
刘述先:《由当代西方宗教思想如何面对现代化的角度论儒学传统的宗教意涵》,刘述先主编:《当代儒学论集:传统与创新》,台北:"中研院"中国文哲研究所筹备处,1995,第1—32页。

刘述先:《全球伦理与宗教对话》,台北:立绪文化出版社,2001;石家庄:河北人民出版社,2006。

柳存仁:《王阳明与道教》,载柳存仁:《和风堂文集》(中),上海:上海古籍出版社,1991,第847—877页。

吕妙芬:《阳明学士人社群——历史、思想与实践》,台北:"中研院"近代史研究所,2003。

M

牟宗三:《智的直觉与中国哲学》,台北:商务印书馆,1971。

牟宗三:《现象与物自身》,台北:学生书局,1975。

牟宗三:《从陆象山到刘蕺山》,台北:学生书局,1979。

牟宗三:《中国哲学的特质》,台北:学生书局,1984。

牟宗三:《中国哲学十九讲》,台北:学生书局,1983。

马丁·布伯著,陈维纲译:《我与你》,北京:生活·读书·新知三联书店,1986。

P

彭国翔:《良知学的展开——王龙溪与中晚明的阳明学》,台北:学生书局,2003;北京:生活·读书·新知三联书店,2005,2015。

彭国翔:《周海门的学派归属与〈明儒学案〉相关问题之检讨》,《清华学报》(台湾),新31卷第3期,第339—374页。

彭国翔:《儒家传统与中国哲学:新世纪的回顾与前瞻》,石家庄:河北人民出版社,2009。

朋霍费尔著,高师宁译:《狱中书简》,成都:四川人民出版社,1992。

Q

钱穆:《朱子学提纲》,台北:东大图书公司,1991。

钱穆:《朱子新学案》,台北:三民书局,1980。

S

塞缪尔·亨廷顿:《文明的冲突与世界秩序的重建》,北京:新华出版社,1999。

沈有鼎:《沈有鼎文集》,北京:人民出版社,1992。

束景南辑订:《朱子佚文辑录》,见朱杰人等主编:《朱子全书》,上海:上海古籍出版社,合肥:安徽教育出版社,2003。

T

田浩(Hoyt C. Tillman):《朱熹的鬼神观与道统观》,载钟彩钧主编:《朱子学的开展——学术篇》,台北:汉学研究中心,2002,第247—261页。

唐君毅:《人文精神之重建》,桂林:广西师范大学出版社,2005。

唐君毅:《中国人文精神之发展》,桂林:广西师范大学出版社,2005。

W

王汎森:《道咸年间民间性儒家学派——太谷学派研究的回顾》,《新史学》五卷四期,1994年12月,第141—162页。

王汎森:《许三礼的告天之学》,《新史学》九卷二期,1998年6月,第89—122页。

王汎森:《晚明清初思想十论》,上海:复旦大学出版社,2004。

吴展良:《圣人之书与天理的普遍性:论朱子的经典诠释之前提假设》,《台大历史学报》第33期,2004年6月。

吴展良:《合符于圣人之心:朱子以生命解经的中心目标》,《新宋学》第2期,上海:复旦大学出版社,2003。

X

小岛毅:《"儒教"与"儒学"涵义异同重探:新儒家的观察》,廖肇亨译,见刘述先主编:《儒家思想在现代东亚:中国大陆与台湾篇》,台北:"中研院"中国文哲研究所筹备处,2000,第191—227页。

小岛毅:《儒教是不是宗教——中国儒教史研究的新视野》,收入周博裕编:《传统儒学的现代诠释》,台北:文津出版社,1994,第29—44页。

徐复观:《中国人性论史》,台北:商务印书馆,1990。

Y

杨儒宾:《儒家身体观》,台北:"中研院"中国文哲研究所筹备处,1996。

杨儒宾:《水月与记籍——理学家如何诠释经典》,《"中央大学"人文学报》,2000年12月,第20—21期合刊,第98—132页。

杨儒宾、祝平次编:《儒学的气论与工夫论》,台北:台湾大学出版中心,2005。

印顺:《唯识学探源》,台北:正闻出版社,1987。

余英时:《士与中国文化》,上海:上海人民出版社,1987。

余英时:《中国思想传统的现代诠释》,台北:联经出版公司,1987。

余英时:《中国文化与现代变迁》,台北:三民书局,1992。

余英时:《钱穆与中国文化》,上海:远东出版社,1994。

余英时:《现代儒学论》,上海:上海人民出版社,1998。

余英时:《论戴震与章学诚》,北京:生活·读书·新知三联书店,2000。

余英时:《历史人物与文化危机》,台北:三民书局,2004。

余英时:《朱熹的历史世界——宋代士大夫政治文化的研究》,台北:允晨文化公司,2003;北京:生活·读书·新知三联书店,2004。

约翰·希克著,王志成译:《宗教之解释——人类对超越者的回应》,成都:四川人民出版社,1998。

约翰·希克著,王志成译:《信仰的彩虹:与宗教多元主义批评者的对话》,南京:江苏人民出版社,1999。

Z

郑志明:《明代三一教主研究》,台北:学生书局,1988。

郑宗义:《从实践的形上学到多元宗教观——"天人合一"的现代重释》,《天人之际与人禽之辨——比较与多元的观点》,《新亚学术集刊》第十七期,香港中文大学新亚书院,2001年7月,第75—76页。

钟彩钧主编:《朱子学的开展——学术篇》,台北:汉学研究中心,2002。

朱谦之:《中国景教》,北京:东方出版社,1993。

朱建民:《张载思想研究》,台北:文津出版社,1989。

二 英文论著

C

Charles Hartshorne, *Insights & Oversights of Great Thinkers: An Evolution of Western Philosophy*. Albany, N.Y.: State University of New York Press, 1983.

Ching-I Tu ed., *Classics and Interpretations: The Hermeneutic Traditions in Chinese Culture*, New Brunswick: Transaction Publishers at Rutgers University, 2000.

C. K. Yang, *Religion in Chinese Society*, Berkeley: University of California Press, 1961.

D

Daniel Gardner, "Attentiveness and Meditative Reading in Cheng-Zhu Neo-Confucianism", in Tu Wei-ming and Mary Evelyn Tucker edit, *Confucian Spirituality II*, The Crossroad Publishing Company, 2004, pp. 99-119.

D. Burton-Christie, *The Word in the Desert: Scripture and Quest for Holiness in Early Christian Monasticism*. New York: Oxford University Press. 1933.

E

Edward Craig edited, *Routledge Encyclopedia of Philosophy*, London and New York: Routledge, 1998.

Edward T. Ch'ien, *Chiao Hung and the Restructuring of Neo-Confucianism in the Late Ming*. New York: Columbia University Press, 1986.

Enzo Bianchi, *Praying the Word*, Kalamazoo, Michigan: Cistercian Publications, 1998.

F

Frederick Streng, *Understanding Religious Life*. Third edition, Belmont, Calif.: Wadsworth, 1985.

H

Hans-Georg Gadamer, "Hermeneutics as Practical Philosophy", in *Reason in the Age of Science*, trans. Frederick G. Lawrence. Cambridge, Mass.: MIT Press, 1981.

Herbert Fingarette, *Confucius: The Secular as Sacred*, HarperCollins Publishers, Inc., 1972.

H. R. Niebuhr, *Christ and Culture*, New York: Harper & Row, 1951.

I

Ira Bruce Nadel, *Biography: Fiction, Fact and Form*. London: The Macmillan Press, 1984.

Ira E. Kasoff, *The Thought of Chang Tsai (1020-1077)*, Cambridge: Cambridge University Press, 1984.

J

Jean Leclercq, *The Love of Learning the Desire for God: A Study of Monastic Culture*, New York: Fordham University Press, 1982.

John B. Henderson, *Scripture, Canon and Commentary*, Princeton: Princeton University Press, 1991.

John B. Henderson, *The Construction of Orthodoxy and Heresy: Neo-Confucianism, Islamic, Jewish, and Early Christian Patterns*, New York: State University of New York Press, 1998.

John D. Young, *Confucianism and Christianity: The First Encounter*. Hong Kong: Hong Kong University Press, 1983.

John H. Berthrong, "Syncretism Revisited: Multiple Religious Participation," *Pacific Theological Review*, Vols. 25-26 (1992-1993), pp. 57-59.

John H. Berthrong, *All under Heaven: Transforming Paradigms in Confucian-Christian Dialogue*, Albany: State University of New York Press, 1994.

John H. Berthrong, *Concerning Creativity: A Comparison of Chu Hsi, Neville and Whitehead*. Albany: State University of New York Press, 1998.

John Hick, *An Interpretation of Religion: Human Responses to the Transcendent*. New Haven: Yale University Press, 1989.

Jonathan D. Spence, *The Memory Palace of Matteo Ricci*. New York: Viking, 1984.

Judith A. Berling, *The Syncretic Religion of Lin Chao-en*. New York: Columbia University Press, 1980.

Judith A. Berling, *A Pilgrim in Chinese Culture: Negotiating Religious Diversity*. Maryknoll, NY: Orbis Books, 1997.

Julia Ching, *Confucianism and Christianity: A Comparative Study*. Tokyo Kodansha

International, and the Institute of Oriental Religions, Sophia University, 1977.

Julia Ching and Hans Kung, *Christianity and Chinese Religions*. New York: Doubleday, 1989.

Julia Ching, *The Religious Thought of Chu Hsi*. Oxford and New York: Oxford University Press, 2000.

K

Kierkegaard, *Concluding Unscientific Postscript*, Princeton: Princeton University Press, 1941.

Kierkegaard, *Philosophical Fragments*, Princeton: Princeton University Press, 1952.

L

Leonard Swidler, *After the Absolute: The Dialogical Future of Religious Reflection*. Minneapolis: Fortress Press, 1990.

M

Mariano Magrassi, *Praying the Bible, An Introduction to Lectio Divina*, Collegeville: Liturgical Press, 1998.

Martha Nussbaum, *The Therapy of Desire: Theory and Practice in Hellenistic Ethics*. Princeton: Princeton University Press, 1994.

Martha Nussbaum, *Upheavals of Thought: The Intelligence of Emotions*, Cambridge; New York: Cambridge University Press, 2001.

Martha Nussbaum and Juha Sihvola edit., *The Sleep of Reason: Erotic Experience and Sexual Ethics in Ancient Greece and Rome*, Chicago: University of Chicago Press, 2002.

Martha Nussbaum and Amartya Sen edit., *The Quality of Life*, Oxford: Clarendon Press; New York: Oxford University Press, 1993.

Mary C. Earle, *Broken Body, Healing Spirit: Lectio Divina and Living with Illness*, New York: Morehouse Publishing, 2003.

Michael Loewe, *Chinese Ideas of Life and Death: Faith, Myth and Reason in the Han Period, 202BC-AD 220*, London: Allen and Unwin, 1982.

Mircea Eliade, *The Sacred and the Profane: The Nature of Religion*. Trans. by Willard R. Trask. New York: Harper & Row, 1961.

N

Nicholas Standaert, *Yang Tingyun, Confucian and Christian in Late Ming China*. Leiden: E. J. Brill, 1988.

P

Paul Knitter, *Introducing Theologies of Religions*. Maryknoll: Orbis Books, 2002.

Paul Martinson, *A Theology of World Religions: Interpreting God, Self, and World in Semitic, Indian, and Chinese Thought*. Minneapolis, Minn. : Augsburg Publishing House, 1987.

Paul Ricoeur, *Essays on Biblical Interpretation*, translated by Denis Savage, New Haven: Yale University Press, 1980.

Paul Tillich, *Theology of Culture*. Edited by Robert C. Kimball, New York: Oxford University Press, 1959.

Pierre Hadot, *Philosophy as a Way of Life: Spiritual Exercises from Socrates to Foucault*. Translated by Michael Chase, Oxford: Blackwell Publishing Ltd, 1995.

Pierre Hadot, *What is Ancient Philosophy*. Translated by Michael Chase. Cambridge, Mass. : Harvard University Press, 2002.

R

Richard N. Longenecker, *Biblical Exegesis in the Apostolic Period*, Michigan: Eerdmans, 1975.

Robert N. Bellah, "Religious Evolution", William A. Lessa & Evon Z. Vogt eds., *Reader in Comparative Religion*. New York: Harper & Row, Second Edition, 1965.

Robert C. Neville, *Tao and Daimon*. Albany: State University of New York, 1982.

Robert C. Neville, *Boston Confucianism*. Albany, New York: State University of New York Press, 2000.

Rodney Taylor, *The Cultivation of Sagehood as a Religious Goal in Neo-Confucianism:*

A Study of Selected Writings of Gao P'an-lung, Missoula, Montana: Scholars Press/ American Academy of Religion, 1978.

Rodney Taylor and Frederick Denny edit., *The Holy Book in Comparative Perspective*, Columbia, S. C.: University of South Carolina Press, 1985.

Rodney Taylor, *The Confucian Way of Contemplation: Okada Takehilo and the Tradition of Quiet-sitting*, Columbia, S. C.: University of South Carolina Press, 1988.

Rodney Taylor, *The Religious Dimensions of Confucianism*, Albany: State University of New York Press, 1990.

Roger Ames and David Hall, *Focusing the Familiar: A Translation and Philosophical Interpretation of the Zhongyong*, Honolulu: University of Hawaii Press, 2001.

Ronald G. Dimberg, *The Sage and Society: The Life and Thought of Ho Hsin-yin*. Honolulu: University Press of Hawaii, 1974.

S

Sarah Queen, *From Chronicle to Canon: The Hermeneutics of the Spring and Autumn, According to Tung Chung-shu*, London and New York: Cambridge University Press, 1996.

Sachiko Murata, *Chinese Gleams of Sufi Light*. Albany: State University of New York, 2000.

Steven Rockefeller, *Religious Faith and Democratic Humanism*, New York: Columbia University Press, 1991.

T

Thelma Hall, *Too Deep for Words: Rediscovering Lectio Divina*, New York: Paulist Press, 1988.

Thierry Meynard, "Religion and its Modern Fate: The Shaping of the Concept between the West and China", *International Philosophical Quarterly*, Vol. 45, No. 4, Fordham University, New York, Dec. 2005.

Thomas P. Kasulis, Roger T. Ames and Wimal Dissanayake edit., *Self as Body in Asian Theory and Practice*, Albany: State of University of New York Press, 1993.

Tu Wei-ming, "The Continuity of Being: Chinese Versions of Nature", in his *Confu-*

cian Thought: *Selfhood as Creative Transformation*, Albany: State University of New York Press, 1985.

Tu Wei-ming, *Centrality and Commonality: An Essay on Chung-yung*. Albany: State University of New York, 1989.

Tu Wei-ming, eds, *Confucian Traditions in East Asian Modernity: Moral Education and Economic Culture in Japan and the Four Mini-Dragon*, Cambridge, Mass. : Harvard University Press, 1996.

Tu Wei-ming and Mary Evelyn Tucker edit, *Confucian Spirituality*, Vol. 1 and Vol. 2, The Crossroad Publishing Company, 2003 and 2004.

W

W. C. Smith, *What is Scripture? A Comparative Approach*, Minneapolis: Fortress Press, 1993.

W. C. Smith, *The Meaning and End of Religion*. New York: Harper & Row Publishers, 1978.

Werner G. Jeanrond, *Theological Hermeneutics: Development and Significance*. London: Macmillan, 1991.

W. T. de Bary, ed. , *The Unfolding of Neo-Confucianism*, New York: Columbia University Press, 1975.

W. T. de Bary, "Individualism and Humanitarianism in Late Ming Thought", *Self and Society in Ming Thought*. New York: Columbia University Press, 1970.

W. T. de Bary, *East Asian Civilizations: A Dialogue in Five Stages*. Cambridge: Harvard University Press, 1988.

W. T. de Bary, *Learning for One's Self: Essays on the Individual in Neo-Confucian Thought*. New York: Columbia University Press, 1991.

W. T. de Bary, *The Trouble with Confucianism*. Cambridge, Mass. : Harvard University Press, 1991.

W. T. de Bary, *Asian Values and Human Rights: A Confucian Communitarian Perspective*. Cambridge, Mass. : Harvard University Press, 1998.

Y

Ying-shih Yu, "The Intellectual Word of Chiao Hung Revisited: A Review Article", *Ming Studies* 25 (1988), pp. 24-26.

Ying-shih Yu, "Between the Heavenly and the Human", Tu Wei-ming and Mary Evelyn Tucker edit. *Confucian Spirituality*, Vol. 1, Crossroad Press, 2003.

三　日文论著

板野长八:《儒教成立史の研究》,东京:岩波书店,1995。

常盘大定:《支那に於ける佛教と儒教道教》,东京:东洋文库,1930;东京:东洋书林,1982年新装本。

忽滑谷快天:《达摩と阳明》,东京:国书刊行会,1987。

加地伸行:《儒教とはなにか》,东京:中央公论社,1990。

宫川尚志:《儒教の宗教的性格》,东京:《宗教研究》,第38卷,第1期,1965。

久保田量远:《支那儒释道三教史论》,东京:东方书院,1931。

久保田量远:《支那儒道佛交涉史》,东京:大东出版社,1943。

久须本文雄:《王阳明の禅的思想研究》,东京:日进堂,1968。

楠本正继:《宋明时代儒学思想の研究》,东京:广池学园出版部,1962。

武内义雄:《儒教之精神》,《武内义雄全集》第4卷,东京:角川书店,1970。

小岛毅:《中国儒教史の新たな研究视角について》,《思想》第805号,东京:岩波书店,1991。